“十二五”普通高等教育本科国家级规划教材

现代教育技术

Xiandai Jiaoyu Jishu

（第2版）

主　编　李振亭　马明山

副主编　李　娜　吴全洲　梁存良　郭红霞

参　编　郭慧珍　高义栋　陈红普　肖　黎　汪向征

高等教育出版社·北京

内容提要

本书是“十二五”普通高等教育本科国家级规划教材，以《中小学教师教育技术能力标准（试行）》为依据而编写，旨在使学习者强化教育信息化的意识，熟悉现代教育技术的基本理论知识，掌握现代教育技术的基本技能和方法。

本书概念清晰，内容丰富，应用性、实践性强，主要内容为现代教育技术概述、教学媒体与教学环境、多媒体信息技术、网络技术与教育应用、数字化教学资源设计与开发、教学设计与评价、教学实践与技能训练。各章首有明确的学习目标，章末配有小结、思考与练习、实践活动。

本书可作为师范类学生和教育硕士的现代教育技术课程教材，亦可作为中小学教师的教育技术能力培训教材，以及教育技术工作者的参考书。

图书在版编目（CIP）数据

现代教育技术 / 李振亭，马明山主编. — 2版. — 北京 ： 高等教育出版社，2014.2（2024.11重印）

ISBN 978-7-04-039252-4

Ⅰ. ①现… Ⅱ. ①李… ②马… Ⅲ. ①教育技术学-中小学-师资培训-教材 Ⅳ. ①G40-057

中国版本图书馆CIP数据核字(2014)第007572号

策划编辑 耿 芳　责任编辑 耿 芳　封面设计 于文燕　版式设计 于 婕

插图绘制 郝 林　责任校对 刘春萍　责任印制 高 峰

出版发行 高等教育出版社

社 址 北京市西城区德外大街4号

邮政编码 100120

印 刷 固安县铭成印刷有限公司

开 本 787mm×1092mm 1/16

印 张 24.75

字 数 560千字

购书热线 010－58581118

咨询电话 400－810－0598

网 址 http://www.hep.edu.cn

http://www.hep.com.cn

网上订购 http://www.landraco.com

http://www.landraco.com.cn

版 次 2008年6月第1版

2014年2月第2版

印 次 2024年11月第16次印刷

定 价 41.50元

物 料 号 39252-00

前 言

随着教育信息化进程和基础教育课程改革的不断深入，各类学校的教育信息化软硬件环境日趋完善，教育技术能力已日益成为教师职业素质的核心能力之一，也是评价高等师范院校学生培养质量的一项重要指标。为此，高等师范院校普遍开设了“现代教育技术”公共课。本门课程的教材目前已有多个版本，但现代教育技术的发展可以说是日新月异，新理念、新技术、新方法层出不穷。这就要求高等学校的现代教育技术课程从目标、内容到形式都要进行相应的变革。同时，各地区、各层次院校的实际情况也不尽相同，教材的建设要紧随信息技术的发展，与时俱进、不断丰富、不断更新。

本书自 2008 年第 1 版出版以来，受到广大读者和任课教师的欢迎，已列入“十二五”普通高等教育本科国家级规划教材。为了反映最近几年现代教育技术理论与实践的发展成果，根据几年来的教学实践和使用者的反馈，编者对初版教材各章的内容进行了修改、补充或内容上的更新。

本书在编写过程中力求体现教育技术发展的最新内容，满足信息化环境中教师对教学技能的需求，主要特色如下。

1. 厚基础

编写本书的指导思想之一是注重培养学生的教育信息化意识，培养学生掌握现代教育技术的基本概念、基本理论和基本方法。作为师范类现代教育技术公共课教材，本书对教育技术基础理论的叙述力求简明扼要、点到为止，适当弱化理论深度，注重理论与实践相结合，注重培养学生的实际能力和创新精神。除了在每章章首提出明确的学习目标外，每章末尾都提供了适量的思考题或练习题，以强化学生对基本概念的掌握，使学生奠定扎实的知识基础，全面提高学生的信息技术素养。

2. 强能力

本书在内容的设计和组织上进行了系统规划、内容筛选和结构重组，突出应用特色，面向能力培养。在内容的安排上，以提高信息化环境中未来教师的教育技术应用能力为目标，力求将课程的培养目标与读者所从事的具体学科的应用有机结合。在内容篇幅的安排上，侧重了现代教学设备的教学应用能力、多媒体信息技术处理能力、网络信息技术的教学应用能力、数字化教学资源的设计开发能力，以及在相应的章末提出了适当的教学实践活动，所有这些都体现了对学生现代教育技术能力的培养。

3. 重应用

本书重视教学内容的实用性和实践性，体现了教学内容与现实技术相结合，理论知识与实践活动相结合。本书很好地处理了基础知识与应用能力的关系，以丰富的案例使知识与能力融为一体，体现了学以致用。通过在章末设计的实践活动和第 7 章教学实践与技能训练，可以很好地培养学生的现代教育技术应用能力和创新精神。

本书的内容纲要和结构由李振亭、马明山、吴全洲和李娜等共同商定，全书由李振亭和高宏卿统稿。本书编者都是长期从事“现代教育技术”公共课教学及相关研究工作的教师，在现代教育技术领域取得了一定的研究成果。本书编写分工如下：第 1 章由高义栋编写，第 2 章的 2.1、2.2 节和 4.4 节由马明山编写，2.3 节和第 3 章由吴全洲编写，2.4 节和 5.3 节由李娜编写，2.5 节和 5.4 节由陈红普编写，2.6 节和 5.5 节由梁存良编写，2.7 节和 2.8 节由汪向征编写，第 4 章由肖黎编写，5.1 节和 5.2 节由李振亭编写，第 6 章由郭红霞编写，第 7 章由郭慧珍编写。

在本书的编写过程中得到了参编人员所在学校各级领导和学科教师的大力支持，在此表示衷心感谢！

教育技术是一门新兴、发展、综合性的学科，随时都有新理论的出现、新技术的介入。鉴于我们水平所限，书中难免存在不妥之处，恳请广大师生和读者批评指正。

编 者

2013 年 10 月

目 录

第 1 章　现代教育技术概述

学习目标

1．熟悉教育技术的基本概念。
2．了解教育技术的发展历程。
3．了解教育技术的理论基础，掌握相关理论、观点。
4．了解教育信息化与教育现代化的内涵。
5．认识学习"现代教育技术"的必要性。
6．掌握信息技术与课程整合的概念、目标和方式。

教育技术学是一门研究教育技术理论与实践的综合学科。现代教育技术在教育教学中的应用不仅丰富了传统的教学手段，增加了信息传递的方式方法，提高了教育教学的效果和效率，也极大地改变了传统的教育教学模式和人们的思想观念，推动并促进了教育教学改革的深入和发展。本章主要介绍教育技术的基本概念、教育技术学的发展历程、教育技术学的理论基础、教育信息化与教师教育技术能力培养以及信息技术与课程整合等相关问题。

1.1　教育技术的基本概念

教育技术的概念是在教学理论与实践研究中不断发展和完善起来的。本节简要阐述教育技术的定义、教育技术的研究内容以及教育技术与现代教育技术。

1.1.1　教育技术的定义

自 20 世纪 60 年代出现教育技术这一术语以来，由于"技术"形态呈现的先后不同以及学科自身范畴不断扩展，教育技术在不同历史时期出现了不同的定义。现行的"教育技术"定义中，以美国教育传播与技术协会（Association for Educational Communications and Technology，AECT）的 AECT94（以下简称"1994 定义"）和 AECT05（以下简称"2005 定义"）两个定义影响最大。

1. AECT“1994 定义”

1994 年，美国教育传播与技术协会（AECT）出版了《教学技术：领域的定义和范畴》一书。该书是在 AECT 的主持下，通过美国众多教育技术专家的积极参与并举行一系列专题学术会议进行研究讨论，历时 5 年，最后是由巴巴拉·西尔斯和丽塔·里齐总结成文的。书中对教育技术进行了全面定义，其原文是：

Instructional Technology is the theory and practice of design, development, utilization, management, and evaluation of processes and resources for learning.

可以将其译为：“教学技术是对学习过程和学习资源进行设计、开发、利用、管理和评价的理论与实践。”

该定义界定了教育技术研究的领域和范畴，明确地指出了教育技术的研究对象是学习过程和学习资源，教育技术的研究范畴是设计、开发、利用、管理和评价，教育技术的研究领域包括理论和实践两个部分。

从这一定义可以看出，教育技术已不仅仅是媒体辅助方法或行为设计过程，而是扩展到了整个教学系统和学习过程的所有方面，是在以系统方法为核心的理论指导下对相关因素的研究与设计，以实现资源的高效利用和方法的科学优化，从而取得更加理想、可靠的教学（学习）效果。其着眼点是既重实际应用又重理论研究，从设计、开发、利用、管理和评价等 5 个方面全面研究学习过程和学习资源的“理论与实践”，所体现的是一种“全面的教育技术观”。

2. AECT“2005 定义”

2004 年 7 月 23 日，在“长春 2004 教育技术国际论坛”上，美国教育技术专家、“1994 定义”的撰写者巴巴拉·西尔斯在题为《教育技术领域的新界定及在线课程的设计》的报告中，首次介绍了 AECT“定义与术语委员会”关于教育技术的新界定。由于其正式文本在 2005 年公布，所以被称为 AECT“2005 定义”。该定义的原文是：

Educational Technology is the study and ethical practice of facilitating learning and improving performance by creating, using, and managing appropriate technological processes and resources.

国内一般将该定义译为：“教育技术是通过创造、使用、管理适当的技术过程和资源，促进学习和改善绩效的研究与符合道德规范的实践。”

该定义表明教育技术的主要特征在于其技术性。它表现为教育技术研究的重点是适当的技术性过程与技术性资源；表现为技术实践的“符合道德规范”性、技术工具与方法运用的先进性、技术使用效果的高绩效性。

“2005 定义”是“1994 定义”的新发展，与“1994 定义”相比，“2005 定义”的确发生了一些变化，如表 1.1 所示。

表 1.1 “2005 定义”与“1994 定义”之比较

比较对象 / 比较项目	1994 定义	2005 定义
名称	Instructional Technology	Educational Technology
研究范畴	design, development, utilization, management, and evaluation	creating, using, and managing
研究对象	processes and resources	appropriate technological processes and resources
研究目标	for learning	facilitating learning and improving performance
研究领域	theory and practice	study and ethical practice

3. 教育技术的本质特征

教育技术学作为教育科学中的一个分支学科，既是研究教育技术理论与实践的领域，又是培养教育技术专门人才的专业名称，无论是学科建设还是确定专门人才的培养规格，都不能停留在教育技术的经验层次上。恰当地把握教育技术的本质特征，是从整体上认识和把握教育技术的规律，发挥教育技术在教育发展中作用的必要条件。

根据顾明远先生主编的《教育大辞典》（1990）中的定义，教育技术其实就是人类在教育活动中所采用的一切技术手段和方法的总和，它分为有形技术（物化形态）和无形技术（智能形态）两大类。有形技术主要指教育活动所运用的物质工具（媒体）；无形技术既包括在解决教育问题过程中所运用的技巧、策略和方法，又包括其中所蕴涵的教育思想、理论等。有形技术是教育技术的依托，无形技术是教育技术的灵魂。

（1）教育技术以坚实的理论基础为依托

理论既来源于实践，又反作用于实践，在实践中接受检验并获得发展。教育技术对教育教学问题的分析和解决离不开教育学理论、心理学理论、教育传播理论、系统科学理论的指导。教育技术只有通过灵活变通地、理论联系实际地、创造性地应用这些理论，才能较好地解决教育教学中的实际问题。

（2）媒体是分析和解决教育教学问题的物质基础，但教育技术并非“唯媒体”论者

教学活动要借助于媒体，时代为教育活动提供的媒体不同，教育活动的形式和效果也有所不同。在文字出现以前，人类通过言传身教完成知识经验的传承；文字出现以后，教育有了专门的场所（学校）和人员（教师）；印刷术的发明扩大了教育的对象，促成了班级授课的诞生；现代教育媒体的出现促成了灵活多样的教学方式。

时代在发展，社会在进步，新的教育媒体不断涌现，我们不能厚此薄彼，认为用新的教育媒体一定比用旧有的教育媒体教学效果好。正所谓“骏马能历险，耕田不如牛；坚车能载重，渡河不如舟”，各种媒体都有自身的优势与不足，不能一概而论。此外，每个学习场所的物质条件也不能尽如人意，教学活动只能因地制宜，充分利用已有条件，而不能强人所难。

（3）教育技术的目标是实现教学效果最优化

教学效果是教育行为的终极目标，没有最好，只有更好。所以，教育工作者孜孜以求之。所谓教学效果最优化，不是理想化，而是用最少的人力、物力和财力来提高教师的教学效率和学生的学习效果。

学生的学习效果体现为知识、情感、动作技能等方面发生的变化，包括学习效率，还包括毕业后的工作性质、工作能力与工作成果等。

评价教师教学效率的两个指标是：①使学生在知识、情感、动作技能等方面发生变化用了多少时间；②有多少学生在知识、情感、动作技能等方面发生了变化。

1.1.2　教育技术的研究内容

根据“1994 定义”，教育技术的研究范畴包括学习过程和学习资源的设计、开发、利用、管理和评价等 5 个方面。这 5 个方面既相互独立，又相互渗透，且每个方面都有具体的研究内容，如图 1.1 所示。

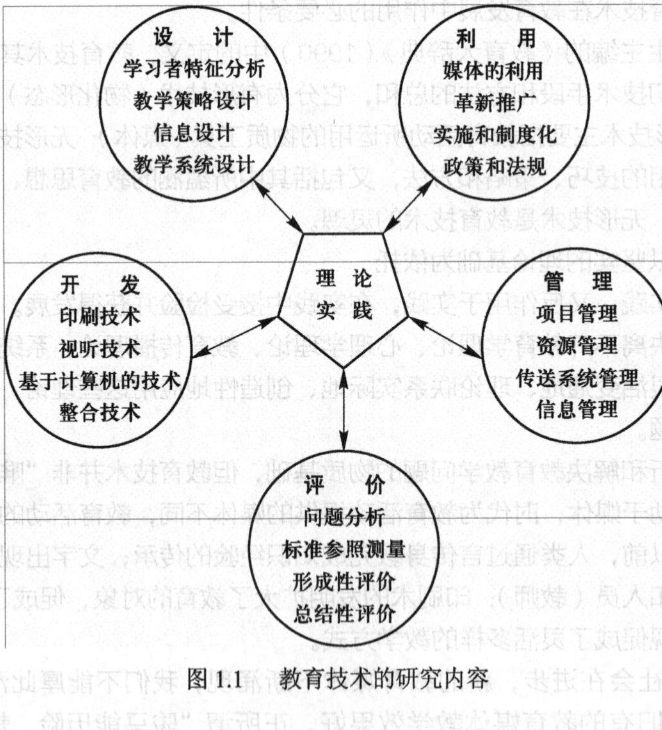

图 1.1　教育技术的研究内容

1. 设计

设计是在详细分析学习条件的基础上提出学习方案的过程，大致可分为学习者特征分析、教学策略设计、信息设计、教学系统设计 4 个子领域。

（1）学习者特征分析

学习者作为学习活动的主体，其具有的认知、情感、社会等特征都将对学习过程产生影响。因此，要取得好的教学效果，要设计出好的教学系统，必须分析影响学生有效学习的个体因素，包括学生的智力因素、非智力因素和社会文化背景等。

（2）教学策略设计

教学策略是在不同的教学条件下，为达到不同的教学效果所采用的手段和谋略。这一环节是为了完成特定的教学目标而对教学顺序、教学活动程序、教学方法、教学组织形式、教学媒体等因素进行总体考虑，主要解决教师“如何教”和学生“如何学”的问题。

（3）信息设计

作为教学活动的具体实施者，教师仅从宏观上把握教学策略还不够，还要运用有关教与学的原理来设计教学信息的传递和反馈形式，完成信息设计。信息设计由学习者本身的实际条件决定，受具体的学习任务和媒体条件的影响。

（4）教学系统设计

教学设计是解决教学问题的系统方法，包括分析、设计、制定/开发、实施、评价/修改教学问题解决方案的全过程，亦即应用系统方法对教学过程的诸要素、环节及其相互关系进行科学的分析、描述、计划或规定，为所需的教学活动制定具体可行、可操作性强的程序或方案。该方案形成以后，还需经过实践的检验。只有经过检验证明是有效的、能够促进学习效果的教学系统设计方案才有推广普及的价值。

2. 开发

开发是将设计方案转化为物质产品的过程，需要相应的技术支持，包括印刷技术、视听技术、基于计算机的技术、整合技术等。印刷技术指通过机械或照相印刷过程制作、发送教学材料的方法；视听技术指通过使用机械或电子设备来制作或发送教学材料、呈现视听觉信息的方法；基于计算机的技术指利用计算机制作和发送教学材料的方法；整合技术指计算机控制下的各种媒体形式的教学材料的制作和发送方法。

3. 利用

利用是将开发的成果应用于实践并加以推广，包括媒体的利用、革新推广、实施和制度化、政策和法规等。媒体的利用涉及具体的教学媒体和相关的媒体资源两个方面；革新推广是为了使开发成果能够被采纳而有计划地传播的过程；实施指组织中的个人对开发成果的合理使用；制度化的目的是将开发成果整合到整个组织结构中；政策和法规是影响和规范开发成果推广和使用的强制性规则。

4. 管理

管理是指通过计划、组织、协调和监督来控制教学，具体包括项目管理、资源管理、传送系统管理和信息管理等。项目管理指计划、监督和控制教学设计和开发项目；资源管理指计划、监督和控制资源分配以支持系统和服务；传送系统管理包括计划、监督和控制教学材料分发的方法和向学习者呈现教学信息的媒体使用方法等；信息管理包括计划、监督和控制信息的存储、转换或处理，其目的是为教与学提供资源。

5. 评价

评价是对一个事物的价值进行判断的过程。在教育技术领域中，它是对计划、产品、项目、过程、目标或课程的质量、有效性或价值进行确定的过程。评价的范畴包括问题分析、标准参照测量、形成性评价和总结性评价等。

问题分析的主要任务是确定学习目标的实现程度是否与设计方案或产品有关。只有确定了来自产品或方案的影响因素，才能对方案或产品进行评价。

标准参照测量的测量工具是根据学习目标编写的，目的是确定学习者对预定内容的掌握情况，它使学习者知道相对于标准来说，他们目前所达到的程度。

形成性评价是指在教学过程中收集达标方面的信息，并利用此信息发现教学中存在的问题，提出改进办法。

总结性评价是指在学习活动完成后对教学工作做出鉴定性的结论。对于教育技术工作者来说，既要重视对教学过程的形成性评价，又要重视对教育结果的总结性评价。

1.1.3　教育技术与现代教育技术

教育技术与现代教育技术之间的关系就像“人”与“现代人”之间的关系一样，后者的本质属性都是人，前者的本质属性都是教育技术。所以说，教育技术与现代教育技术之间并没有本质的区别。之所以出现了“现代教育技术”这个术语，是因为随着时代的进步和媒体技术的发展以及新的教育教学理论的出现，教育技术有了鲜明的时代特色。

迄今为止，人类社会经历了 3 种形态，即农业社会、工业社会和信息社会。农业社会向工业社会转变是通过 17、18 世纪的工业革命实现的，工业社会转变为信息社会则以 1957 年苏联成功地发射第一颗人造卫星为标志。社会形态不同，教育技术的表现形式也不尽相同。

1. 农业社会的教育

（1）文字出现以前

文字出现以前，教育的目的主要是生存，教育的内容是生产技能和经验，教育的形式是言传身教，即由知识经验丰富的长者将需要学习的人带在身边，通过自己的示范和讲解来完成教育过程。

（2）文字出现以后

在我国，文字的出现与劳动生产力的提高有直接的关系。随着知识经验的积累，劳动产品有了剩余，所以有了仓库，需要仓库记事，于是，约在公元前三千年以前的黄帝时代，史官仓颉由图画整理出了我国最早的文字。

文字出现以后，出现了最早的学校和教师，对年轻一代的教育有了专门的场所和人员。此后的学校教育不仅要向学生传授生产知识经验，还要求学生进行书写训练；教育的目的除了生存以外，还有完善自我，所以“六艺”曾是我国古代教育的主要内容；教学理论多停留在经验层次，还没有形成系统的理论；教育规模较小，因为早期的书是简策、帛书、初期纸书，它们都是手抄的、成卷的，制作难、成本高，接受教育便成了特权阶级的专利。

（3）印刷术发明以后

印刷术发明后出现了印刷书，这些书是印制的、成册的，制作易、成本低，所以大大地扩大了教育的对象，促成了班级授课的诞生。

班级授课制出现后，在相当长的一段时间里，学校教学活动都是按年级分段教育，采用班级统一的教学大纲，以教师为中心、课本为中心、课堂为中心，注重记忆。

2. 工业社会的教育

工业社会以社会化大生产为主要特征，工业社会的教育要为社会化大生产服务，所以，工业社会教育的主要任务是培养实用型人才，注重教学效率。

在工业社会，教学理论相对成熟，教学方法相对灵活，现代媒体技术也被引进了教育教学当中，但教学组织形式仍以班级授课为主。

在工业社会，每个人都可以接受学校教育，也有更多的人能够接受学校教育。学校教育的主要内容是人类不断增长的科学文化知识，但由于科学文化知识增长的速度不是很快，知识更新换代的速度也较慢，教育便有了阶段性的特点，甚至可以以一时的教育代替一生的教育，几乎可以一劳永逸。

3. 信息社会的教育

在信息社会，信息急剧增长，形成所谓的“信息爆炸”，知识老化与更新换代的速度也加快了；信息传递手段迅速发展，进一步消除了信息在时间与空间上的传输障碍，使全世界变成了一个“地球村”；传统学科的框架被突破了，人类的知识与经验体系出现了新的整合；信息成了人类社会发展的最主要的资源。

信息社会给教育提供了新的媒体，包括虚拟现实、人工智能、多媒体、卫星电视、计算机网络等，同时也给教育提出了新的要求。早在1996年“国际21世纪教育委员会”向联合国教科文组织提交的一份报告（《教育——财富蕴藏其中》）中，就提出了“教育的四大支柱”的新构想，认为要适应未来社会的发展，教育必须围绕4种基本学习能力重新设计、重新组织。这4种学习能力如下所述。

① 学会认知（learning to know）：使学生学会如何学习，掌握认知的手段。

② 学会做事（learning to do）：使学生具有在一定的环境中工作的能力，这种能力包括对待困难、解决冲突、组织管理和承担风险等方面的综合能力。

③ 学会共同生活（learning to live together）：使学生学会协作，学会设身处地地理解他人，和周围人群友好地相处。

④ 学会生存（learning to be）：使学生学会掌握自己命运所需的基本能力，这种能力包括思考、判断、想象、表达、情绪控制和社会交往等方面的综合能力。

因此，信息社会的教育具有智能化、全民化、终身化、个性化、国际化的特点，信息社会的教育观念也发生了深刻的变化。

① 现代教育观，即终身学习的观念。学习再也不是阶段性的、一时的行为，而是贯穿于人的一生的行为。因此，学校教育不仅要传授知识，还要培养学生的学习能力，使他们学会学习，为终身学习奠定基础。

② 现代教学观。在过去的很长一段时间里，受应试教育的影响，教师、学校评价一名学生好坏的标准都是学生的考试分数——“学习好就一好百好，学习不好就什么都不好”。现代教学观认为，教育应该使人的认知、情感和动作技能都有所发展。这有利于培养学生的健全人格，有利于学生的发展和社会的进步。

③ 现代学生观。在过去的很长一段时间里，受应试教育的影响，教学过程只注重知识的传授；教师把学生的头脑当作容器，采用灌输式教学方法开展教学活动。灌输式教学方法有利于知识的传授，但不利于知识的理解和接收，更不利于知识的灵活运用和学生个性的发展。现代学生观把学生的头脑当作等待点燃的火把，教师的任务就是把这个火把点燃，然后给它提供充足的氧气，甚至还有小风，让它自由自在地燃烧起来。

④ 现代学校观。终身教育的普及可能实现全民教育，但不可能实现全民性的学校教育，因为社会上总要有人负责生产和提供服务，所以，学生的概念扩大了，学校的界限变得模糊了。在现代社会，有墙的学校、无墙的学校都是正规的学校，全日制教育、非全日制教育都是正规的教育，面授的学生、非面授的学生都是正规的学生。

⑤ 现代人才观。高分低能不是人才，有才无德也不是人才。现代社会衡量人才的标准如下。

- 全面+个性。学校教育要培养出合格的人才，首先要保证学生的“营养均衡”，不能偏废任何学科；其次，要善于发现学生的优势潜能，因势利导，发展其专长。
- 人脑+计算机。人脑的潜力很大，但到目前为止，能够开发出来的只是很小一部分；计算机是人类创造出来的工具，是人脑的延伸，它有自身的局限性，但也有人脑不能比拟的优势。总之，人脑、计算机各有所长，现代人要扬长避短，既要善于用人脑，又要善于用计算机。学校教育要教会学生善用人脑和计算机。
- 智商+情商。现代社会，人与人之间的智商差异在缩小，健康水平差异也在缩小，发展的空间越来越受情商的影响。新的成功方程式是：20%智商+80%情商=100%成功。所以，学校教育要智商、情商一起抓，不能偏废任何一个。

4. 现代教育技术的时代特征

（1）以现代媒体技术为基础

一般认为，用电磁波传递信息的媒体都属于现代媒体，包括幻灯机、投影仪等结构简单、成本较低的电子媒体，也包括电视机、计算机等结构较复杂、成本较高的电子媒体。现代教育技术就是强调在教育教学当中适当地引进现代媒体，并与传统媒体相互配合，以此提高教学效率。

（2）以现代教育理论为指导

现实生活中，有了上好的调料和菜品，并不意味着一定能做出上等的菜肴，这要看厨师如何去做；在教学当中，有了好的教学媒体，并不代表一定能够取得好的教学效果，这要看教师如何去教。厨师做菜、教师教学，两者看上去相差很远，但道理却如出一辙。

教师的教育行为是其教育理念和教学方法的外化。为提高教育质量、实现教学过程的最优化，必须以先进的教育思想和教学理论为指导。

（3）与时俱进

现代教育技术强调“现代”二字，就是为了强调要用现代的、发展的、全面的眼光来看待教育教学问题，强调吸收现代科技成果和理论成果及思维方法，使教育技术紧随时代的脉搏，具有时代特色。

作为教学活动实践者的一线教师，不仅要树立现代教育观、学习掌握现代教学理论，还要掌握媒体的操作与维护技术和教学软件的设计与制作技术。

1.2 教育技术学发展史简介

教育技术是在 20 世纪初期从美国的视听教育运动演变而来的，但真正称之为教育技术，在国外始于 20 世纪 70 年代，在我国则是 20 世纪 90 年代以后的事情。本节简要介绍国内外教育技术的发展历程和教育技术的发展趋势。

1.2.1 国外教育技术的发展

国外教育技术的发展经历了视觉教学、视听教学、视听传播等 3 个阶段，最终“视听传播”这一名词被更合适的“教育技术”所代替，并很快在国际上传播开来。

纵观国外教育技术的发展历程，教育技术是由视听教学、个别化教学和系统化设计教学 3 个领域发展整合而成的。

1. 视听教学的发展

19 世纪末 20 世纪初，美国已经从劳动密集型的农业国家演变为以机械化农业和城市工业为基础的资本主义国家，社会急需大批有知识、有技能的劳动者，传统的以语言文字、书籍为主要手段的教学越来越不能满足社会的需求，人们越来越重视实用课程和新的更有效的教学方法。同时，由于工业革命推动了科学技术的迅猛发展，一些新的科技成果，如照相技术、幻灯机、无声电影等被引进了教学领域，并且在扩大教学规模、提高教学质量、满足社会对人才素质和数量的要求等方面取得了巨大的成果，很多教育工作者也开始对这些新技术的教育应用进行开发和研究。在这种社会背景下，“视觉教学”空前繁荣，全美教育协会于 1923 年 7 月建立了视觉教学部。

20 世纪 20 年代末，由于有声电影及广播录音技术的发展和在教育领域的应用，原有的视觉教学概念已经不能完整地反映已扩展的、利用视听设备进行的教育实践，视觉教学便发展为“视听教学”。1947 年全美教育协会的视觉教学部正式更名为视听教学部。

1955 年至 1956 年期间，语言实验室、电视、程序教学机、多媒体综合呈现技术先后问世，并在教学中得到了应用。1961 年美国视听教学部成立了“定义与术语委员会”，目的是定义这个领域和与这个领域有关的术语，探讨从学习理论、传播理论的角度重新认识视听教学的理论问题。这标志着视听教学向视听传播教学的方向发展，是视听教学理论发展的一个转折点，即由重点研究视听信息的显示转向视听信息的传播设计。

视听教学的发展促成了一种新的教学模式——依靠教学资源来促进有效教学的思想和媒体辅助的教学方式。

2. 个别化教学的发展

个别化教学是一种适合个别学习者需要和特点的教学，最早形成于 19 世纪中叶，但是，真正在教育中有着广泛而深远影响的个别化教学则是 20 世纪 50 年代兴起的程序教学。

程序教学就是让学生能够在事先编好的、能有效控制学习过程的程序中进行学习。程序教学可以运用教学机器，也可以运用教学课本来进行。

程序教学的基本特点是学生通过阅读程序教材并不断地回答问题来进行学习，教师的“教”不一定要通过课堂，还可以通过程序教材来实现。此外，程序教学还具有小步子、积极反应、及时反馈、自定步调等特点。

斯金纳被誉为“程序教学运动之父”，他在 1954 年提出了程序教学的思想，在 20 世纪 50 年代末设计出了程序教学机。程序教学运动于 20 世纪 60 年代初达到高潮。

20 世纪 50 年代后期，随着信息科学和计算机技术的发展，一些发达国家开始将计算机技术引入教学过程。美国的 IBM 公司首先开始计算机辅助教学（Computer Aided Instruction，CAI）的研制工作。该公司的沃斯顿中心的 3 位研究人员开发了命令语言，并且按照斯金纳的程序教学思想，在 IBM 650 计算机上设计出了用于学校教学的计算机辅助教学程序，向小学生教授二进制算术。这是对教学机的新发展，应视为计算机辅助教育（Computer Based Education，CBE）的开端。

20 世纪 60 年代，计算机辅助教学的实验在美国蓬勃发展，并逐步走出了实验阶段，出现了计算机辅助教育的概念，它包括计算机辅助教学和计算机管理教学（Computer Managed Instruction，CMI）两大方面。当时已有一批大学加入到计算机辅助教学的行列。美国伊利诺伊大学于 1960 年研制成功了世界上第一个专用的 CAI 系统——PLATO-Ⅰ，接着又开发了 PLATO-Ⅱ（1962）、PLATO-Ⅲ（1964）。PLATO-Ⅱ是世界上第一个多终端的CAI系统。当时的CAI形式主要是模仿课堂教学，替代教师的部分重复性劳动。当时在学校里，计算机主要用于答疑、练习、个别指导、模拟教学、测验和评价等方面，以后逐渐发展为系统的学科教学。

20 世纪七八十年代，微型计算机的诞生和计算机网络的发展标志着计算机辅助教学进入了一个新阶段。前者推动了计算机的普及，进而使学生由被动接受知识转变为介入教学过程；后者促进了教学资源的共享。

1972 年，伯明翰大学研制的分时、交互、计算机控制的信息电视（TICCIT）系统是最早出现的大规模通信网络。在程序教学方面，TICCIT 第一次采用了以学生为中心的控制策略，允许学生自行控制学习序列。

到了 20 世纪 90 年代，随着计算机与信息科学技术的不断发展，多媒体、网络等新技术不断涌现，信息高速公路建设的浪潮席卷全球。这些技术被应用于教育领域，形成了现代教育技术领域的一些热门学科，如计算机辅助教学、智能型计算机辅助教学（ICAI）、多媒体计算机辅助教学（MCAI）、远程教育和校园网等。

个别化教学的发展促成了以学习者为中心的个性化教学模式。该模式强调学习者的学习效果是教学的目的和教学评价的标准。

3. 系统化设计教学的发展

系统化设计教学是一种系统地设计、实施和评价教与学的全过程的方法，它来源于设计和改进教学的一种经验主义方法。

① 设计和改进教学实验。20 世纪 20 年代，美国芝加哥大学的博比特和查特斯等人倡导用实验方法解决教育教学问题。1924 年，博比特提出了系统设计课程的理论及具体步骤。1945 年，查特斯提出了“教育工程师”的工作过程。

② 训练军队。第二次世界大战期间，美国运用教学系统方法对军队进行训练，取得了满意的效果，同时也进一步完善了相关的理论。

③ 程序教学。20 世纪 50 年代，由斯金纳等人所描述的关于编制程序教材的过程是利用经验主义方法解决教育教学问题的一个典型事例，是“系统化设计教学”概念发展的一个重要促成要素。通过程序教学运动的实践，人们真正地认识到了影响或决定学习效果的因素如此复杂，要进行有效的学习就必须对教学过程作系统的分析。

④ 人们有意识地探索，终于使其成为教育技术的核心思想。20 世纪 60 年代末 70 年代初，系统化设计教学日益受到重视，人们在实践中建立了许多系统设计教学的理论模型，发表了大量的有关教学系统的文章，使系统方法逐渐成为教育技术的核心思想。

1.2.2　我国教育技术的发展

1. 我国引进教育技术的过程

20 世纪初，受美国视觉教育的影响，伴随着电影、幻灯等先进媒体的引进，我国开始了最早的无声电影教学和幻灯教学。这标志着我国电化教育的开始。

1936 年，我国教育界人士讨论确定了“电化教育”名称，标志着我国教育技术的诞生。

1993 年，“电化教育”与“教育技术”接轨，以前的电化教育专业被更名为教育技术专业。

2. 我国教育技术研究重心的变更

我国的教育技术研究从电化教育起步，发展为现在的“教育技术”，研究重心从电化教学与传统教学、现代媒体与传统媒体的优劣比较转变为对多媒体教学、教学设计、教育技术与课程整合等原理的研究与应用。这种转变可以从电化教育的定义中发现。

（1）85 定义

《电化教育学》（南国农，1985）中提出，电化教育就是运用现代教育媒体，并与传统教育媒体恰当结合，传递教育信息，以实现教育过程最优化（简称为“85 定义”）。书中明确说明了以下几点。

① 电化教育的内容与范围没有视听教育广泛。

② 电化教育和现代化教学手段并不是一回事。电化教育的研究对象除了现代化教学手段之外，还有其他研究对象。

③ 电化教育和教育技术也不是一回事。电化教育要探讨的是自然地与电教资源交织在一起的那些教育资源和它们的相互作用及作用规律。

（2）98 定义

《电化教育学》（南国农，李运林，1998）中提出，电化教育就是在现代教育思想、理论的指导下，主要运用现代教育技术进行教育活动，以实现教育过程的最优化（简称为“98 定义”）。“98 定义”中的现代教育技术是把现代教育理论应用于教育、教学实践的现代教育手段和方法的体系，包括以下方面。

① 教育、教学中应用的现代技术手段，即现代教育媒体。

② 运用现代教育媒体进行教育、教学活动的方法，即媒传教学法。

③ 优化教育、教学过程的系统方法，即教学设计。

尽管“85 定义”和“98 定义”的着眼点都是“教育过程最优化”，但“85 定义”还处于界定研究领域和范畴的层次，“98 定义”则到了寻求解决方案的水平，并认为现代教育媒体、媒传教学法和教学设计是实现教学过程最优化的直接影响因素，而且它们都要接受现代教育思想、理论的指导。

“85 定义”到“98 定义”的转变反映了现代教育媒体在我国试用和被接受的过程，也是教育技术在我国落地生根的必经阶段。

现在，教育技术与课程整合是我国教育技术研究的热点之一，因为教育技术的价值要通过其他课程教学的效果来体现。

1.2.3 教育技术的发展趋势

1. 多媒体化

“多媒体”不是多种媒体的简单组合，而是指一种把文字、图形、图像、视频、动画和声音等运载信息的媒体结合在一起，并通过计算机进行综合处理和控制，在屏幕上将多媒体各个要素进行有机组合，并完成一系列随机性交互式操作的信息技术。

教育技术多媒体化的原因主要有以下两个。

① 恰当地利用多媒体可以提高教学效果。首先，用不同的表现形式呈现相同的信息内容，其经济程度不同，利用多媒体则可以选择其中最经济的表现形式，从而提高教学效率；其次，多元化表征有利于信息意义的传译；最后，多种感官并用，记忆效率较高。

② 能够接触到多媒体的教师和学生人数越来越多。随着科学技术的发展和国民经济的增长，能够拥有多媒体设备的个人和单位越来越多。现在，很多学校都有多媒体演示系统，可以实现课堂教学的多媒体化；很多家庭和个人都拥有个人计算机，可以实现个人学习的多媒体化。今后，学校的多媒体设备和家庭或个人的计算机拥有量都将持续增长，可以为取得更好的学习效果提供物质基础。

2. 网络化

到目前为止，传输与共享信息的最快捷的技术手段就是网络。信息高速公路就是一个信息网络。有人说，真正的信息高速公路是电视网、因特网、电话网三网合一。

在信息时代，教育与网络之间的关系越来越密切。

（1）网络成为教育资源共享的有利平台

网络信息传输速度快、较少受到访问时间的限制，因此，用户可以很方便地获得网络信息。将教育信息放在网上，只要有访问权限，世界上任何地方的互联网用户都可以随时浏览该信息。借助互联网，可以实现教育资源的全球共享，而且与印刷媒介相比，利用互联网更方便、经济、高效。

（2）网络改变了远程教育的模式

远程教育是一种师生之间非面对面的教育模式，该模式的发展先后经历了 3 代，即函授教学、广播电视教学和双向交互式网络教学。双向交互式网络教学以计算机、网络和多媒体技术为主要媒体，不仅信息呈现形式多样化，而且交流方便、快捷，从根本上克服了前两代远程教学单向传输或交流不方便的缺陷。目前，随着移动互联网的繁荣发展，移动终端设备价格更低廉、接入互联网更方便等特性为移动学习的开展提供了契机。

3. **大众化**

信息时代的教育对于个人是终身教育，对于社会就是全民教育。教育技术为全民教育提供了方法论指导和物质基础，使得人人都可投入学习、人人都会学习。教育技术也不再是学校和教师的“专利”，全民都懂教育技术、都用教育技术。

4. **应用模式多样化**

教育技术的应用模式很多，包括基于视听媒体技术的多媒体教学模式、基于卫星通信技术的远距离教学模式、基于因特网及其他网络技术的网络教学模式、基于计算机多媒体技术的多媒体教学模式、基于计算机仿真技术的“虚拟现实”教学模式，等等。无论采用哪种教学模式，现代教育技术追求的目标都是教学效果最优化，只是因为教学对象、教学内容、教学媒体条件等因素的综合作用，最终选择了某一种或某几种模式罢了。

1.3　教育技术学的理论基础

教育技术学是一门综合性的交叉学科，其理论基础由多门学科的相关内容构成，包括哲学类、技术类、教育类等。其中对教育技术影响较大的有学习理论、教学理论、传播理论和系统科学理论。本节简要介绍这些理论。

1.3.1　学与教的理论

1. **学习理论**

学习理论是研究人类学习的本质及其机制的心理学理论。它重点研究学习的性质、过程、动机以及方法和策略等，旨在阐明学习是如何发生的，有哪些规律，是一个什么样的过程，如何才能进行有效的学习等问题。由于学习过程的复杂性，目前还没有一种学习理论能与一切学习情况相吻合，人们从不同的角度进行研究，产生了不同的学习理论流派。其中对教育技术理论和实践影响较大的主要有行为主义学习理论、认知主义学习理论、建构主义学习理论和人本主义学习理论。

（1）行为主义学习理论

行为主义学习理论于20世纪20年代诞生于美国，并从20年代起到60年代一直作为占统治和主导地位的心理学派而存在。其主要代表有巴甫洛夫的经典条件反射学说、华生的行为主义、桑代克的联结主义、斯金纳的操作性条件反射学说等。行为主义学习理论的主要观点是：

① 学习就是形成刺激和反应的联结和联想。

② 学习过程是一种渐进的“尝试与错误”直至最后成功的过程。

③ 强化与练习、尝试与错误是学习所必需的。

根据行为主义学习理论，教育媒体在教育教学中至少可以发挥两方面的作用：第一，为学生提供操作练习的条件，使学生能够通过反复地练习获得动作技能；第二，给学生提供重复作用的刺激，使学生获得相应的知识经验。

行为主义学习理论可以用刺—反应—强化来概括，该理论认为学习的起因在于对外部刺激的反应，不去关心刺激引起的内部心理过程，认为学习与内部心理过程无关，教师的任务只是向学生传授知识，学生的任务是接受和消化。

（2）认知主义学习理论

认知主义学习理论源于德国的完形心理学，即格式塔心理学，该理论 20 世纪 60 年代逐步在心理学派中占据了主导地位。其主要代表人物有苛勒、布鲁纳、加涅等。认知主义学习理论的基本观点是：

① 重视人在学习活动中的主体价值，充分肯定学生的自觉能动性。

② 强调认知、意义理解、独立思考等意识活动在学习中的作用。

③ 重视人在学习活动中的准备状态，一个人的学习结果不仅取决于外部刺激和个体的主观努力，还取决于已有的知识水平、认知结构、非认知因素。

根据这种观点，学习过程被解释为每个人根据自己的态度、需要和兴趣并利用过去的知识与经验对当前工作的外界刺激（例如教学内容）作出主动的、有选择的信息加工过程。教师的任务不是简单地向学生灌输知识，而是首先激发学生的学习兴趣和学习动机，然后将当前的教学内容与学生原有的认知结构有机地联系起来，学生不再是外界刺激的被动接收器，而是主动地对外界刺激提供的信息进行选择性加工的主体。

（3）建构主义学习理论

建构主义学习理论在批判地继承行为主义学习理论的基础上，进一步发展了认知主义学习理论。它强调学习的社会性、情境性和主动性，认为知识不是通过教师传授得到的，而是学习者在一定的情境即社会文化背景下，借助他人（包括教师和学习伙伴）的帮助，利用必要的学习资料，通过意义建构的方式而获得的。因此，情境、协作、会话、意义建构是学习环境的四大要素。

该理论所提倡的学习方法是在教师的指导下，以学生为中心的学习。学生是知识意义的主动建构者；教师是教学过程的组织者、帮助者、指导者和促进者；教材所提供的知识不再是教师讲授的内容，而是学生主动建构意义的对象；媒体也不再是帮助教师传授知识的手段、方法，而是用来创设情境、进行协作式学习和会话交流，即作为学生主动学习、协作式探究的认知工具。

（4）人本主义学习理论

人本主义学习理论创始于 20 世纪 50 年代，60 年代后开始盛行，其主要代表人物是马斯洛和罗杰斯。该理论认为人的行为可以分成 3 个主要方面：心因动作（技能）、认知（智力和思维）和情感（情绪、价值观、态度），这三者是不可分割的整体，教学的各个环节必须考虑学生的情感、态度等人格因素。它强调人的潜能的发展和自我实现，主张教育是为了培养心理健康、具有创造性的人，并使每个学生达到自己力所能及的最佳状态。

根据人本主义学习理论，教育技术要体现以人为本的原则，给学生创设、提供自由发展的条件，以促进他们的自我实现和自我完善。其不足之处在于只注重人的主观意识，忽视了其他因素的影响，从而脱离了现实基础。所以在现实的教育教学当中，要把人本主义学习理论和教学实际相联系，不能生搬硬套。

2. 教学理论

教学理论是为解决教学问题而研究教学一般规律的理论。教学理论对教学实践有直接的指导作用。各种教学理论为教育技术的研究和发展提供了重要的理论指导。

（1）赞可夫的发展教学理论

赞可夫的发展教学理论的核心是：以尽可能大的教学效果来促进学生的一般发展。他认为教学必须担负使学生掌握知识和个性得到发展的双重任务。围绕和贯彻上述教学思想，他提出了以下原则。

① 教学应该坚持最近发展区原则。所谓最近发展区，指的是学生现有的发展水平和即将达到的发展水平之间的差异。它表现为“在成人的帮助下所达到的解决问题的水平与独立活动所能达到的解决问题的水平之间的差异”。所以，教师应该让学生学习的过程成为“跳一跳，然后摘到桃子”的过程。这样不仅使学生体验到了成功的乐趣，而且提高了教学的效率。

② 要让学生及早掌握相关知识的基本规律和基本原则，以便于学生灵活运用所学知识，举一反三，触类旁通。

③ 不让任何一个学生闲置或掉队，关注每一个学生。

④ 要让每一名学生都能够全面发展。

在传统的教育手段和教育模式下，教学活动都是“一刀切”，“吃不饱”的有之，“吃不了”的也有之。但在现代教育技术环境下，个别化教学已经步入了实践的轨道，教师可以关注每一个学生，学生也可以全面发展。总之，赞可夫的发展教学理论给现代教育技术提供了方法论指导，也对现代教育技术提出了要求。

（2）布鲁纳的发现教学理论

布鲁纳认为，学习者的学习过程不仅是主动地对进入感觉的事物进行选择、转换、储存和应用的过程，而且是主动学习、适应和改造环境的过程。因此，教师在教学过程中应该提出课题或提供一定的材料，引导学生充分发挥自己的主观能动性，亲自去发现需要学习的知识和规律。发现学习的步骤主要是设置问题情境—提出假设—推理—验证假设—得出结论。

发现教学有一定的适用性，它比接受教学耗时要多。发现教学受到学生智能、学习材料的难度、教师水平高低和指导多少的影响，对于基础较差、思维较慢的学生不太适合。丰富的材料、恰当的问题难度是学生进行发现学习的必要条件。发现教学对于教师的要求较高，大面积推广比较困难。

（3）巴班斯基的教学过程最优化理论

苏联教育科学院院士巴班斯基将现代系统论的方法引入教学论的研究，提出了教学过程最优化的理论。所谓教学过程最优化，是指教师根据培养目标和具体的教学任务，考虑教学的实际而制定或选择一个最佳的方案，它能使教师和学生在花费最少的必要时间和精力的情况下取得最好的效果。

巴班斯基认为，教学效果取决于教学诸要素的合力，为了取得最佳的教学效果，必须对教学诸要素和教学形式进行最优化组合。巴班斯基所提出的教学过程最优化是教育技术所追求的教学效果最优化的基础。

（4）布鲁姆的掌握学习理论

布鲁姆认为，只要给予足够的学习时间和适当的学习条件，几乎所有的学生对几乎所有的学习内容都可以达到掌握的程度。同时，布鲁姆还提出了影响学生学习的 3 个主要因素，即先决认知行为、先决情感特点和教学质量。其中，先决认知行为是指学习者在学习之前，必须具备一定的基础知识和能力；先决情感特点指学习者参与学习的动机和态度等；教学质量是指学校和教师对学生的学习和学习过程产生重要影响的各种直接控制因素。

教师和学生在布鲁姆的掌握学习理论中看到了“能教好”、“能学好”的曙光，从而巩固、激励了工作、学习的积极性。此外，布鲁姆的掌握学习理论给教学系统设计中的学习者分析提供了参考框架。

（5）奥苏贝尔的先行组织者教学理论

先行组织者是指在学习新材料之前呈现的一段具有适当相关性和包摄性的引导性材料。奥苏贝尔认为，有意义的学习只能建立在学生已有的先备知识经验基础之上。要进行有意义的学习，需具备两个条件：第一，材料本身与人的观念可以建立非人为的和实质性的联系；第二，学习者拥有与具体学习任务相关的知识。

奥苏贝尔的先行组织者教学理论给有意义的学习提供了参考意见，但具体如何应用，应用的效果如何，需要具体考虑学习者原有的知识基础和学习内容的性质。由于在实际的教育教学当中，对教学内容选择的余地很小，所以学习者已有的与具体学习任务相关的知识是教师考虑的重点。

（6）加涅的指导教学理论

加涅认为，教学包括一系列独立的活动，每一项活动都有可能对学习者产生显著的影响。加涅在其指导教学理论中提出了 9 段教学活动程序，即引起注意、告知学习目标、刺激对先前学习的回忆、呈现刺激材料、提供学习指导、引发学习行为、提供反馈、评估学习行为、促进记忆与迁移。

上述 9 个教学活动的出现顺序一般不变，但不是一成不变，也不是每节课都需要包含所有的活动。合理安排教学活动需要对教学进行系统的设计，从教学分析、教学展开和教学评价 3

方面进行筹划。在教学中还应对学生进行充分指导，来促进学生的学习。

1.3.2　视听传播理论

视听传播理论包括视听教育理论和传播理论两部分，前者侧重于经验的抽象层次，后者侧重于教育传播系统、过程。

1. 视听教育理论

在视听教育运动期间，视听教育理论学派众多，其中，美国的爱德加·戴尔的“经验之塔”理论最具有代表性。戴尔依照其抽象程度的不同，把人类学习的经验分为三大类 10 个层次，如图 1.2 所示。

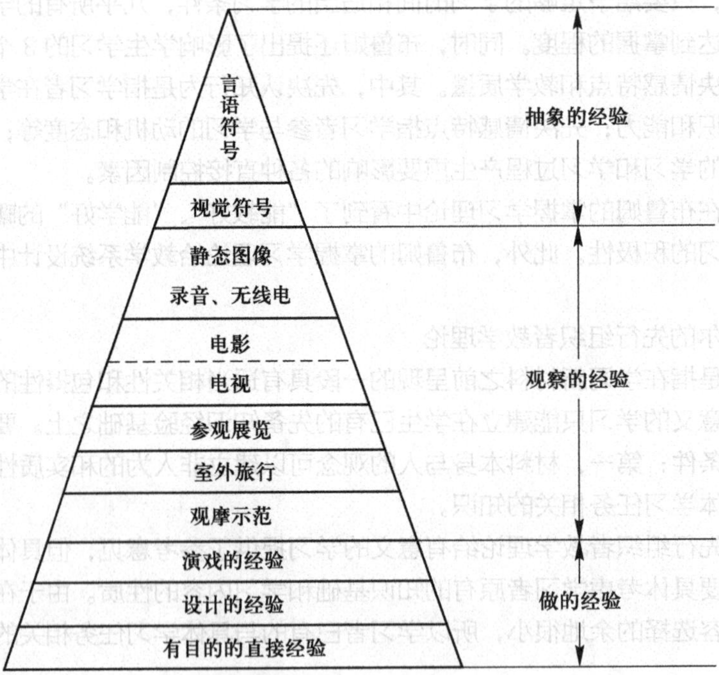

图 1.2　戴尔的“经验之塔”

（1）三大类经验

三大类经验的区别在于身体或思想介入活动的程度不同：“做的经验”要求人们充分运用自己的感官和肌肉，进行具体的、直接的活动；“观察的经验”只要求涉及较少的身体活动；“抽象的经验”几乎不涉及明显的身体活动，只是用思想活动去处理。

（2）10 个层次的经验

① 有目的的直接经验。它是学习者直接与真实事物本身相接触而获得的经验。通过这种方

式所获得的经验是具体的、直接的第一手经验，不但能为学习者提供最生动的感觉印象，而且能培养他们的探索精神和对世界的热爱之情，它是一切教育的基础。

② 设计的经验。它是一种经过“编辑的现实”，是一种真实事物发展过程的“省略”和“浓缩”。尽管设计出来的事物在尺寸、复杂程度等方面不能与真实事物相比，但能使学生通过设计、仿造真实事物，更好地理解真实事物，且比在真实事物中去取得直接经验更容易达到教育的目的或节约时间，提高效率。

③ 演戏的经验。演戏可以使学生在角色中更深刻地体验参与社会生活后的各种矛盾，因为演戏不同于看戏，它讲究入情、入境，要求演员全身心地投入。

④ 观摩示范。示范主要是给学生提供观察的范本。学生通过观察而获得经验，然后在实际活动中练习，从而转化成个人的经验。

⑤ 室外旅行。室外旅行主要是为了观察在课堂上看不到的事物。

⑥ 参观展览。参观展览的目的是获得对某一事物或某一领域的系统印象，将实物、模型、图表、照片、绘图等组合起来，系统、详尽地说明某一事物或某一领域的特定意义与成就。

⑦ 电影和电视。它们都是用真实事物的图像与声音去代替真实事物，当然不排除特技的运用。电视可以现场直播，但电影不能。

⑧ 静态图像、录音、无线电。它们都是实际事物不同侧面的再现，可以为不在现场的观众或听众提供一部分相关信息。

⑨ 视觉符号。视觉符号与现象事物已没有类似之处，但运用起来经济、方便。

⑩ 言语符号。言语符号已不含有符号对意义的视觉暗示，它是人类社会的一种约定，且这种约定不是由某个权力集团或某个人所决定的，而是在历史的长河中积淀下来的。

言语符号分为口头语言和书面语言。相比较而言，书面语言较口头语言难一些，因为只要有听说能力的人都可以讲本民族、本地区的语言，但要掌握书面语言则需要经过专门的书写训练。

（3）“经验之塔”与教育教学

从“经验之塔”的底层到顶层，经验越来越抽象，这在某种程度上反映了人的认知规律，即先具体后抽象，但不能完全反映人的认知规律，因为人在获得一定的知识经验、技能以后，可以先获得较抽象的经验，然后在此基础上获得较具体的经验。总之，丰富的具体经验是后续学习的坚实基础，在学习的初始阶段尤为重要，但学习过程不是一直按着“经验之塔”设定的经验层次攀升的，而是有跳跃、有回旋的。因此，教师要根据教学内容，结合学生已有的经验水平来决定教学内容的呈现形式。

正如有限的汉字组成无限的语句，有限的英文字母构成无限的英语单词一样，“经验之塔”中的三大类 10 个层次的经验构成了人类灵活的、广泛的和不断发生变化和作用的经验。这些层次的分割并不意味着人类的学习必须陷入严格死板的某一具体模式之中，而是要把各层次的经验更好地整合起来，灵活地选择、利用合适的教学媒体和教学方法，以便取得更好的教学效果。

2. 传播理论

传播是自然界和人类社会普遍存在的现象，是事物之间信息传递的过程。传播学是对人类社会活动中信息传递的规律进行探讨的一门科学，教育活动是人类信息传播的形式之一，是以教育目的为前提，并具有教育相关属性的传播活动。

由于教育技术的研究范畴是有关教育信息传播的模式、方法以及过程设计等内容，因此传播学理论对其具有直接的指导与借鉴意义。拉斯韦尔的“5W”模式和香农–韦弗传播模式对教育技术产生了深远的影响，贝罗的传播模式被认为是比较适合于教育传播过程的模式。

（1）拉斯韦尔的“5W 模式”

1948 年，美国政治学家哈罗德·拉斯韦尔在《传播在社会中的结构与功能》一文中提出了一个用文字形式阐述的传播模式。他认为，描述传播行为的一个方便的方法是回答 5 个问题：谁（Who）、说什么（Say What）、通过什么渠道（In Which Channel）、对谁（To Whom）、产生什么效果（With What Effect）。这就是著名的“5W 模式”，如图 1.3 所示。

图 1.3　拉斯韦尔的“5W 模式”

拉斯韦尔的“5W 模式”奠定了传播研究的五大内容。

① 控制分析：研究“谁”，也就是传播者，进而探讨传播行为的原动力。

② 内容分析：研究“说什么”以及怎样说的问题。

③ 媒体分析：研究传播通道，除了研究媒体的性能外，还要探讨媒体与传播对象的关系。

④ 受众分析：研究庞大而又复杂的受传者，了解其一般的和个别的兴趣与需要。

⑤ 效果分析：研究受传者对接收信息所产生的意见、态度与行为的改变等。

拉斯韦尔传播模式在大众传播中获得了广泛的应用。但这一模式过于简单，具有以下明显的缺陷：首先，它忽略了“反馈”的要素，是一种单向的而不是双向的模式，受此模式的影响，过去的传播研究忽略了反馈过程；其次，这个模式没有重视“为什么”或动机的研究。在动机方面，有两种值得重视的动机：一是受众为何使用传播媒体；二是传播者和传播组织为什么去传播。

后来有人在 5W 的基础上增加了“Why”和“Where”两个要素，成为 7W 模式。

（2）香农–韦弗传播模式

1949 年，香农和韦弗在研究电报通信问题时，在合著的《通信的数学理论》一书中提出了一个传播模式，这一模式原是单向直线式的，但不久以后，他们就加入了反馈系统，并引申其含义，用来解释一般的人类传播过程，如图 1.4 所示。

这是一个把传播过程分成 7 个组成要素，带有反馈的双向传播模式。模式中信源（传播者）和编码器往往是同一人，信宿（受传者）和译码器也是同一人。从信息源中选出准备传播出去的信息，然后，这一信息经编码器转换为语言、文字、图画、动作和表情等各种符号与信号，信号通过空气、纸张、身体、面部表情等传播媒体（通道）传递给受传者，再经译码器转换成符号并解释为信息的意义，最后为信宿——受传者所接收利用。受传者收到信息后，必然在生理、心理上产生反应，并通过各种形式给传播者"反馈"信息。另外，在传播过程中还存在有干扰信号，干扰信号可以影响到信源、编码、信道、译码、信宿等部分，这里为了简化，只集中表示对信道的干扰。一个优秀的传播者要经常注意受传者的反应，修正传播内容，使之更适合受传者的需要、兴趣和经验等，以加强传播效果。

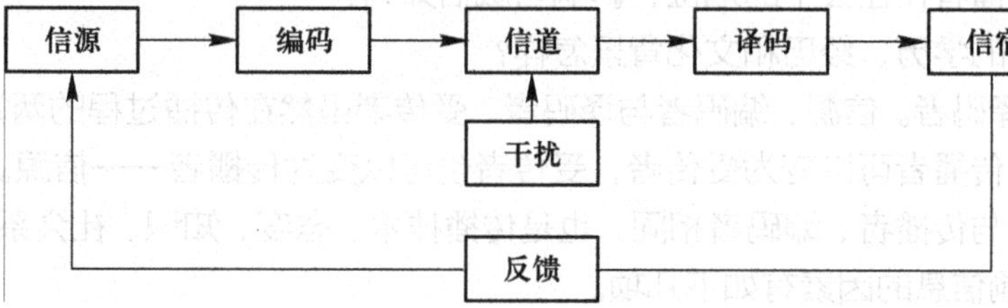

图 1.4　香农–韦弗传播模式

香农–韦弗传播模式指出了教学传播过程的双向性。教学信息的传播同样是通过教师和学生双方的传播行为来实现的，所以教学过程要充分利用反馈信息随时调整和控制师生双方活动，以达到预期的教学目标。

（3）贝罗的 SMCR 模式

贝罗的 SMCR 模式以传播系统的 4 个构成要素（信源、信息、通道、受传者）为框架，综合了哲学、心理学、语言学、人类学、大众传播学、行为科学等理论去解释传播过程，充分显示了传播活动的复杂性，引导教师用更开阔的视野去寻找提高教学效果的有效措施。该模式的简图如图 1.5 所示。

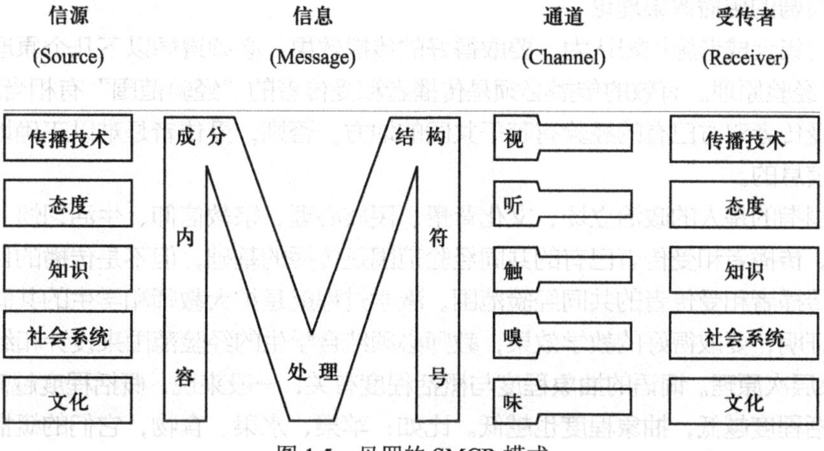

图 1.5　贝罗的 SMCR 模式

① 信源和编码者。研究信源和编码者，需要考虑他们的传播技术、态度、知识水平、所处的社会系统及自身的文化背景等。

传播技术：信源与编码者不论是以说话还是写作来传播，必须讲究传播的方式，才能保持信息本身的真实性和趣味性。传播技术包括语言（如语言的清晰和说话的技巧）、文字（如文字写作的技巧）、思想（如思维周密）、手势（如动作自然）及表情（如逼真）等。

态度：传播者是否喜爱传播的主题？是否有明确的传播目的？对受传者是否有足够的了解？

知识：传播者对传播的内容是否彻底了解？是否有丰富的知识？

社会系统：传播者在社会中的地位、影响与威信如何？

文化：传播者的学历、经历和文化背景怎样？

② 受传者与译码者。信源、编码者与译码者、受传者虽然在传播过程的两端，但是在传播过程中，信源——传播者可以变为受传者，受传者也可以变为传播者——信源。所以影响受传者与译码者的因素与传播者、编码者相同，也是传播技术、态度、知识、社会系统与文化诸项。

③ 信息。影响信息的因素有如下几项。

- 符号：包括语言、文字、图像与音乐等。
- 内容：为达到传播目的而选取的材料，包括信息的成分与结构。
- 处理：传播者对选择及安排符号和内容所做的种种决定。

④ 通道。通道是指传播信息的各种工具，如各种感觉器官，载送信息的声、光、空气、电波、报纸、杂志、播音、电影、电视、电话、唱片、图画、图表等。在传播过程中，信息的内容、符号及处理方式均会影响通道的选择。如哪些信息适合于语言传送，哪些信息适合于以视觉方式传送，哪些信息适合于以触觉、嗅觉、味觉方式传送，等等。

贝罗的传播模式比较适合用于研究和解释教学传播系统的要素与结构，如 S-M-C-R 相当于教师—课业—手段—学生。可以以其揭示的条件为依据，联系实际传播场合及要素的具体情况，预测教育传播的效果，发现可能存在的问题。

（4）施拉姆的传播效果理论

传播学的集大成者施拉姆认为，要取得好的传播效果，必须遵循以下几个原理。

① 共同经验原理。有效的传播必须是传播者和受传者的“经验范围”有相当的重叠部分，即传播者和受传者双方已有的经验有若干共同的地方，否则，受传者是难以正确地解释和理解他所收到的信息的。

经验范围指的是人的政治立场、文化背景、民族心理、宗教信仰、生活习惯、知识结构、兴趣爱好等。传播者和受传者已有的共同经验范围是传播的基础，但不是传播的目的，传播的目的是扩大传播者和受传者的共同经验范围。教学过程就是扩大教师和学生的共同经验范围的过程。实践证明，要取得好的教学效果，教师必须结合学生的经验范围来设计和组织教学。

② 抽象层次原理。词语的抽象程度与概括程度有关，一般来说，概括程度越高，抽象程度就越高；概括程度越低，抽象程度也越低。比如：苹果、水果、食物，它们的概括程度越来越高，抽象程度也越来越高。如果传播者想要一个苹果，按照“苹果—水果—食物”的顺序来表

达，则受传者越来越不知道他想要什么了。但不能因此否定抽象程度高的词语。抽象程度高的词语可以将意思简洁明了地表达出来，如专业术语，只是它对受传者的要求较高。因此，在传播的过程中，传播者要根据传播的内容和受传者的经验范围来选择词语。

在教育传播过程中，如果教师的表述只是停留在较具体的层次上，那么，信息传输的效率将很低，学生将有“吃不饱”的感觉；如果教师的表述只是停留在较抽象的层次上，那么，信息传输的效率将很高，但有相当一部分信息会因为学生不能理解而不能被接受，造成课堂上“信息浪费”和“信息匮乏”并存。这两种情况都不利于教学效果的提高。

③ 重复作用原理。这里所说的“重复”并不是简单的“复制式”重复，而是指“迁移式”重复，即在不同的场合或用不同的方式去重复作用。

重复作用不仅有利于巩固已有的知识、技能，还有助于提高运用知识、技能的能力。中国古代就有“温故而知新，可以为师矣”的说法。现在，教育理论中的“短时记忆—长时记忆”，艾宾浩斯的遗忘曲线等理论都主张学习要适当地重复。

④ 信息来源原理。传播研究证明，传播者的知名度、权威性、个性品质、与受传者的关系等都会对传播效果产生影响，而且传播者的这些特性与传播效果之间的关系多为正相关。所以，教师一定要维护好自己在学生心目中的形象，处理好师生关系，还要保证所选用的教材、视听材料等的正确性、真实性和可靠性。

⑤ 最小代价原理。所谓最小代价，就是用最小的努力获得最大的收益。这是人类追求的目标，从人类的语言可以看出：最常用的文字结构字数较少，最常用的字笔画也较少。所以，在教育传播过程中，教师选择教学媒体要考虑投入和产出；教师呈现教学信息要考虑学生的需要，力争让学生付出较小的努力就获得较好的学习效果。

1.3.3 系统科学理论

系统科学是信息论、控制论、系统论、协同论、耗散结构论和突变论的统称，其中，信息论、控制论、系统论合称为“三论”，协同论、耗散结构论和突变论合称为“新三论”。系统科学是方法论学科，适用于任何一门学科。

1. 三论

（1）信息论

信息论是研究各种系统中信息的计量、传递、变换、存储和使用规律的理论。

信息是事物运动状态和规律的表征，能减少和消除人们对事物认识的不确定性，进而影响行为的选择。信息无处不在，通过物理系统、生物系统、社会系统等均可进行信息的传递与交流。系统就是通过获取、传输、加工和处理信息而实现其有目的的运动的。

（2）控制论

控制是通过信息反馈进行有效操作，以实现目的的一种活动。反馈是指系统的输出转变为系统的输入的过程。控制论是关于各种系统中的控制和调节的一般规律的科学。

任何系统都是按照一定的秩序运行的，但系统中总会存在偶然的、随机的偏离因素，使系统偏离正常的运行状态。为了保持系统的正常运行状态，就必须对系统进行控制。控制的必要条件是反馈。反馈就是用系统的输出物控制系统的再输入的过程，因为系统的输出物反映了系统的运行状态。

（3）系统论

系统论是研究一切系统的模式、原理以及规律的科学。

系统是由两个或两个以上相互作用和相互联系的要素结合而成的、具有特定的整体结构并适应环境的特定功能的有机整体。系统的功能不是组成系统的各要素功能的简单叠加，而是有机组合。系统的各要素之间、要素与系统之间以及系统与环境之间存在着一定的有机联系，从而在系统的内部与外部形成一定的结构和秩序，实现一定的功能。

2. 新三论

（1）协同论

协同论的研究对象是自组织现象。任何较大的系统都可能发生自组织现象，因为系统具有自组织性。

自组织性是指系统或事物通过外界的偶然涨落作用自发地从无序状态走向有序状态，并以最初的自组织为核心，使有序程度不断增加，最终达到一个有序的稳定状态。

所谓有序，是指系统的组织化程度走向增加，混乱度走向减少。系统由低级的结构变为较高级的结构是有序，反之是无序。

协同论承认系统自组织性的存在，认为在由众多的子系统构成的较大系统中，如果系统与环境保持着相互作用，那么，在一定条件下，这些子系统可以发挥整体的功能。

（2）耗散结构论

耗散结构论是研究非平衡态开放系统的结构和特征的理论。耗散结构论认为，一个远离平衡态的非线性的开放系统不断地与外界交换物质和能量，在系统内部某个参量的变化达到一定的阈值时，通过涨落，系统可能发生突变即非平衡相变，由原来的混沌无序状态转变为一种时间上、空间上或功能上的有序状态。

耗散结构论的适用对象是耗散结构系统。耗散结构系统是一个开放的系统，但并非所有的开放系统都具有耗散结构。一个系统要形成耗散结构，需满足以下条件：①系统开放（开放度＜1）；②系统远离平衡态；③系统内部存在非线性相互作用；④系统有涨落（系统走向有序的诱因）。成长中的人、放在容器中加热的水都满足上述条件，其都属于耗散结构系统。

（3）突变论

突变论是研究客观世界非连续性突然变化现象的理论。突变论的主要特点是用形象而精确的数学模型来描述和预测事物的连续性中断的质变过程。

突变论认为，原因的连续作用有可能导致结果的突然变化，并且结果的类型的增长速度远高于原因的类型的增长速度，即原因的类型每增加一个，结果的类型就会增加数个或十几个，甚至更多。

新三论的出现为教育技术的理论和实践提供了新的思路和方法。在新三论的启发下，远离平衡态的、非线性的、突变的、不可预测的、协同的等概念被引入到教学系统设计中，使教学设计突破了传统的线性的、可预测的、封闭的系统观。人们开始全面、动态、开放地审视教学设计，在确定性和不确定性观点相互作用下开展教学设计。

3. 系统科学的基本原理

系统作为一个多元素的有机结构体，具有一些共同特征，即整体性、相关性、目的与功能性、自适应性、动态性和有序性。从系统的特征出发研究系统的规律，便产生了系统科学的基本原理。

（1）整体原理

整体性是系统的本质特征，系统中各要素的自身状态和互相关联形式决定了整个系统的总的功能和效果。因此，研究系统必须从整体出发，考虑到各要素之间的联系与制约，充分认识到系统的功能总和并不是若干组成要素功能的简单相加，而是各功能之和与关联因素的综合结果，即一加一未必等于二。对于一个各要素之间结构合理、能够协调行动的系统来说，结果将是 1+1＞2，反之亦然。所以对系统结构与协调的研究是整体性原理的主要内容。

任何系统只有通过相互联系形成整体结构才能发挥整体功能，系统中各要素是相互作用、相互依存的，没有整体联系，没有整体结构，要使系统发挥整体功能是不可能的。在设计教学系统的时候，应重视从整体进行系统分析，综合考虑课堂教学过程中各个要素，如教师、学习者、教学内容及教学媒体等，并注意各要素间的协调、配合，发挥系统的整体功能，使教学系统成功运行。

（2）反馈原理

任何系统如果没有反馈机制，必将以一种单一状态走向消亡。没有反馈就无法实现有效的控制，使系统失去保持动态平衡和自适应的特性。因此，对于一个有明确目的与功能的系统来说，信息反馈是十分必要的。

教学系统要取得好的教学效果，也要实施控制，尤其是对教学过程的控制，因为教学过程直接影响教学效果。为了对教学过程进行有效的控制，教师要收集相关的教学反馈信息，包括学生的课堂反应、学生的作业、学生的测验成绩，等等。教师获得了教学反馈信息，才能决定下一步如何展开教学活动。总之，在教育教学过程中，教师影响学生，学生也影响教师，只有师生相互影响，才可能取得好的教学效果；只有教师影响学生而没有学生影响教师，一定不能取得好的教学效果。

（3）有序原理

由于系统的结构、功能和层次的动态演变有某种方向性，从而使系统具备了有序特征。系统从初始的简单、无序状态通过逐步的演变，走向高级的复杂、有序状态，有序能使系统趋向于稳定。系统要达到有序，首先必须是一个开放式系统，即与外界有信息的交换，否则，一个封闭的自运行系统是无法走向有序的。其次，系统必须具有偏离平衡态的能力，这样在外部作用下才能发生能量变化，走向熵值减少的新稳态。

教学系统要想保持自己的活力，就应该是个开放的系统，就要根据新的技术和理论的发展及社会需求的变化来调整教学目标、教学内容、教学方法等。

1.4　教育信息化与教师教育技术能力培养

人们对“教育信息化”这个名词并不陌生，但对教育信息化的理解却不尽相同。本节简要介绍教育信息化的概念及特征、我国教育信息化的发展以及教育信息化与教师教育技术能力培养的关系。

1.4.1　教育信息化的概念及特征

教育信息化是指在教育领域全面深入地运用现代信息技术来促进教育改革和教育现代化的过程。

该定义界定了教育信息化的范围，突出了现代信息技术在教育信息化过程中的作用，明确了教育信息化的最终目的——实现教育现代化。教育信息化的主要特征如下。

1. 教材多媒化

教材多媒化就是利用多媒体，特别是超媒体技术建立教学内容的结构化、动态化、形象化表示。现在已经有越来越多的教材和工具书实现了多媒体化，它们不但包含文字和图形，还能呈现声音、动画、录像以及模拟的三维空间。

2. 教学个性化

利用人工智能技术构建的智能导师系统能够根据学生的不同个性特点和需求进行教学和提供帮助。为了做到这一点，学生个性的测定，特别是认知方式的检测，将成为教育研究的重要课题。

3. 资源全球化

利用网络，特别是 Internet，可以使全世界的教育资源连成一个信息海洋，供广大教育用户共享。

4. 学习自主化

以学生为主体的教育思想日益得到认同，在信息技术支持下的教学使这种思想得以有效地实现。建构主义任务驱动式教学模式的推广、网络环境下异步教学方式的普及使学生有更多自主学习的机会。

5. 活动合作化

当前教育的发展方向是要求学生通过合作方式完成学习任务。信息技术支持下的教学情境为合作学习提供了更好的前提条件。合作形式包括通过计算机合作学习（如网上合作学习）、在计算机前合作（如结对共享）、与计算机合作学习（如教师制作课件扮演学生同伴角色）等形式。

6. 管理自动化

计算机管理教学（CMI）包括计算机化测试与评分、学习问题诊断、学习任务分配等功能。最近的发展趋向是在网络上建立电子学档，其中包含学生电子作品、学习活动记录和学习评价信息等。

7. 环境虚拟化

教育环境虚拟化意味着教学活动可以在很大程度上脱离物理时空的限制。现在已经涌现出一系列的教育环境，包括虚拟教室、虚拟实验室、虚拟校园、虚拟学社、虚拟图书馆等，由此带来的必然是虚拟教育。虚拟教育可分为校内模式和校外模式。校内模式是利用局域网开展网上教育，校外模式是指利用广域网进行远程教育。

8. 系统开放化

系统开放化包括：内容开放——通过超链接实现本地资源与远程资源的无缝连接，内容空间可无限扩张；结构开放——利用构件化技术，允许随时更新教育内容的组态；功能开放——提供全面的教育服务，能够支持按需学习、适时学习。

1.4.2 我国教育信息化的发展

教育信息化是由信息技术的不断发展而引起的，是现代教育技术发展过程中的一个阶段。现在，教育信息化已成为全球教育关注的热点。信息技术的飞速发展给我国的教育带来了一系列的挑战，要求人们紧跟时代步伐，实现教育的现代化。而教育信息化为教育的改革和发展提供了机遇，是实现教育现代化的基础和条件，是教育现代化的重要内容和主要标志，以教育信息化推进教育现代化已是当今世界教育改革与发展的共同趋势。

我国的教育信息化起始于 20 世纪 80 年代初期，崛起于 20 世纪 90 年代，如今已具雏形。我国教育信息化的实施是以政府自上而下推动为主的，从全国到各地方的教育行政管理部门提出过多项政策和工程，并投入了大量的建设资金予以支持。到目前为止，我国的基础教育信息化大致经历了 3 个阶段，每个阶段都有自己的重点、目的、口号和运行方式，如表 1.2 所示。

表 1.2　我国基础教育信息化发展的 3 个阶段

阶段/时间	重点/目的/口号	运行方式	热点领域
第一阶段：20 世纪 70 年代末—80 年代初	计算机学科教学/让学生学习和掌握信息技术的基础知识和基本技能/“程序设计是第二文化”	开课年级从高中、初中，再到小学；课程形式从选修课到必修课；课程内容开始主要是程序设计，后来增加了应用软件的操作与使用；课程名称由计算机课变成“信息技术课程”	信息技术课程
第二阶段：20 世纪 80 年代后期—90 年代中期	计算机辅助教学与计算机辅助管理/开发教学、管理软件和课件，计算机作为一种工具/“计算机与基础教育相结合是国际发展趋势”	教学软件类型向组件、积件发展；教学平台向素材型、工具型、平台型方向发展；计算机辅助教学向强调学生主体性的“课程整合”发展；由教师自己开发课件向教师整合利用各种资源为主；建构主义教学模式成为课程整合的理论基础	课程整合
第三阶段：20 世纪 90 年代中后期	网络教育/网络教学技能、方法，网络资源建设/“建网、建库、建队伍”	建多媒体教室；建校园网；天网地网相结合，实施“校校通”工程；对学生开设网络课程；建网上教育资源库；研究基于网络的教学模式；探索基于网络的研究性学习；试验远程教学模式	网络教育

目前，我国教育信息化的发展方向主要是对新技术、新媒体的应用、教与学模式的创新、教育技术能力培养、信息技术与课程整合等领域。

1.4.3　教师教育技术能力培养

教育的信息化离不开教师的参与，教师是教育系统中的一个重要要素，因为信息技术教育及其应用最终要通过教师才能贯彻到学校教育当中去。要实现教育信息化，首先要实现教师教育的信息化。所谓教师教育信息化是利用现代信息技术促进广大教师（包括在职的和职前的）专业技能发展和实现自我完善的过程，这一过程可以通过培养教师的教育技术能力来实现。

1. 培养教师的教育技术能力可以促进教师专业能力发展

在信息时代，具有创新能力的人才在推动经济发展和促进社会进步中发挥着举足轻重的作用，教育的价值凸显了出来，教师的价值也得到了认可。人们对教育的期望不断地提高，对教师的期望越来越高，对教师素质的要求也提高了，教师专业化问题成了人们关注的焦点。

1966 年，国际劳工组织、联合国教科文组织发表《关于教员地位的建议》，首次以官方文件形式对教师专业化做出了明确说明：“教育工作应视为专业职业。这种职业要求教员具备经过严格而持续不断的研究，才能获得维持专门技能的公共业务；它要求对所辖学生的教育和福利具有个人及共同的责任感。”

在信息社会，教师的专业知识、专业道德、专业技能等内涵都发生了新的变化，教师专业标准也要随之改变，教育技术应用能力成了衡量教师专业化水平的一项重要内容，教育部于2004 年 12 月 25 日颁布了《中小学教师教育技术能力标准（试行）》（以下简称《标准》），这是我国关于教师专业化的第一个规范性的要求，也是教师教育的依据。

《标准》对教学人员、管理人员、技术人员的教育技术能力标准都作了明确的规定。尽管 3 种不同工作性质的教师的能力标准不同，但标准的维度是相同的，都是从意识与态度、知识与技能、应用与创新、社会责任等 4 个方面进行界定的。做事（应用与创新）好比航海，知识和技能为“船”，意识与态度、社会责任感为“帆”，船坚帆正才能远行。但人非生而知之者，后天的学习很重要，教师的专业成长也一样，他们需要接受教育技术培训。

现阶段，教师的教育技术能力培训有两种，一种是师范生的在校培训，另一种是在岗教师的再培训。在人的职业生涯中，两种培训的阶段不同，但两者的目的是相同的，都是为了提高教师专业能力。

现在，对在岗中小学教师的再培训可遵循教育部师范司组织制定的《中小学教学人员（初级）教育技术能力培训大纲》（以下简称《大纲》）；对在校的师范生进行教育技术能力培训的纬度则较多，除了常规的教育学、心理学、教法课和专业实习、教育实习以外，还有现代教育技术。

“现代教育技术”课程理论与实践并重、能力与意识兼顾，其中所涉及的内容包括教育教学的理论和理念、媒体技术和实践，还包括教学系统设计。通过对“现代教育技术”课的学习，学生可以建立在学科教学中应用信息技术的意识，树立科学的、基于信息技术的现代教育思想和新的教育观念，掌握信息技术的基本方法和基本技能，获得利用信息技术获取、交流、处理与应用教学信息的能力和继续学习信息技术新知识的能力，以及将信息技术与学科教学相整合的能力。

2. 培养教师的教育技术能力可以确保农村远程教育工程取得成效

2003 年国务院召开了全国农村教育工作会议，决定“实施农村中小学现代远程教育工程，促进城乡优质教育资源共享，提高农村教育质量和效益”，要求“在 2003 年继续试点工作的基础上，争取用五年左右时间，使农村初中基本具备计算机教室，农村小学基本具备卫星教学收视点，农村小学教学点具备教学光盘播放设备和成套教学光盘”。

现在，农村远程教育工程经过了 5 年的建设，已基本实现了预定目标。远程教育工程的确为教育资源的共享提供了物质基础，帮助教师解决了“拿什么来教”的问题，但没有帮助教师解决“如何来教”的问题。这些中小学生能否享用教育资源、远程教育工程能否取得成效，关键在于教师能否恰当地应用远程教育资源。

农村教师由于受历史的、传统的、经济的、地域的等诸多因素的影响和制约，部分教师在不同程度上适应不了现代信息技术环境下的教师素质要求，主要表现在：主观上教育思想落后、教育观念僵化，不能正确理解并把握运用现代信息技术与深化教育教学改革、实施素质教育的内在联系；客观上由于受自身条件因素的制约，在知识面上显得偏窄、老化、陈旧，知识结构上又显得单一，在操作技能上不会运用计算机、多媒体、网络等先进手段进行设计和教学，更不会利用网络等通信手段去获取、加工、筛选和处理教育教学资源。

为进一步加强教师培训，全面提高中小学教师特别是农村教师队伍整体素质，确保农村远程教育工程取得实效，教育部、财政部从 2010 年起又实施了“中小学教师国家级培训计划”（简称“国培计划”），其培训的重点内容之一就是教育技术能力培训。

3. 培养教师的教育技术能力可以推动基础教育的新课程改革

2001 年 6 月 8 日，教育部印发了《基础教育课程改革纲要（试行）》（以下简称《纲要》）。《纲要》提出了新课程的培养目标，对基础教育的课程体系、结构、内容作了新的调整，为素质教育的实施提供了保障。为了完成新课程改革的目标，为了更好地实施素质教育，中小学教师必须接受教育技术能力培训。

通过现代教育技术培训，中小学教师可以获得现代教育思想、理论，从而更好地理解新课程改革的目标，为主动地实践新课程改革提供思想基础和方法论指导。长期的应试教育使得教师的教育思想越来越狭隘，教育实践追求的只是分数，评价学生的唯一标准也是分数，根本无暇顾及学生的能力与情感，“四有新人”的培养成为空谈，学生的“全面发展”变成了单向发展。

通过现代教育技术培训，中小学教师不仅获得了教学系统设计的能力，还获得了驾驭媒体的技能，可以得心应手地将设计方案付诸行动。现代教育媒体被引进学校教育以后，总体来说并没有很好地发挥应有的功能，其中有一个原因是教师没有驾驭媒体的能力，没办法利用媒体实现自己的教学想法。

总之，教育信息化的根本目的是培养信息时代的合格公民和满足信息时代需求的人才，对教师进行教育技术能力培训是完成该目标的有力保障，在校的师范生学习“现代教育技术”这门课是教育信息化的必然要求。

1.5　信息技术与课程整合

在当前时代发展、教育改革的大背景下，信息技术与课程整合已成为教育界学习和研究的热点。本节简要介绍信息技术与课程整合的概念、目标以及基本方式。

1.5.1　信息技术与课程整合的概念

信息技术是指与计算机、网络相关的各种软硬件技术，包括多媒体技术、超媒体技术、虚拟现实技术等，是人类处理信息的技术。随着信息技术应用的日益广泛和我国信息化教学环境的进一步形成，把信息技术有效地整合到学科课程中是当前教师亟须具备的能力和素质。

"整合"在系统科学的思维方法论上，表示为由两个或两个以上较小部分的事物、现象、过程、物质属性、关系、信息、能量等在符合具体客观规律或符合一定条件要求的前提下，凝聚成一个较大整体的发展过程及结果。课程整合，从理论上讲，是对课程设置、各课程教育教学的目标、教学设计、评价等诸要素作系统的考虑与操作，也就是说要用整体的、联系的、辩证的观点来认识、研究教育过程中各种教育因素之间的关系。

信息技术与课程教学整合是一个包含着多种思想、多样实践的概念，不同的研究者和实践者从不同的视角对课程整合做出了如下几种不同的界定。

① 南国农教授认为：信息技术与课程整合是指将信息技术以工具的形式与课程融合，将信息技术融入课程教学系统各要素中，使之成为教师的教学工具、学生的认识工具、重要的教材形态、主要的教学媒体；或指将信息技术融入课程教学的各个领域，如班级授课、小组学习、自主学习，信息技术既是学习的对象，又是学习的手段。

② 何克抗教授认为：信息技术与课程整合的本质与内涵是要求在先进的教育思想、理论的指导下，尤其是主导—主体教学理论的指导下，把以计算机及网络为核心的信息技术作为促进学生自主学习的认知工具与情感激励工具、丰富的教学环境的创设工具，并将这些工具全面地应用到各学科教学过程中，使各种教学资源、各个教学要素和教学环节，经过整理、组合而相互融合，在整体优化的基础上产生聚集效应，从而促进传统教学方式的根本变革，也就是促进以教师为中心的教学结构与教学模式的变革，从而达到培养学生创新精神与实践能力的目标。

③ 李克东教授认为：信息技术与课程整合是指在课程教学过程中把信息技术、信息资源、信息方法、人力资源和课程内容有机结合，共同完成课程教学任务的一种新型的教学方式。它的基本思想包括 3 个基本点：要在以多媒体和网络为基础的信息化环境中实施课程教学活动；对课程教学内容进行信息化处理后成为学习者的学习资源；利用信息加工工具让学生知识重构。

④ 祝智庭教授认为：课程整合是指把技术以工具的形式与课程融合，以促进对某一知识领域或多学科领域的学习。技术使学生能够以前所未有的方法进行学习。只有当学生能够选择工具帮助自己及时地获取信息、分析与综合信息并娴熟地表达出来时，技术整合于课程才是有效的。技术应该像其他所有可能获得的课堂教具一样成为课堂的内在组成部分。

通过上述观点，可以看到一些共性的东西，那就是：信息技术与课程整合是通过把信息技术融入教学过程，达到教学和学习的改善。当然这种融入并不意味着信息技术只起辅助教学的作用，而强调系统、全面地看待信息技术，强调建立新型的基于信息技术的教与学的模式，强调学习者使用信息技术进行自主、探究、协作式的学习。

1.5.2 信息技术与课程整合的目标

信息技术与课程整合的宏观目标是建设数字化教育环境，推进教育的信息化进程，促进学校教学方式的根本变革，培养学习者的创新精神和实践能力，实现信息技术环境下的素质教育与创新教育，具体表现为以下几个方面。

1. 培养学生具有终身学习的态度和能力

学习资源的全球共享，虚拟课堂、虚拟学校的出现，现代远程教育的兴起，使人们可以随时随地通过互联网进行学习，学习空间变得无围墙界限了。教育信息化还为人们从接受一次性教育向终身学习转变提供了机遇和条件。终身学习就是要求学习者能根据社会和工作的需求，确定继续学习的目标，并有意识地自我计划、自我管理、自主努力，通过多种途径实现学习目标的过程。要实现终身教育和终身学习，教育必须进行深刻的变革：要使教学个性化、学习自主化、作业协同化，要把培养学生学会学习，培养学生具有终身学习的态度和能力作为教育目标。

2. 培养学生具有良好的信息素养

教育信息化为终身学习带来了机遇，但只有学生具备了良好的信息素养，才能把终身学习看成是自己的责任，才能够理解信息所带来的知识并形成自己的知识结构。信息技术与课程整合正是培养学生形成所有这些必备技能和素养的有效途径。

有学者认为信息素养是指“能清楚地意识到何时需要信息，并能确定、评价、有效利用信息以及利用各种形式交流信息的能力”（纽约州立大学图书馆馆长理事会，1997 年 9 月）；本书认为，信息素养应包含以下 3 个最基本的要点。

（1）信息技术的应用技能

这是指利用信息技术进行信息获取、加工处理、呈现交流的技能。这要通过对学习者进行信息技术操作技能与应用实践训练来培养。

（2）对信息内容的批判与理解能力

在信息收集、处理和利用的所有阶段，批判性地处理信息是信息素养的重要特征，表现为：①对信息的检索策略、对所要利用的信息源、对所获得的信息内容都能进行逐一的评估；②在接受信息之前，会认真思考信息的有效性、信息陈述的准确性，识别信息推理中的逻辑矛盾或谬误，识别信息中有根据或无根据的论断，确定论点的充分性。要具备这些素养，不仅需要接受计算机技术技能训练，还需要接受科学分析思维能力的训练。

（3）运用信息、融入信息社会的态度和能力

这是指信息使用者要具有强烈的社会责任心、具有良好的与他人合作共事的精神，使信息技术的应用能够推动社会进步，并为社会做出贡献。这些素养的形成也不是仅通过计算机技术技能训练就能形成的，还要通过加强思想情操教育训练来培养。

3. 培养学生掌握信息时代的学习方式

在信息化学习环境中，人们的学习方式发生了重大的变化：学习者的学习内容主要不是来

源于教师的讲授和教材，而是来源于信息化平台和数字化资源；学习过程变被动为主动，主要通过师生之间的协商讨论和合作来学习。学习者通过对资源的收集、利用来探究知识、发现知识、创造知识和展示知识。因此，要通过信息技术与课程的整合，使学生掌握信息时代的学习方式：会利用资源进行学习；会在数字化情境中进行自主发现学习；会利用网络通信工具进行协商交流，能进行合作讨论式学习；会利用信息加工工具和创作平台，能进行实践性、创造性学习。

4. 促进学生能力素质的提高

研究信息技术与课程整合的根本目的在于通过优化教学活动来促进学生能力素质的提高，即通过学生对信息的获取、分析、加工、整理、利用，通过学生的自主探究和协作学习，来培养他们的创新意识、创新精神和创新能力，培养他们与人交往、合作的意识和能力，培养他们在信息社会中学习、发展和生存的能力，培养他们的独立人格、超群心理、超前意识、开放意识和主人翁精神，使他们在学习中获得快乐，从而不断地发展自己和提高自己。

1.5.3 信息技术与课程整合的基本方式

信息技术与课程整合是实现教学活动最优化的一个过程，在这个过程中要以先进的教育思想、教育理论为指导，充分发挥信息技术和信息资源的作用，合理地进行信息化教学设计，实现课堂教学方式的根本变革，从而达到培养学生创新精神和创新能力的目标。在整合过程中，教师在不同的教育思想和教育理论的指导下，应用不同的信息技术手段和信息资源进行信息化教学设计，可形成多种信息技术与课程整合的方式。特别是不同学科有不同的特点，合理选择整合方式将更有利于课堂教学效果的提高。

目前，信息技术与课程整合的方式主要有两大类型，即信息技术辅助教学的方式和信息技术支持教学的方式。前者侧重于“教”，后者侧重于“学”。具体表现为以下几个方面。

1. 信息技术作为教学演示工具

教师可以使用现成的计算机辅助教学软件或多媒体素材库，也可以综合利用各种教学素材，借助多媒体创作工具，编写自己的演示文稿或多媒体课件，形象地演示难以理解的教学内容，或用图表、动画等展示动态的变化过程或理论模型等。另外，教师也可以利用模拟软件或计算机外接传感器来演示某些实验现象，帮助学生理解所学的知识。

2. 信息技术作为个别辅导工具

教师可以利用计算机辅助教学软件（包括操练与练习、对话、游戏、模拟、问题解答及虚拟教学等类型），让学生在练习、测验或观摩体验中掌握所学的知识，实现个别辅导式教学。在该种教学方式中，计算机教学软件代替了教师的部分职能，如演示、评定、模拟教学等，个别辅导教学还能在一定程度上注意学生的个别差异，这有利于学生的自主学习。

3. 信息技术提供资源环境及作为信息加工工具

该方式主要培养学生的信息能力，包括获取信息、分析信息和加工信息的能力。教师可以在课前将所需的资源整理好，保存在某一特定文件夹下或做成内部网站，让学生访问该文件夹从而选择有用的信息；也可以为学生提供适当的参考信息，如网址、搜索引擎、相关问题等，由学生自己去 Internet 或资源库中搜集信息，并把这些信息进行二次加工，利用多媒体演示工具或网络发布工具表达信息。在这种方式中，最常用的模式是“情境—探究”模式或任务驱动学习模式。

4. 信息技术作为交流和协作工具

在此方式中，教师可根据教学的需要或学生的兴趣开设一些 BBS 专题或聊天室，使学生在学习的过程中有机会与学习伙伴充分地交流课程的形式、将要解决的问题或任务等。学生还可以通过电子邮件（E-mail）、博客（Blog）等方式进行协作学习。在该方式中，较为典型的是小组协作学习模式。计算机网络为信息技术与课程整合和实现交流协作式学习提供了良好的技术基础和支持环境。

5. 信息技术作为研发工具

教育的最终目标是培养学生的探究能力和创新能力。在这种教学中，信息技术扮演着“研发工具”的角色。很多工具型教学软件都可以为该层次的教与学提供很好的支持。例如，在中学数学教学中，“z+z 智能教育平台”可以为学生提供亲自探究问题的机会：当面对问题时，学生可以通过思考和协作提出自己的假设和推理，然后用该智能教育平台进行验证；此外，学生还可以使用该智能教育平台自己做实验来发现、总结一些数学规律和数学现象。该种类型的典型教学模式有研究性学习和基于问题的学习等。

6. 信息技术与课程全方位的整合

信息技术与课程整合的更高层次是促进教学内容、教学目标、教学评价、教学管理等全方位的改革，从而完成整个教学的信息化。信息技术在教学中的应用使得那些强调知识内在联系、基本理论、与真实世界相关的教学内容变得越来越重要，教学内容的表现形式将由原来的文本、线性结构形式变为多媒化、超链接结构形式。教育内容的一系列改革会对现有的以知识为中心的教学目标产生强烈冲击，以能力为核心的教学目标将成为主体。随着信息技术和课程改革的不断深入，必将产生新的、强调帮助学生参与真实性的任务和项目的教学目标。随着教育内容和教学目标的改革，教学组织形式也会发生相应的变革。

本章小结

现代教育技术是一门理论与实践相结合的综合学科，必须在理论的指导下学习。本章主要介绍了教育技术的概念与发展、教育技术的理论基础、教育信息化与教师教育技术能力培养、信息技术与课程整合等。希望通过本章的学习，学习者能够对现代教育技术有一定的了解，在将来从事的教育工作中，能够具备现代教育思想和应用现代教育技术的意识。

思考与练习

1. 试比较分析 AECT“1994 定义”和 AECT“2005 定义”各有什么优点和不足。
2. 教育技术与现代教育技术的区别与联系有哪些？
3. 简述国外教育技术的发展历程。
4. 如何理解教育技术的发展趋势？
5. 教育技术的理论基础有哪些？选择其中的一个理论，谈谈该理论对自己的启示。
6. 简述教育信息化与教育现代化的关系。
7. 简述师范生学习现代教育技术的意义。
8. 你对信息技术与课程整合是怎样理解的？
9. 信息技术与课程整合的方式有哪些？

第 2 章　教学媒体与教学环境

学习目标

1. 熟悉常用视听觉媒体的基本类型、特点及原理。
2. 掌握视听觉媒体在教学中的基本应用方法。
3. 熟悉教育电视系统的原理。
4. 了解开路/开路电视系统的原理及组成。
5. 掌握常用的多媒体教学设备的原理及使用方法。
6. 熟悉网络教学系统的组成及功能。
7. 掌握微格教学系统的构成和实施方法。

现代社会是一个信息化的社会。在人们的日常生活中，信息对人的影响以及人们对信息的依赖程度越来越大，而一切信息的传递都必须依赖媒体这个中介物。本章所要讨论的正是信息获取与传递过程中所依存的媒体。

2.1　教学媒体与教学环境概述

教学媒体与教学环境是随着人类社会的进步和科学技术的发展而不断发展的。本节简要阐述教学媒体与教学环境的概念和分类。

2.1.1　教学媒体简介

媒体一词来源于拉丁语“media”，音译为媒介，意思是载有信息的物体，它是连接传者与受者双方的中介物，是用以完成信息传递的工具。可以说，没有媒体就没有信息的呈现，没有媒体就不可能进行信息的传递。

关于媒体，1964 年，加拿大著名大众传播研究者麦克卢汉（M. Mcluhan）在《媒体通论：人体的延伸》一书中提出：媒体是人体的延伸，例如，笔是手的延伸，书是眼的延伸，话筒是嘴巴的延伸，收音机是耳的延伸，电视是眼和耳的延伸，电子计算机是大脑的延伸。媒体有两层含义，一是指承载信息所使用的符号系统，如文字、符号、语言、声音、图形、图像等；二是指存储和传递信息的实体，如书刊、挂图、画册、报纸、投影片、计算机磁盘、录音带、录像带以及相关的播放设备等。

习惯上把媒体分为硬件和软件两大类。硬件是指那些存储和传递信息的机器和设备，如照相机、录音机、电视机、投影机、光盘机和计算机等。软件是指那些能存储和传递信息的物体，如教科书、光学投影片、录音带、录像带、计算机光盘等。硬件和软件不可分割，只有配套使用，才能发挥其存储和传递信息的功能。

当媒体用于传递以教育、教学为目的的信息时，称为教学媒体。教学媒体也就是载有教育、教学信息的物体，是连接教育者与学习者的中介物，是人们用来传递和获取教育、教学信息的工具。

从教学的本质来看，教与学的过程是一种获取、加工、处理和利用事物信息的过程，因此，存储和传递信息的任何媒体都能充当教学媒体。各种教育、教学材料，包括书本形态的（如印刷教科书、教学指导书、习题集、实验实习指南等）和非书本形态的（如教学幻灯片、电影片、录音带、录像带、计算机课件等）都属于教学媒体。

2.1.2 教学媒体的分类

教学媒体的分类方法很多，常用的主要有以下 3 种。

1. 按照媒体发展先后分类

（1）传统教学媒体

传统教学媒体是指无需电磁波传递信息的媒体，如教科书、板书、挂图、标本、模型、实验演示装置等。

（2）现代教学媒体

现代教学媒体是指利用电磁波传递信息的媒体，如幻灯、投影、广播、录音、录像、电影、电视、电子计算机等。同时还包括它们的组合系统，如语言实验室、微格教学系统、多媒体教室、计算机网络机房、闭路电视系统、视听阅览室、校园网等。

需要指出的是，现代教学媒体是一个发展的概念，随着现代教育技术的发展，必将出现更多更好的教学媒体。

2. 按照作用于人的感官分类

① 听觉型媒体：指作用于人的听觉的媒体，如广播、录音、口头语言等。

② 视觉型媒体：指作用于人的视觉的媒体，如幻灯、投影、教科书、标本、模型、挂图等。

③ 视听型媒体：指作用于人的视、听觉的媒体，如电影、电视、视盘等。

④ 相互作用型媒体：使用者视觉、听觉和触觉可同时参与的媒体，如计算机课件、微格教学训练等。

3. 按照媒体的物理性能分类

（1）光学投影类媒体

光学投影类媒体主要通过光学放大元件，把透明或不透明的图片、标本、实物放大投射到银幕上，以呈现教学信息。如幻灯机和幻灯片、投影仪和投影片等。

（2）电声类媒体

电声类媒体是指能将声音信号转化为音频电信号和磁信号，并进行记录、传输、放大、播放的媒体，如扩音机、收音机、录音机和录音带、激光唱机和唱片等。

（3）电视类媒体

电视类媒体是指能将静止或活动的图像转化为视频电信号和磁信号，并进行记录、传输、放大、播放的媒体，如电视机、录像机、影碟机、视频展示台和录像带以及 LD、VCD、DVD 光盘等。

（4）计算机类媒体

计算机类媒体是指将模拟信号转化为数字信号进行处理的媒体，如多媒体计算机和 CD-ROM 光盘、磁盘等。

2.1.3　教学环境简介

1. 什么是教学环境

所谓环境（Environment）就是直接或间接影响人类生活和发展的周围因素。通常所说的环境是指人类生存环境。人类生存环境分为自然环境和社会环境。环境总是相对于某一中心事物而言的，环境因中心事物的不同而不同，随中心事物的变化而变化。

自然环境是由影响人的各种自然因素组成的；社会环境是由影响人的各种社会因素组成的。那么，教学环境是否是由影响人（师生）的教学因素组成的呢？应当如此，所谓教学因素是指那些与教学有关、影响教学并通过教学影响人的因素，教学环境就是指这些因素的总体。

教学环境一般包括校园环境、教室环境、社会信息、人际关系、校风与班风和教学设施等。

（1）校园环境

① 校园物质环境。校园物质环境主要包括：各种校舍建筑，如教学楼、图书馆、体育场、食堂、宿舍等；校园建筑物的造型、色调、布局等；校园各种绿化、美化、净化设施，如花坛、树木、草坪、水池等。

② 校园社会心理环境。校园社会心理环境由 5 个基本因素构成：学术风气（如勤奋学习、勇于探索等）；社会意识（如对各种政治问题的关心等）；集体观念（如热爱集体、团结协作、遵纪守法等）；文明礼貌（如衣着整洁、举止端庄、语言文明、礼貌待人等）；求实精神（如实事求是、尽职尽责等）。

校园物质环境和校园社会心理环境可以直接影响师生的传播行为，或影响师生的生理和心理而间接影响他们的传播行为。

（2）教室环境

美国俄勒冈大学的理查德·施穆克（Richard Schmuck）认为："一种积极的教室环境是这样一种环境，学生在这种环境中共同得到大量潜移默化的影响，包括彼此之间以及与教师之间的影响；在那里，对整个班集体以及同学之间存在着高度的吸引力；在那里，各种价值标准都是有助于开展学术工作的，也都是充分重视个别差异的；在那里，思想交流是公开的，而且是以同学间进行对话为特征的；在那里，人们都把共同工作与发展的进程本身看作是与学习密切相关的。"

施穆克所论述的主要是教室环境的社会心理特征。此外，教室环境的社会心理特征还包括班级规模和课堂教学气氛。

教室环境除了具有社会心理特征外，还具有物质特征，如教室的内部设计、结构、色调、通风、照明等。比起社会心理特征来，物质特征的影响只居第二位。

（3）社会信息

社会信息包括社会思想意识信息、社会物质生活和精神生活信息等。

各种各样的社会信息遍布于传播者和受播者周围，其中有积极因素，也有消极因素，它们通过影响传播者和受播者的认知、情感和行为，从而影响教育传播的质量和效果。所以，对各种社会信息必须加以调节和控制。

（4）人际关系

人际关系的基本功能是：交流信息、产生合力、形成互补、互相激励、联络感情。有人把人际关系分为两种：一种是积极、友好的关系；一种是消极、对立的关系。

与教学环境有关的人际关系主要是教师与学生、学生与学生、教师与教师之间的关系。

（5）校风与班风

校风与班风是学校或班级所有人员在长期教育、教学实践中所形成的一种共同心理倾向和行为风尚。它一旦形成，便会成为影响学校或班级所有成员的认识、情感和行为的巨大力量。

（6）教学设施

教学设施是教学因素的重要组成部分，在教学中，电、光、声、色、空气、温度是构成教学环境的物理因素。这些因素对于教育传播活动有着明显的直接影响。

教育信息的传递依赖于一定的物质形式，如声波、光波、电磁波等，因此，重视改善和调控声、光、电等物理因素可有利于保持传播通道的畅通，提高教学效果。

2. 现代教育技术环境

现代教育技术环境是指在教与学的实践活动中所涉及的系统化的信息技术设施与条件。即实现教学信息呈现与教学资源共享，有利于学生主动参与和协作讨论、有利于信息反馈和教师调控的现代化教学环境。随着多媒体技术和网络技术的发展以及校园网络的逐渐普及，学校的现代教育技术环境大为改善，为教师运用现代教育理论、现代教学模式和教学方法提供了优良的支持平台，十分有利于高素质、创造性人才的培育与成长。校园网、多媒体教室、网络教学系统、微格教学系统等都属于现代教育技术环境。

2.2　视觉媒体与摄影技术

人们通过自己的感官来感知周围世界的存在。心理学家特瑞克勒（D.G.Treichler）曾断言，对于一个没有心理障碍和生理疾病的人来说，用于获知的所有感官中，通过视觉的学习占 83%，听觉占 11%，味觉占 1%，嗅觉占 3.5%，触觉占 1.5%。可见视觉在学习中占据着极为重要的地位。因此，视觉媒体现已成为传递教育信息的重要媒体。本节简要介绍幻灯机、投影仪、照相机的原理与应用以及数字摄影技术。

2.2.1　幻灯机与投影仪

1. 幻灯机

幻灯机是将光学胶片上的影像通过光路系统放大投射到银幕上的一种光装置。它是最早应用于教学活动的电教媒体，也是使用最为普遍的光学投影类媒体。

（1）基本结构及工作原理

幻灯机是运用“凸透镜成像”的原理制成，一般由光学系统、电路部分和机械部分组成。白天在教室里放映需要较好的遮光才能获得好的效果。

幻灯机的光学原理是：由光源所发的光经反光镜反射和聚光镜汇聚后，均匀地照射在幻灯片上，透过幻灯片的光线经放映镜头的放大，使幻灯片上的画面在银幕上形成一个放大的清晰明亮的倒立实像（如图 2.1 所示）。所以，放映时幻灯片应正面朝向光源，并上下左右地颠倒放置，以便在银幕上能得到幻灯片的正像。

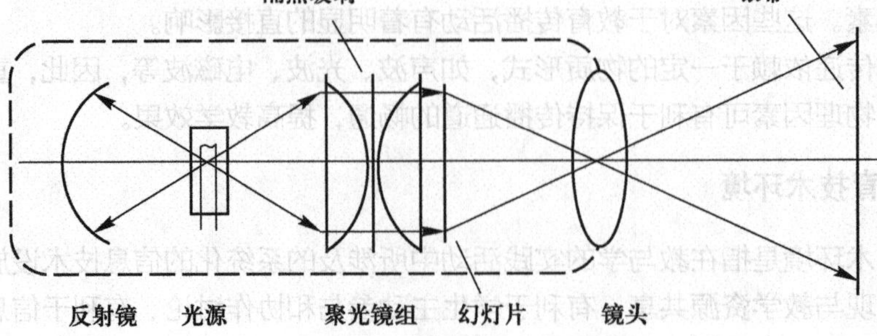

图 2.1　幻灯机的光学原理

（2）幻灯机的使用

① 使用前应仔细阅读幻灯机的使用说明书，以便了解其性能和使用方法。

② 调整幻灯机与银幕的距离和位置，尽量使幻灯机的光轴与银幕垂直，这样既便于操作又不遮挡学生的视线。

③ 开机时，要注意灯泡点亮的同时，风扇应正常运转，若风扇不转，应立即关闭电源，以免烧坏灯泡。若风扇、灯泡由两个开关控制，则应先开风扇后开电源。

④ 装片：按教学需要的顺序将幻灯片插在片盒中，然后将片盒上的齿条与幻灯机的转动机构的齿轮啮合，再打开电源和灯源开关，即可进行放映。

⑤ 换片：幻灯机的型号、种类不同，换片的方式也不同，主要有手动、键控、遥控、信号控和自动换片等多种。

⑥ 投影画面的大小主要是通过改变幻灯机与银幕的距离来调整的。

⑦ 投影画面的清晰度主要是通过改变镜头的前后位置（调焦）来调整的。

⑧ 关机时，最好是先关闭灯泡电源后，让风扇再工作 1 分钟，使灯泡冷却后再关闭电源，这样可延长灯泡的使用寿命。

2. 投影仪

投影仪又叫书写投影仪，是放映透明投影片的光学投影媒体，适用于各级各类各学科的教学，主要用于课堂展示教学。

（1）基本结构及工作原理

投影仪是在幻灯机的基础上做了一番改进的投影设备，主要由光学部分和机身两部分构成，如图 2.2 所示。其中，光学部分由光源、反射镜、新月透镜、螺纹透镜、放映镜头、反光镜等部件组成。机身是固定支架，将各部分支撑起来，主要包括机箱、镜头升降杆、变压器、风扇等。

投影仪的工作原理与幻灯机相似，光源所发的光经反射镜反射和新月透镜汇聚后，投射到两片螺纹透镜（也称菲涅尔透镜）上，经再次汇聚后透过投影片，再通过放映镜头（也称成像透镜）的放大，并经过平面反光镜的反射，使投影片上的画面成像到银幕上。由于多了一块平面反光镜，所以教师可以面对学生使用投影仪，投影片正向放置，投到银幕上的画面也是正向的，方便了教师与学生面对面的交流。另外，教师也可直接在投影仪上书写和绘画。

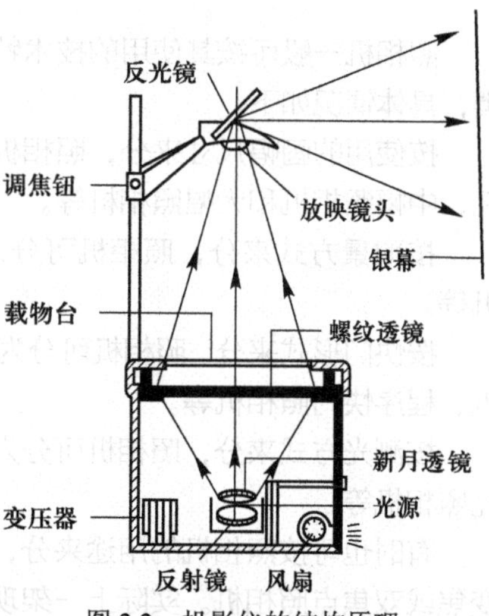

图 2.2 投影仪的结构原理

（2）投影仪的使用注意事项

① 不要在使用中频繁写、画。长时间停顿时应关掉投影仪，否则投影仪过热，将影响其

使用寿命。

② 由于投影片的信息表现形式比较单调，所以教师应采用多种方法吸引学生的注意，并保证内容与讲解的一致性，这样才能使学生更好地理解所呈现的内容。

③ 投影仪工作时机内温度很高，一定要保证工作时通风散热良好，不得有物体遮挡通风孔，如果机内冷却风扇损坏，必须待修复后才能使用，否则会造成较大损失。

④ 投影仪的光轴发生偏移时，投影教学就无法取得好的效果，一定要保证投影仪的光学部件处于同一光轴。判断投影仪光轴是否正的办法是：开启投影仪后，如光斑汇于放映镜头中部，且光斑对称，说明光轴正。

⑤ 溴钨灯作光源的投影仪中有备用灯泡，如果一只灯泡坏了，扳动灯泡切换开关，就可启动备用灯泡工作，切换时务必要切换到位。

2.2.2　照相机及其应用

1. 照相机的基本构造

照相机由镜头、取景器、快门、光圈、输片机构、计数机构以及机身组成。

机身将照相机的各组成部分连接起来，形成一个整体，并形成一个暗箱。需要说明的是，照相机从早期的“银版照相机”到今天高度电子化、自动化、计算机化的照相机，其基本原理并没有多大区别。

2. 照相机的类型

照相机一般可按其使用的技术特征，如画幅大小、取景方式、快门形式、测光方式等来分类，具体情况如下。

按使用的画幅尺寸来分，照相机可分为 135 照相机、120 照相机、110 照相机、126 照相机、中幅照相机和大幅照相机等。

按取景方式来分，照相机可分为平视取景照相机、单镜头反光照相机、双镜头反光照相机等。

按快门形式来分，照相机可分为镜头快门照相机（又称中心快门照相机）、焦平面快门照相机、程序快门照相机等。

按测光方式来分，照相机可分为自动调焦照相机、电测光手控曝光照相机、电测光自动曝光照相机等。

有时也可按照相机的用途来分，如一步成像照相机、立体照相机；还可按镜头的特性分为变焦或双焦点照相机。实际上一架现代照相机往往具有多方面的特征，因此应以综合性的方式来说明。

3. 胶卷的类型

按尺寸分类，常见的胶卷有 120、135、6×4.5 等类型。常用的是 135 胶卷，这种胶卷宽 35 mm，长 160～170 cm，片边两旁具有规则的片孔，一般可拍摄 36 mm×24 mm 的底片 36 张，也有可拍摄 20、24、72 张的 135 胶卷。

按感光速度分类，胶卷有 ISO100、ISO200、ISO400 等类型。数值越大则曝光速度越快。感光度也用 GB（中国）、ASA（美国）、DIN（德国）表示，目前市场上很少见。

按感色性分，胶卷有黑白片、彩色片、X 射线片等类型。其中黑白片按其感色范围可分为全色片、分色片、色盲片等。全色片对所有色光都感光；分色片指可感受蓝、紫色光和黄、绿色光，但对红色光不可感受；色盲片指对蓝、紫色光敏感，而对绿、红色光很不敏感，色盲片一般用于文件与黑白底片复制等。

4. 照相机的附件

照相机的附件如图 2.3 所示。

(a) 三脚架

(b) 快门线

(c) 闪光灯

(d) 滤光镜

图 2.3 照相机附件

三脚架：用来稳定照相机的部件。如果拍摄采用慢门进行长时间的曝光或多次曝光，三脚架是不可缺少的设备。

快门线：采用慢门拍摄时，由于长时间曝光，照相机不能晃动，否则会出现虚影，此时需要快门线来辅助按动快门。

闪光灯：也称电子闪光灯或万次闪光灯，是摄影辅助照明的灯具。闪光灯的种类及款式繁多，购买、使用时应根据需要选择。

滤光镜：又称滤色镜，通常是一块有颜色的玻璃或两块玻璃中间夹有某种颜色的薄膜。拍摄时，将滤光镜加在照相机镜头前吸收一部分光线，以达到某种艺术效果。

滤光镜有黑白摄影滤光镜和彩色摄影滤光镜之分。黑白摄影滤光镜常见的有黄滤光镜、橙滤光镜、黄绿滤光镜、红滤光镜、绿滤光镜、减光镜、UV 镜。彩色摄影滤光镜有色温转换滤光镜、色温平衡滤光镜、偏光镜、天光镜等。

5. 画面布局与构成要素

画面布局是指对选择到取景框中的各要素进行取舍安排。按照构成画面中的要素的位置不同，将各要素分为主体、陪体、前景、背景、空白等。

① 主体：画面上表达的主要内容，是画面的趣味中心。主体在画面中既是内容中心、又是结构中心。为此在拍摄中要将主体尽量突出，吸引观众的视线。

② 陪体：在画面中起陪衬、渲染、强化、突出主体之功效，并陪同主体构成特定的故事情节。在有些画面中陪体不可缺少。

③ 前景：位于主体之前，靠镜头最近的景物称为前景。前景成像大、色调深，大都处于画面的四周边缘。前景一般由花草、树木等充当，也可以是人或物。

④ 背景：位于主体之后，起渲染、陪衬、烘托主体之功效。背景一般要做到简洁、与环境相适应。

⑤ 空白：凡在画面上只有单一色调，没有影像的地方都称为空白，如天空、水面、照片的统一背景（红色、绿色等）都称为空白。人们一般将主体和陪体等景物之间的空隙称为空白。空白往往创造画面的意境。例如，疏可走马、密不透风就是由空白创造的意境。写意照片和写实照片用的空白也不同。

在安排画面中各要素时要注意做到画面的均衡、和谐、统一，突出主题与主体，表明作者的想法和照片的意境。

6. 拍摄常见的景别

常见的景别有远景、全景、中景、近景、特写。

① 远景：拍摄点距被摄物远，画面包含景物范围大。远景主要以大自然为表现对象，能抒发拍摄者的情感、渲染气氛，故有“远取其势”之说。

② 全景：以表现拍摄对象的全貌和所处的环境特征为目的。全景有明显的内容中心和结构中心。

③ 中景：表现被摄对象的主要部分。若拍摄人物，此人站立，双手自然下垂，则从手指到头部的画面为中景。人物中景画面善于表现人与人、人与物、物与物之间的感情交流和相对位置关系。

④ 近景：表现对象更主要的部分，如人物的神情或者物体细腻的质感。若拍摄人物，则表现人物胸部以上的那部分。近景对表现人物面部表情、手的动作等比较好，所谓“近取其神”

就是这个意思。

⑤ 特写：表现人或物的局部的照片，目的是反映或突出某种质感、特征，从细微处描述某事物的特征。特写常常深化内容、强化本质、表现特征，给观者留下丰富的想象空间和强烈的视觉冲击力。

7. 摄影用光

光线有硬、软的差别，强、弱的变化，有正、侧、逆的不同，高、低、平的区别。不同光线的照射效果是不同的，但千变万化的光线是有一定规律可循的。当拍摄者掌握了光线的具体规律之后，拍摄用光才能得心应手。

摄影用光是指利用光线渲染拍摄者的思想情感，表现被摄物的造型效果，传递拍摄者的意图。光线给人们一种真实感和美感，它可以营造环境气氛、表现气候特征、显示物体质感，还能够形成画面调子、使物体具有三维空间感等。摄影用光一般从 6 个方面考虑：光度、光位、光型、光质、光色和光比。

大多数情况下拍摄都是用自然光即阳光，阳光可以分为直射光与散射光两类。直射光是指阳光直接照射到被拍摄物体上，散射光是指阳光通过其他物体的遮挡，或经过其他物体漫反射后照射到被拍摄物体上。

根据阳光光线与拍摄角度方向的夹角不同，分为顺光、逆光、侧光、散射光。

顺光适宜表现明朗洁净的画面，但影像层次少，立体感不强，光与影的变化不明显。

侧光能使被摄物留下显著的阴影，立体感强。通常所说侧光指前（顺）侧光，与照相机夹角在 15°～75°，是拍摄人物常用的光线。正侧光将被摄物划分为明暗对等的两部分，拍摄人物照时一般不采用。

逆光（轮廓光）和逆侧光拍摄人物时应注意光与影的合成。正面描写一般不宜采用逆光拍摄单个人物。但有时为了表现盛大的场景，勾画层层叠叠的人和物的轮廓或表现特定个体环境时也可以采用。逆侧光在光比（直射光与散射光）不太强的现场中也可使用，在这种逆光下拍摄出的对象有一道较明亮的轮廓，且能很好地表达主体表面亮度。但在纪实性照片中各种逆光应尽量少用或不用。

散射光光线较为柔和，没有明显的方向性，对被摄景物不会产生明暗差别，色彩、立体感、轮廓等都不如直射光，拍摄的画面易形成平淡、阴沉、灰暗的气氛，缺乏深度。为此散射光下不宜拍摄远景或盛大场面。但散射光如果利用得好，能细腻地表现出被摄物体的细节层次和光洁物体表面的质感。

2.2.3 数字摄影技术

数码相机也称数字相机，是一种能够将拍摄到的景物图像转换成数字格式存储的照相机。它的拍摄技术与普通照相机基本相同。与普通相机不同的是，数码相机并不使用胶片，而是使用固定的或可拆卸的存储器来保存获取的图像。数码相机可以直接连接到计算机、电视机或打印机上。在一定条件下，数码相机还可以直接接到移动式电话机或手持 PC 上。由于图像是内部处理的，所以使用者可以马上检查图像是否正确，而且可以立刻打印出来或通过电子邮件传送出去。有了数码相机，就能够方便快速地生成可供计算机处理的图像，不再需要暗房冲洗。现在，数码相机已经成为数字图像处理中必不可少的工具。

1. 数码照相机的基本结构及工作原理

数码照相机的结构包括镜头系统、感光芯片、模/数转换器、微处理器、存储器、液晶显示器、电源等（如图 2.4 所示）。

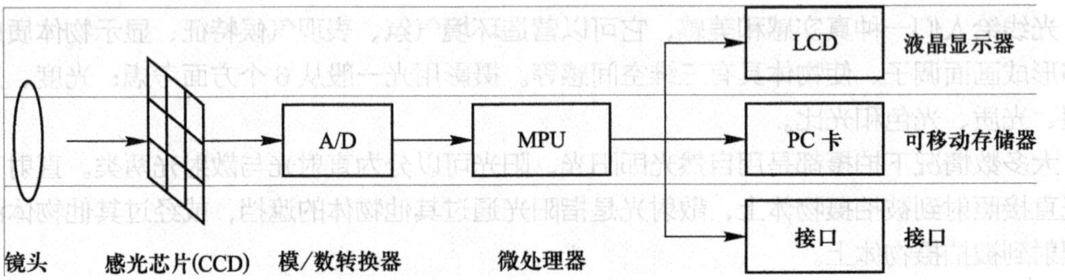

图 2.4　数码照相机的结构

景物通过光学镜头成像到感光芯片（电荷耦合器 CCD）上，并将光信号转换成电信号，然后经模/数转换器（A/D）转换成数字信号，再由微处理器（MPU）对信号进行压缩并转换成特定格式的图像文件进行储存或在液晶显示器上显示。

（1）镜头系统

镜头起成像作用，将被拍摄的景物成像在感光芯片 CCD 或 CMOS 上，主要包括镜头、光圈、快门、聚焦系统等。

① 镜头。数码照相机所用的镜头分为定焦镜头和变焦镜头两大类。

定焦镜头是指焦距固定不变的镜头，一般分为标准镜头、广角镜头、远摄镜头三类。

变焦镜头的焦距可以在一定范围内调节变化，视角可由焦距的不断变大而在广角镜头的视角和望远镜头的视角之间变化。使用变焦镜头，拍摄者站在同一位置上推拉或旋转镜头，就可以变换焦距，拍摄出大小不同的画面。

② 聚焦系统。数码照相机的聚焦方式有自动聚焦、手动聚焦和免聚焦之分。高档数码照相机往往同时具有自动聚焦和手动聚焦系统，中档数码照相机多数只有自动聚焦而没有手动聚焦系统，低档数码照相机一般采用免聚焦系统。

（2）感光元件

感光元件是数码照相机的心脏。传统相机使用“胶卷”作为其记录信息的载体，而数码照相机的“胶卷”就是其成像感光元件，而且是与相机一体的，是数码照相机的心脏。感光元件是数码照相机的核心，也是最关键的技术。目前数码照相机的核心成像部件有两种：一种是广泛使用的 CCD（电荷耦合）元件；另一种是 CMOS（互补金属氧化物半导体）器件。

电荷耦合器件图像传感器使用一种高感光度的半导体材料制成，能把光线转变成电荷，通过模/数转换器芯片转换成数字信号，再经过压缩以后由相机内部的闪速存储器保存，因而可以轻而易举地把数据传输给计算机，并借助于计算机的处理功能，根据需要和想象来修改图像。CCD 由许多感光单位组成，称为像素。当 CCD 表面受到光线照射时，每个感光单位会将电荷反映在组件上，所有的感光单位所产生的信号加在一起，就构成了一幅完整的画面。

（3）模/数转换器

模/数转换器用于将拍摄得到的电信号进行数字化后存储。模 / 数转换器的质量档次直接决定所拍摄、存储的影像的质量。

（4）存储器

数码照相机所拍摄得到的数字文件要通过数码照相机中的驱动机构存储在各种存储媒体上（将数码照相机与计算机相连拍摄除外）。数码照相机所用的存储器可分为内置存储器和可移动存储器。内置存储器安装在相机内部，用于临时存储图像，装满后要及时向计算机转移文件，否则无法继续存入图像。可移动存储器分为 PC 卡、CF（Compact Flash）卡、SM（Smart Media）卡、SD（Secure Digital）卡、软盘、光盘等几类，装满后可取出更换，就像普通照相机拍完可换胶卷一样，所不同的是这些存储器可以删除和反复记录，使用方便灵活。要将拍摄存储在 PC 卡中的影像文件传送给计算机，除了将数码照相机与计算机相连传送外，还可以将 PC 卡插入笔记本电脑直接下载，或将它装进 PC 卡读取器下载到普通计算机。

根据照片选取分辨率的高低和存储器容量的大小，每个存储器可以存储不同数量的照片，存储的文件格式有 JPEG、TIFF、RAW 等。存储的照片可以在液晶显示器上显示，也可以删除重拍。

（5）液晶显示器

数码照相机上装置彩色液晶显示器具有三方面的作用：一是作为取景器，供拍摄者观察被摄景物，确定画面构图和拍摄范围；二是使数码照相机具有即显性，拍摄后可及时观看，对拍摄影像的质量进行判别、确认，发现不足可删除重拍；三是显示参数设置菜单，便于拍摄者根据需要调整数码照相机。注意，大部分数码照相机提供两种或 3 种 JPEG 压缩方式供拍摄选择，有的数码照相机还同时提供了非压缩的 TIFF 格式。压缩比大，则占用存储空间小，但图像细节丢失多，图像分辨率低；压缩比小，可保留更多的图像细节不被压缩算法消除，图像细腻，层次表现丰富，质感强，但占用存储空间大。

（6）电源

数码照相机使用普通电池或镍氢充电电池，也有的使用锂电池，其容量为镍氢电池的 2～3 倍，而且可以快速充电。

2. 数字摄影技术

数码摄影与传统摄影一样，也存在影像的拍摄、处理、输出 3 个过程，但 3 个过程却有着本质的不同。拍摄用到数码照相机，处理用计算机，输出用打印机或进行激光冲印，当然也可以通过互联网直接传送。

（1）数码图像的拍摄

数码照相机的拍摄与传统照相机的拍摄并没有太大的区别，但数码照相机的很多调节都是通过菜单进行的。在拍摄以前首先要对数码照相机进行一些设置，主要有以下几个方面。

① 设置分辨率。数码照相机记录影像的分辨率是可以调节的，取决于图片的用途，若只在计算机上欣赏，则 800×600 像素即可，这可节约很大空间。若要印刷，就需要高分辨率，可按相机的最高分辨率设定。

② 设定白平衡。白平衡实际上就是色温，就是在不同的色温下，白色的物体都要还原成白色，故称白平衡。如果相机的色温与现场色温不同，照片就会偏色，因此需要对白平衡进行设置。不同的数码照相机一般会有自动、室内、室外、手动等选项。业余者大都选自动，但自动白平衡往往不太准确，会使照片有轻微偏色。专业人员一般使用手动单触式白平衡，就是每到一个新的场景都要使镜头对准白色物体（如白纸）使其充满画面，按动单触白平衡开关，相机就会记录现场的色温条件，保持在该色温下将白色记录成白色。

③ 拍摄模式。数码照相机一般会有多种拍摄模式供选择，如手动模式 M、光圈优先模式 AV（或 A）、速度优先模式 TV（或 S），这些属于创意模式；简易模式有风景模式、人像模式、运动模式、近拍模式、超近模式、程序模式 P 等。

④ 聚焦模式。聚焦模式一般有自动、手动（半专业级以上的才有）、自动加手动等，在要求较高时用手动。

⑤ 测光模式。专业数字照相机一般有平均测光、中央重点测光、点测光等模式，拍摄时可根据需要进行设置。

⑥ 其他。例如，单拍、连拍、活动影像，感光度、曝光补偿，照片上是否记录时间、闪光灯、防红眼、自拍等都是常用的拍摄技术，应该在拍摄实践中掌握。另外注意，拍摄时一定要持稳相机，避免相机抖动造成成像模糊。有防抖功能的相机可开启防抖功能，或使用三脚架。

（2）数码图像的处理

数码相片的二次加工是数码摄影的真正乐趣所在。计算机中的图片处理软件很多，最著名并且功能最强大的是美国 Adobe 公司的 Photoshop，比较专业。另外还有一些相对简单的如友立公司的 Photo Express、Photo Impact、ACDSee 等，这些软件比较容易上手，相当于傻瓜型软件。

（3）数码图像的输出

数码图像的输出有多种方式，常用的主要有打印、激光冲印、网络传输 3 种。

① 打印。打印机有彩色喷墨打印机、彩色激光打印机、热升华打印机等。最常用的是彩色喷墨打印机，它成本低，效果好，但要使用照片专用纸，用普通打印纸效果较差。

② 激光冲印。把数码图像输入到激光数字彩扩机中，使数字图像成像在相纸上，即可扩印出彩色照片。

③ 网络传输。可使新闻的时效性更强。

2.3 听觉媒体及其应用

在各种获取信息的感觉通道中，听觉仅次于视觉，可见听觉在教育中的重要性。但是光凭人体器官传递声音信息的效率是有限的。只有在电子技术的发展取得一系列重大成果，开发出各种听觉媒体后，才能使声音信息无论在空间和时间上，还是在深度和广度上都空前活跃起来。本节简要介绍听觉教育及其教学应用问题。

2.3.1 听觉媒体的分类及教学应用

听觉媒体是指承载、传输和控制声音信息的物质材料和工具，主要有录音机、CD 唱机、扩音设备等以及相应的磁带、磁盘、光盘等。听觉媒体种类很多，除了包括承载信息的载体外还包括设备。例如，录音带、唱片是承载信息的载体，录音机、唱机则是录、放声音的设备。

由于现代电子技术、数字技术的发展使得听觉媒体的使用越来越普及，而且简单、方便，技术上更能保证经传播后的声音尽量保持原来的风貌而不失真，甚至还可修饰原声中的不足，以符合学习者的生理、心理需要。听觉媒体适合远距离传播，这种媒体的信息传播可不受时间、地域空间的限制，若把声音信号调制后发射则具有传播速度快、及时、距离远的特点；听觉媒体既适宜大范围的集体教学，也适宜于个别学习，有的媒体还可反复学习；特别是它适合于视觉残疾或知识经验很少的人的学习，由于听觉媒体提供的语言信息比印刷材料更富戏剧性（音调、音色、响度），因此可做成丰富多彩的听觉材料。

2.3.2 录音机的原理与应用

1. 录音机的原理

录音机是利用电磁转换原理记录和重放声音的一种音响设备，主要有盒式和盘式两种。盒式机使用灵活方便，便于携带，价格便宜，在语言、语音类教学中应用最普遍。

录音机是根据声—电—磁的相互转化记录声音的。由于声音的振动能在话筒中产生强弱变化的电流，变化的电流又可产生变化的磁场，把相应的磁场变化记录到磁带上，就能达到记录声音的目的。放音时，磁带上记录的剩磁磁迹可在磁头中感应出相应的电信号，这个信号经放大电路放大处理后还原为声音播出（如图 2.5 所示）。

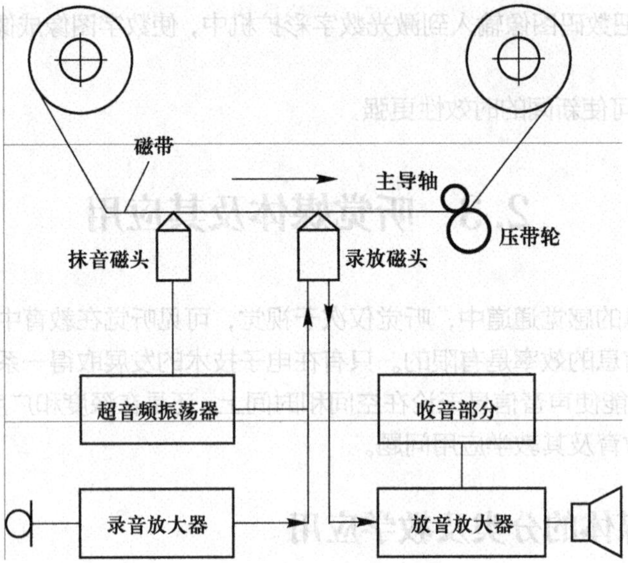

图 2.5　录音机的原理与结构

磁头是录音机中电—磁转换的关键部件，它有单声道和双声道之分，双声道的磁头可实现立体声效果。录音机中一般有两个磁头，一个是“录放磁头”，一个是“抹音磁头”，抹音磁头利用强磁场把磁带上的剩磁清除。

2. 录音机的教学应用

由于录音媒体的小型化、廉价化和盒式化，其在教学中的应用很方便、很广泛，并已经出现了许多适应不同需要的教学应用方式。

① 示范教学：它主要通过播放标准音、自然音响或效果音，以提高学生对事物的感知和识别能力，增加感染力和鉴赏水平。

② 听力教学：它主要通过播放听力材料促进学生的语音学习，有泛听和精听之别。泛听材料内容多速度快，只要求学习者了解材料的中心思想，以扩大知识面；精听则要求听懂、听准每一个词语和句子，必要时给予重复聆听、关键词提示和变速复听等。

③ 语言训练：它以掌握正确的语音、语调为目的，主要是利用录音教材有利于模仿、辨音、跟读、朗诵、对话和测试等功能进行强化训练。

④ 情景展示：它主要采用配乐朗诵、背景音乐，以及在声画同步中用音响展示课文或画面中所包含情景的底蕴，使学生产生联想，得到创造性的美感和听感意象。

3. 录音机使用注意事项

① 录音内容的顺序通常是固定的，若要改变原来的顺序，只能重新录制。

② 单纯听录音，若没有视觉材料相配合，将不易较长时间地集中注意力。

③ 如果学生的听觉技能和经验背景同学习材料相差很大，则难以确定一个合适的提供信息的步调。

④ 完全由教师来制作录音材料，质量将难以保证。

2.3.3 扩音机的原理与应用

1. 扩音机的功能、原理和类型

扩音机又名音频功放器，是能将传声器的微弱信号放大后推动扬声器发声的设备。它由前置放大级、混音级、推动级、功率放大级、无线电收音、电源供给部分组成（如图 2.6 所示）。其中传声器即话筒，也称麦克风（Microphone），是将声音信号转换为音频电信号的拾音设备。扬声器又叫喇叭，是把音频电流转换为声能的器件，是电声系统的终端部件。

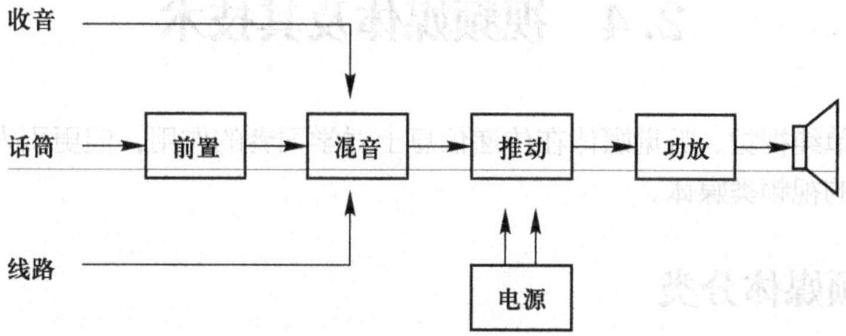

图 2.6 扩音机的基本结构原理

扩音机按功能和结构有以下分类。

按输出功率分，包括大型机（大于 200W）、中型机（100～200W）、小型机（小于 100W）。

按放大器件分，包括电子管扩音机、晶体管扩音机、集成电路扩音机。

按输出方式分，有定阻输出和定压输出，定阻输出是指扩音机的输出端子以负载阻抗标称，定压输出是指扩音机的输出端子以输出电压标称。小功率扩音机常为定阻输出扩音机。媒体教学中常用小型定阻集成电路扩音机。

2. 扩音机使用注意事项

① 供电电压要比较稳定，在电压变化较大的场合要加装稳压装置。

② 使用前要按规定接好负载和输入信号，不能断路和短路，阻抗要匹配。

③ 各音量控制旋钮平时应置于最小位置。开启某一路音量旋钮时，应由小到大，缓慢均匀，防止机器过载。使用完毕，要把音量旋钮恢复到最小。

④ 布置扩音系统时，扬声器与话筒的距离应尽量远些，不能把扬声器放在话筒后面，更不能正对着话筒，以免自激振荡产生啸叫。

⑤ 扩音机要放在清洁、干燥、通风的地方，严禁雨淋。高温季节使用时要注意散热。

3. 扩音机与扬声器的配接

扩音机与扬声器的配接方式有定阻式配接和定压式配接，具体条件如下。

（1）定阻式配接条件

扬声器额定功率总和必须大于扩音机的输出功率，或者至少等于其输出功率；每只扬声器实际所得到的功率不得超过其额定功率，最好控制在额定功率的 80%；扬声器接好后，负载总阻抗应等于扩音机的输出总阻抗。

（2）定压式配接条件

扬声器所得功率总和不能超过扩音机的额定输出功率；扩音机的输出电压不得超过扬声器额定功率下所能承受的电压。

2.4　视频媒体及其技术

前面讨论了单纯视觉、听觉媒体在传递信息上对学习者的作用，但更引人注意的是目前在教学中应用最多的视频类媒体。

2.4.1　视频媒体分类

人的学习是一种特殊的认识过程。学习是通过人的感官将外界信息的刺激传到大脑，由大脑进行综合、分析获取知识，知识量的保持与多感官的同时刺激是密切相关的。对记忆率的研究表明，学习相同的内容，若单纯用听觉，3 小时后对所获知识的保持率为 60%，3 天后则只能保持 15%；若单纯用视觉，3 小时后为 70%，3 天后则下降为 40%；若视觉、听觉并用，则 3 小时后保持率为 90%，3 天后仍能保持在 75%，如图 2.7 所示。

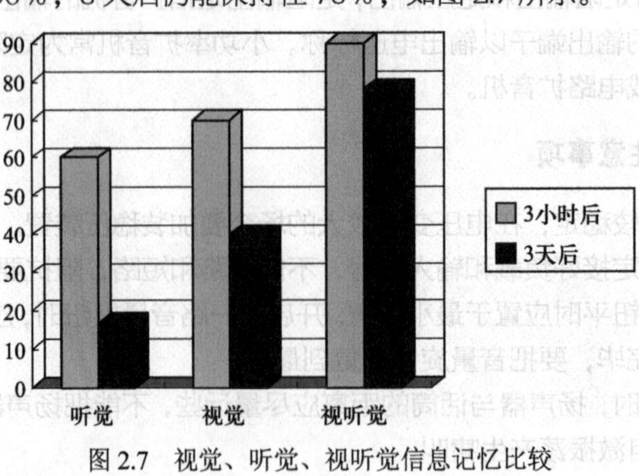

图 2.7　视觉、听觉、视听觉信息记忆比较

由此可见，视听觉并用将获得更多的教学信息量、更高的记忆保持率和最佳的学习效率。这种视、听结合的媒体称为视频媒体。视频媒体由于同时作用于人的视觉、听觉两种感官，其作用并非简单的 1+1=2。它将直观、鲜明的图像与生动的语言、语音、语调有机结合，从而创造出一种新的环境氛围，不仅能充分表达所需传递的教学信息，而且有利于学习者处于积极的学习状态，促进对信息的理解和接受。

常用的视频类教学媒体设备有电视机、录像机、摄像机、VCD、DVD 等。

2.4.2 电视机、录像机与摄像机

1. 电视机

（1）电视机的分类

① 按信号接收、处理格式分，有模拟电视机和数字电视机。

② 按再现色彩分，有彩色电视机和黑白电视机。

③ 按屏幕的长宽比例分，有 4:3 和 16:9 两种规格。目前绝大多数电视机为 4:3 的规格，有些新型的电视机采用 16:9 的规格。

④ 按成像的原理分，有阴极射线管（CRT）电视机（即传统的显像管电视机）、液晶（LCD）电视机、等离子（PDP）电视机及有机电致发光体（OEL）电视机之分。

⑤ 按影像是在屏幕上直接成像还是通过光学系统间接成像来分，有直视型电视机和投影电视机之分，前者如 CRT、LCD、PDP 电视机，后者如近几年在国内开始流行的背投电视机。

（2）电视的基本原理

电视是利用人眼的视觉特性以电信号的形式来传送活动（或静止）图像的技术。电视系统通常由摄像、传输、显像等部分组成，其基本过程是利用摄像器件的光电效应，将景物随时间和空间变化的光信号变成电信号，通过无线电波或有线电缆（包括光缆）的方式传输，最终再利用显像器件的电光效应，将电信号重新还原为对应的光图像。而声音信号则通过摄像机的机内话筒或外接话筒来拾取，与电视信号一起传输，称为电视伴音信号，再通过电视接收机的扬声器把声音还原出来。

在摄像时，景物通过摄像机的镜头成像于摄像机的光敏器件（如 CCD）上。摄像机先将一帧（或一幅）图像分解为图像的基本单元（像素），每个像素的大小相等、明暗不同，按照一定的规则一行一行地排列，在光敏器件后方有电子枪向光敏器件发射电子，按照一行一行的顺序，通过取样电路输出变化的电流，变化的电流通过一定的线路（电缆、光缆、电磁波）传输到显像设备（电视机），电视机再按同样顺序将各个电信号在相应位置上转变为光信号，最终利用人的视觉特性合成完整的电视图像。

（3）电视信号的传输

我国电视标准规定，一帧图像的行数是 625 行，每秒传送 25 帧图像，行扫描频率是

15 625 Hz，一帧分两场扫描，即场扫描频率为 50 Hz，每场扫描 312.5 行。由于一帧由两场组成，所以每帧画面仍为 625 行，图像清晰度并没降低，而场扫描频率提高了一倍，消除了由于画面更换频率低产生的闪烁现象。要使接收机的荧光屏上重现发送端的图像，显像管的扫描必须与摄像管的扫描步调一致，即在任一时刻，显像管电子束扫描哪一场、哪一行、哪一点必须与摄像管的扫描运动保持一致，这种接收端与发送端的扫描保持严格一致现象叫做同步。在全电视信号中，每一行有一个行同步信号作为时间基准，每一场有一个场同步信号作为时间基准，为了保证场扫描逆程回扫线不被显示，还要加上场、行消隐信号，因此，全电视信号由图像信号、同步信号和消隐信号 3 部分组成。

早期的黑白电视只传送图像的亮暗信息，因此黑白电视信号只包括亮度信号、同步信号和消隐信号。彩色电视则要同时传送影像的亮度、色度和色饱和度 3 个信息。但在实际应用中为了解决用一个信道传输 3 个信息和与原有的黑白电视兼容的问题，彩色电视并不直接传送 R、G、B 三基色信号，而是先将它们转换成一个亮度信号 Y（与已有的黑白电视兼容）和两个色差信号 R−Y/B−Y（压缩了带宽），然后再编码成一个全电视信号进行传送，最后在接收端将全电视信号分解还原出 R、G、B 三基色信号予以显像。

在彩色电视系统的发送端，可以采用不同的编码方式，把三基色信号转换成亮度信号和色度信号，这些编码方式叫做彩色电视制式。目前，世界上现行的彩色电视制式有 3 种：NTSC 制、PAL 制和 SECAM 制。美国、加拿大、日本等国采用 NTSC 制式；英国、中国等国采用 PAL 制式，法国、东欧等国采用 SECAM 制式。彩色电视制式都是在黑白电视的基础上发展起来的，故可以和黑白电视兼容，即彩色电视机能接收黑白电视节目，黑白电视机也能收看彩色电视节目，不过看到的是黑白图像。

（4）电视机的使用与维护

① 电视机的色彩、音量、对比度、亮度等要调节适中，不要频繁调节。

② 天线与电视机的阻抗要匹配。

③ 用遥控器关电视机并未切断电源，所以还应关掉电视机体上的电源开关。

④ 夏季雷雨前，最好关掉电视，拔下天线和电源插头，防止电视受雷击烧坏。

⑤ 电视机放置时要注意防潮、防热、防尘、防磁。

⑥ 收看节目和刚关机时，不要搬动和振动电视机，以防损坏显像管和产生虚焊。

2. 录像机

录像机是用磁带记录、存储和重现图像、声音信息的装置，它是磁记录技术、电子技术和精密机械制造技术综合发展的产物。

（1）录像机的分类

录像机可按不同的方式进行分类。

按质量等级分类有：广播级录像机，它的功能齐全，录制质量很高，主要用于电视台和专业电视制作；专业级录像机，录像质量略低于广播级录像机，它的性能稳定，操作简便、小型轻巧、价格较低，主要适合于电教、科研、影视剧制作等部门；家用录像机（VHS），录制质量较低，体积较小，价格低廉，操作简便。

按使用磁带的尺寸分类有：50.8 mm（2 英寸）磁带录像机、25.4 mm（1 英寸）磁带录像机、19.0 mm（3/4 英寸）磁带录像机、12.65 mm（1/2 英寸）磁带录像机，这些目前已较少使用。6.35 mm（1/4 英寸）数字录像机是现在的主流机型。

按磁头数目分类有：单磁头、两磁头和四磁头录像机；按扫描方式分为横向扫描和螺旋扫描录像机；按磁带形式分为盒式和开盘式录像机；按磁带记录方式分为模拟和数字录像机。

（2）录像机的基本结构

录像机的种类虽然很多，但基本结构大致相同，主要由磁头系统、磁带传送系统、视频信号处理系统、伺服系统、机械控制系统、音频信号处理系统、电源系统、电视接收系统和射频调制器 9 部分组成。

磁头由视频磁头鼓组件、音频/控制磁头组件、全消磁头组成，分别用于视频信号的记录和重放、音频信号和 CTL 控制信号的记录和重放、抹去磁带上已录的信号。磁带传送系统由加载机构、走带机构组成，分别用于将磁带从带盒中拉出穿带或者退带送回带盒、由压带轮和主导轴共同驱动磁带走带运行。视频信号处理系统由记录通道、重放通道组成，分别用于将输入的视频信号处理变换成记录信号送到磁头记录、将磁头拾取的记录信号处理还原成视频信号后输出。音频信号处理系统主要用于完成记录和重放过程中音频信号的处理。伺服系统是一个对磁头、磁带运行进行误差检测、反馈校正的自动控制系统；通过伺服系统的控制，在记录时保证磁头在磁带上记录标准磁迹，在重放时保证磁头对磁带上的磁迹作准确的跟踪扫描，以获得最佳图像记录和重放质量。机械控制系统由传感器、功能操作键、逻辑电路和各种执行机构组成，其作用是根据功能操作键的指令，确定录像机的工作状态；按照设计好的逻辑程序，完成不同工作状态间的转换，实现录像机的自动控制、自动保护等。电源系统主要是把 220 V 交流电进行整流、稳压，为录像机各部分电路提供多种工作电源。电视接收系统相当于电视机的调谐器，可使录像机直接接收电视台播出的电视信号。射频调制器可以将录像机内的视频、音频信号调制为射频信号输出，因而方便用电视机监视录放像。

（3）录像机的使用与维护

① 各种录像机的功能操作随机型不同而各异。因此，在使用录像机之前必须认真阅读随机提供的操作手册，掌握相应的操作方法。尤其是录像机在与其他设备连接使用时，要分清其输入、输出的通道，正确地连接。

② 录像机应放在水平稳固、通风散热的台子上，远离强磁场、高温和阳光直射，防尘防潮。环境温度应保持在−10～40℃ 的范围内，湿度在 60%左右，当机器从温度较低的地方突然移到温度较高的地方时，不能马上开机，应放置 10～15 min 才可使用。录像机的“暂停”时间不能太长，因为这时磁带停止运动而磁鼓仍在高速旋转，会造成磁头及这一段磁带的磨损。另外“搜索”状态对磁头磨损也较大。要定期清洗磁头系统、走带通路上的各部件及驱动系统的主要部件。

③ 由于录像带是塑料制成的，多次播放使磁带与磁头高速接触，不但会磨损磁带，而且磁带被拉长，磁粉脱落，这会造成图像质量变差，出现波纹和雪花点。另外磁带长期放置不用会霉变，所以磁带应直立放在干燥、通风、温度低于 25°C 的柜中，长期不用要定期倒带，保证磁带转动灵活。

3. 摄像机

摄像机是用于制作电视节目的主要设备，其核心部分是摄像管或电耦合器件 CCD，靶面材料在物体反射的光照射下发生光电效应，将三维光像转换为与景物的明暗程度成正比的二维电荷像，然后由扫描电路扫描将其转换为随时间变化的一维电信号，该电信号经过一系列的编码处理后，合成为标准的彩色全电视信号。

（1）摄像机的分类

摄像机种类很多，分类方法也不同。按成像质量的不同可分为广播用摄像机、专业用摄像机和家庭用摄像机；按使用场合的不同可分为演播室用摄像机、室外用便携式摄像机和监视用摄像机；按光电转换器件的不同可分为摄像管式摄像机和 CCD 摄像机；按信号记录方式的不同可分为数字摄像机和模拟摄像机；按摄像功能的不同可分为单一摄像机和摄录一体机。

（2）摄像机的基本构造

摄像机的种类繁多，但基本构造大同小异，主要由镜头、寻像器、话筒、机身、附件等构成。

① 镜头。摄像机镜头的作用如同照相机的镜头。摄像机的镜头由若干组透镜组成，主要作用是使景物成像于靶面。摄像机镜头亦有定焦和变焦之分，变焦镜头有光学变焦和数码变焦之分。光学变焦成像质量远远高于数码变焦。

② 寻像器。寻像器相当于照相机的取景器，模拟信号的摄像机的寻像器大多是黑白图像，而数字摄像机大多采用彩色液晶寻像器。寻像器主要起取景构图、工作状态提示和警告及监视器的作用。

③ 话筒。用于记录现场声音，有内置式和外置式之分。

④ 机身。将摄像机各部分集成在一起，表面有各种操作开关、输入输出插口等。

⑤ 录像机。对于摄录一体机，还设置了磁记录/重放系统。这个系统实际上是一个小型的盒式磁带录像机，其作用是将摄像机拍摄的景物图像的彩色电视信号记录在磁带上。同时还可以重放，通过寻像器监视，检查图像质量或寻找摄录开始位置。

⑥ 附件。附件是摄像机工作时不可缺少的部件，包括电源适配器、充电器、磁带、连接电缆、新闻灯、三脚架、监视器、采访话筒等。当然，使用环境不同，附件需求也不同。

（3）摄像机的使用

① 开机预热。机器启用时，应开机预热 1 分钟左右。然后打开镜头盖，这时寻像器上能看到镜头所对准的景物。通过调焦，使景物图像清晰。

② 白平衡。设置白平衡是为了在摄像过程中使色彩得以正确还原所采取的步骤。数字摄像

机一般设有自动白平衡和手动白平衡。自动白平衡调整是由摄像机根据照明光线的色温情况，通过内部处理器自动调整进行的。手动白平衡调整是选择一个不掺杂色，且不反光的白纸或纯白的物体，将其顺光置于光源下，将镜头对准白色物体并使之充满画框，然后根据菜单提示按下白平衡按钮，直至显示“OK”为止。

③ 光圈控制。光圈的控制有手动和自动两挡。处于自动光圈挡时，摄像机能根据被摄景物的平均亮度（如中央重点平均亮度）自动地调整光圈的大小，使摄像机始终获得正确的曝光量。但自动挡只适用于景物场面照度比较均匀的情况，而不适合于逆光摄影或景物与背景之间亮度差别很大的场合。此时，必须通过手动光圈控制才能获得满意的曝光量，使图像清晰、层次丰富。

④ 聚焦。聚焦的目的是使被拍摄景物的图像最清晰。摄影镜头均具有一定的景深，即所拍摄到的图像总有一定的前后清晰范围，景深的大小与光圈大小、焦距长短、拍摄距离远近有关。光圈小、焦距短、拍摄距离远，则景深范围大，反之则小，其规律与照相机镜头的规律完全相同。聚焦也有手动聚焦和自动聚焦两种方式。自动聚焦最常见的方式是红外线式自动聚焦，它是以画面中央景物为对象进行调焦的，因此，使用时要注意这一点。如果主景物不在画面中心，最好用手动聚焦方式或者进行自动聚焦的锁定办法，使不在中央位置的主景物也获得清晰的图像。

⑤ 变焦控制。变焦是为了画面的推拉或景物的变换。变焦控制也有手动和自动两挡。手动挡适用于快速变焦或制作特殊效果的情况。自动挡适用于一般推拉镜头场合。

⑥ 使用时既可以扛在肩上进行拍摄，也可以安装在三脚架上使用。若扛在肩上进行拍摄，必须注意扛机的稳定性，以保证摄取的图像稳定。若拍摄近景或特写，最好是安装在三脚架上，才能确保拍摄画面的图像稳定、无晃动。

（4）摄像机的操作要领

摄像机操作的基本要领包括以下几点。

① 稳：镜头画面要平稳，无抖动，无晃动。

② 平：镜头画面中的水平线要平，可以画面中景物的垂直线或水平线作参考，或以寻像器边框为标准来衡量。

③ 准：要求技巧性镜头成为落幅画面时要准确无误，即落幅要准；还包括正确重现彩色、白平衡调整准、聚焦准、光圈准等。

④ 匀：施加技巧的速度要匀，匀速进行，不能忽快忽慢；镜头起落幅应缓慢，中间必须匀速。

⑤ 清：图像画面要清晰。

拍摄的电视画面应当做到：电视画面信息时空应清晰、准确、简明集中，一目了然；电视画面色彩还原力求真实、准确；电视镜头运动要力求平稳、流畅、到位；现场声要符合实际情景。

（5）摄像机的使用注意事项

① 勿遭雨淋：下雨天最好不要到室外使用摄像机，如果由于拍摄需要不得不在雨天到室外

使用，一定要做好摄像机防雨措施。

② 注意防潮、保持清爽：若摄像机长时间在室外阴冷潮湿的地方拍摄，突然进入温暖干燥的室内，这时机器内部容易产生结露现象，应在摄像机进入室内前先放在密封的塑料袋中，待机器与室内温度一致时再取出。

③ 进行必要的防尘措施：为了防止灰尘侵入摄像机污染机芯、磁鼓、寻像器、液晶屏和镜头，必须做好有效的防尘措施。在风沙环境中拍摄时，最好用透明塑料袋罩住摄像机，或自己制作简易的防尘袋包住机身。携带摄像机时，应将摄像机放入专用包或箱内，停止拍摄时要随时盖好镜头盖，最好在镜头前面安装一个 UV 镜，它可以有效地防止灰尘和雨滴侵入镜头。

④ 外出携带的注意事项：摄像机携带和使用中要注意防震、防摔。外出旅行途中应取出电池和磁带，要避免使摄像机受到剧烈震动。不要在不平稳的地面或人多的地方使用三脚架自拍，以防被游人撞倒，尽量不要让小孩操作摄像机。避免将摄像机和矿泉水或其他包装的液体放在一个包内，以防液体意外渗漏浸湿摄像机。

⑤ 远离磁场电场：由于摄像机的摄像部分利用的是光电转换原理，录像部分利用的是电磁转换原理，因此，摄像机在工作和存放期间应远离强磁性物体或能产生强电磁感应的物体，如电视机、音箱、电磁灶、变压器等。

⑥ 工作中不要任意切断电源：摄像机在运行工作过程中，特别是在装带、退带过程中不要突然切断电源。摄像时尽量避免长时间对着特别明亮的物体如太阳等，因为那样会对 CCD 造成损伤，严重的会在图像上形成垂直拖影，摄像机的寻像器和打开的液晶屏幕也应当避免强光长时间照射。

⑦ 摄像机使用后应注意：摄像机使用完毕存放之前应将磁带和电池从摄像机内取出。收藏录像带时要远离加热器和其他热源，不要太靠近强磁场，要竖着放在原包装盒内。电池若长期装在摄像机上，即使电源开关关掉也要耗电，电池放电过度会影响其使用寿命。电池若不长期使用，最好每半年对其进行一次充放电。

2.4.3 数字视频编辑

视频编辑是对所摄取的视频素材进行取舍和组合，最后形成完整视频节目或视频教材的过程。根据编辑时所用设备的不同，视频编辑分为线性编辑和非线性编辑两种。

1. 线性编辑和非线性编辑

线性编辑是一种按时间顺序从头至尾进行编辑的节目制作方式，它所依托的是以一维时间轴为基础的线性记录载体，如磁带编辑系统。素材在磁带上按时间顺序排列，这种编辑方式要求编辑人员首先编辑素材的第一个镜头，结尾的镜头最后编，它意味着编辑人员必须对一系列镜头的组接做出确切的判断，事先做好构思，一旦编辑完成，就不能轻易改变这些镜头的组接顺序。因为对编辑带的任何改动都会直接影响到记录在磁带上的信号的真实地址的重新安排，从改动点以后直至结尾的所有部分都将受到影响，需要重新编一次或者进行复制。由于操作复杂、效率低、工作量大、特技效果少，线性编辑方式目前已较少使用。

非线性编辑是相对于线性编辑而言的，它指的是可以对画面进行任意顺序的组接而不必按顺序从头编到结尾的节目制作方式。非线性编辑以视听信号能够随机记录和读取为基础，它依托的是盘基记录载体。在非线性编辑时，编辑人员可以不受节目顺序的约束，从节目的任一点开始，用鼠标随机地进行素材拖放、插入和跳跃式剪辑。由于非线性编辑的素材片段不按时间顺序进行直接记录，所以要改变素材片段的位置和顺序，对某一画面镜头进行搜索、修改、加长或缩短可以瞬间完成，也可边剪辑边加特技和字幕，反复复制删改也不会造成图质劣化。非线性编辑操作方便、效率高、功能强，是目前的主要视频编辑方式。

2. 非线性编辑软件

非线性编辑的关键是要有合适的非线性编辑软件——数字视频编辑软件。数字视频编辑软件种类很多，可分为专业型和通用型两大类。专业型软件是针对特定的硬件而专门开发的，一般用于广播级电视节目的制作，常见的有大洋、索贝、新奥特、奥维迅等。通用型数字视频编辑软件在学校教育和家庭中应用较多，常见的有 iFilm Edit、RealProducer、FreeEdit DV、Media Studio 和 Video Studio（会声会影）。此外，无论在专业领域还是非专业领域，After Effect 和 Premiere 的应用都很广泛。

Video Studio 是针对家庭娱乐、个人纪录片制作的简便型视频编辑软件。它采用“在线操作指南”的步骤引导方式来处理视频、图像素材，可输出 AVI、FLC 动画、MPEG 等多种视频格式；也可将视频嵌入贺卡生成可执行 EXE 文件，通过电子邮件发送或作为网页发布；还可以利用视频捕获卡将 MPEG 文件转录到家用录像带上。

After Effect 是用于高端视频编辑系统的非线性编辑软件，视频输出质量高，三维特效功能强，可以完成以往只有在工作站上才能够完成的合成效果。

Premiere Pro 是集采集、编辑、输出于一体的软件，可实时进行视频、音频编辑，特效添加和字幕叠加，可输出 MPEG-1、MPEG-2、AVI、RM 等多种文件格式，功能非常强大，在大中型视频工作室、电视台等专业视频制作机构和个人视频制作中都应用广泛，通常将其与 After Effect 配合使用。

无论使用哪种视频编辑软件，虽然操作有差异，功能也不尽相同，但编辑的方法、流程都大致相同，都需要经过准备素材（采集素材）、编辑素材（剪切素材）、添加过渡和滤镜效果、添加字幕、预演影片、输出影片等环节。

3. 非线性编辑系统的设备组成

（1）主机

主机是非线性编辑系统的核心运算及集成部件，它连接和集成各种外围设备和内置板卡，运行编辑软件控制外部设备的工作。主机是非线性编辑系统的运行平台，它的性能高低很大程度上决定了非线性编辑系统的整体性能。

（2）图像处理卡

图像处理卡是非线性编辑系统的主要视音频处理部件，主要功能是完成视音频信号的实时采集、压缩、解压缩、播放、数字特效、变换等处理。它决定了视音频信号的质量，是非线性编辑系统的关键部件。目前，复杂的非线性编辑系统一般采用由几块板卡组成的套卡形式。就视频处理而言，视音频卡还存在单通道和双通道之分，后者的价格较为昂贵，但具备实时特效制作功能。

（3）数字存储设备

非线性编辑对电视节目进行编辑时，操作对象是数字视频和音频，数字视频的数据量十分庞大，要求系统的数据传输率高，所以一般非线性编辑系统中都配有比较高速的存储设备，目前常用的是 SATA 硬盘阵列，一般数据存储量都在 250 GB 以上。

（4）显示设备

显示设备是非线性系统中一个重要的部件，它是人机交互的窗口，其显示质量的好坏对编辑工作有比较大的影响。一般质量较好的非线性编辑系统都有双屏显示功能，一个屏幕显示编辑素材，一个屏幕显示编辑制作窗口，显示器的大小都在 17 英寸以上。

（5）模拟输入输出设备

模拟输入输出设备主要是指存储、播放、录制模拟视音频的设备，如录像机、摄像机、录音机等。

2.4.4 激光视盘机

激光视盘机是用于读取激光唱片所存储的文本、图像、图片、视频、音频、动画等多种多媒体信息的设备。

1. 激光视盘机的种类及特点

激光视盘机的种类主要包括 LD、VCD、SVCD、DVD、EVD 等。

① LD（Laser Disc）也称激光机、激光盘（片），它采用模拟方式记录视音频信号，图像水平扫描线≥350 线，最高可达 430 线，声音质量与 CD 相当，有 8 英寸和 12 英寸两种尺寸盘，大多采用 CLV 方式记录。由于该机价格高、片源少，现已被 VCD、DVD 取代。

② VCD（Video Compact Disc）意为影碟机或影碟，是 1993 年 8 月由 JVC、Philips 等公司联合制定的数字电视视盘技术规格，采用 MPEG−1（Moving Picture Exports Group，运动图像专家组）标准编码，图像分辨率为 352×288（PAL 制式）或 352×240（NTSC 制式），水平清晰度为 250 线，声音为 2 声道，质量与 CD 相当，播放时间可达 74 min，兼容 CD 格式。VCD 具有价格低廉、光盘种类繁多、比录像带耐用、便于保存等特点，是目前在教育领域中应用比较普遍的视听设备。

③ SVCD（Super VCD）俗称超级 VCD，其主要性能指标优于 VCD，它选用 MPEG-2 视音频压缩编码的国际标准，图像分辨率为 576×480（PAL 制式）或 480×480（NTSC 制式），水平清晰度提高到 350 线以上，提供 4 路单声道和 2 路立体声道的音频，有 4 种语言伴音和 4 个字幕选择功能。它与 CD、VCD 兼容，最长播放视音频信号 45 min。由于 SVCD 片源短缺、播放时间短，加之 DVD 技术的成熟，因此它是趋于淘汰的产品。

④ DVD（Digital Visual/Versatile Disc），1994 年日本 TOSHIBA（东芝）和 SONY（索尼）等公司推出 DVD，它按 MPEG-2 压缩编码标准存储活动图像及相应的声音，DVD 技术是从 CD、LD、VCD 逐步发展而来的。DVD 采用波长更短的红色激光、更有效的调制方式和更强的纠错方式，与以往的产品相比，其信道密度和存储量大、坑道长度短，并支持单面双层和双面双层结构。DVD 图像质量可达到电视演播室水平（水平扫描线≥480 线），是目前应用最广泛的视音频光盘媒体。

VCD 记录的只有单面一层，而 DVD 的记录层面有 4 种：单面单层（4.7 GB）、单面双层（8.5 GB）、双面单层（9.4 GB）、双面双层（17 GB）。单面单层能够存储 133 min 的声音和图像。

DVD 图像采用 MPEG-2 标准，在音频方面采用的标准较多，既有 MPEG-1 立体声、MPEG-2 环绕立体声，也有 Dolby（杜比）AC-3，其采用 5.1 声道或 7.1 声道。

⑤ EVD（Enhanced Versatile Disc），EVD 的水平扫描线达到 720 线以上，EVD 与 DVD 的区别首先是高清晰度，EVD 的像素（1 920 × 1 080 i）是 DVD（760 × 480）的 5 倍多。EVD 从碟片的内容、碟片机运行都按照高清标准要求制作。显示设备最好是高清电视，这样能够保证高清节目按 1 920 × 1 080 i、1 280 × 1 080 i 或 1 280 × 720 p 格式播放。

EVD 影碟机可以兼容 DVD、SVCD、VCD 碟片。同时，EVD 因为在按高清模式播放时采取了上变换的措施，加入滤波和运动补偿技术，使 DVD、SVCD、VCD 等碟片在播放时可按 1 080 线输出，比 DVD、VCD 影碟机播放效果要好。

2. 激光视盘机的使用与维护

① 使用前要正确核定当地电压，且机器连续工作时间不要超过 3 小时。使用功能键时应力度适中，不要用力过猛；较长时间不使用影碟机时，须将电源线拔离电源插座。

② 注意通风防尘与清洁。应保持良好的散热、通风环境，使用完毕后最好用盖布盖好，防止灰尘对影碟机的工作带来影响。碟片使用时注意不要被硬物划伤，有污迹时用干净的绒布沿碟片径向向外擦拭，必要时可蘸些清水擦拭，擦拭完后再用干布擦干水后使用。

③ 要保护好激光头。在播放影碟时，不要挪动和拍打影碟机，以免造成光盘抖动，损坏激光头。不要使用劣质的光盘，有些盗版光盘质量低劣，播放这种光盘将对影碟机造成损害。

④ 保护好机芯。影碟机由于长期高速运转，容易摩擦产生静电，吸附油烟、粉尘进机芯，并日积月累，覆盖激光头发出的信号，导致读取的信号损耗、减弱，甚至时常不能读碟，激光头遭受静电干扰，寿命更是不断减短。

2.5　教育电视系统

20 世纪 20 年代，英国发明家贝尔德发明了电视机，被认为是 20 世纪最伟大的发明之一。虽然电视机最初并不是为了教育而发明的，但自从电视机出现以后，很快便有教育工作者意识到了电视媒体所蕴涵的强大教育功能，并在电视机刚刚诞生不久就把它引入到教育教学中来。我们知道，现代教育技术起源于美国的“视听教育”，后又经历了“视听传播”阶段，在这一阶段中，电视是非常重要的媒体。虽然现在正逐渐被计算机所取代，但电视仍是当前教育教学中十分重要的媒体之一。而且，它是一种大众性传播媒体，能大大扩大教育的规模，有助于继续教育、远程教育、终身教育的开展。

教育电视是一个系统，它包括教育电视节目的制作系统和传播系统两部分。制作系统又分为前期节目制作系统和后期节目制作系统。传播系统由节目发射、传输、接收等子系统组成（如图 2.8 所示）。

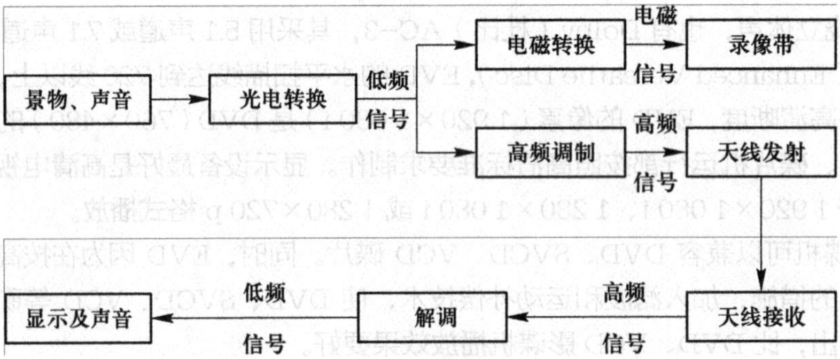

图 2.8　教育电视系统

教育电视系统按照信号传输方式，可分为开路教育电视系统和闭路教育电视系统，有的书上也称之为无线传输系统和有线传输系统。

2.5.1　开路教育电视系统

开路教育电视系统是指通过发射天线，以电磁波的形式向外传播电视信号，而不需要传输线路。这是电视节目传输的重要方式之一。其节目源一般是各级各类教育电视台编辑制作的教育电视节目。

我国在 20 世纪 80 年代后期投资购买了国际通信卫星上的两个转发器，分别在 1986 年和 1988 年开通了两个专用的教育卫星电视频道。

1987 年 7 月，中国电视师范学院成立。1987 年 9 月，中国电视师范学院开设高等师范专科汉语言文学、数学、历史、地理、物理、化学、生物、英语、政治、音乐、美术、体育等 12 个专业 130 多门课程，共组织编制电视教材 8 000 多学时。1989 年 11 月起，中国电视师范学院开展中小学校长培训，1991 年 1 月起开展中小学教师继续教育，1995 年 3 月开设“中学教师之友”、“小学教师之友”和“中小学校长”栏目，将以上编制的课程及节目纳入 3 个栏目，在中国教育电视山东台播出。1994 年中国电视师范学院与中央广播电视大学合并，继续行使中国电视师范学院职能，并负责中国教育电视台有关频道的节目设计与制作，此外还承担中央电大师范部的教学任务。

中国教育电视台于 1986 年 10 月 1 日正式播出，起初名为“中国教育电视”，1987 年 10 月 1 日定名为“中国教育电视台”，英文简称 CETV。中国教育电视台隶属国家教育部，是国家级专业电视新闻舆论机构，是中国具有教育影响力的主流电视媒体之一，是中国最具发展潜力的远程教育平台。中国教育电视台现拥有 5 个电视频道和一个中国教育卫星宽带传输网平台。中国教育电视台第一套节目通过亚太 1A 卫星传送，第二套节目、空中课堂频道通过鑫诺 1 号卫星传送，覆盖全国及东南亚地区。第三套节目面向北京开路发射，并进入北京有线电视网络，覆盖北京及其周边地区。全国 85%以上的省地有线电视网络转播中国教育电视台第一套节目。

目前，我国省市乃至县级教育电视台纷纷成立并逐步壮大，大大繁荣了我国的教育电视事业。开路教育电视系统包括地面广播教育电视系统和卫星广播教育电视系统。

1. 地面广播教育电视系统

（1）调制和解调

用摄像机把物体图像变成的电信号是电视图像低频信号。这个信号不能直接发送出去，必须经过“调制”，即将图像和伴音信号通过某种方式加载到高频载波上，变为“高频电视信号”，也称为射频信号，然后经发射天线辐射出去。在接收端，通过“解调”即将图像和伴音信号从高频载波上卸载下来，然后通过显示设备还原才能收看到电视节目。

调制的过程是将电视图像低频信号的两个色差信号与亮度信号混合，再调制到图像载波上，最后和经过高频调制的伴音信号一起发射。

常用的调制方式有两种，即调幅和调频。调幅是使用低频信号去控制高频载波的振幅，使载波的振幅随着低频信号幅度的变化而变化。调频是使用低频信号去控制载波的频率，使载波信号的频率随着低频信号幅度的变化而变化。

调幅与调频各有优缺点。调幅波的抗干扰能力强，但得占用较宽的频带宽度；调频波的抗干扰能力差，但占用的频带宽度较小。目前，我国电视信号中的图像信号采用的是调幅方式，而伴音信号采用的是调频方式。

（2）电视频段、频道的划分

无线电视使用的频率在 48.5～958 MHz，每一频道占用 8 MHz 带宽，一共可以划分为 110 多个频道。但是，由于要考虑到其他行业的使用以及干扰因素等，有一些频率范围在无线转播中是不能使用的。如 88～108 MHz（5、6 频道间）为调频广播信号，223～470 MHz（12、13 频道间）用于其他领域。因此可供无线广播电视使用的只有两个波段共 68 个频道，分为甚高频（VHF）和特高频（UHF）两个频段，如表 2.1 所示。

表 2.1　电视频道波段划分

波　段		频　道	频率范围/MHz
VHF	VL	1～5	48.5～92
	VH	6～12	167～223
UHF		13～68	470～958

有线电视由于以闭路的方式传输，没有外界其他信号的干扰，所以能将上述波段之间没有使用的频带重新利用，增设一些新的频道，称为“增补频道”。这样一来，有线电视的频道就达到了 110 个左右。

2. 卫星广播教育电视系统

地面广播教育电视系统传输距离较近，而且传输的信号质量不高。如果要传输较远的距离，信号衰减将十分严重，所以就需要使用中继站进行“接力”。为了扩大广播电视信号的覆盖范围，使用卫星广播教育电视是一个很好的选择。

卫星广播教育电视系统是目前现代远程教育的主要教学手段之一，它是将电视信号（包括图像信号和伴音信号）经过处理后发送给地球同步卫星，再由同步卫星将信号转发给地面的电视接收系统，然后进行传输。这样一来，在很大程度上扩大了广播电视的覆盖范围，一颗同步卫星能覆盖全国，3 颗同步卫星基本上就能覆盖全球的范围（如图 2.9 所示）；传输的电视节目受干扰小，信噪比高，因此有较优的节目输出质量；传输容量大，可以传输更多的电视节目。

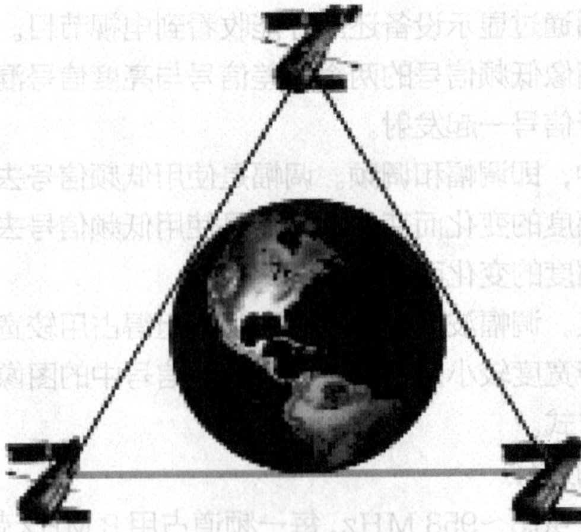

图 2.9　地球同步卫星

卫星广播教育电视系统一般由上行地面设施（上行发射机）、同步卫星及星载转发系统、地面接收设施 3 部分组成，如图 2.10 所示。

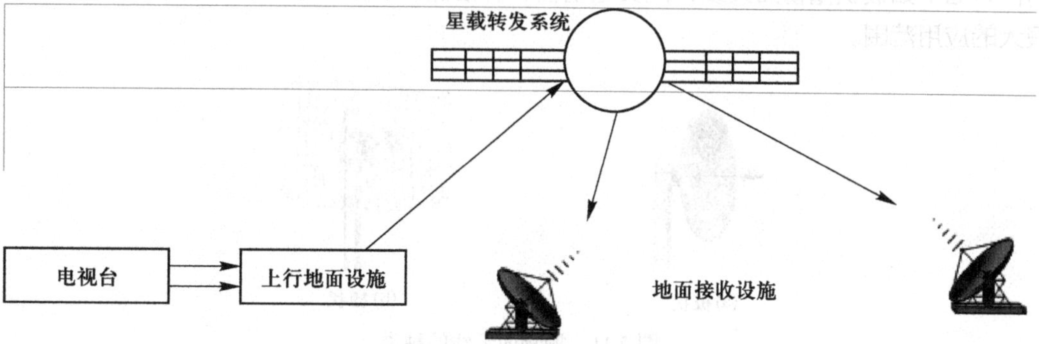

图 2.10　卫星广播教育电视系统

（1）上行地面设施

上行地面设施的主要任务是把电视台的电视信号传给卫星，主要包括节目调制发送设备、监测设备、遥控遥测设备以及发送天线等设施。

（2）星载转发系统

星载转发系统安装于地球同步卫星之上，主要包括转发器、星载电源、遥测指令系统以及天线 4 部分。

转发器通过天线接收到地面上传来的上行信号，经过处理后再变为下行信号转发给地面上的接收设备。

星载电源包括太阳能电池、蓄电池和电源调节器，用于收集太阳能并将其转换成其他星载设备所需的电力能源。

遥测指令系统是卫星保持正常运转状态的中枢，它及时处理从地面站发过来的指令，以对卫星进行调节。

天线系统一般由多种类型的天线组成，如抛物面天线、喇叭天线、全向天线等，用于接收地面站发送的上行信号和聚焦整形向地球转发的电视信号，然后以窄波束的形式传向指定的地面接收系统。

（3）地面接收设施

地面接收设施一般由抛物面天线、高频头以及卫星接收机组成。主要任务是将用抛物面天线接收到的卫星电视信号转变为 950～1 450 MHz 范围内，然后放大、解调，还原出视频信号和伴音信号。

卫星广播电视系统的工作频率很高，波长非常短，信号传送到地面很微弱，一般用呈抛物面形状的天线进行接收，称其为抛物面天线，它可以将卫星电视信号聚焦在抛物面的焦点上，具有结构简单、方向性强、增益大（可使信号增强几十万倍）的特点。根据抛物面天线机械机构的不同，可以将其分为板状和栅状（如图 2.11 所示）。板状抛物面天线精密度高、增益大、耐用性较强，但是所受风阻大、重量重、价格较高；而栅状抛物面天线虽然在精密度、增益、耐用性方面不如板状抛物面天线，但其重量轻、价格低、所受风阻小、架设十分容易，所以也有很大的应用范围。

图 2.11　抛物面天线的种类

高频头的作用是将传输过来的微弱电视信号进行放大，并且对传输不稳定引起的图像变形与干扰进行处理，它决定了影像的稳定性。

卫星接收机的作用是将高频头传过来的信号进行变频、解调以及放大，最终得到视音频信号或地面广播电视射频信号（如图 2.12 所示）。

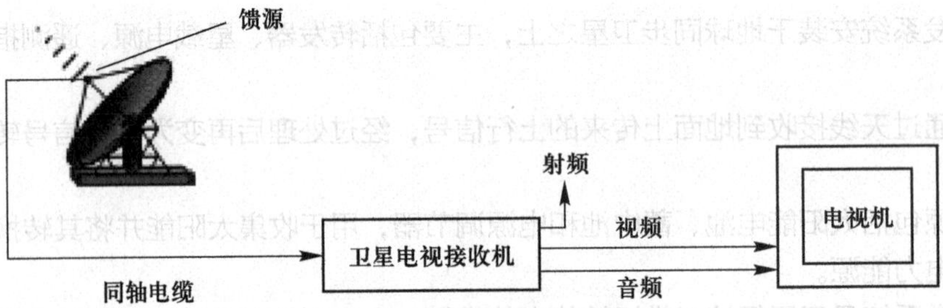

图 2.12　卫星电视接收系统

2.5.2　闭路教育电视系统

闭路教育电视系统也称有线电视传输系统，它以频带宽、与其他无线电行业互不干扰、频道数量多、可以实现交互式视频电视等优势深受电视台和广大用户的青睐。实用的电视系统通常有多个节目信号源，经选择后传送给终端显示。其基本原理如图 2.13 所示。

闭路教育电视的节目源可以是接收的开路电视节目，也可以是自制或收集来的录像节目，还可以是演播室或演播台录像机的直播节目。

闭路电视系统根据所使用的传输介质可以分为电缆传输网、光缆传输网以及光电混合传输网。目前，学校闭路系统使用最多的是电缆传输网。

1. 闭路教育电视系统的类型

（1）收播系统

该系统的节目来源于开路电视节目和录像节目，可用于收视广播电视节目和自办的录像节目。它的构成只需在共用天线系统的基础上增加一台录像机，投资少，使用方便。

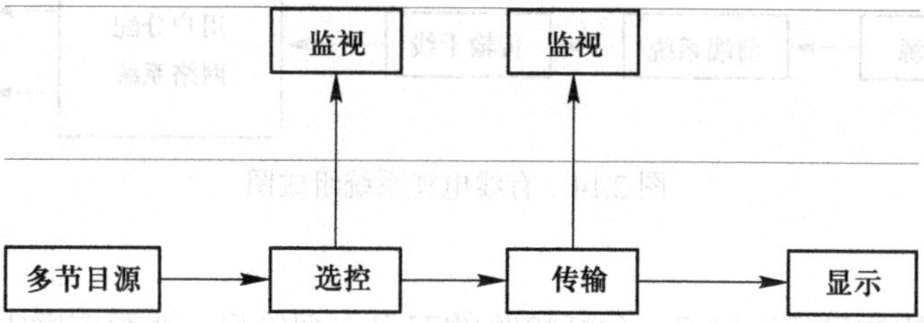

图 2.13　闭路教育电视系统示意图

（2）教学演示系统

教学演示系统主要用于课堂教学演示，分为实物演示以及显微演示两类。该系统由摄像机、监视器和近摄架或显微镜组成，可将显微镜下的微小物体和各类实物的图像通过摄像机转换成电视信号并在电视屏幕上向学生演示。

（3）电视教材制作系统

电视教材制作系统用于制作自行编制的教学录像节目，通常由演播摄像、导控切换和编辑合成3部分组成。演播摄像部分包括演播室和摄像机、照明灯具以及传声器等，用于布景、照明、摄像和同期录音。导控切换部分由摄像机控制器、视频切换台和监视器组成，用于对摄像机进行监控，并对多路电视信号进行监视和选择切换。编辑合成部分由编辑录像机和监视器组成，用于对电视画面和声音进行剪辑合成。

（4）综合应用系统

将上述3种教学电视系统联网组合就构成了一个功能齐全的综合教育电视系统。这是一种集电视接收、录像播放、示范、演播和教学节目制作为一体的多功能教育电视系统网络。

根据信号传输的方式还可以将闭路教育电视系统划分为单向闭路电视教学系统、双向控制闭路电视系统和闭路电视监控系统。

单向闭路电视教学系统将演播室直播的节目或者控制室选播的节目通过有线电视网络传输给各个接收终端。接收终端只能收看电视节目，而不能对播放设备进行反向的信息传递及控制操作。

双向控制闭路电视系统能够在有线网络中同时传输两个方向的信号，即上行信号与下行信号。通过下行信号，播放设备可以将电视信号传输给接收端；通过上行信号，接收端也可以对控制室中的播放设备发送控制信号，以进行相应的操作。

闭路电视监控系统通过接收端安装的摄像头将活动场景发送到控制室，以对某个空间进行监控。控制室可以根据需要对摄像头的方位、角度以及焦距进行调整。通过这种系统可以实现教学监控、考场监控等。

2. 有线电视系统的组成

有线电视系统由信号源、前端系统、传输干线以及用户分配网络系统组成，如图 2.14 所示。

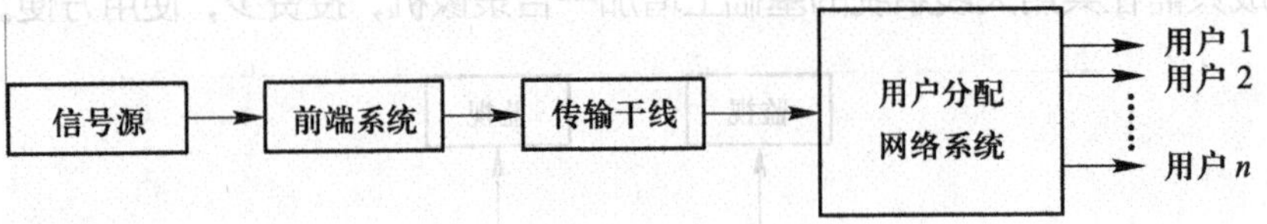

图 2.14　有线电视系统组成图

（1）信号源

有线电视系统的信号源比较多，包括接收的卫星电视信号、地面广播电视信号、微波信号、自办节目等。

（2）前端系统

前端系统由卫星接收机、功率分配器、切换器、多路混合器、调制器、放大器等组成，任务是接收、放大并处理各类信号源的信号。

（3）传输干线

传输干线就是电视信号传输的总线，功能是将前端系统输出的电视信号高质量地传输给用户分配网络系统。一些大型系统的干线比较长，可以采用光缆进行传输。有时为了弥补传输过程中的损耗，中间可以加设干线放大器。

（4）用户分配网络系统

用户分配网络系统的功能是将干线传来的电视信号分配给系统内的各个用户。它由分支线、分配线、用户引入线、分支器、分配器以及用户终端盒等设备组成。

2.6　多媒体教学设备

多媒体教学是以多媒体计算机为核心，将文字、图像、动画、音频、视频等信息集成在一起进行教学。多媒体教学的手段和目的是通过刺激多种感官同时参与学习而提高学习的效率和效果。本节简要介绍多媒体教室的组成原理及常用的多媒体教学设备。

2.6.1　多媒体教室的基本组成

随着科学技术的日益进步，广大教师和学生已不满足于传统的教学工具——黑板、粉笔、板擦，各地学校纷纷掀起了建立多媒体教室的热潮，力图用投影机、幕布等多媒体工具来使课堂变得更加丰富多彩。

将多媒体计算机、数字投影机、视频展台、大屏幕、音响系统等现代教学媒体组合在一起，再配以必要的遮光设备（如窗帘等），就能将传统的教室装备成多媒体教室（如图 2.15 所示）。

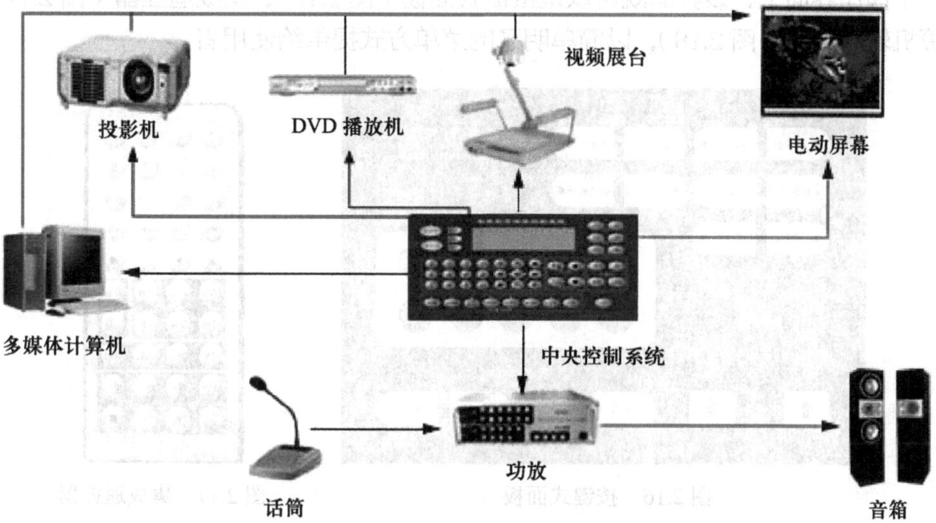

图 2.15 多媒体教室一般组成

利用多媒体教室，教师可以灵活、方便地向学生提供音频、视频、模型以及实物等多种媒体信息，使授课内容更加形象、生动，更符合教学规律，有利于提高教学效率。

1. 多媒体教室的功能

一个多媒体教室应该具备以下基本功能：

① 演示各类多媒体课件，辅助教师教学。

② 播放 VCD、DVD 等视频节目，开展视频教学。

③ 展示实物、模型和各种图文资料。

④ 配备大屏幕和投影仪，以向数量较多的学生播放各类图文信息和视频资料。

⑤ 配备高保真音响系统以播放各种声音信号，实现音像并茂。

⑥ 可连接至校园网和 Internet，以方便获取网上丰富的教学资源。

2. 多媒体教室的设备

多媒体教室的主要作用是方便教师综合利用各种多媒体设备进行教学，因此，其设备的配置也是从辅助教学的角度出发，以方便教师获取教学资源、展示教学信息、组织教学活动等为目的。一般来讲，多媒体教室的设备应包括教学信息获取及输入设备、处理设备和输出设备。

而且，为了便于教师操作，多媒体教室都应配有中央控制系统。

（1）中央控制系统

中央控制系统是整个多媒体教室的核心，相当于"神经中枢"，掌管着其他各个多媒体设备的启动、工作及停止。该系统采用单片机通信技术和系统集成技术，将多种设备的操作全部集中到同一个操作界面上，该界面既可以是按键式面板（图 2.16）、集成遥控器（图 2.17），也可以是计算机软件界面（图 2.18），以简单明了的菜单方式提供给使用者。

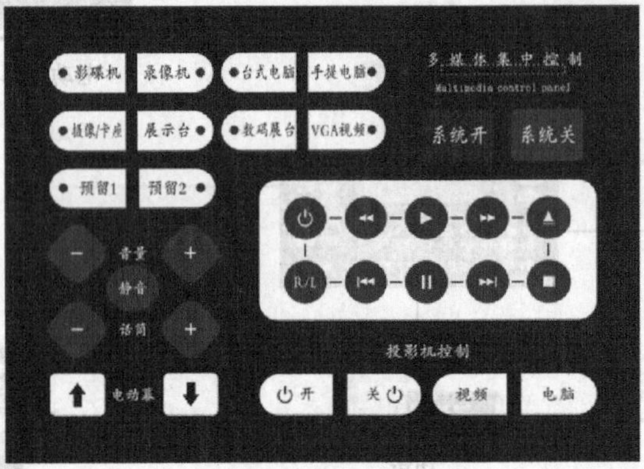

图 2.16　按键式面板

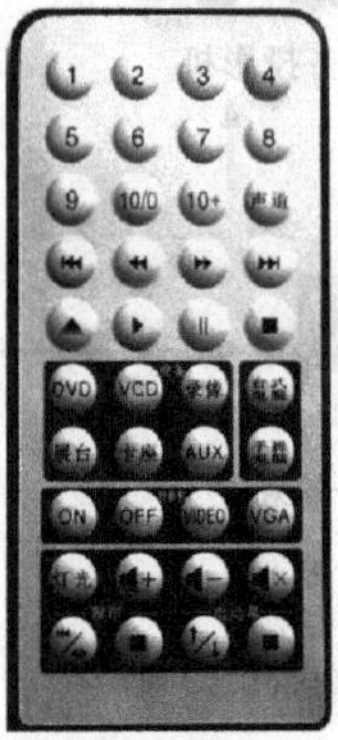

图 2.17　集成遥控器

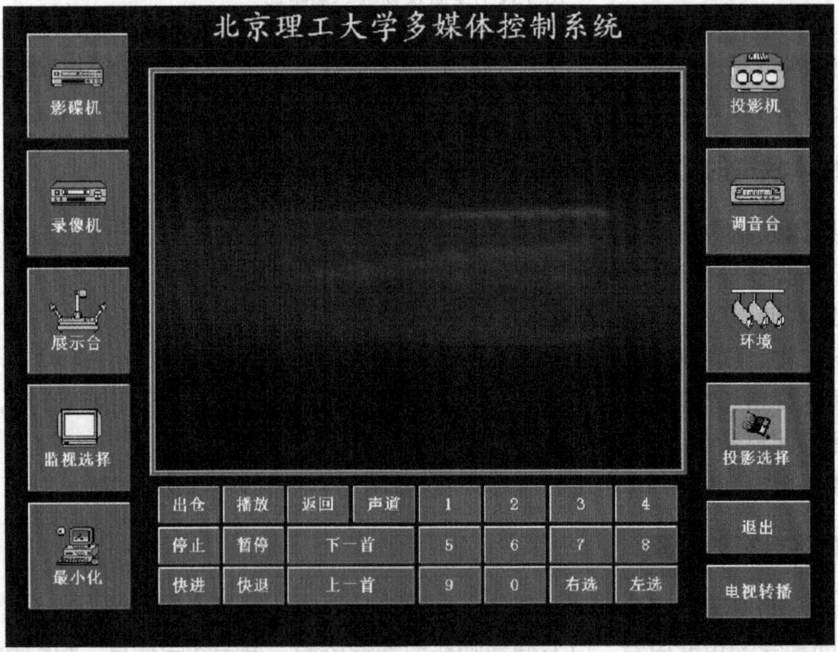

图 2.18　软件控制系统

一般来说，目前的中央控制系统可完成多媒体教学系统的开关、多路视频信号间的相互切换、投影机的开关、电动大屏幕的升降、系统音量、话筒音量等多路控制。

（2）教学信息获取及输入设备

在多媒体教室中，影碟机、录像机、视频展台、话筒、连接校园网和互联网的连网设备等都属于教学信息获取及输入设备。利用这些设备可使教师方便地获取来自影碟、录像带、实物、模型、各种纸质图文资料、网络信息资源以及现场讲解声音等多种教学信息。

（3）教学信息处理设备

教学信息处理设备主要是指多媒体计算机。其实，多媒体计算机是多媒体教室的核心设备，往往在整个系统中充当着多种角色，既是计算机教学媒体，又是网络连接设备。如果多媒体教学系统是用计算机软件进行控制的，那么它还是中央控制系统的操作平台。由于其长时间处于多任务工作状态，所以应尽量选配运行速度快、内存容量大，并配有声卡、网卡、独立显示卡且工作稳定可靠的多媒体计算机。同时，还应该考虑安装还原保护卡，以防由于误操作等引起的故障。

（4）教学信息输出设备

教学信息输出设备主要包括大屏幕、投影机、音响等。

① 大屏幕。投影屏幕从功能上可分为反射式、透射式两类。反射式用于正投，透射式用于背投，所以又分别叫做正投屏幕和背投屏幕。正投是观察者和投影机位于反射屏幕的同一侧，光线从投影机投射出来照射到屏幕，观察者看到的是屏幕反射回来的投影画面；背投是指观察者和投影机位于背投屏幕的两侧，从投影机投射出来的光线照射到半透明的背投屏幕时会有部分光透过，观察者看到的是透过背投屏幕的投影画面。正投屏幕不受尺寸的限制（可定制），但会受环境光的影响造成画面对比度的下降，影响投影效果。背投屏幕画面整体感较强，不受环境光的影响，所以画面色彩还原较好，形象逼真，但其大小会受到技术条件的制约，而且要求使用它的多媒体教室前面纵深空间非常大。由于受多媒体教室使用空间的限制，目前大多数教室使用的是正投方式，正投屏幕相对来说使用得较为广泛。

正投屏幕又分为软屏幕和硬屏幕，其中软屏幕包括白屏幕、珠光屏幕和金属屏幕；硬屏幕包括平面屏幕和弧形屏幕；背投屏幕也可分为软屏幕和硬屏幕，其中硬屏幕用得较多。

② 投影机的配置和安装。目前，多媒体教室投影机的配置情况有单投影、双投影等。现在多数从原来传统教室改装过来的多媒体教室使用的是单投影。其优点是投资少，结构简单，但是需要进行各种视频之间的切换，操作较为麻烦，而且不利于学生对知识的整体把握。双投影可以对两个投影进行很好的分工，例如一个展示动态视频信息，另一个呈现需要学习者识记的重难点，有利于学习者对知识的理解与把握，但投资要大一些。

投影机的安装方式有吊顶悬挂式与桌面支撑式两种。为了投影机的安全与使用方便，目前大多数多媒体教室采用吊顶悬挂的方式。

（5）其他设备

由于目前大多数多媒体教室是在原有传统教室的基础上进行改造，所以环境光较强，影响大屏幕的投影效果，这就需要配备必要的遮光设备，主要就是窗帘。

另外，有时为了教师讲解方便，需要配备电子教鞭，以实现简单的翻页功能和激光指示功能。这样，教师可以在教室的任何位置对电子演示文稿进行翻页，而且轻松地点出重点部分，便于学生理解与识记。

2.6.2　多媒体计算机

上一节提到，多媒体计算机是多媒体教室的核心设备，往往充当着多个任务角色。因此，有必要对其进行详细的介绍。

1. 什么是多媒体计算机

多媒体计算机是多媒体技术和计算机技术相结合的产物，它不是将各种媒体进行简单的复合，而是把文本（Text）、图形（Graphics）、图像（Image）、动画（Animation）和声音（Sound）等形式的信息结合在一起，并通过计算机进行综合处理和控制，能支持完成一系列交互式操作的信息技术。多媒体技术的发展大大拓展了计算机的应用领域，使计算机由实验室中的专用品变成了信息社会广泛应用的普通工具。也正是多媒体技术的发展，使得多媒体计算机成为现代教学中一个不可缺少的教学媒体。

2. 多媒体计算机的特点

（1）综合性

多媒体计算机既是各种硬件的集合，如高速度的中央处理器（CPU）、大容量的内存和硬盘、显示适配器、声卡、DVD 驱动器（或 VCD 驱动器）、显示器、音响等；同时又是多种软件的集合，如各种系统软件，视频、音频、图像和文字处理软件等。

（2）交互性

用户可以通过多种方式进行信息的输入，同时计算机也能以多种媒体的形式进行信息的输出，用户与计算机之间可以产生充分友好的互动，以便于用户更好地控制计算机。

3. 多媒体计算机系统的组成

多媒体计算机系统是能对文本、图形、图像、动画、音频、视频等多种媒体信息进行输入、处理并输出的计算机系统，它由两部分组成：多媒体计算机的硬件和与其相配套的软件。

（1）硬件系统

① 多媒体计算机的硬件标准。多媒体计算机技术是因实际需要而产生和发展的，最初各个厂商都独自开发自己的多媒体产品。因此，目前市场上存在着多种不同标准的多媒体集成一体机或多媒体集成系统，著名的有 MPC（Multimedia Personal Computer）标准、Apple 公司的 Macintosh 系统、Com-modore 公司的 Amiga 系统、Philips 公司与 Sony 公司联合开

发的 CD-1 系统、Intel 公司与 IBM 公司合作开发的 DVI 系统和 AVK(Audio/Video Kernel)等。但其中发展最快，并且得到大部分厂商支持的是 MPC 标准。

1990 年，世界几家较大的多媒体计算机厂商，包括 Microsoft、IBM、Philips、NEC 等成立了多媒体计算机市场协会（Multimedia PC Marketing Council），以进行多媒体标准的制定和管理，并在 1991 年 10 月 8 日发表了第一代 MPC 的规格。接着，该协会在 1993 年 5 月发表了 MPC 2.0 的技术规格。1995 年 6 月，更名为多媒体 PC 工作组（The Multimedia PC Working Group）的多媒体计算机市场协会发表了 MPC 3.0 技术规格，后来又在 1996 年发表了 MPC 4.0 的技术规格。

现在，MPC 4.0 规格的制定已经过去了 10 多年，个人计算机的配置已经大大超过了 MPC 4.0 标准，而且继续高速度地向前发展。

② 多媒体计算机的硬件组成。目前多媒体计算机硬件系统的组成跟一般的个人计算机的硬件配置几乎差不多。现在的个人计算机一般来说就是多媒体计算机。

多媒体计算机除了主机板（简称主板）外，一般应包括一块（至少一块）处理能力强、运行速度快的中央处理器（CPU）、容量较大的内存条（目前的主流计算机配置已经达到 1 GB）、音频卡（也叫声卡）、显示器适配卡（又称显示卡，简称显卡）、大容量的硬盘、高分辨率的显示器、光盘驱动器（简称光驱）和音响等。除此之外，为了扩充多媒体计算机的功能，可以增加一些外设，例如扫描仪、打印机等。

下面简单介绍一下音频卡、显示器适配卡、光盘驱动器、显示器和硬盘等。

音频卡即声卡（Sound Card），用于处理音频信息。声卡的基本功能是把来自话筒、磁带、电子乐器等的模拟声音信号加以转换，变成数字声音信号进行存储，也可以把经过计算机处理的数字声音信号转换为模拟声音信号输出到耳机、扬声器、扩音机、录音机等音响设备，还可以通过音乐设备数字接口（MIDI）使乐器发出美妙的声音。

显示器适配卡又称显示卡，简称显卡。现在的显卡都是 3D 图形加速卡。它是连接主机与显示器的接口卡。其作用是将主机的输出信息转换成字符、图形和颜色等信息，传送到显示器上显示。显卡按总线接口的不同一般分为 PCI 显卡 、AGP 显卡和 PCI-Express 显卡等。PCI 显卡已经被淘汰，AGP 显卡也在逐渐淡出市场，目前市场主流的显卡是 PCI-Express，也有一些主板是集成显卡的。近年来，伴随着图形处理技术的飞速发展，显存技术也取得了突飞猛进的技术突破。在显存容量上，从早期的 512 KB、1 MB、2 MB 到 8 MB、16 MB、32 MB、64 MB，直至目前流行的 128 MB、256 MB 以及高档显卡的 512 MB，甚至有的已经达到了 1 GB，越来越高的显存容量在提升图形处理运算能力方面有着非常大的帮助。在显存位宽上，从 32 位到 64 位，再到现在主流的 128 位以及 256 位，则为显存的带宽带来了更高速的处理性能。

硬盘是目前主要的计算机辅助存储媒介，由一个或者多个铝制或者玻璃制的碟片组成。这些碟片外覆盖有铁磁性材料。绝大多数硬盘都是固定硬盘，被永久性地密封固定在硬盘驱动器中。如今，随着移动存储技术的发展，现在可移动硬盘也越来越普及，容量越来越大。1968 年 IBM 公司首次提出了“温彻斯特（Winchester）”技术，从此对硬盘的制造产生了深远的影响。

利用这种技术制造出来的硬盘称为“温彻斯特硬盘”，人们也往往简称为“温盘”。从 1973 年，IBM 成功研制第一块温盘 IBM 3340 开始，到现在存储容量已经有了相当大的提升，但还是一直沿用“温彻斯特”技术。它的精髓是：“磁头、盘片及运动机构密封；镀磁盘片中轴固定并高速旋转；磁头沿盘片径向移动，磁头悬浮在高速转动的盘片上方，而不与盘片直接接触”。硬盘按照接口类型主要分为 SCSI、IDE 以及 SATA 等。目前，160 GB 的 SATA（即串口）硬盘已经成为微型多媒体计算机硬盘的主流配置。

光盘驱动器简称光驱，是计算机中读取光盘信息的设备，是多媒体计算机不可缺少的硬件配置。光盘的存储容量大，价格便宜，保存时间较长。因此，它目前已经成为一种非常重要的存储介质。光盘可以分为 3 种：CD-ROM、CD-R 和 CD-RW。CD-ROM 是只读型光盘；CD-R 只能写入一次，以后不能改写；CD-RW 可重复读写。现在又出现了 DVD-ROM 以及相应的 DVD-R、DVD-RW 盘片，存储容量较以前有了几倍的增加。光盘在保存时应该注意防止变形与染料层的磨损，所以最好放在光盘夹中，同时注意避光与避免高温。

显示器是多媒体计算机最重要的信息输出设备，与显示卡一起，向用户输出色彩鲜艳的图形画面。从早期的黑白世界到目前的多彩世界，显示器在短短的几十年中发生了翻天覆地的变化。一般来说，显示器可以分为四大类：阴极射线管显示器（CRT）、液晶显示器（LCD）、发光二极管显示器（LED）与等离子显示器（PDP）。CRT 显示器一直以来是最常见的显示设备，也是十几年来外形与使用功能变化最小的计算机外设产品之一。但是，目前由于 LCD 显示器制造工艺的改进，价格大幅度下跌，再加上 LCD 机身薄、占地少、辐射小，逐渐成为个人多媒体计算机显示设备的最佳选择，所以 LCD 的市场占有率大幅度提高。

（2）软件系统

只有硬件没有软件的计算机是无法使用的，往往称之为“裸机”，因此，要想使多媒体计算机的作用发挥到极致，必须有强大的软件系统支持。

多媒体软件大致可分为以下几类。

① 支持多媒体功能的操作系统。目前大多数微型计算机的操作系统都支持多媒体功能，例如 Windows XP、Windows Vista、Windows 7 以及最新发布的 Windows 8 操作系统。除此之外还有完全免费开源的 Linux 操作系统，以及在苹果机上运行的 Mac OS。

② 多媒体驱动程序。这里是指多媒体计算机中所用各种板卡的驱动程序，例如声卡、显卡的驱动程序等。一般来说，不同版本的操作系统上需要安装不同的驱动程序，但现在也有的操作系统本身就集成了大多数多媒体设备的驱动程序，这样就不用单独进行安装了，方便了用户的使用。

③ 多媒体素材制作工具软件。这是指支持应用开发人员创作多媒体的应用软件。设计者可以利用这些工具软件完成素材的采集及多媒体数据的制作。常用的有声音采集与编辑系统，图像扫描、处理、设计与编辑系统，二维、三维动画制作系统，视频采集与编辑系统以及多媒体公用程序与数字剪辑艺术系统等。下面是一些常用的多媒体素材制作工具软件。

- 声音采集与编辑软件。声音采集与编辑软件目前种类繁多，功能各异，有免费软件，也有商业化的专业软件。常用的有 Cool Edit Pro、Sound Forge、WaveCN 等。

- 图像设计与编辑软件。常用的图像设计与编辑软件有 Adobe 公司的 Photoshop、Fireworks 与 CorelDRAW 等。
- 二维、三维动画制作软件。二维动画制作软件目前种类也非常多，有 Flash、Animator Studio、Animation Master 等。随着多媒体计算机信息处理能力的增强，三维动画的使用也越来越多。三维动画的立体感强、具有空间的纵深感，而且形象逼真，较之二维动画有更大的竞争力。常见的三维动画制作软件有 3ds Max、Maya 等。
- 视频采集与编辑系统。目前随着DV 的广泛应用，视频采集与编辑软件受到众多专业与非专业人士的欢迎。Windows XP 系统自带的 Windows Movie Maker（如图 2.19 所示）就是一个非常不错的非线性编辑软件，它操作简单、功能丰富，可以轻松地捕获来自数码摄像机、摄像头等的视频资料，而且生成的视频质量较高、体积很小，受到很多非专业人士的青睐。除此之外，Adobe 公司的Premiere、Ulead 公司的会声会影（Ulead Video Studio）等都是非常优秀的视频采集与编辑软件。

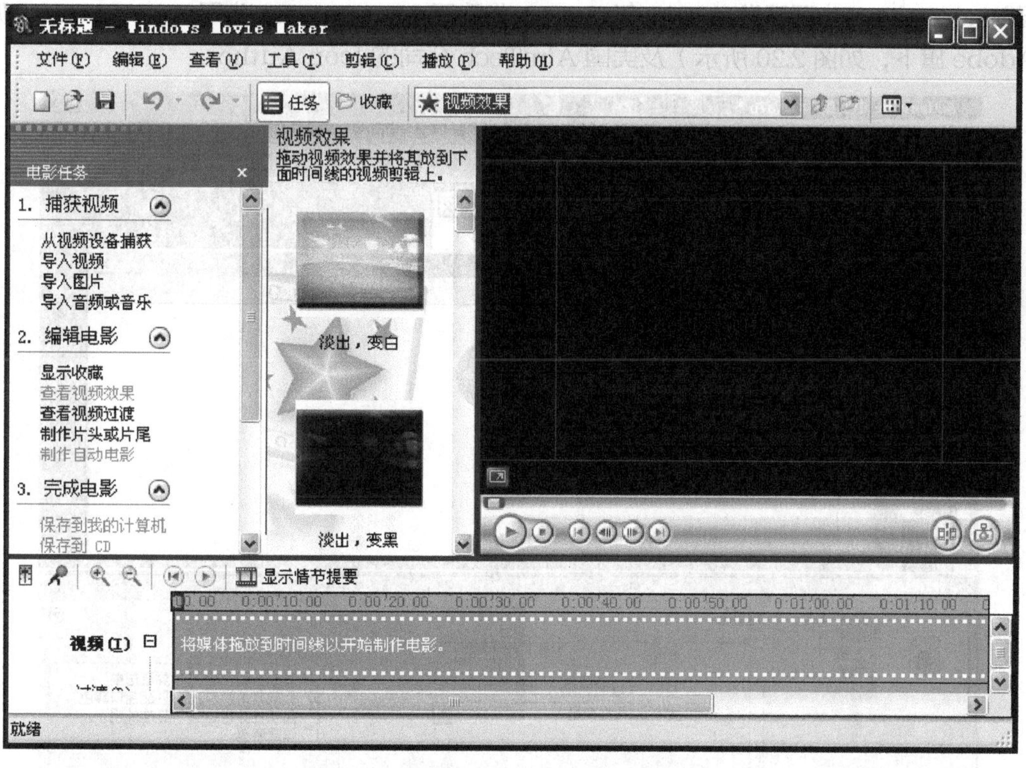

图 2.19 Windows Movie Maker 的界面

④ 多媒体创作软件。多媒体创作软件又称为多媒体写作工具（Author Tool）或多媒体编辑软件。这些创作软件专门为制作多媒体软件而设计开发，是对文本、图形、声音、静态图像、视频和动画等多种媒体信息的一个或一套进行综合管理和处理的编辑、制作工具，大多数具有可视化的

"所见即所得"的操作界面，并具有直观、简便、交互能力强和无需编程、简单易学等优点。

按照对多媒体素材的安排与组织方式的不同，多媒体制作工具大致可以分为描述语言或描述符号式、流程图线式和时间序列式等几种类型。

- 基于描述语言或描述符号的创作工具。这类工具需提供一套脚本描述语言或描述符号，设计者用这些语言或符号像写程序那样组织、控制各种媒体元素的呈现、播放。这类工具中，比较有代表性的是美国 Asymetrix 公司的 Multimedia ToolBook 工具，其编程设计语言为 OPENSCRIPT。但是要掌握这类工具，一般需要有相应的编程基础，所以往往使非程序员望而却步，不适合广大一线教师的学习与使用。
- 基于流程图的创作工具。这类工具也被称为图标导向式（Icon-Based）制作工具。在这类创作工具中，多媒体元素（即各种文字、图形、声音、图像、视频和动画等）的相互作用及数据流程控制都在一个流程图（Flow Chart）中进行安排，即以流程图为主干构造结构框图或过程。这类工具中，比较著名的有美国 Adobe 公司开发的 Authorware（本软件最初是由美国 Macromedia 公司开发，2005 年 Adobe 收购了 Macromedia 公司，Authorware 归并到 Adobe 旗下，如图 2.20 所示）及美国 AimTech 公司的 Icon Author。

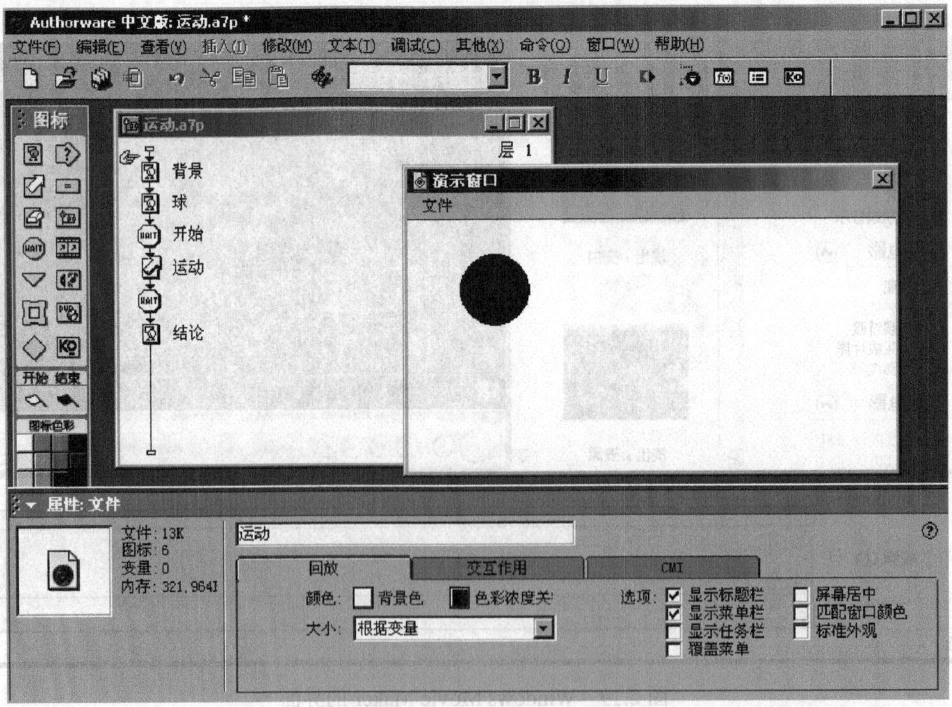

图 2.20　Authorware 的操作界面

- 基于时间序列的创作工具。这类工具是以时间顺序管理各种多媒体元素的，以"帧"为单位，适合用来做交互式动画。其中最具代表性的是 Adobe 公司的 Flash（如图 2.21 所示）

和 Director（这两款软件最初也由美国 Macromedia 公司开发，2005 年并入 Adobe 公司）。

图 2.21 Flash 的操作界面

2.6.3 数字投影机

投影机是多媒体教室主要的输出设备。从产生到现在，其显示技术的变革经历了 3 个发展阶段，即 CRT（Cathode Ray Tube，阴极射线管）投影技术、LCD（Liquid Crystal Display，液晶显示）投影技术以及近些年发展起来的 DLP（Digital Light Processor，数字光处理）投影技术。依据这 3 种不同的显示技术，投影机可以相应地划分为 CRT 投影机、LCD 投影机和 DLP 投影机 3 类。在这里重点介绍 DLP 投影机。

图 2.22 DLP 投影机

1. DLP 投影机简介

DLP 投影机简称"数字投影机"（如图 2.22 所示）。它采用新型的投影技术——数字光处理，这项技术是由美国德州仪器（TI）公司发明的、专门用于投影和显示图像的全数字技术，使人类终于在投影技术方面实现了数字信息显示。DLP 技术是显示领域划时代的革命，为视频投影显示翻开了新的一页。

DLP 投影机的技术特点主要体现在两方面：一是利用数字技术，二是采用反射光技术。

数字技术的采用使投影机呈现的图像灰度等级达到 256～1 024 级，色彩的种类为 2 563～10 243 种，画面质量稳定，图像噪点消失。

DLP 投影技术以 DMD（Digital Micormirror Device，数字微镜装置）作为光阀成像器件，反射光信息到投影屏幕上。反射技术的采用使得成像器件的总光效率达 60%以上，对比度和亮度的均匀性都非常出色。这比液晶板投影机采用的透射技术要有很大的改进。

另外，DLP 技术以半导体器件为基础开发制造。因此，制造商可以借助这一技术开发出体积更小、重量更轻、外形更加小巧和超薄的显示系统。

2. DLP 投影机工作原理

DMD 器件由几十万到上百万个精微镜面组成，每个镜面的大小为 16 μm × 16 μm，它对应着整个画面的一个像素，可反射一个像素的光。在电信号的作用下，每一个镜面都能前后翻动，翻动角度为−10°～ +10°。+10°为“开”，−10°为“关”，当镜片不工作时，它们处于 0 °“停泊”状态，这样就实现了光路的通断。另外，电信号的脉冲宽度控制小镜面的开关光路的时间，以此在屏幕上产生不同亮度的灰度等级图像。镜片可以在一秒内开关 1 000 多次，在这一点上，DLP 成为一个简单的光学系统。通过聚光透镜以及颜色滤波系统后，来自投影灯的光线被直接照射在 DMD 上。当镜片在开的位置上时，它们通过投影透镜将光反射到屏幕上形成一个数字的方形像素投影图像（如图 2.23 所示）。DLP 投影机根据 DMD 的多少可以分为单片式、双片式和三片式 3 种。

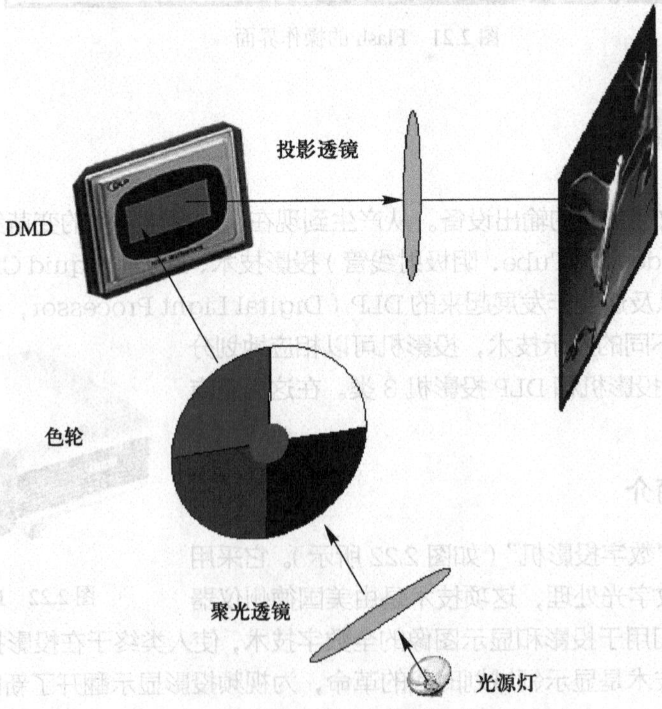

图 2.23　单片 DMD 投影原理示意图

3. 投影机的主要性能指标

（1）分辨率

投影机分辨率是指投影机投射图像中的像素数，又称为物理分辨率、实际分辨率。指标分为标称分辨率和最大输入分辨率两种。标称分辨率是指投影机投出的图像的实际分辨率，也称物理分辨率或实际分辨率。最大输入分辨率是指投影机可接收比物理分辨率大的分辨率，通过压缩算法将信号投出，又称兼容分辨率。

根据分辨率的不同，目前一般的投影机可分为：VGA（640×480）、SVGA（800×600）、XGA（1 024×768）、SXGA（1 280×1 024）、UXGA（1 600×1 200）和QXGA（2 048×1 536）。教育领域中一般用 SVGA 与 XGA 即可。

（2）亮度

亮度是指投影机投射在屏幕上的光亮度，目前采用的投影机亮度单位是 ANSI 流明，即美国国家标准化协会制定的测量投影机光通量的方法。投影机的亮度选择应与使用环境相称，并不是越高越好。亮度过高，长时间观看，容易引起目眩、眼花等身体不适。教育领域中，投影机的亮度在 1 800～3 000 ANSI 流明较为合适。

（3）对比度

对比度最基本的形态是亮区对暗区的比例，也就是从黑到白的渐变层次。比值越大，从黑到白的渐变层次就越多，从而色彩表现越丰富。

（4）均匀度

均匀度指投出画面的中间亮度与周围亮度的比值。一般将中间定义为 100%。任何投影机射出的画面都会有中心区域与边缘亮度不同的现象。均匀度越高，呈现画面的整体一致性就越好。

（5）投影距离

投影距离指投影机镜头与幕之间的距离。

（6）画面尺寸

画面尺寸指投出画面的大小。一般给出的大小值是指可视画面的对角线尺寸。投影画面的尺寸与投影距离有很大关系。要投放需要的尺寸，需将投影机放在与幕相应的距离上。根据各机型不同，画面尺寸与投影距离的关系有所不同。

2.6.4 电子白板

传统多媒体教室一般都配有幕布，然而幕布并不能满足教师的书写要求，习惯了写写擦擦的教师对鼠标操作有点力不从心，与此同时，电子白板走进了教室。

电子白板（Electronic Boards）又被称为数码白板，是汇集了尖端电子技术、软件技术等多种高科技手段研发的新型媒体，它通过应用电磁感应原理，结合计算机和投影机实现无纸化办公及教学（如图 2.24 所示）。它不仅能将教师讲解的内容实时显示在计算机上或通过网络传递到远程教学点，而且能将教学内容立即编辑打印出来。

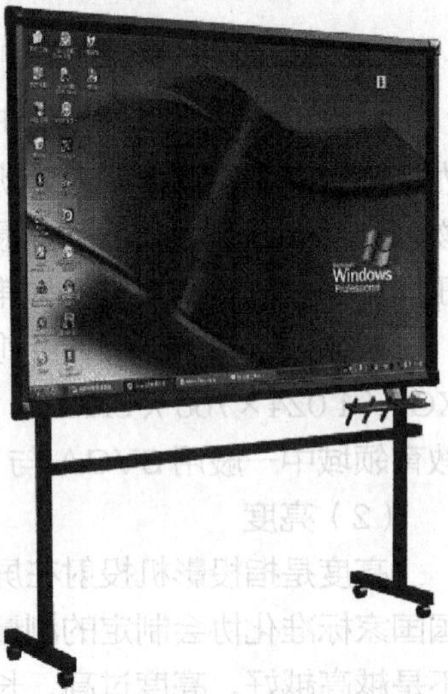

图 2.24　电子白板

1. 电子白板的分类

电子白板是由普通白板发展而来的，最初人们发明并使用白板主要是为了避免粉尘侵害师生健康。目前电子白板主要分为复印式电子白板和交互式电子白板两种。

（1）复印式电子白板

复印式电子白板即用户通过简单操作便可将白板上书写的内容以一定的方式扫描并打印出来。其功能完成过程与普通的复印过程一样，首先由图像传感器件对白板上的内容进行采集，采集信号经过一定的图像处理后，最后用热敏、喷墨或其他打印方式输出，输出的纸张一般为 A4 幅面。这种电子白板的图像传感器件一般是 CCD，扫描方式采用 CCD 模块运动或白板膜运动两种。打印输出方式一般有热敏纸输出及喷墨普通纸输出，颜色上有黑白及彩色输出两种。除了复印功能外，一些厂家还在此基础上添加了与计算机相连的功能，即可将白板的内容扫描到计算机中，功能表现上相当于一台扫描仪。目前生产复印型电子白板的厂家有日本的松下和普乐士等。

（2）交互式电子白板

交互式电子白板（Interactive Board）顾名思义就是可以实现人板互动，与复印式电子白板不同的是，它可以与计算机进行信息通信，将电子白板连接到 PC，并利用投影机将 PC 上的内容投影到电子白板屏幕上，在专门的应用程序的支持下，可以构造一个大屏幕、交互式的协作会议或教学环境。

交互式电子白板本身就相当于一个投影幕，当投影机照到白板上时，由于白板内部的特殊构造（电磁感应原理），此时白板就相当于计算机的显示屏（触摸屏），用一支专用笔代替鼠标在白板上进行操作，可以运行任何应用程序，可以对文件进行编辑、注释、保存等在计算机上利用键盘及鼠标实现的任何操作。

交互式电子白板也支持复印，将电子白板直接与打印机连接，通过特定的白板笔进行板书，需要打印时，只需按下面板上的打印键即可实现彩色或黑白打印。此外，还可以作为手写板使用，将电子白板与 PC 相连，可以在上面任意书写、绘画并即时地在 PC 上显示，文件保存为图形文件。此功能一般需要一个专用的应用程序支持。如果通过特定的应用程序如 Microsoft 的 NetMeeting，交互式电子白板就可以通过网络与其他办公室、会议室进行交流，实现网络会议。

2. 电子白板的组成

电子白板由硬件电子感应白板（White Board）和软件白板操作系统集成。它的核心组件由电子感应白板、感应笔、计算机和投影仪组成。电子感应白板是一块具有正常黑板尺寸、在计算机软硬件支持下工作的大感应屏幕，其作用相当于计算机显示器并代替传统的黑板。电子感应笔承担电子白板书写笔和计算机鼠标的双重功用，其作用代替传统的粉笔。教师或学生可以直接用感应笔在白板上操作（相当于传统教学中师生用粉笔在黑板上操作），例如写字或调用各种软件，然后通过电磁感应反馈到计算机中并迅速通过投影仪投射到电子白板上。白板操作系统是存在于计算机中的一个软件平台，它不仅支持人与白板、计算机、投影仪之间的信息交换，而且还自带一个强大的学科素材库和资源制作工具库，并且是一个兼容操作各种软件的智能操作平台，教师可以在白板上随意调用各种素材或应用软件教学。白板集传统的黑板、计算机、投影仪等多种功能于一身，使教师使用非常方便。

3. 电子白板的工作原理

电子白板的工作原理分为压感原理和激光跟踪原理两种。使用压感原理的触摸式白板相当于计算机的一个触摸屏，是一种通过用手指或笔触及屏幕上所显示的选项来完成指定工作的人机互动式输入设备。这种电子白板内部有两层感压膜，当白板表面某一点受到压力时，两层膜在这点上形成短路，电子白板的控制器检测出受压点的坐标值（手指或笔触及的位置），经 RS-232 接口送入计算机（如图 2.25 所示）。使用激光跟踪原理的白板上端两侧各有一激光发射器。白板启动后，激光发射器发出激光扫描白板表面，特制笔具有感应激光功能，从而反馈笔的位置。

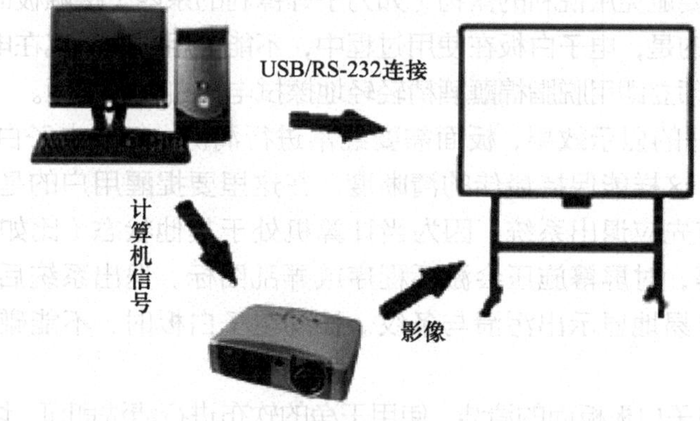

图 2.25 电子白板的工作原理

4. 电子白板的应用

目前，在发达国家如英国、美国、加拿大等，交互式电子白板正在成为中小学课堂的标准配置。一些发展中国家和地区也积极投资，在中小学中推广使用交互式电子白板以提高学生学习的效能。交互式电子白板在教学中的应用主要体现在以下几个方面。

（1）无需粉笔或鼠标

教师和学生用外形像粉笔的白板笔甚至手指，就完全替代传统粉笔的功能，这样既可以避免粉笔产生的各种危害，又节省了资源，全面实现健康、环保、节能的教学模式。

（2）丰富多彩的多媒体资源

教师可以使用丰富多彩的多媒体资源，并且可以随时书写或标注。教学过程可以轻松保存成教学录像发给学生，学生无需再边听讲边做笔记，教师之间也可以相互交流和研究教学录像，提高教学水平。

（3）强大的计算机多媒体工具

电子白板扩展、丰富了传统计算机多媒体的工具功能，更加提高了视听效果。电子白板中的拖放、照相、隐藏、拉幕、涂色、匹配、即时反馈等功能模块大大提高了学生的注意力和理解力，激发了学生的兴趣，调动学生积极参与到教学过程中来。

总之，性能稳定先进的交互式电子白板系统实现了真正意义上的互动式教学模式，即教师与教师之间的互动、教师与学生之间的互动、学生与学生之间的互动、师生与课件之间的互动。

5. 电子白板的维护

电子白板的维护最重要的是板面的保养。板面是电子白板的主体部分和重要的显示部分，它的保养需从日常的使用维护和清洗两方面入手。

① 电子白板的板面一般都由高质量耐磨的材料制成，正常使用一般情况下是不会出现什么问题的，但是一定要避免用锐利的器物（如刀子等锋利的东西）接触板面，以免毁坏和划破板面。特别需要注意的是，电子白板在使用过程中，不能使用油性彩笔在电子白板上书写。万一出现这种情况，必须立即用脱脂棉蘸酒精轻轻地擦拭电子白板的板面。

② 为了保证良好的显示效果，板面需要经常进行清洗。如果电子白板使用频繁，最好一周左右清洁一次，这样能保持最佳的清晰度。在这里要提醒用户的是，在对电子白板板面进行清洁之前，首先应退出系统。因为当计算机处于其他状态（比如某程序打开或是在桌面上）时触摸屏幕，对屏幕施压会激活程序或弄乱图标。退出系统后，将投影仪转入待机模式，这样能更容易地显示出污渍与条纹。移动电子白板时，不能碰触屏幕或对白板进行擦拭。

③ 一般而言，电子白板板面的清洁，使用干净的软布进行清洗即可。切勿用干布直接擦拭屏幕，以免产生静电电荷。擦洗用的湿布一定要拧干，不能有水流出，更不能让水从底框渗入板内。使用特制的电子白板清洁剂可以达到更好的清洁效果，遇到难以清除的污垢，可以将清洁剂喷到面板上，然后再用纸巾擦拭。

④ 在擦拭污垢时，不要使用稀释剂和挥发油等擦拭电子白板的板面，也不可使用家

具用清洁剂等含有表面活性剂的清洁剂，否则可能出现变色或者书写面受损。清洁之前最好查看电子白板设备配备的说明书进行操作。

2.6.5 视频展台

视频展台又称为实物展示台、实物展示仪，通过将其连接至投影机、电视等输出设备，可将图文资料、实物、幻灯片等显示出来，使用极为方便，是多媒体教室不可缺少的设备之一。视频展台除了具备幻灯机、投影器的功能外，还具有摄像机的功能。

1. 视频展台的分类

视频展台按控制方式可分为手动展台和全自动展台；按输出方式可分为模拟展台、模转数展台以及纯数字展台；根据其整体的设计方式可以分为双侧灯式视频展台、单侧灯式视频展台、底板分离式视频展台和便携式视频展台（如图 2.26 所示）。

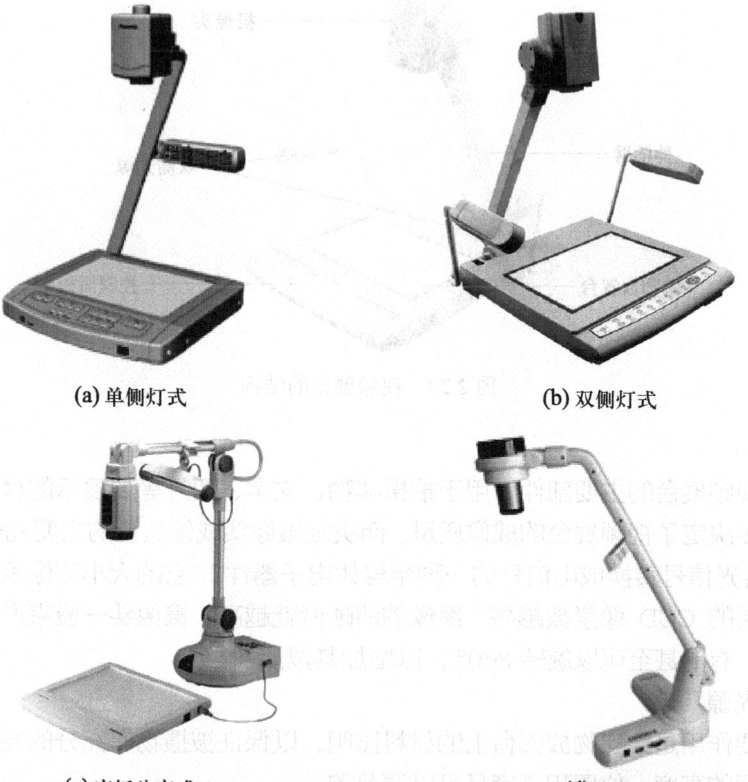

(a) 单侧灯式　(b) 双侧灯式

(c) 底板分离式　(d) 便携式

图 2.26　视频展台的种类

① 单侧灯式视频展台。这类展台使用单盏灯对被演示物体进行照明，单灯照明不存在双灯照明的光干涉现象，光线比较均匀，便于被演示物体的最佳演示。不同展台单灯的位置不同，但不影响效果。

② 双侧灯式视频展台。这类展台使用双盏灯对被演示物体进行照明，是最为常见的照明方式。设计良好的双侧灯可以灵活转动，覆盖展台上的全部位置，并实现对微小物体的充分照明。

③ 底板分离式视频展台。这类展台采用底板分离技术，使视频展台的便携性增强，小范围内的移动十分方便。

④ 便携式视频展台。这类展台设计紧凑，体积小巧，携带方便。

2. 视频展台的基本结构

虽然视频展台现在种类繁多、外观各异，但一般都是由摄像头、光源、实物放置台、控制面板等部分组成，其基本结构如图 2.27 所示。

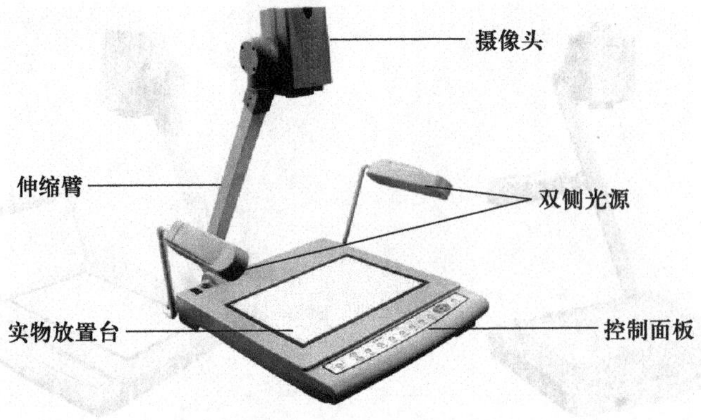

图 2.27　视频展台的结构

（1）摄像头

摄像头是视频展台的主要部件，用于拍摄实物、文字、图片等要展示的材料，所以摄像头质量的好坏直接决定了视频展台的成像质量。而决定摄像头成像质量的主要元件是 CCD（即光电耦合器件，将光信号转换成电信号的一种半导体电子器件），它的大小和像素数等参数至关重要，摄像头使用的 CCD 像素数越高，图像的清晰度就越高。摄像头一般来说可以在一定的角度内进行旋转，有的甚至可以旋转 360°，以增加其灵活性。

（2）双侧光源

光源的主要作用是给实物放置台上的材料照明，以保证被摄物有充分的亮度，达到最佳的成像质量。光源的高度、位置和亮度是可以调节的。

（3）控制面板

控制面板上有各种控制按钮，可以调节光源的亮度、照明方式、摄像头的焦距和聚焦方式等。

（4）伸缩臂

伸缩臂的主要作用是增大摄像头的活动范围。

（5）实物放置台

实物放置台的作用是放置各种被摄物，而且一般底部还装有光源，可以给放置在其上的材料补光。

3. 视频展台的操作步骤

① 首先将视频展台与投影机（有的地方可能使用电视机等输出设备）连接好。

② 打开投影机/电视机、视频展台的电源开关，设置好相应的视频信号。

③ 将演示物放置于实物放置台上，取下摄像头上的镜头盖，然后打开光源并进行调节，直到投影机/显示器上出现最佳影像。演示物不同，所需要的光源类型也是不一样的。

4. 视频展台的维护

视频展台是价格昂贵、构造精密的仪器，所以在日常的使用以及存放过程中应注意对其进行保养和维护。

① 平常使用过程中，应注意轻拿轻放，避免震动，严禁拆卸。

② 不应在高温和潮湿的环境中使用和存放。

③ 镜头上有灰尘时，最好使用专用的镜头纸进行擦拭，使用完后，注意盖上镜头盖。

④ 擦拭机体时，应使用软布蘸取少量清洗剂轻轻擦拭。

⑤ 实物放置台的表面是专业背光板，放置演示物体时要轻拿轻放，不要放置重物。

2.7 网络教学系统

网络教学系统也称为多媒体网络教学系统，是将多媒体技术、计算机技术与网络通信技术等多种技术相结合，通过网络实现多媒体教学的系统。它的出现为建立新型的教育方式提供了契机，为教育功能的全方位扩展创造了技术条件。

目前，多媒体网络教学系统在建设规模上的区别还是比较大的。规模小的可以仅是一个教室中的局域网络，规模大的可以建成开放的校园网络。这里仅介绍第一种。这种多媒体网络教学系统通常被称为“网络机房”或“网络教室”，在目前国内的各级各类学校中极为普遍，功能各异。功能多的可以集计算机机房、多媒体教室、视听室、语音室等于一体；功能少的仅仅是在计算机机房的基础上加上教师机和中央控制系统，以方便教师对学生的教学与监控。

2.7.1　网络教学系统的组成

网络教学系统一般由以下部分组成。

1. 计算机网络系统

这里的计算机网络系统就是普通的局域网，由教师机、学生机、交换机或集线器、网卡等硬件组成，常采用星形网络拓扑结构，一般还与 Internet 相连。有的计算机网络为了更加安全以及对学生机的上网进行约束控制，还配有服务器，使学生机通过服务器上的代理软件进行上网。

2. 多媒体教学控制系统

多媒体教学控制系统的主要功能是控制各种音频、视频信号和教学控制信息的传输，使多媒体网络教学系统的功能得以实现。目前，市场上的多媒体教学控制系统种类繁多，根据信号的传输方式，大致可分为 3 种类型：纯硬件型、纯软件型和软硬件结合型。

（1）纯硬件型多媒体网络教学系统

纯硬件型多媒体网络教学系统（如图 2.28 所示）需要给每台计算机终端安装多媒体传输卡，

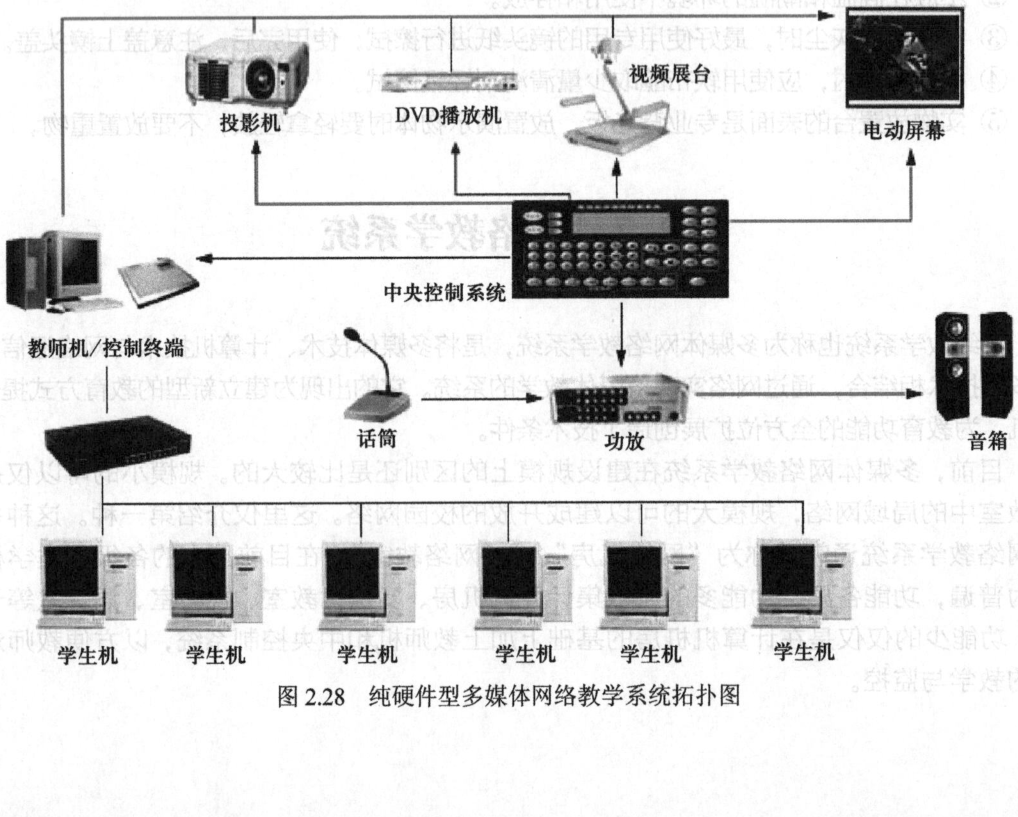

图 2.28　纯硬件型多媒体网络教学系统拓扑图

而且还要在各计算机之间铺设专用的传输线路以传递控制信息和各种教学影音信号。另外，需要给教师机配备专门的控制面板，实现教学控制功能。因纯硬件型网络教学系统用的是自己的专有线路，独立于局域网的网络环境，不占用计算机终端的系统资源，对计算机配置无具体要求、安装简单、即插即用，不论在其上运行何种多媒体教学软件，接入何种多媒体节目源都不存在兼容性问题，故而受到普遍欢迎。但是由于系统功能完全靠硬件实现，相对来说这类产品价格偏高。

（2）纯软件型多媒体网络教学系统

随着计算机软件水平及网络通信速度的不断提高，纯软件型产品应运而生。它是在每台计算机上安装专用软件实现教学控制功能的。而且，教师机软件和学生机上的软件功能是不相同的，安装时要进行区分。这类网络教学系统无需配备额外的硬件设备，因此成本低，更容易升级，实现更丰富的功能，而且它直接在局域网上运行，也不需要专门布线。但是，专用控制软件需占用一定的计算机系统资源，而且控制信号和教学信息也需要占用一定的网络带宽，所以，该系统对网络设备及多媒体计算机学生终端的配置要求都较高，而且对局域网有强烈的依赖性，一旦局域网出现故障，教学活动就会被迫中断。而且，由于完全靠软件控制，这类系统在教学活动中也无法控制学生终端有意退出教学状态进入自由状态，使教师的监控能力下降。

（3）软硬件结合型多媒体网络教学系统

软硬件结合型多媒体网络教学系统介于上述两类教学系统之间，特点是把各类教学音、视频信号和控制信号分开传输。音、视频信号依靠专门的硬件传输，而控制信号靠软件实现。因此，这类系统将音、视频信号交给特定硬件去处理，大大节省了终端机的系统资源，可以提升系统的运行速度，而软件部分的设计也大大简单化。同样，该产品对局域网有很强的依赖性，一旦局域网出现故障，教学活动就会被迫中断。

纯硬件型与软硬件结合型多媒体网络教学系统在应用中存在着一些共同的问题，具体如下。

① 需要专门布线——专用的多媒体传输线和控制线，加大了维护工作量。

② 在每个计算机终端上，都需插入一块专用的多媒体教学卡，增加了硬件系统的复杂性，使故障率增大。

③ 在教学过程中，一旦学生重新启动计算机，就会在教师不知情的情况下脱离教学环境，进入自由状态。

综上所述，各类网络教学系统都是优缺点并存，选购时应综合考虑经济条件与使用环境，选择最适宜的系统。

3. 其他设备

多媒体网络教学系统一般都要肩负着两方面的功能，即教师讲课与学生实际操作。因此，几乎所有的网络教学系统也都包含着类似于多媒体教室的多媒体教学演示系统，例如投影机、大屏幕或电子白板、话筒、功率放大器、音箱等设备。

2.7.2　网络教学系统的功能与使用

1. 网络教学系统的功能

网络教学系统根据其组成软硬件的不同，功能差别十分明显。但一般网络教学系统都具备以下功能。

（1）广播教学

利用教学控制系统，可将教师机的计算机屏幕画面及语音等多媒体信息（文字、图形、图像、音频、视频）同步广播给全体、群组或单个学生机。有的系统中屏幕广播和语音广播还可分别独立执行。

（2）转播教学

这主要是指教师可以将任何一个学生机的屏幕及声音转播给全体、群组或是单个学生机，例如，若有一位学生做得十分优秀，教师就可以拿他的作品作为示范，供其他学生参考。

（3）监视监听

教师可以在教师机上随时监视每个学生机的计算机屏幕，同时还可以监听声音，以了解学生的学习情况，而不用四处巡视。有的网络教学系统可以对群组或全体学生机进行多画面监视，有的还具备自动轮流监视监听功能。

（4）单独对讲

教师可以方便地与任意单个学生实现双向交谈，进行个别辅导，避免影响其他学生，当然也可以让其他学生旁听。如果有几个学生有共同的问题，显然这样是十分有利的。

（5）电子举手

学生可以通过某种方式随时向教师呼叫，教师看到控制台上的呼叫信号后，可以通过多种方式与提问的学生进行交流。

（6）遥控辅导

教师可远程接管某个选定的学生机，在监看学生机屏幕的同时，控制该机的键盘与鼠标进行操作。这样教师就可以“手把手”地进行辅导。

（7）电子黑屏

为了使学生在教师讲课时能认真听讲，可以使用电子黑屏功能关闭学生机的屏幕。

（8）远程关机、复位及锁定

必要时，教师可以方便地对学生机进行关机、复位，以及对学生机的键盘、鼠标进行锁定、解锁等操作。

2. 网络教学系统的使用

根据网络教学系统的功能，在实际使用过程中可以开展以下几种模式的教学：广播教学模式、个别化教学模式、分组讨论模式等。

（1）广播教学模式

广播教学模式主要使用网络教学系统的广播教学功能，也可称为“授课模式”。在这种模式下，教师将自己的屏幕信号广播给全体学生，并利用耳麦进行讲解。这样教师可以轻松地边讲边演示，学生只需要观看自己的屏幕，收听教师的声音即可。当教师把一个问题讲完后，就可以将学生机的控制权交给每个学生，由学生自由练习。

（2）个别化教学模式

在这种模式下，学生可以使用教师提供的各种学习资源，例如多媒体课件、网络课程等，自己边看边学边练。同时，教师可以利用网络教学系统的监视监听功能加强对学生的监督，随时了解学生的学习情况，对有学习困难的学生，可以随时进行指导。

（3）分组讨论模式

根据教学需要，教师可以对全班学生进行分组，组内同学可以通过对讲功能、监视监听功能和遥控功能进行协作、讨论，共同完成教师分配的任务。这种教学模式可以培养学生的合作精神与协作能力。

2.8 微格教学系统

微格教学作为训练师范生教学技能的有效方式，目前已广泛应用于高师院校的教师教育专业课程。本节介绍微格教学的概念、微格教学的过程以及微格教学系统。

2.8.1 微格教学概述

1. 微格教学的产生和发展

微格教学（Microteaching）意为微型化教学，通常又被称为“微型教学”、“微观教学”、“小型教学”、“录像反馈教学”等。它是1963年由美国斯坦福大学的阿伦（Dwght.W.Allen）教授在对师范生进行教学技能训练时在“角色扮演”（相当于我国师范生的实习前试讲）的基础上提出的。因此微格教学是用于对师范学生或在职教师进行教学技能训练的一种培训方法，是以现代教育理论为基础，利用先进的媒体信息技术，依据反馈原理和教学评价理论，分阶段系统培训教师教学技能的一种教学活动。

1957年10月4日，苏联成功地发射了世界上第一颗人造地球卫星。美国政府和各界人士十分震惊，他们终于意识到美国科技大国的地位受到了强有力的挑战。通过认真的调查和分析，美国人认为他们落后的主要原因是教育。于是，美国开始了全国性大规模的教育改革运动。改革涉及教育机构、教学管理、教师培训、课程改革、教学方法和教学评价等各个领域。

作为教育改革的一部分，师范教育和教学方法的改革十分活跃。美国的教育学院开始开发旨在改革课堂教学中“教师讲、学生听”传统模式的教学方法，对教师或师范生进行科学的培训。1963 年，受斯金纳（B.F.Skinner）程序教学思想和布鲁姆（B.S.Bloom）教育目标分类思想的影响，美国斯坦福大学的阿伦教授在对师范生进行教学技能训练时对“角色扮演”进行了改造。他们发现在“角色扮演”的过程中存在许多问题，主要有如下问题。

① 初登讲台的实习生很难适应正式的教学环境。

② 每个实习生试讲时间太长，指导教师很难自始至终认真地听讲、记录和评估。

③ 指导教师给实习生的评价意见多属印象性的，较笼统，实习生难以操作和改正，也没有机会立即改正。

④ 试讲学生对自己的教学没有直观感受，难以进行客观的自我评估。

于是，他们对这一过程进行了改造，把摄像机引入课堂，并缩短每个实习生试讲的时间，对教学技能进行分类，每次只进行一项技能的训练，通过重放录像，使反馈和评价及时、客观、具体、准确，使实习生在短时间内掌握一定的教学技能。后来又逐步完善，最终形成了微格教学。

微格教学在美国斯坦福大学诞生后，很快传播到世界各地，成为教师培训的基本课程。至 20 世纪 70 年代末，微格教学已被大多数国家采用。在英国已有 90%以上的教师培训院校开设了微格教学课程，这门课一般安排在大学四年级，学生经过微格教学训练后再到中学进行教学实习。在澳大利亚，悉尼大学教育系注意到微格教学对师范教育和在职教师培训的促进作用，结合国内部分院校的有关经验，从 1972 年开始由国家投资进行了长达 5 年的微格教学开发项目的研究。在广泛进行理论研究和实践的基础上，编写出了《悉尼基本教学技能》教材。这套教材主要是为了提高师范生和在职教师对可观察的教学技能的实践能力和识别能力。教材出版后受到国内外的好评，澳大利亚 80%的师资培训机构以及美国、南非、巴布亚新几内亚、泰国、印度尼西亚等国的一些师范院校采用了这套教材。后来，在欧洲和亚洲许多国家和地区也开始了微格教学的研究与应用。

20 世纪 80 年代初，微格教学进入我国，北京教育学院是我国最早开展微格教学的单位。从 1983 年起，北京教育学院受国家教委师范司的委托，举办了两期外国专家微格教学讲习班、5 期国内微格教学讲习班。20 世纪 80 年代后期，微格教学在我国开始受到重视。1988 年 10 月，中国第一次派代表参加联合国教科文组织在香港举行的“亚太地区微格教学国际交流会”，正式把微格教学列入国内研究项目，随后各地逐步开展微格教学实验。如北京丰台区教科所从 1989 年秋季开始进行“利用微格教学培训教师掌握教学技能、提高教学水平实验”，取得了较好的效果。又如海南琼山市教育局教研室从 1992 年秋季开始举办 6 期微格教学骨干培训班，并选定教师进修学校、琼山中学及 4 所小学作为微格教学的实验点，通过试点总结经验，1993 年秋季开始在全市逐步推广微格教学。

我国开展微格教学 20 多年来，对微格教学的研究取得了一定的成果。1991 年，由全国微格教学协作组秘书长孟宪恺主编的《微格教学基本教程》出版。1992 年，北京教育学院与河南平顶山矿务局教师进修学校合作出版了《微格教学（示范带）》5 集，并先后在该院学报上出版了《微格教学研究》专刊 5 期。一大批关于微格教学的专著、论文相继出版和发表，为全国从事微格教学研究和教学的人员提供了参考资料。目前，我国大部分地区和高等院校正在广泛开展微格教学研究与应用，特别是师范院校和教学研究单位，已逐步将微格教学应用于师范生和在职教师的教学技能训练。

2. 微格教学的特点

经过我国教育工作者 20 多年的研究和实践，大家普遍认为：微格教学就是将复杂的教学过程分解成许多容易掌握的具体单一的技能，并对每一技能提出训练目标，在短时间内对师范生或在职教师进行反复训练，以建立教学技能的一种培训模式；是通过“讲课—观摩—分析—评价”的方法，运用声像记录设备和实验室式的教学练习，使师范生和在职教师的各种教学行为的训练变得可被观察、分析和评价，使其能够对需要掌握的知识、技能进行选择性的模拟。

微格教学的培训模式充分利用了现代科学技术发展的最新成果，最大限度地体现了它的科学性。微格教学具有如下特征。

（1）理论联系实际

在微格教学过程中，示范、备课、编写教案、角色扮演、反馈、评价和讨论等一系列实践活动使教育教学理论得以贯彻和体现，使学习者对某一教学技能既有在理论学习中形成的理性认识，又有通过直观观察形成的感性认识。理论紧密联系实际，有利于教学技能的训练和掌握，从而大大地提高了学习者的学习兴趣。

（2）训练目标明确

由于一次教学练习所用时间短、学生人数少，只集中训练一两个教学技能，训练目标可以制定得更清晰、具体和明确，训练是可以观察到的、可提供典型示范的、可操作的。这有利于被训练者明确学习目的，把精力集中放在重点上；有利于判断和检查学习者达到培训目标的程度，以及找到纠正错误的方法，因而容易被学习者掌握和操作。

（3）反馈评价及时

由于运用了声像记录设备，微格教学培训模式使被训练者能够及时获得自己教学行为的直接反馈，并可运用慢速、定格等手段进行反复讨论、分析，找出教学中存在的优点和不足，获得广泛的改进意见，以行为结果确定个别进度，强调合格标准。同时，被训练者可以作为“第三者”来观察自己的教学活动，在许多情况下，人们自己认识到的不足之处最容易得到改正。

（4）心理压力小

由于微格教学的一次训练内容少、人数少、时间短，这样被训练者的紧张感和焦虑感不会很大，从而减轻了被训练者的心理紧张程度。在微格教学培训中，由于扮演学生的人都是自己的同学，因此被训练者不会有太大的心理压力。即使试教中产生失误也不会对扮演学生的人产生不良影响，他们不必为影响学校的正常教学而担心。这种训练为师范生将来的教育实习打下了基础，增加了他们的自信心，减少了他们在学习中的心理压力。

（5）有利于创新

在讨论中，被训练者可以根据大家的意见完善并改进自己的方案，或对同一技能的使用提出新方案。通过对教案及教学实践的讨论和改进，逐步加深对某一技能的理解与掌握，丰富教学技能的应用方法。这种充分发挥学生主体作用的训练方式非常有利于学生创新思维的培养。

基于上述特点，微格教学不仅是教师教学技能训练的一种有效方法，也可以应用于医疗、服务、礼仪等领域的技能培训。

2.8.2 微格教学的实施

1. 微格教学的训练内容

微格教学中要把课堂教学技能分解成各种具体、单一的技能，对每一项技能进行训练。教学技能训练一般包括以下内容。

（1）导入技能的训练

导入是教师在一个新的教学内容或活动开始时，引导学生进入学习的行为方式。在教学中采用正确而巧妙的方法进行导入，可以引起学生浓厚的学习兴趣，激发起求知的欲望，从而把他们的注意力引导到学习的课题上来。利用微格教学可将导入技能分解为开门见山直接导入、利用旧知识导入、利用直观演示导入、巧设实例导入、利用生动故事导入等多项不同技巧进行训练。

（2）变化技能的训练

变化技能是教师利用对学生不同刺激的变化来组织学生的注意力，生动地传递知识和交流感情，促进学生学习的行为方式。变化技能有 3 种类型，即教态的变化、教学媒体的变化和师生相互作用方式的变化。对于师范生来说，开始主要是掌握教态的变化。利用微格教学可以把教态变化技能分解为面部表情变化、身体动作变化和声音变化等技巧来进行训练。

（3）讲解技能的训练

讲解是一种常用的教学方法，是通过语言对知识进行分析，揭示事物及其构成要素、发展过程，使学生把握事物的内在联系和规律。讲解技能是教师利用语言及各种教学媒体引导学生理解重要事实，形成概念、原理、规律、法则等的行为方式。利用微格教学，可将讲解技能根据教学内容（事实、概念、原理、规律、规则等）的不同分解为描述性讲解、描绘性讲解、论证性讲解、启发性讲解、归纳性讲解、演绎性讲解等多种技巧进行训练。

（4）板书板画技能的训练

板书是课堂教学的重要组成部分，是传递教学信息的有效手段，是教师口头语言的书面表达形式。板书板画技能是教师利用黑板以凝练的文字语言和图表等形式传递教学信息的行为方式。利用微格教学可将板书板画技能分解为提纲式板书、词语式板书、表格式板书、线形式板书、图示式板书、简笔画、示意图的绘画等技巧进行训练。

（5）演示技能的训练

演示一般指教师为了说明某个事实、过程等运用各种教学媒体提供感性材料的表演和示范操作，以及利用这些媒体指导学生进行观察、分析。因此，演示技能是教师根据教学内容特点和学生的需要，运用各种教学媒体把事物的形态、结构或变化过程等展示出来，指导学生理解和掌握知识、传递教学信息的行为方式。利用微格教学可将在课堂教学中的演示技能分解为事物、标本、模型的演示，挂图的演示，幻灯、投影的演示，电视教材的演示，课堂实验演示等技巧进行训练。

（6）提问技能的训练

提问是教学过程中师生之间进行相互交流的方式，提问技能是教师以提出问题的形式，通过师生的相互作用检查学习、促进思维、巩固知识、运用知识、促进学生学习的行为方式。利用微格教学，可将课堂教学中的提问技能分解为回忆性提问、理解性提问、知识运用性提问、分析性提问、综合性提问和评价性提问等技能进行训练。

（7）反馈强化技能的训练

反馈是教师传出教学信息后，从学生那里取得对有关信息反应的行为方式。强化则是教师给学生的反馈信息，是促进和增强学生的某一行为变化朝更好方向发展的行为方式。利用微格教学，可将课堂中教师获得反馈信息的技能分解为课堂观察法、课堂提问法、课堂考查法、操作实践法等技巧，而进行强化的技能可分解为语言强化、符号（标志）强化、动作强化、活动强化等技巧进行训练。

（8）结束技能的训练

结束是将学生的注意力引导到一个特定的学习任务，即完成学习的步骤。结束技能是在完成一个教学内容或活动时，教师对知识进行归纳总结，使学生所学知识形成系统，转化升华的行为方式。利用微格教学，可将结束教学技能分解为归纳式、活动式、比较式、练习式、拓展延伸式等多种技能进行训练。

（9）组织教学技能的训练

组织是课堂教学的“支点”，是使教学得以顺利进行的保证。组织教学技能是教师在课堂教学中组织学生的注意力、管理纪律、引导学习、建立和谐的教学环境、促进学生进行学习的行为方式。利用微格教学可将组织教学技能分解为管理性组织、指导性组织、诱导性组织等多种不同类型技巧进行训练。

2. 微格教学的实施步骤

微格教学的实施是指以微格教学理论为指导、以训练教学技能为目标的教学实践过程。从美国斯坦福大学提出微格教学后，经过国内外教育工作者几十年的研究，它的教学过程已形成了一定的模式，一般包括理论学习、确定目标、示范观摩、编写教案、角色扮演、反馈评价和修改教案等环节，如图 2.29 所示。这些环节环环相扣、紧密联系，削弱其中任何一个环节都会影响培训的效果。

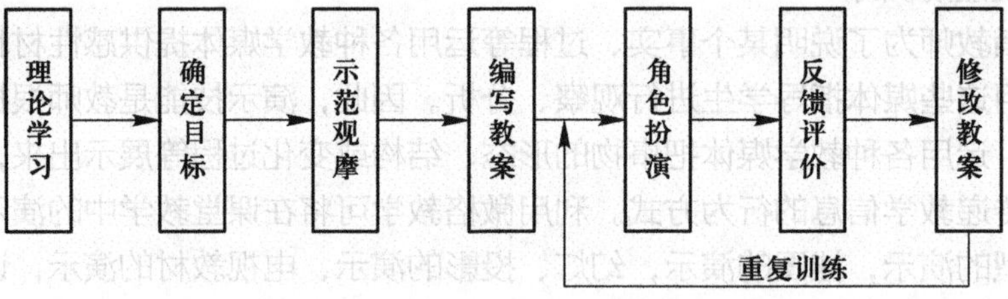

图 2.29　微格教学实施步骤

（1）理论学习

微格教学是在现代教育理论指导下对教师教学技能进行模拟训练的实践活动，在进行微格教学训练前，学习有关微格教学、教学目标、教学技能、教学设计、教学评价等理论知识是非常必要的。通过理论学习形成一定的认知结构，以便于以后观察学习内容的同化与顺应，提高学习信息的可感受性及传输效率，以促进学习的迁移。

（2）确定目标

在进行微格教学训练之前，教师要首先向被训练者讲解教学技能的分类、本次教学技能训练的具体目标和要求，该教学技能（如导入技能、强化技能、提问技能、演示技能等）的类型、作用、功能，及典型事例运用的一般原则、使用方法及注意事项，使学生对进行训练的技能要达到什么样的目标要求心中有数。

（3）示范观摩

为增强受训者对所培训技能的感性认识，教师需要提供生动、形象和规范的微格教学示范片或现场示范。在选择示范带时要遵循两条原则，一是水平要高，二是针对性要强。示范的水平越高，学生的起点就越高；针对性越强，该技能的展现越具体、越典型。在观摩过程中，教师要根据实际情况给予必要的提示和指导。提示时要画龙点睛，以免影响学生观看和思考。要注意培养学生勤于观察、善于观察，以及吸收、消化他人教学经验的能力。

观摩后要组织讨论，分析示范教学的成功之处及存在的问题。通过大家相互交流、沟通，集思广益，酝酿在这一课题教学中应用教学技能的最佳方案，为下一步编写教案做准备。

（4）编写教案

当训练的教学技能和教学目标确定之后，受训者就要根据教学目标、教学内容、教学对象、教学条件进行教学设计，选择合适的教学媒体，编写详细的教案。教案中要说明该教学技能应用的构想，还要注明教师的教学行为、时间分配和学生的学习行为（包括预想的反应）及对策。

（5）角色扮演

角色扮演是微格教学中的中心环节，是训练教学技能的具体教学实践过程，即受训者自己走上讲台，扮演教师，小组的其他同学扮演学生（故称角色扮演），进行模拟教学活动。角色扮演给每个学生提供了上讲台的机会，使他们能把备课时的设想和对单项教学技能的理解通过自己的实践表现出来。这样，受训者由原来的被动听课者变为教学活动的参与者，充分发挥了学生的主体作用，体现了微格教学的优越性。

受训者在执教之前，要对本堂课做一简短说明，以明确教学技能目标，阐明自己的教学内容和教学设计的思想。讲课时间根据教学技能的要求不同，一般为 5～10 min。整个教学过程要用摄录系统全部记录下来。

（6）反馈评价

反馈评价是微格教学中最重要的一步。为了使学生及时获得反馈信息，在教学结束后，要及时重放录像，指导教师和小组的同学共同观看。看过录像后，执教者首先要进行自我分析，检查教学过程是否达到了自己设定的目标，所训练的教学技能是否掌握，并找出自己教学过程中的不足之处，做到“自我反馈”。然后由指导教师和小组成员对教学过程进行集体评议，讨论存在的问题，指出努力方向。教师还可以对其需要改进的问题进行示范，或再次观摩录像，反复分析讨论，以利于受训者进一步改进、提高。

微格教学的评价包括定性评价和定量评价。定性评价就是只指出优点和不足，不评定成绩，被评价者把它看作是一种帮助而不会感到紧张、害怕。定性评价主要通过自评、互评、点评等方式进行。定性评价对于调动受训者的积极性和及时发现问题、明确改进方向具有很大的推动作用。定量评价是根据教学规律对教学技能目标在各方面做出具体的、可测量的、行为化的、可操作的评价指标体系，制作出评价单或计算机评价软件，试教结束后只需按要求将各个项目的测量等级输入评价单或计算机，就会给出一个客观的评价结果。定量评价具有较好的客观性和科学性。微格教学的评价应采用定性评价与定量评价相结合的方法，这样不仅能对因果关系进行分析解剖，而且能在量上做出准确判断，使得评价具有更大的指导意义。

（7）修改教案

反馈评价结束后，受训者要根据自我分析和反馈评价的结果，针对存在的问题修改、完善教案，然后进入微格教学的再循环，直至掌握该项教学技能。

在单项教学技能的训练进行一个段落之后，要有计划地开展综合教学技能训练，以实现各种教学技能的融会贯通。

2.8.3 微格教学系统的构成

微格教学是一个在实验室条件下培训师范生或在职教师教学技能的有控制的实践系统。为了顺利地完成微格教学任务，必须建设与之配套的符合其特点规律的微格教学实验室（简称微格教室），以及可对多间微格教室进行统一控制的主控室。当然微格教室和主控室内都要配备相应的教学和控制设备。

1. 微格教室

微格教室是一个具有真实课堂情境的模拟教室，有可供进行小组训练的小微格教室和可供多人进行观摩、讨论，并可兼作教学演播室、学术报告厅的大微格教室。

因为每个微格教学训练小组只有五六名同学，所以需要根据学校规模的大小、训练人数的多少设置多间小微格教室，每间小微格教室的面积为 10～15 m^2 即可。小微格教室内除应配备常规的教学设备，如黑板、讲台、学生课桌、幻灯机、投影仪等之外，还要配置声像记录和播放设备，如摄像机、话筒、电视机、录像机以及控制设备等。在小微格教室内，小组同学可以自行控制录像机的录制与播放，主控室也可控制每个微格教室的设备，如摄像机的光圈、聚焦、变焦、跟踪，录像机的录制与播放等。小微格教室的结构如图 2.30 所示。

大微格教室是供多人进行观摩、讨论的场所，一般需要容纳 40～50 人，面积为 50～60 m^2。也可用普通教室进行改造。大微格教室内应配置常规教学设备（如黑板、讲台、课桌等）、声像记录设备（摄像机 2～3 台、录像机、话筒、音箱等）、多媒体教学设备（计算机、视频展台、投影机、投影幕等）和灯光照明（含聚光灯、散光灯等）设备。大微格教室的设备一般由主控室进行控制操作。大微格教室由于设备齐全，具备多种功能，可兼作教学演播室、制作教学电视片、进行学术报告等活动。大微格教室的结构如图 2.31 所示。

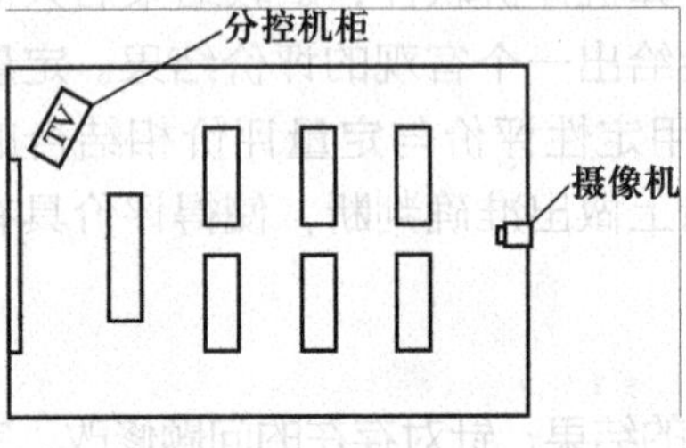

图 2.30　小微格教室

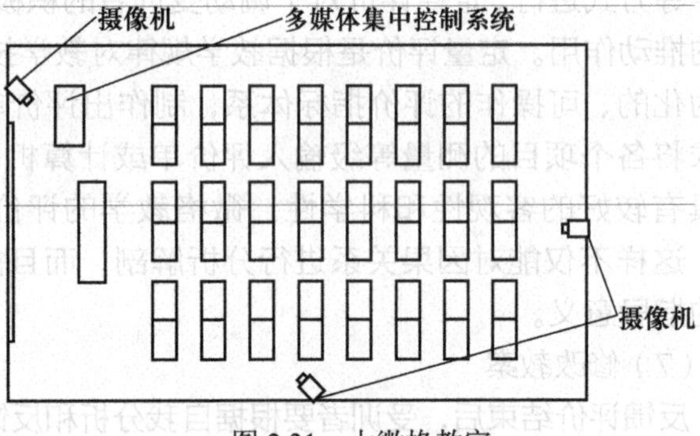

图 2.31　大微格教室

2. 主控室

主控室可以控制每个微格教室（包括全部小微格教室和大微格教室）中的摄像机云台和镜头，可以监视和监听任一微格教室的图像和声音，可与任一微格教室进行对话，也可对全部微格教室或任意几个微格教室播放教学与电视节目。可以把任一微格教室的情况转播给其他微格教室进行示范，也可录制某个微格教室的教学实况供课后讲评。主控室的设备包括主控机、录像机、影碟机、控制台、监视器墙、话筒等。主控室的结构如图 2.32 所示。

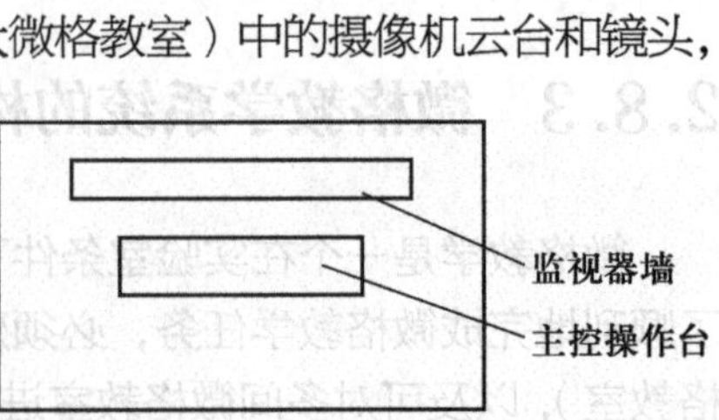

图 2.32　主控室

除微格教室和主控室外，还应设置微格教学资料室，用于保存微格教学示范带和被训练者角色扮演的资料，供教学和研究使用。

微格教学系统的结构实例如图 2.33 所示。微格教学系统的设备配置实例如表 2.2 所示。

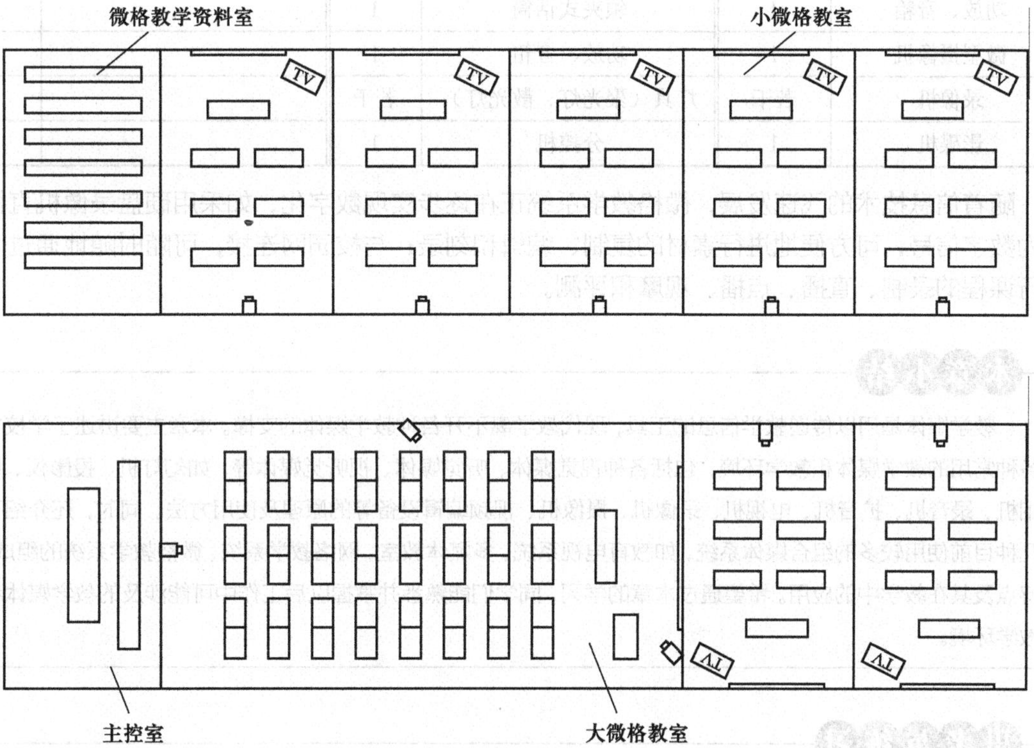

图 2.33 微格教学系统结构实例

表 2.2 微格教学系统设备配置实例

主控室		大微格教室		小微格教室	
设备名称	数量	设备名称	数量	设备名称	数量
控制计算机	1	摄像机（云台、支架等）	3	摄像机（云台、支架等）	1
主控机	1	教学用计算机	1	教学用计算机（选配）	1
控制台	1	投影机	1	电子白板（选配）	1
音、视频切换机	1	视频展台	1	录像机	1
摄像机控制器	若干	电动投影幕	1	电视机	1
监视器墙	1	录像机	1	领夹式话筒	1
监视器	若干	影碟机	1	音箱	1
话筒	1	电视机	1	分控机	1

续表

主控室		大微格教室		小微格教室	
设备名称	数量	设备名称	数量	设备名称	数量
功放、音箱	1	领夹式话筒	1		
微型摄像机	1	功放、音箱	1		
录像机	若干	灯具（聚光灯、散光灯）	若干		
影碟机	1	分控机	1		

随着信息技术的飞速发展，微格教学系统正在逐步实现数字化，如采用硬盘录像机直接记录为数字信号，可方便地进行素材的复制、编辑和刻录；与校园网连接，可随时随地通过网络进行课程的录制、直播、点播、观摩和评测。

本章小结

教学媒体是用以传递教学信息的工具，现代教学离不开各种教学媒体的支撑。本章主要讲述了学校中各种常用的教学媒体和教学环境，包括各种视觉媒体、听觉媒体、视听觉媒体等，如幻灯机、投影仪、照相机、录音机、扩音机、电视机、录像机、摄像机、视频编辑设备等的原理及使用方法。同时，还介绍了几种目前使用较多的组合媒体系统，如教育电视系统、多媒体教室、网络教学系统、微格教学系统的组成、特点及其在教学中的应用。希望通过本章的学习，同学们能熟悉并掌握以后工作中可能涉及的教学媒体和教学环境。

思考与练习

1. 简述媒体、教学媒体、现代教学媒体的概念。
2. 什么是现代教育技术环境？
3. 简述录音机的工作原理。
4. 什么是非线性编辑？
5. 教育电视系统按照信号传输方式可分为哪几种？
6. 目前，世界上采用的彩色电视制式有哪几种？
7. 常用的调制方式有哪些？
8. 卫星广播教育电视系统由哪几部分组成？
9. 有线电视系统根据信号传输的方式可以分为哪几种？
10. 简述有线电视系统的组成。
11. 多媒体教室一般需具备哪些功能？
12. 列举多媒体教室应具有的设备。
13. 按照对多媒体素材的安排与组织方式的不同，多媒体制作工具可分为哪几种？

14. DLP 投影机的主要技术特点是什么？
15. 投影机的主要性能指标有哪些？
16. 简述网络教学系统的组成。
17. 网络教学系统一般应具备哪些功能？
18. 什么是微格教学？微格教学有哪些特点？
19. 简述微格教学的实施过程。

第 3 章　多媒体信息技术

学习目标

1. 熟悉多媒体信息及其基本特点。
2. 熟悉一般艺术字的编辑和公式编辑器的使用。
3. 熟悉图形、图像的一般编辑方法。
4. 熟悉 Windows 系统录音机的声音录制和编辑方法。
5. 了解 Flash 动画的制作过程。

计算机技术及网络技术的发展和广泛应用使社会从资本社会进入到了信息社会，使人类的生活和工作都与信息的产生、存储、分析、传递和加工处理紧密相关。信息的作用越来越重要，信息成为与能源、物资资源和人力资源同样重要的一种生产资源。信息资源的运用促使劳动生产效率迅速提高，促进了社会生产力结构的变化，促进了社会产业结构的变化和改善，使人类的物质财富得到了极大的增长，这一切变化都标志着信息时代的到来。信息已经是经济建设的战略资源；信息业已经成为社会产业结构重要组成部分；人们的信息意识和信息技术能力成为生存的基本知识和技能。

本章主要介绍多媒体信息的基本概念，常见的信息采集、存储、编辑的基本技术、基本方法和几种多媒体信息处理工具软件的使用方法。

3.1　多媒体信息的基本概念

信息是人与人进行交往的最基本的、必不可少的媒介（媒体）。信息处理是人类日常生活必需的基本知识技能。信息技术的进步标志着社会文明的进步。

3.1.1　信息的概念

为了熟悉和掌握准确快速地获取、分析、传递信息的技术，首先要熟悉什么是信息以及信息的存在形式。

1. 什么是信息

信息（Information）是有意义的资料。通信经济学中对信息的定义为：信息是世界上一切事物的状态、特征和变化的反映，其最高形式是人类的思想理论。

信息在现代教育科学中的定义应该是：人与人及人与外界进行交流，使人感知的一种最基本的媒介。信息可以是一段声音、可以是一个姿势动作（或手势）、可以是一纸文字或图形符号，可以是电磁信号……因此，信息的形式是多样的，是人与人进行交往的最基本的、必不可少的媒介。

2. 信息的表示

信息的表示能力是人类日常生活必需的知识技能。新生婴儿一落地时就具有基本的信息表达能力，通过挣扎和呱呱地哭叫表达了对新环境不适应的抗议。

在整个人类历史的活动中，人们每时每刻都不断创新、实践和丰富着信息处理的知识和技能。漫长的人类历史创造了一系列关于信息承载、传递的技术和方法。从原始的言传身教到工具的借助，从最早的绳结记事发展到甲骨文，从手写板书、活字印刷到激光照排，从计算尺、计算器到计算机网络，从书信传递到电子通信，每一种信息处理方法都极大地推动了社会文明的进步。

一条信息的含义是一定的，而一条信息的表示方式则可以多样，或者说信息的存在形式是多样的。比如一人向另外一人提一个问题就有多种表达方式：可以用一句话当面提问，此时信息以声音的形式在空气中传播；可以把问题写在纸上，然后把该纸张传给被提问者，此时信息是通过纸张以文字的方式表示；也可以把问话录音，将录音带或存储卡传给被提问者，此时信息是通过磁带或存储卡以电、磁信号表示的。

3. 信息的数字化

信息的数字化就是以数字的形式来表示各种信息。由于计算机技术和网络技术的普及，各种信息的数字化表示已经成为重要的和主要的信息表示方式。信息的数字化表示为信息的采集（生成）、记录、存储、传递或发布等处理带来了极大的方便。

数字表示信息的最小单位是比特（bit），通过比特可以表述各种各样的信息。比特有如下特征。

（1）比特基本元素少

数字化信息的重要特点之一就是信息的最小单元是比特，基本元素只有两个："0"和"1"。无论是文字、图像、声音还是影像，在计算机中存储和传播时都可以分解为一系列比特（0和1）的排列组合来表示。

以文本信息为例，英文字母"A"和汉字"啊"在Windows 98以前的系统中分别被记录为"01000001（41H）"和"1011000010100001（B0A1H）"。当"A"与"啊"最终显示在计算机屏幕上，或者被打印输出时，它们可能被表现为不同的字体、字号和排版方式。但是记录在计算机硬盘、软盘或光盘中的"A"与"啊"，或者通过网络传播的"A"与"啊"，则表现为"01000001"和"1011000010100001"。

（2）比特的基本意义表示一个状态

比特没有颜色、尺寸和重量，它只是一种存在的状态：开或关、真或假、高或低、黑或白。总之，简记为 0 或 1。比特易于复制，而且复制的质量不会随复制数量的增加而下降。比特可以以极快的速率传播，而且在传播时时空障碍完全消失。信息高速公路的含义就是以光速在全球传播没有重量的比特。

3.1.2　多媒体信息分类

人类能感知的外界信息可以按其媒体形式划分，通常可以分为如图 3.1 所示的几类。人类通常通过五种感官获取信息，最容易获取的信息是视觉和听觉所得到的视频和音频信息，这些信息实际上都是连续变化的模拟量。视频信息可分成静态视频信息与动态视频信息；音频信息包括规则声音和不规则声音。

在现代信息技术中，目前能够用比特表示的媒体信息基本上包括如下几类信息。

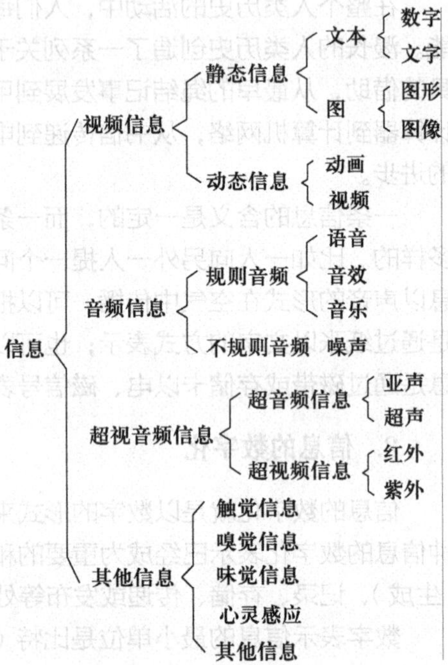

图 3.1　信息的分类

1. 文本信息

文本信息又包括文字信息和数字信息，它是最基本的传播媒体，也是在数字媒体信息系统中出现最频繁的媒体。文本可包含的信息量很大，而所需占用的比特存储空间却很小。

2. 图信息

图信息又可分成图形（Graphics）信息和图像（Image）信息。图形一般由线条和色块构成，通过计算机产生图案。在数字媒体应用中，图形占有举足轻重的地位，具有替代文字说明的功能。例如 Windows 中常用到的图标（Icon）、一台钢琴或一个音符图案，都足以替代对相关事物的文字说明，而且不会像文字说明那样给人死板、缺乏想象的感觉。所以在一般情况下，用图案来替代文字说明，或以图案为主、文字为辅的界面设计方式，可达到很好的效果。图形与文本的配合可使显示画面生动活泼、更好地表达信息的内涵。

图像一般由客观世界中原来存在的物体映射而成，是用数字化的方法记录的模拟影像。图形、图像是人类最容易接收的信息，一幅图画可以形象、生动、直观地表现出大量的信息。相对于文本而言，图信息要占用较多的比特存储空间。

3. 动态信息

动态信息又可分成动画（Animation）信息和视频（Video）信息。这两种形式的媒体都具备实时运动感和自然真实感，所携带的信息量更丰富，也更易于被人们所接受。

动画是由计算机生成的连续变化的图形序列，沿时间轴顺次更换显示，从而构成运动的视觉媒体，一般按空间感分为二维（平面）动画和三维（立体）动画。

视频也称为影像视频，它的运动序列中的每帧画面是由实时摄取的自然景观或活动对象转换成数字形式而形成的，因此占用很大的比特数据量。

4. 音频信息

音频信息包括语音、音乐和音效。语音在数字信息系统中大多用来表达文字的意义或作为旁白。音乐多用来当成背景音乐，营造出整体气氛。音效则大多用来配合动画，使动态的效果能充分地表现。动态信息的演示常常需要与声音信息同步进行。

5. 触觉信息

触觉信息主要指人与设备、设备与设备之间传递的信息。例如，利用键盘、鼠标、触摸屏以及虚拟现实环境中的数据手套、数据头盔等传感器件传递的信息。

6. 其他信息

其他信息包括嗅觉信息、味觉信息、超音频/超视频信息和心灵感应等其他类型的信息。这些信息在通常的计算机系统中比较少见，一般用于特殊的研究领域。例如，异味报警、超声探测、红外照相等已经广泛应用在有关领域。

7. 多媒体信息

在现代教育技术领域，常见的信息形式主要是文本、图形、图像、动画、视频等视听信息。在一个计算机系统中处理的也主要是这几种形式的信息。人们通常把这几类信息称为多媒体信息。

3.2 文字和公式处理

文字和公式是教育信息系统中最主要的也是最基本的教学信息形式之一。文字信息是以书面语言形式来表达教学内容的，文字不但能提供准确的信息，与其他信息相结合还能起到突出主题和画龙点睛的作用。文字与其他信息比较显得更加正式和概括。文字对于一些标题、概念、性质、原理、定义、思想等教学内容承担着表意、说明、概括的描述作用；公式可以对事物的过程、规律实现定量的描述以及对处理方法实现形象的表达。如果使用特殊文字显示功能将其进行必要的艺术处理，会使人产生美的感觉，吸引学生的注意力，提高教学的感染力，实现普通课堂教学无法比拟的教学效果。

本节主要介绍如何利用 Microsoft Word 编辑艺术文字和数学公式。

3.2.1　一般文本格式

编辑文字信息的工具比较多，如 Windows 的记事本、写字板、中文之星、WPS 及 Word 等许多编辑软件都可以用来建立和编辑文字形式的文件。

格式化的文本主要有以下属性。

① 字体：指字的不同表现风格，常用的汉字字体如宋体、楷体、黑体等。

② 字样：指字的外观显示效果，如正常、粗体、斜体、下划线、轮廓体等。

③ 字号：指字的尺寸大小，西文字体以点阵数表示，中文字体一般以字号表示。

④ 颜色：指显示文字所使用的颜色，如红色、蓝色、黄色等。

⑤ 效果：为强调一些重要信息，增强可读性和清晰性采用的一些效果，如反白、阴影、闪烁等。

⑥ 特殊符号：具有一定意义的字符，如标点符号、数学符号、序号、希腊字符和制表符等。这些特殊符号通过 Windows 的中文输入法都可以实现。

大多数文字处理器都可以编辑处理具有上述特性的文本信息，如 Windows 的记事本、写字板、WPS 及 Word 等编辑器，此处不详述。而美化的艺术字、三维文字及公式等则只有 Word 和 WPS 等少数文字处理程序能够处理。

在 Word 2007 中，如果想要改变文字样式，选择文字后会自动弹出文字样式快捷设置面板，可以在这里快捷设置字体样式，如图 3.2 所示。

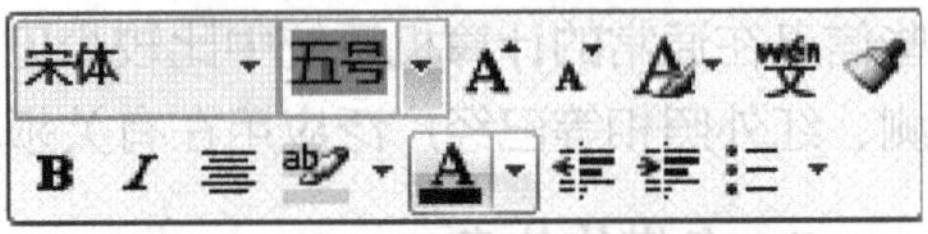

图 3.2　文字样式快捷设置面板

也可以在“开始”菜单中，通过“字体”和“段落”属性面板设置文本格式，如图 3.3 所示。

图 3.3　“字体”和“段落”属性面板

3.2.2　艺术字的编辑处理

艺术字是指具有特殊显示效果的文字。艺术字可以有多种颜色，使用各种字体，可以带有阴影，可以倾斜、扭曲、旋转、延伸，可设置三维效果和灯光等效果，还可以变成特殊的形状。

Microsoft Word 的艺术字库中提供了 30 种不同类型的静态艺术字模板。下面介绍在 Microsoft Word 中编辑艺术字的具体方法。

1. 编辑艺术字

首先启动 Microsoft Word 软件，进入 Word 编辑窗口，然后按如下的步骤进行操作。

① 在“插入”菜单中单击“文本”子菜单下的 “艺术字”按钮，进入如图 3.4 所示的“‘艺术字’库”对话框。

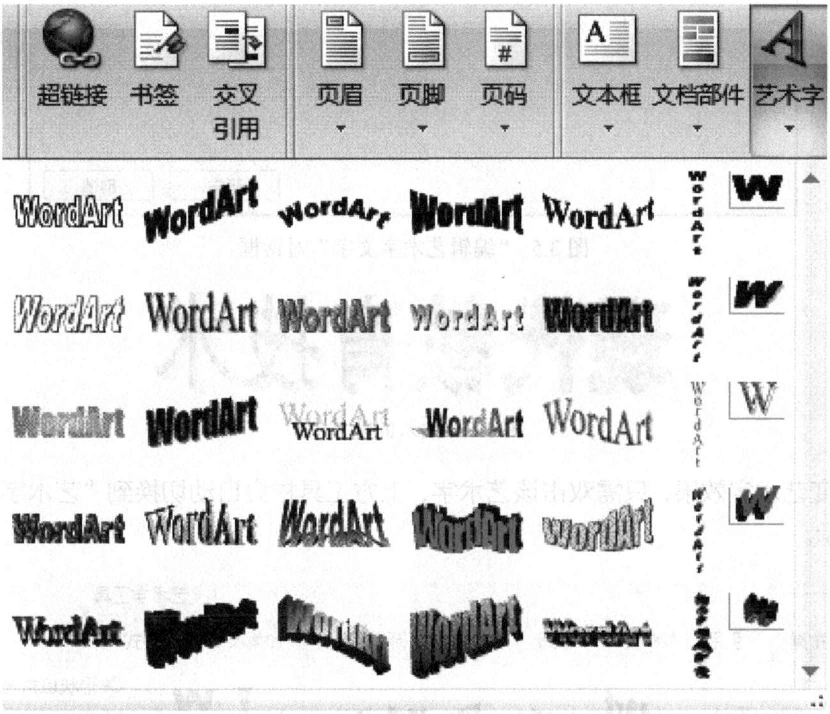

图 3.4 “‘艺术字’库”对话框

② 从艺术字库中选中要使用的艺术字式样，然后单击“确定”按钮，会出现如图 3.5 所示的“编辑艺术字文字”对话框。

③ 在“文本”文本框中输入所需要的内容（默认为“请在此键入您自己的内容”），例如输入“现代教育技术”，然后在“字体”下拉列表框中选择字体，在“字号”下拉列表框中选择合适的字号，并选择是否使用黑体和斜体，最后单击“确定”按钮。

此时，可以看到艺术字已被插入到文档中了。图 3.6 所示为插入内容为“现代教育技术”的艺术字效果。

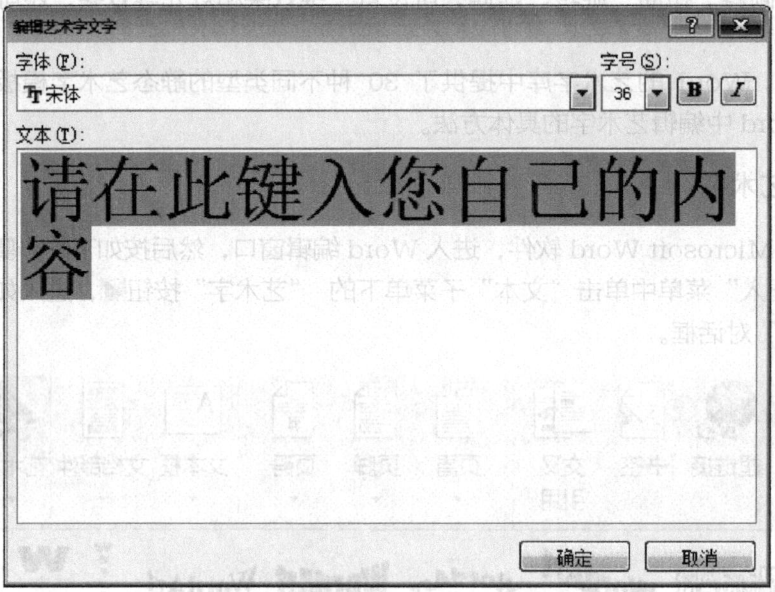

图 3.5 “编辑艺术字文字”对话框

图 3.6　插入的艺术字

若想改变艺术字效果，只需双击该艺术字，上方工具栏会自动切换到“艺术字工具”面板，如图 3.7 所示。

图 3.7 “艺术字工具”面板

④ 编辑调整效果。在艺术字被选中时，其周围有 8 个蓝色方点，拖动蓝色方点可以改变其大小；也可以使用“艺术字”工具栏上“文字”选项组中的按钮对艺术字的文字内容、字体、字间距、横排竖排以及对齐方式进行设置；还可以在“艺术字样式”栏中重新选择样式和修改样式，设置形状和旋转等各种属性。如图 3.8 所示，可以单击“形状填充”或“形状轮廓”按

钮，打开相应的设置面板，对艺术字的形状和轮廓的颜色、粗细、线形等属性进行设置；也可以单击“更改形状”按钮打开相应面板，修改艺术字的变形效果。

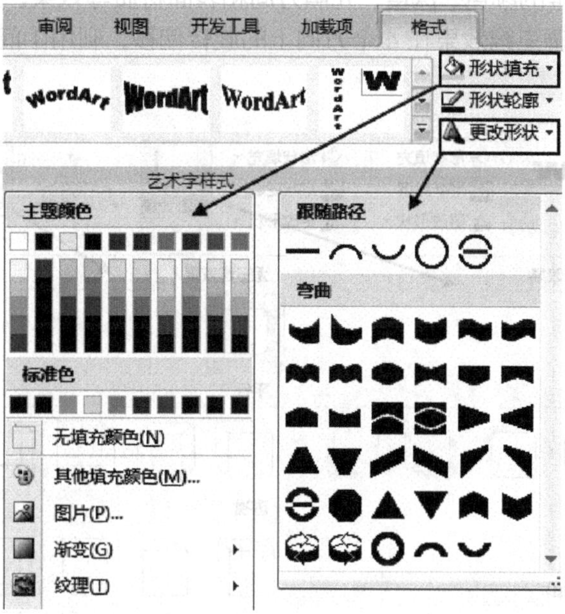

图 3.8　“艺术字”工具栏

⑤ 保存所编辑的艺术字到信息文件夹备用。在 Word 中编辑的艺术字是以图片的格式存在的，除了以 Word 格式保存以外，还可以将其复制到 Windows 的画图或其他图形软件中进行粘贴、保存等操作。

2. 艺术字特效制作

选中艺术字，可以利用“绘图”工具栏的“三维效果”工具调整其阴影、灯光、旋转等三维效果。

（1）设置阴影效果

如果想要为艺术字设置阴影效果，先选定要编辑的艺术字，再单击“绘图”工具栏上的“阴影效果”按钮，这时会弹出“阴影效果”设置面板，如图 3.9 所示。设置面板中包含了不同的阴影式样，选择其中某一式样，被编辑的艺术字的阴影就会随之发生相应的变化。在“阴影效果”设置面板下方还可以调整投影方向、透视类型、特殊样式和阴影颜色等。另外，“阴影效果”按钮旁边的一组按钮可以微调阴影在 4 个方向上的偏移，利用中间的按钮也可以快速关闭或开启阴影效果。

（2）设置三维效果

先选定要编辑的艺术字，再单击“绘图”工具栏上的“三维效果”按钮，这时会弹出“三维效果”设置面板，如图 3.9 所示。设置面板中包含了不同的三维式样，选择其中某一式样，被选定的艺术字就会呈现出相应的三维效果。在面板下方还可以调整三维效果的透视方向、透视图中的旋转方向、三维的颜色、深度、光照方向和表面材质等效果。另外，“三维效果”按钮旁边的一组按钮可以微调三维效果在 4 个方向上的旋转偏移，利用中间的按钮也可以快速关闭或开启三维效果。

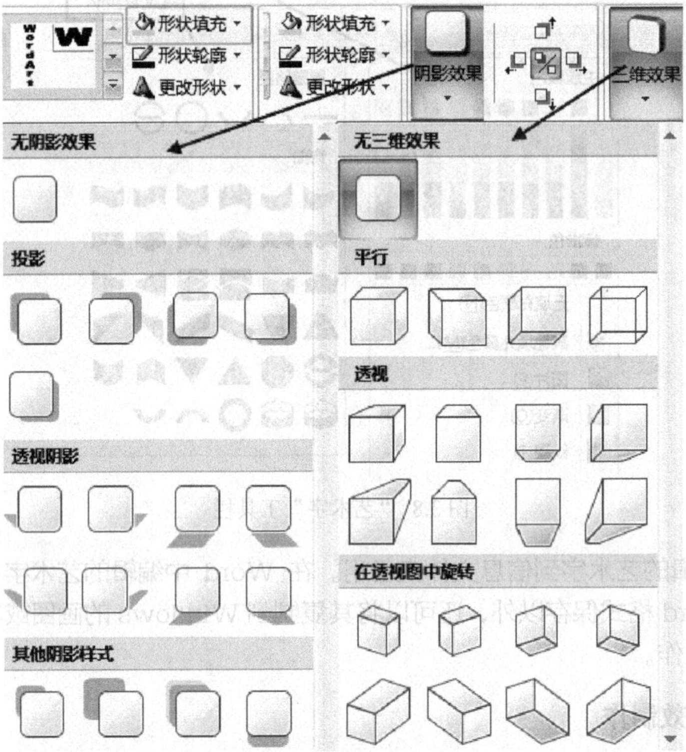

图 3.9　阴影效果和三维效果设置

3.2.3　数学公式的编辑

在制作有关数学、物理、化学等课件时，常常会遇到各种计算公式的编辑。使用 Word 的公式编辑器可以迅速、方便地生成公式以及对公式进行编辑。公式编辑器是 Microsoft Office 中的一个部件，在安装 Word 时默认没有安装该部件，需要通过 Windows“控制面板”中的“添加/删除程序”来安装公式编辑器。安装之后就可以在 Word 中启动和使用它来编辑公式信息了。此后，在大部分开发环境下都可以通过“插入对象”菜单（如果存在的话）来调用公式编辑器。下面介绍如何在 Word 中进行公式信息编辑。

1. 启动数学公式编辑器

① 首先将光标定位在需要插入数学公式的位置。

② 单击“插入”菜单中的“公式”按钮。

2. 公式模板窗口

在公式编辑窗口中，有一个编辑公式的矩形框和一个公式模板栏。编辑点落在矩形框中，在模板栏上选择相应的数学符号，就可以在矩形框中编辑数学公式了。

公式编辑器把数学公式中所需的符号和模式放在模板栏中以按钮表示。模板栏中的每个按钮都能打开一个下拉模板。模板栏上第一行的 10 个符号按钮提供了关系符、运算符、逻辑符、希腊字符等 150 多个数学符号；第二行的 9 个公式模板按钮提供了分式和根式模板、求和模板、积分模板、上下标模板、阵列等 120 多个公式模板。

当用户把鼠标光标移动到一个模板上时，鼠标光标的下方将显示该模板的名称，30 秒钟后消失。

3. 公式编辑状态的退出

当所需公式编辑完成后，单击“公式编辑器”模板栏和公式矩形框以外的任何位置或单击模板栏右上角的“关闭”按钮，即可退出公式编辑状态。这样，被编辑公式就被插入到文档中了。

4. 保存所编辑的公式

将该公式对应文件保存到信息文件夹备用。在 Word 中编辑的公式是以图片的格式存在的，除了以 Word 格式保存以外，还可以选中该公式，并复制到 Windows 的画图或其他图形软件中进行粘贴，保存成独立的图片文件。

5. 编辑公式范例之一

建立一元二次方程 $ax^2+bx+c=0$ 的求根公式

$$x_{1,2}=\frac{-b\pm\sqrt{b^2-4ac}}{2a}$$

具体编辑步骤如下。

① 启动数学公式编辑器，进入公式编辑器窗口。

② 在矩形框中的插入点输入“*x*”。

③ 选择模板栏中的“上下标”模板，在下拉模板中单击“下标”按钮，进入下标状态。

④ 在矩形框 x 之后的插入点输入“1，2”。

⑤ 将插入点向右移一次（取消下标状态），输入“=”。

⑥ 选择“分式和根式”模板，在下拉模板中单击“分式”按钮；在插入点输入“$-b$”。

⑦ 选择“运算符”按钮，在下拉模板中单击“符号”按钮。

⑧ 选择“分式和根式”模板，在下拉模板中单击“根号”按钮；在插入点输入“b”。

⑨ 选择“上下标”按钮，在下拉模板中单击“上标”按钮；在插入点输入“2”。

⑩ 将插入点右移一次，取消“上下标”状态；在插入点输入“$-4ac$”。

⑪ 将插入点右移一次，再下移一次（使插入点位于分式的下部）；在插入点输入“$2a$”。

单击“公式编辑器”模板栏或公式矩形框以外的任何位置，完成公式编辑。所要求的公式就呈现在文档中了。

6. 编辑公式范例之二

编辑定积分方程式 $y=\int_a^b \sin x\mathrm{d}x$。

具体编辑步骤如下。

① 将光标移到要插入公式的位置。

② 单击“插入”菜单中的“对象”命令，选中“Microsoft Equation 3.0”选项，启动公式编辑器，进入公式编辑窗口。

③ 在插入点输入“$y=$”。

④ 选择模板栏中的“积分”模板，在下拉模板中单击按钮，在插入点输入“$\sin x\,\mathrm{d}x$”。

⑤ 将插入点向上移一次，输入上限“b”。

⑥ 将插入点向下移两次，输入下限“a”。

单击“公式编辑器”模板栏或公式矩形框以外的任何位置，完成此公式编辑。

3.3　图形与图像

图形和图像是人们最容易接受的信息形式。图形和图像所包含的信息量极其丰富，通过画面可以生动、形象、直观地表达出大量的信息，将抽象的内容转化为形象的表达，具有文字和声音所不能比拟的优点。

3.3.1　图形和图像概述

在计算机中，图被划分为图形和图像两大类，两者都是静图。所谓静图是指静态的图像，是相对动态的视频图像而言的。

1. 图形和图像的区别

矢量图形（Graphic）简称矢量图，是指以数学方法表示和存储的，通过一组指令集来描述构成一幅图形的所有点、线、框、圆、弧、面等几何元素的位置、维数、大小和色彩的二维或三维的图形形状。例如，描述一个圆的数据由圆心坐标、半径、线条宽度、颜色、填充色等一组数据构成。矢量图形主要用于线形的画图、艺术字、统计图和工程制图等，多以“绘制”和“创作”的方法产生。它的特点是占据存储空间较小，但不适于表现较复杂的图形。

位图也叫点阵图，是把一幅彩色图像分解成许多的像素，每个像素用若干个二进制数来描述该像素的颜色。描述一幅图像颜色的二进制位数称为该图像的颜色深度。位图颜色深度通常有 8 位、16 位、24 位等，颜色深度越大，表达的颜色越全，相应的数据量也越大。

一幅图像的水平方向像素点个数称为图像的水平分辨率；图像的垂直方向像素点个数称为图像的垂直分辨率。因此描述一幅位图图像原始数据大小的字节数为

$$水平分辨率\times竖直分辨率\times颜色深度/8$$

如一幅 800×600 像素大小、颜色深度为 24 位的图像数据量为

$$800\times600\times24/8\,\mathrm{B}=1\,440\,000\,\mathrm{B}\approx1.4\,\mathrm{MB}$$

这是一幅屏幕分辨率大小为 800×600 像素、24 位颜色深度图像的原始数据。显然，位图的优点是能够表示真实照片、图像和包含复杂细节的绘画等，缺点是数据量大，占用存储空间较大。

图形和图像区别是：图形是以点、线、面等元素为基本单位构成的有明显轮廓的画面；图像则是以像素点为基本单位构成的画面。在计算机中两者的差异更加明显：计算机中的图形、图像是数字化图形，图形可用矢量图表示；图像通常以位图表示。两者的优势与劣势比较如表 3.1 所示。

表 3.1　位图与矢量图的比较

	位　图	矢量图
优势	形象逼真，色彩丰富，适于表现自然真实的效果；获取方便，可以通过数码照相机、扫描仪等多种途径获得	线条明快，图形质量不受分辨率影响；简单图形的文件尺寸小，便于保存；对象相互独立，可以分别修改；打印质量仅取决于打印机
劣势	受分辨率影响较大，放大后可见明显锯齿；放大或缩小图像尺寸会影响到图像质量	很难表现自然柔和的真实效果；多余的结点容易导致文件过大
应用领域	电影海报制作、照片处理、平面特效制作、三维效果图的后期处理等	插图绘制、装饰画设计、标志设计、卡通制作等

2. 位图文件的存储格式

在计算机中，位图文件的存储有多种不同的格式，以文件扩展名来区别。下面简单介绍几

种位图文件格式。

（1）BMP 格式

BMP 是 Bit Map-File 的缩写，是微软公司 Windows 采用的图像存储格式，也是 Windows 系统中“画图”软件的默认保存格式。BMP 格式文件可以被 Windows 和 OS/2 应用程序所支持，对常用软件的兼容性非常好。BMP 格式可以使用 24 位颜色深度（约 16 兆种颜色），数据未经压缩，可以体现极其丰富的色彩。其缺点是图像文件所占存储空间较大。

（2）JPEG 格式

JPEG 是 Joint Photographic Experts Group 的缩写，直译为联合图像专家组。JPEG 格式是 Macintosh 机器上常用的图像文件格式，目前在 PC 上也十分流行，Photoshop 软件中也可以使用此文件格式。它采用有损压缩（LOSSY）方案，是所有压缩格式中最卓越的压缩格式。尽管图像质量有损失，但在压缩之前，可以通过对话框选择压缩质量，从而有效地控制压缩的质量损失。

（3）GIF 格式

GIF 是 Graphic Interchange Format 的缩写，即图形交换格式。它是一种压缩的 8 位颜色深度的图像文件。正因为它已经被压缩，又是 8 位颜色深度，因此这种格式的文件数据量比较小，常用在网络传输上，传输速度比其他格式的图像文件要快得多。其缺点是由于它最多使用 256 种颜色，不能用于存储逼真的图像文件。

（4）PNG 格式

PNG 是 Netscape 公司开发的图像格式，主要用于网络图像，最大的优势是可以保存 24 位真彩图像，且有支持透明背景和消除锯齿边缘的功能。常见的图标、按钮等多采用该格式。

（5）TIFF 格式

TIFF 是 Tag Image File Format 的缩写，直译为标签图像文件格式。由 Aldus 公司为 Macintosh 机开发的文件格式，目前在 PC 上也可以使用。在 Photoshop 和 3ds Max 软件中都能使用此格式。TIFF 格式支持 24 个通道，它的压缩方案不影响图像像素点的质量。因此，用此格式可以存储一些色彩绚丽、构思奇妙的图像文件。

（6）PSD 格式

PSD 是 Photoshop 的默认图像格式，可以保存图层、通道、文本等信息，以备以后再次修改，支持全部色彩模式，文件较大，通用性差。2 GB 以上文件可使用 PSD 格式。

（7）ICO 格式

ICO 是 Icon 的缩写，是一种图标格式，图幅比较小，常用于表示一些按钮、符号和标记等。

一般来说，图形与相同内容的图像相比所占的存储空间要小得多。因此，在多媒体课件设计中，画面应尽可能以图形（矢量图）的模式编辑或使用位图压缩处理保存。

3.3.2 图形与图像的采集

矢量图一般可以在多媒体课件开发系统内创作或生成。大多数课件开发系统都提供此功能。

位图的来源很广泛，从计算机屏幕上截取、利用绘图软件制作、从网上搜索下载、使用扫描仪从照片、投影片或书本中扫描、用数字照相机摄入以及从软件商店购买等，都可以采集到所需要的数字化图像。

对于采集到的图像，一般还要经过图像处理软件的编辑、处理和修饰，并以特定格式保存，以备后用。下面简单介绍几种图像信息的采集方法。

1. 从屏幕上抓图

首先在计算机屏幕上显示出所需画面，使用键盘上的 PrintScreen 键，将屏幕显示的内容复制到系统剪贴板中，再打开图形处理软件（如 Windows 的“画图”、Photoshop 等），进行粘贴、编辑和保存；或利用 Snagit、Screen Thief 等屏幕抓图软件，将屏幕的全部或一部分抓获，送到剪贴板或保存到文件中。

2. 从视频上截图

很多视频播放软件都提供了从视频中抓取图像的功能，如 KMPlayer、暴风影音、迅雷看看等。在放映视频的过程中，通过按预先设定的“热键”来抓取屏幕上正在放映的视频画面，便可以将其以图像的形式保存在剪贴板或指定的位图文件中。

3. 使用扫描仪扫描图像

扫描仪可以将各种图片、印刷品、文稿、艺术作品扫描成黑白、灰度或彩色的位图图像。扫描仪所附带的扫描软件允许在扫描图像时选择或设置扫描区域、对比度、分辨率和图像类型等工作参数，以提高图片扫描的质量。

4. 使用数码相机拍摄图片

数码照相机可以将拍摄的画面以数字形式保存在内部的存储器中，并可以将数字图像传送到计算机中进行处理与保存，完全避免了传统相片的冲洗和印制过程。数码照相机是目前流行的图像输入设备，应用前景十分广阔。

5. 利用绘图软件创作和编辑图形图像

Windows 附件中的“画图”工具、专业的 Photoshop 以及面向大众的 iSee 图像专家、美图秀秀等图像处理软件都可以用来创建和编辑图像。利用这些软件可以绘制直线、曲线、椭圆、矩形和任意封闭图形，可以进行喷涂、着色、填充、擦除等操作，还可以修改、裁剪、浏览和编辑通过上述其他方法得到的图像文件。

除上述方法之外，还可以从网上搜索并下载图像。

网上获取图像可以通过搜索引擎、Office 剪辑库以及图库类网站 3 条途径搜索并下载使用。

最大的图像搜索引擎如 Google（谷歌）图片、baidu（百度）图片和 bing（必应）图片。只要在这些网站的主页选择图片搜索，在检索框中输入检索关键词，就可以搜到大量的相关图片，可以使用页面上的筛选过滤选项对检索得到的图像进行筛选，以快速得到合适的图片；注意在谷歌和必应中，使用英文检索会得到更多、更精确的检索结果。

Office 剪辑库也是一个巨大的图像资源库，网站中有大量的矢量图片，从 Office 系列软件访问比较直接。

此外，网上很多专业的图库网站可以给人们提供各种高质量的图片资源，可以直接到这些网站中检索下载。国内著名的图库网站昵图网含有各类高质量图片，是各类素材下载的好去处。此外，懒人图库除了各种位图资源，还有丰富的矢量图素材和各种模板，尤其其中透明背景的 png 图标，可以打包下载，这些都是制作 PPT 的图像素材。

无论采用前述何种方法得到的图像，一般都要经过图像处理软件的编辑处理才能使用。Photoshop 的图像处理功能极强，相对的系统操作也比较复杂；Windows 中“画图”的图像处理功能虽然比较弱，但是操作简单，可以满足一般的图像处理。下一小节将对“画图”的操作和使用做简单介绍。

3.3.3 “画图”程序的应用

“画图”是 Windows 附件中的一个绘图程序，用户可以使用“画图”提供的工具来创建、编辑、浏览和输出图像。更为重要的是任何复制到系统“剪贴板”中的图像信息都可以粘贴到“画图”中进行浏览和编辑，从 Word 中得到的艺术字或在其他应用程序中所创建的图像，甚至扫描的图片都可以用它进行编辑。

1. 认识“画图”

用鼠标单击任务栏中的“开始”按钮，选择“程序”→“附件”→“画图”命令。打开“画图”应用程序界面，如图 3.10 所示。

由图 3.10 可知，“画图”软件的界面是由菜单栏、工具箱、调色板、绘图区和状态栏构成的。其功能分别介绍如下。

（1）菜单栏

菜单栏中提供“文件”、“编辑”、“查看”、“帮助”等菜单项。它们的子菜单几乎包含了“画图”的所有功能选择。各个子菜单的选项如图 3.11 所示。

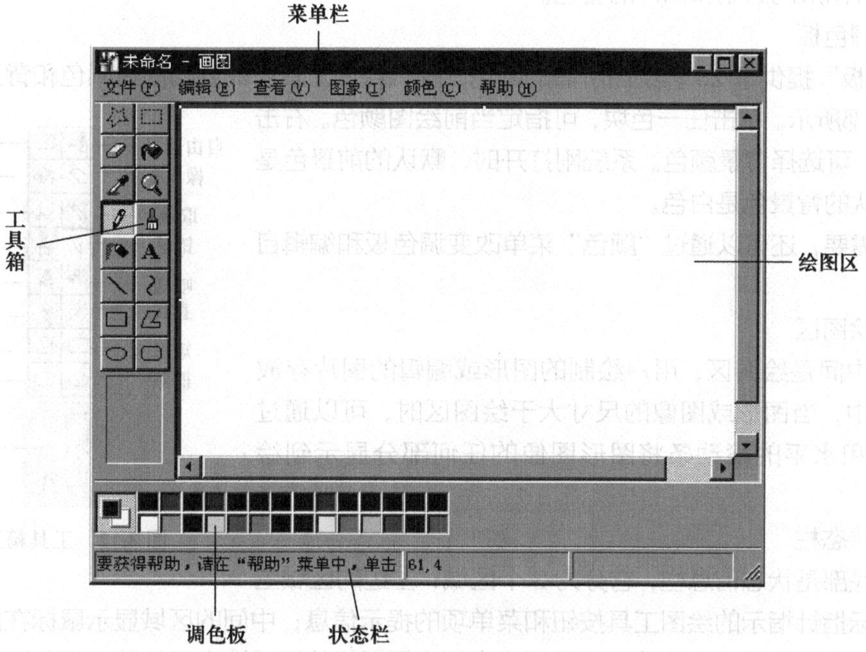

图 3.10 “画图”界面

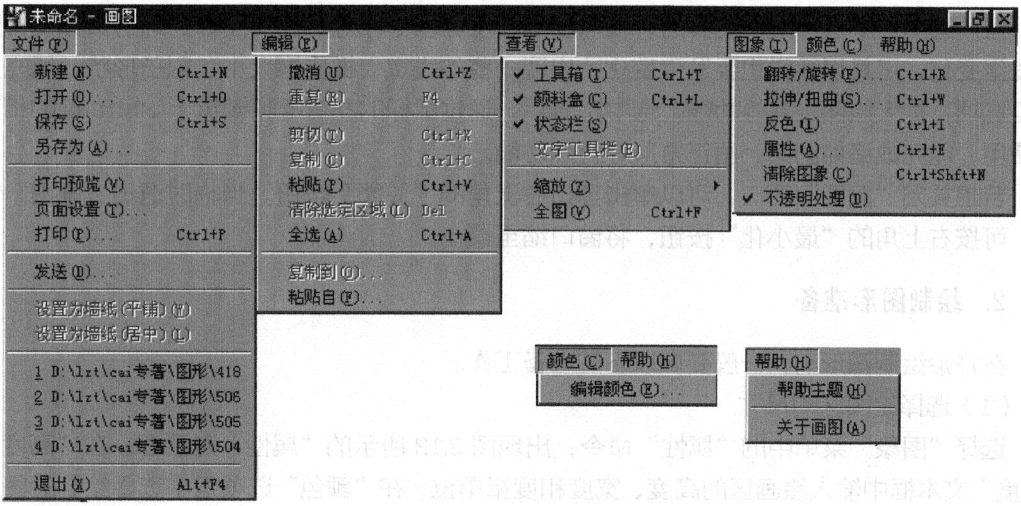

图 3.11 各子菜单选项内容

（2）工具箱

工具箱提供了很多绘图所需要的实用工具，如直线、曲线、圆、椭圆、矩形、圆角矩形、多边形等图形工具；画笔、刷子、喷壶、橡皮擦等着色工具，如图 3.12 所示。利用这些工具能够进行各种图形的绘制和图片的着色。

（3）调色板

“调色板”提供了 28 种绘图所需的颜色，提供绘图工具所需要的前景颜色和背景颜色，如图 3.10 底部所示。单击任一色块，可指定当前绘图颜色。右击颜色方块，可选择背景颜色。系统刚打开时，默认的前景色是黑色，默认的背景色是白色。

如果需要，还可以通过“颜色”菜单改变调色板和编辑自定义颜色。

（4）绘图区

窗口中间是绘图区，用户绘制的图形或编辑的图片存放在该区域中，当图形或图像的尺寸大于绘图区时，可以通过移动垂直和水平的滚动条将图形图像的任何部分显示到绘图区上。

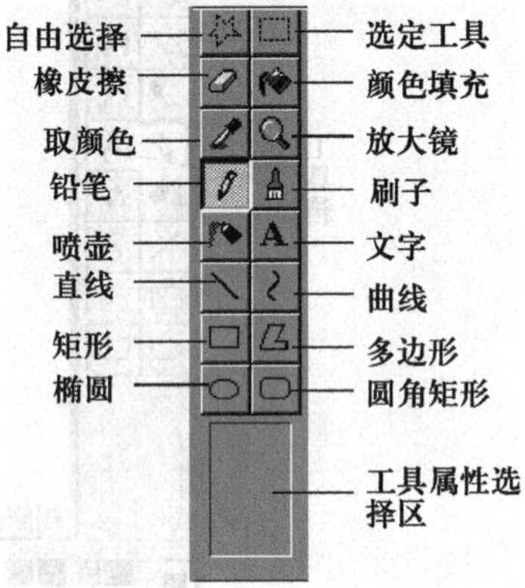

图 3.12　工具箱工具图

（5）状态栏

窗口底部是状态信息栏，它分为 3 个区域：左边的区域主要显示鼠标指针指示的绘图工具按钮和菜单项的提示信息；中间的区域显示鼠标在图片中移动时光标中心点的位置；右边的区域是显示当用户用鼠标绘图或选取图片的一部分时，所绘制或选取图块的信息大小。

在“画图”中选择某一工具时，仅需要单击工具箱中相应的工具图标。这时鼠标指针的形状发生变化，工具属性栏也会发生变化，出现一些如线宽、橡皮擦大小、刷子形状、填充方式等复选项，扩大绘图工具等功能。选中工具后，通过鼠标的左右键和键盘上 Shift 键的相互配合使用，能完成诸如画圆、画正方形等特殊功能。

若想关闭“画图”窗口，可以单击窗口右上角的“关闭”按钮。当临时退出“画图”窗口时，可按右上角的“最小化”按钮，将窗口缩至最小。

2. 绘制图形准备

在开始绘制图形前，一般要做以下的准备工作。

（1）选择绘图区的尺寸

选择“图象”菜单中的“属性”命令，出现图 3.13 所示的“属性”对话框。在“高度”和“宽度”文本框中输入绘画区的高度、宽度和度量单位，在“颜色”选项组中选择绘制的图形是黑白还是彩色，单击“确定”按钮，按新尺寸绘图。要想恢复画图的默认尺寸，可单击“默认”按钮。

（2）颜色的选择

将鼠标指向调色板上欲选定的颜色，单击鼠标左键可选择前景颜色，单击鼠标右键可选择背景颜色。如果“画图”调色盘上的颜色不能满足使用者的需要，可用一种新颜色替换调色盘中的某一颜色。

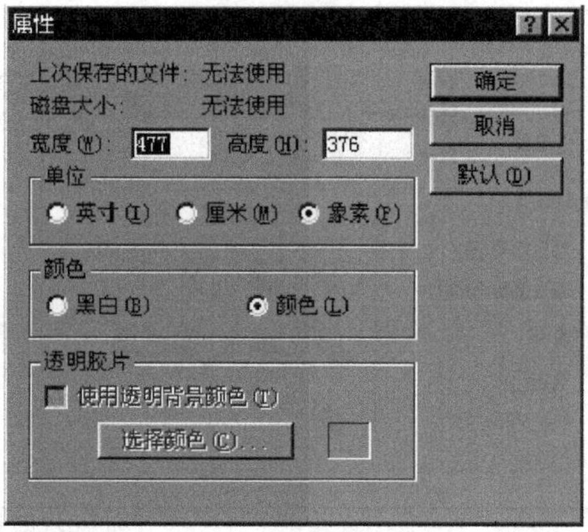

图 3.13 “属性”对话框

（3）使用工具箱作图

“画图”工具箱在窗口的左边，利用它们可以生成各种图形、完成图片着色和编辑图片。使用时从工具箱中选择需要使用的工具，即单击工具按钮。此时选中的工具按钮呈下凹状态，如果被选中的工具还有可选项，系统将会在工具箱底部的选择区中呈现出这种工具的类型，单击要选择的工具类型，其背景显示变为蓝色时，就可在绘图区绘图了。

（4）保存和打开图形文件

如果想要保存或打开一个图形，可以单击“文件”菜单，选择“保存”或“打开”命令，在出现的“另存为”或“打开文件”对话框中输入要保存或打开的文件名，然后单击“确定”按钮。

“画图”软件支持的文件格式有以下 4 种。

① 位图格式文件，扩展名为 bmp 或 dib。

② PCX 格式文件，扩展名为 pcx。

③ JPEG 格式文件，扩展名为 jpg。

④ GIF 格式文件，扩展名为 gif。

在“画图”中绘制图形画面的位图颜色深度可以有以下几种。

① 单色位图，制作黑白图形时可使用。

② 16 色位图，绘制的图形不超过 16 种颜色。

③ 256 色位图，图形的颜色不超过 256 种。

④ 24 位位图，图形颜色超过 256 种时可使用它。

读者可利用“画图”工具绘制一幅图画，以深入了解“画图”的功能。

微软的 Windows 7 操作系统升级了“画图”程序，界面更加美观，操作也更加方便，但使用方法还和之前的版本基本一致。新的“画图”程序界面如图 3.14 所示。

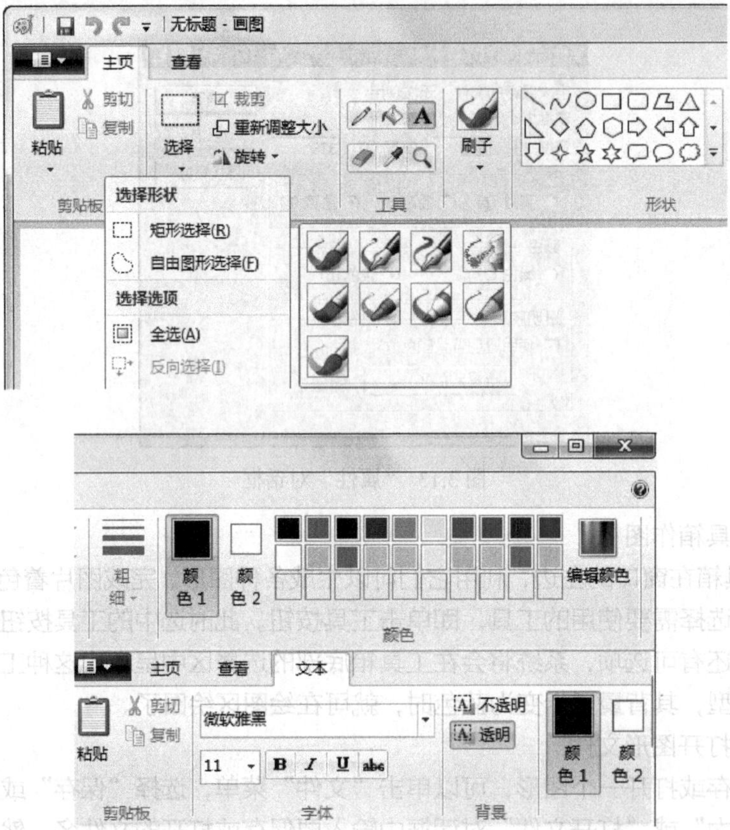

图 3.14　Windows 7 操作系统中“画图”程序的新界面

3.3.4 “iSee 图片专家”软件的应用

1. iSee 图片专家软件介绍

iSee 图片专家是一款功能全面且简单易用的图像浏览和处理软件。在现代社会中，人们经常使用高清数码照相机来获取生活中的影像资料，将它们存储为数字图像。但是，对于动辄上千万像素的照片，一般的照片软件处理起来很吃力，而专业的 Photoshop 软件又太难。iSee 图片专家体积小巧，操作简单，照片处理速度快，拥有诸多图像处理、人像美容等功能，可以使用模板一键完成。和 Photoshop 相比，iSee 图片专家中并没有太多像“蒙版”、“通道”这些晦涩难懂的概念，很多功能都是一键式操作，非专业用户也可以在短时间内快速处理计算机图片。该软件可以到官方网站免费下载，安装后的软件界面如图 3.15 所示。

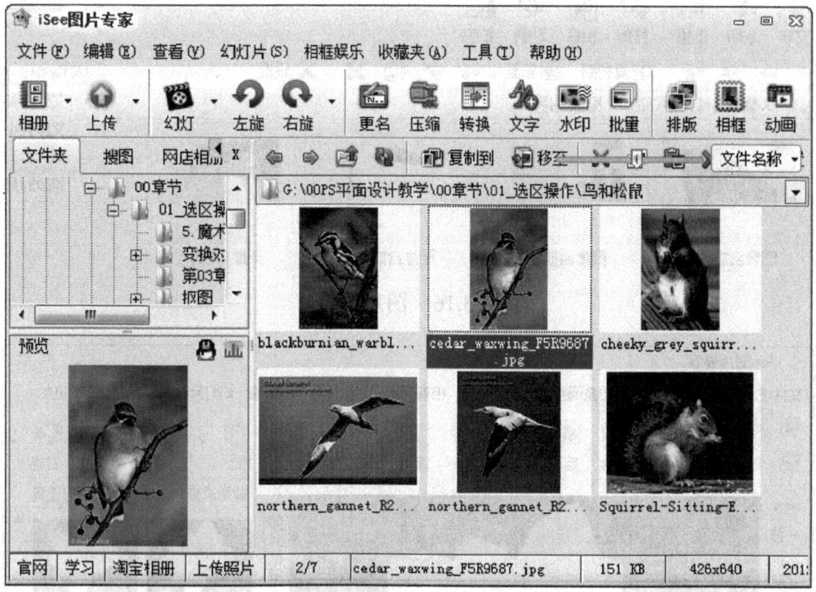

图 3.15　iSee 图片专家软件界面

iSee 图片专家首先是一款功能强大的图像浏览器，操作很流畅，对于数码照相机的原始图片格式兼容性也相当好；其次是基本的图片处理功能比较齐全，如旋转、缩放、剪裁、格式转换、添加注释/水印等。最后，iSee 图片专家具有强大的图片后期处理、编辑和制作的功能，可以制作出非常精美的特效图片和艺术照片，除了常见的"曝光调整"、"白平衡修正"、"色阶处理"以外，还包括了很多像"去雾镜"、"去红眼"、"人像美容"、"反转负冲"这样的照片修复选项，支持同类软件中不常见到的"雨丝"、"雪花"、"磨砂玻璃"、"幽灵效果"等一些特殊效果。iSee 图片专家官网还提供了大量的模板素材供用户下载使用。当然，iSee 图片专家功能并没有 Photoshop 这类大型软件那样专业，但操作简单，符合非专业用户的需求。

2. 软件界面和用户习惯设置

iSee 图片专家启动后，默认的用户界面是浅灰色的，最上方是菜单栏和工具栏，左侧是文件夹列表以及搜图、收藏夹等功能区，左下角是选中图像的预览区，右侧大块区域是图像浏览区。用户可以拖动浏览区上方右侧的滑块控制缩略图的显示大小，还可以通过单击滑块旁边的"文件名称"按钮设置图像的排序方式，包括文件名称、大小、类型和修改时间 4 种排序方式，如图 3.16 所示。双击某张图像，可以切换到单张图像浏览模式，如图 3.17 所示。使用键盘上的上、下、左、右方向键或滚动鼠标中键可以切换到前一张或后一张图像；单击鼠标中键可以全屏显示图像；再次双击可返回单图模式，然后再双击又返回缩略图浏览模式，依次往复循环。

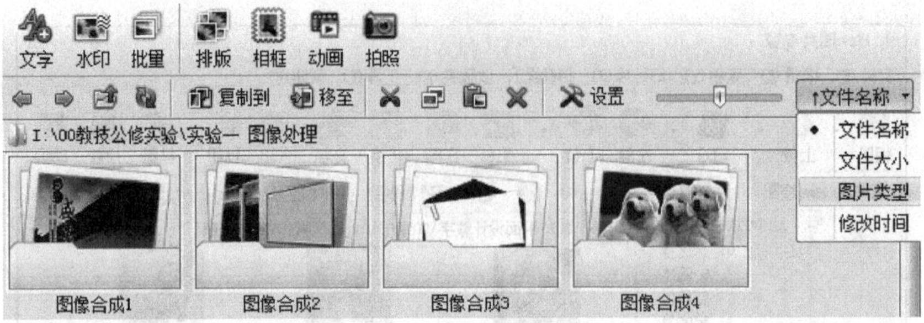

图 3.16　图片排序

图 3.17　单张图浏览模式

iSee 图片专家允许用户根据个人喜好更改软件界面颜色和操作习惯。单击浏览区右上方的“设置”按钮，如图 3.18 中①所示。系统弹出“设置”下拉菜单，可以在“更换皮肤”菜单中选择不同的软件颜色，如图 3.18 中②所示。深色的软件界面更利于图像色彩的调整和缓解人眼视觉疲劳，建议选用最后两种深色的皮肤颜色。单击“高级选项”命令，系统弹出“选项”对话框，在“用户习惯”选项卡中可以设置看图时鼠标滚轮的习惯，如图 3.18 中③和④所示。

3. 图像浏览操作

iSee 图片专家具备强大的图像浏览和管理功能，可以实现高速浏览，支持各数码照相机厂家的 RAW 格式原始图片、EXIF 信息，看图时还可根据 EXIF 信息自动旋转图片，省却用户手动调节的烦琐。除了缩略图浏览、双击预览、全屏浏览、手动翻页外，用户还可以进行幻灯片自动浏览，制作自动播放的电子相册和屏幕保护程序。在图像的获取与管理方面，iSee 具有网络搜图、本地搜图、收藏、排版、打印、截图等功能。

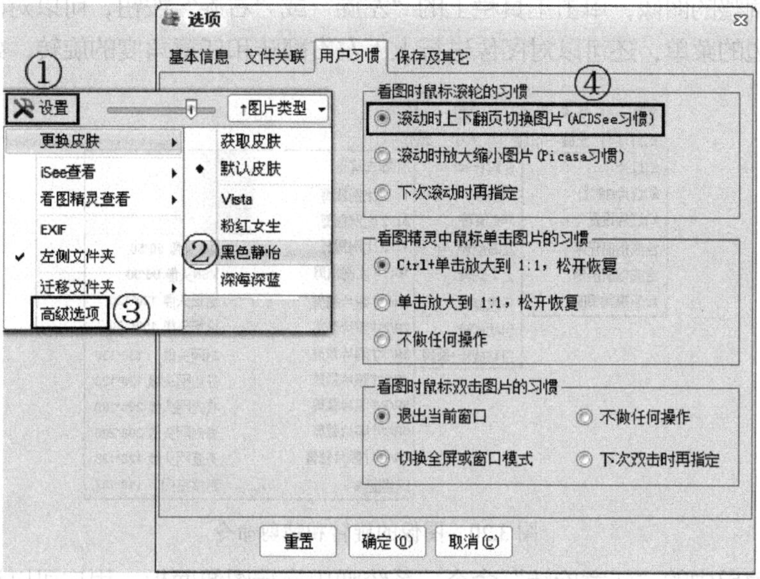

图 3.18 皮肤和用户习惯设置

单击工具栏“幻灯”按钮旁的下拉三角按钮，在下拉菜单中单击“幻灯片设置”命令，在弹出的“幻灯片设置”对话框中可以设置图片自动播放的间隔时间、显示方式、播放顺序和切换效果等，如图 3.19 所示。设置完成后，按 F10 键即可进行幻灯片自动播放或带切换特效的自动播放。

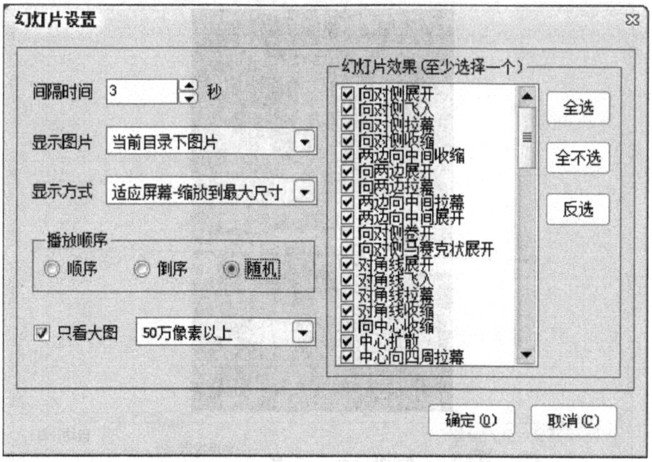

图 3.19 “幻灯片设置”对话框

4. 图像的基础调整

图像的基础调整包括旋转图像方向、调整图像大小、裁剪图像、图像格式转换等操作。

（1）旋转图像

选中需要调整的图像，单击工具栏上的“左旋”或“右旋”按钮，可以对图像进行 90°的旋转，打开旁边的菜单，还可以对图像进行上下左右翻转和任意角度的旋转，如图 3.20 所示。

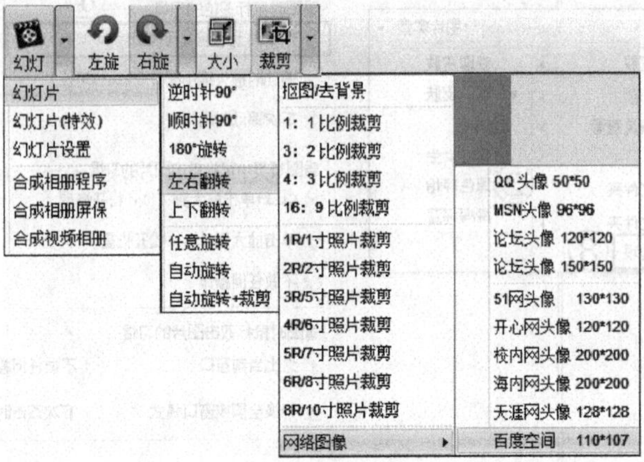

图 3.20　图像的旋转和裁剪命令

单击下拉菜单中的“任意旋转”命令，系统弹出旋转图像面板，用户可以通过拖动滑块或输入数值的方式进行任意角度的旋转；也可以依据画面中的一条水平线拉出一条直线，程序可以按此线形成的角度旋转，实现图像的自动拉直操作，如图 3.21 所示。此功能在调整拍摄角度不平的照片时非常实用。

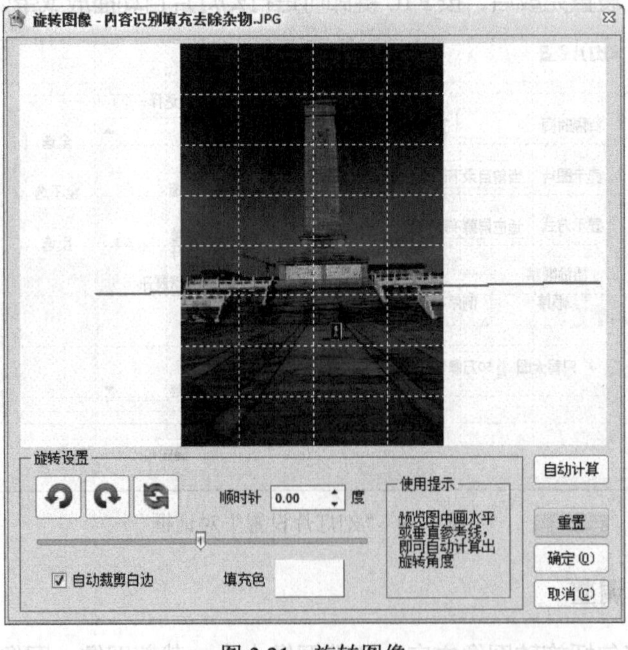

图 3.21　旋转图像

（2）裁剪图像

打开“裁剪”按钮的下拉菜单，利用其中的相应命令可以实现对图片固定比例的裁剪、特定照片尺寸的裁剪以及特定网络头像和证件照尺寸的裁剪，如图 3.22 所示。直接单击“裁剪”按钮，在弹出的“任意尺寸裁剪”对话框中可以拖曳并调整任意的裁剪区域，单击“确定”按钮后，即可实现对图像的自由裁剪。

图 3.22　裁剪图像

（3）调整图像大小

单击工具栏上的“大小”按钮，系统弹出“调整图像大小”对话框，如图 3.23 所示。在这里可以按照比例、像素、英寸和厘米 4 种方式调整图像的大小。

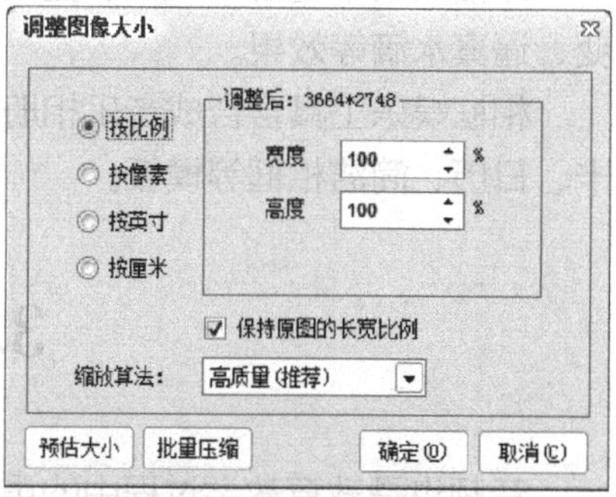

图 3.23　调整图像的大小

5. 图片的批量处理

iSee 图片专家支持图片的批量处理，包括批量转换格式、批量压缩、批量命名、批量添加文字/水印、批量效果处理（缩放、补光、锐化）、批量制作大头贴，可以把大量的工作一次完成。iSee 图片专家还提供了一些方便用户使用的功能，比如网上图片搜索、网上相册管理和自己制作电子相册。全面的批量处理不但使用户可以简单设置常用批量处理，还能进行自由组合处理并记忆方案。

在缩略图浏览模式下选中需要批量处理的图像，然后单击工具栏中的“批量”按钮，系统弹出“批量处理”对话框，如图 3.24 所示。在这里可以添减批处理对象、设置处理后的存储路径，然后单击对话框上方的“批处理”按钮进行相应的操作。

6. 照片修正与修复

在单张预览模式下，软件界面右侧出现照片的修复工具面板，包含照片修复、人像美容、相框娱乐等多种工具。照片修复又包括智能修复、基本修复和增强工具 3 组工具，提供了对照片的色彩、色调、方向等的调整工具，可以一键获取最佳光影和色彩效果。功能包括反转片、智能色彩调节、色调均化、补光、减光、去雾、锐化、色彩平衡、变形纠正等，如图 3.25 所示。

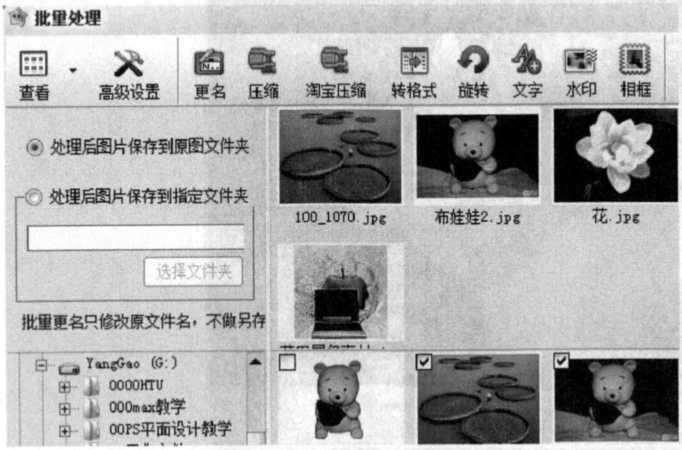

图 3.24　图像的批处理

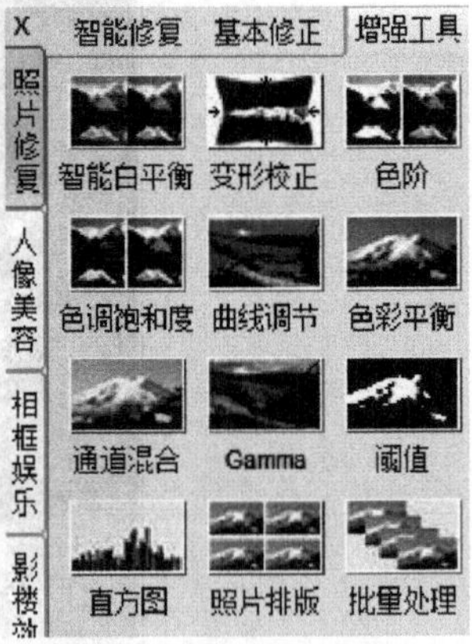

图 3.25　照片修复工具

人像美容工具可以使照片达到影楼的专业效果，功能包括祛除黑斑、磨皮祛痘/去皱、皮肤美白、眼睛变大、瘦脸塑身、染发、唇彩、腮红等。

影楼效果中包含 Lomo、复古、反转负冲、经典影楼、怀旧、幽灵、暗色调、梦幻色彩渐变、逼真水滴等效果。

相框娱乐工具含合成音乐相册、合成时尚写真、杂志封面、明星场景、亲子写真、节日贺卡、日历、简洁相框等模板。

3.4　音频信息制作

音频也是教育教学过程中的重要信息形式，在计算机辅助教学活动中，它对教学内容起着渲染、强化、承上启下的作用，能增加课件的真实感，扩大教学软件的表达能力，有助于揭示事物的本质。

音频信息在教育软件中主要用于 4 个方面：一是用于配音解说，它的作用与文字一样，用以叙述、说明教学内容等；二是作为背景音乐，可以起到强调主题、烘托气氛的作用；三是在特定场合表达文字和图形不能表达的内容，如形容自然界中的风声、雨声、打雷和爆炸等特殊效果；四是用于人机交互时的提醒或警告等。

3.4.1 声音文件的格式及特点

1. 声音文件分类

计算机中存储的是数字声音。如果按数字声音音频获得的方法分类，可以把计算机中的音频文件分为两大类：数字音频和 MIDI 音频。

数字音频是通过采样获得的，即将声源发出的模拟音频信号通过采样、量化转换成数字信号，再进行编码，以波形表的文件（wav）格式保存起来。输出时再通过解码和数字/模拟转换，还原出模拟音频信号，通过扬声器或音箱播放输出。

MIDI 音频是通过合成法获得的，即将电子乐器演奏音乐的过程用一种专门的语言来描述，并以 MIDI 文件（mid）的格式保存起来。输出时，通过这种专门的语言去驱动 MIDI 合成器，使之生成相应的音乐，放大后通过扬声器或音箱播放输出。

各种声源产生的声音输入计算机后，还要经过音频编辑软件加以编辑、修饰，形成 wav 等格式的音频文件保存，以备后用。

这里主要介绍数字音频信息的采集和编辑。

2. 数字声音的技术指标

识别音频的技术指标主要有采样频率、量化精度和声道数 3 个。

（1）采样频率

采样是指以固定的时间间隔对声源进行数据采样，一秒钟内对声源的采样次数称为采样频率。采样频率越高，声音的保真度越好，但所需的数据存储量也越大。常用的采样频率有 43.1 kHz、22.05 kHz 和 11.025 kHz。

（2）量化精度

量化是把采得的每一个样本值从模拟量转化成数字量，该数字量用若干位二进制位数表示，称为量化精度。量化位数越大，量化精度越高，反之量化精度越低。常用的量化精度有 8 位和 16 位两种。

（3）声道数

声道数是指在采样时同时采集了几组数据，如单声道的声道数是 1，分左、右声道的为双声道，声道数是 2。

3. 声音文件的大小

由数字音频的技术指标可知，数字音频文件的大小由声音播放的时间长短和技术指标确定，即

声音文件的大小 = 采样频率×量化精度/8×声道数×声音持续时间

例如，一段 1 min 的双声道 16 位 22.05 kHz 采样频率的声音数据量为

$$22.05\times10^3\times16/8\times2\times60\,\text{B}=5\,292\,000\,\text{B}\approx5.0\,\text{MB}$$

由此例可见，声音数据量是很大的，在多媒体课件中使用时往往需要进行压缩。

3.4.2 数字音频采集

音频的采集方法很多。这里主要介绍基于多媒体计算机系统环境的数字音频采集的基本方法。

1. 制作音频信息前的准备工作

（1）硬件环境的准备

在制作音频信息前，首先要检查所使用的计算机是否具备了制作音频信息的必备条件。

① 声卡。计算机中是否安装了声卡，声卡是否已被正常驱动。

② 话筒。若采用话筒进行录音，话筒的连线是否正确插入到声卡的 MIC 插孔；周围环境是否安静，嘈杂的环境会影响录制出来的声音效果。

③ 录音机。若使用录音机、录像机、VCD 中的音频信息，这类设备中的音频（Audio）输出线是否正确插入到声卡的 LINE 插孔。

（2）软件环境的准备

在制作数字音频信息之前，还要安装数字音频处理软件，并知道软件具备的功能。有些软件具有记录和编辑波形文件的标准功能，有的软件除了具有标准功能外，还具有常用的编辑功能，如剪辑、声道混合、变调、调速等。

常用的数字音频制作软件有 Windows 中的“录音机”（Sound Recorder）、Cool Edit、Adobe Audition、Cubase、Nuendo、Sound Forge 以及国产音频软件 WaveCN。

这些音频处理软件各有所长。本章将以 Windows 中的“录音机”为例，介绍数字音频的制作。

2. 声音的采集

① 启动音频处理软件，进入音频处理界面。

② 设置声音质量指标，确定采样频率、量化精度、声道数。

③ 单击“录音”按钮开始录制声音，录制完后保存声音文件。

当采集的声音信息的长度、音质、效果与制作课件的要求有较大差异时，就需要对声音信息文件进行编辑。下面以 Windows 中的“录音机”为例，介绍一般的声音采集和编辑的方法。

3.4.3 Windows 中的“录音机”

“录音机”是 Windows 附件中的一个音频录放设备，用户可以使用“录音机”所提供的各种工具来录制、编辑和播放数字音频。

1. 认识“录音机”

单击任务栏中的“开始”按钮，执行“程序”→“附件”→“娱乐”→“录音机”命令，打开“录音机”界面，如图 3.26 所示。

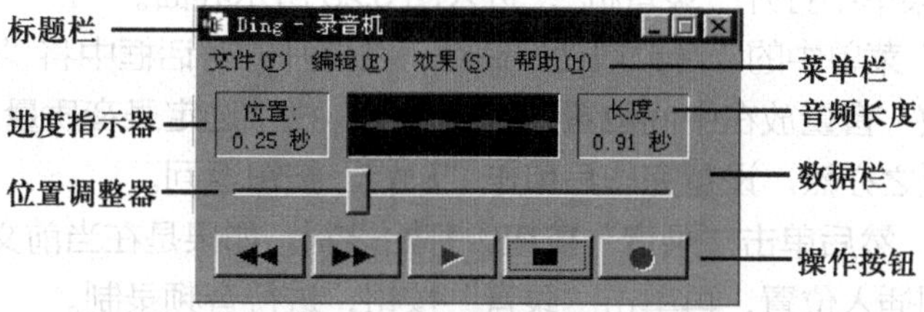

图 3.26 “录音机”操作界面

由图 3.26 可知，“录音机”界面包括标题栏、菜单栏、数据栏、位置调整器和操作按钮等部分。

图 3.27 展示了菜单栏中各个菜单的子菜单。

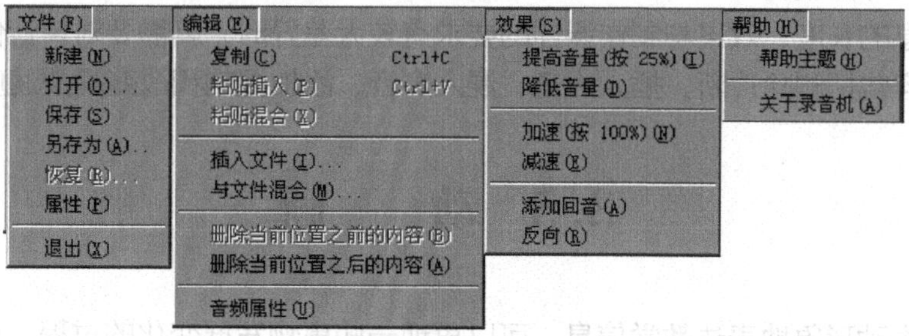

图 3.27 “录音机”子菜单

数据栏从左到右依次为进度指示器、音频数据的波形框和音频文件的总长度。进度指示器动态显示当前播放声音的位置，以秒为单位；从音频数据的波形框中可以看到正在播放的声音波形；音频文件的总长度以秒为单位，显示音频文件总时长。用鼠标拖动位置滑块，可以指定任意位置进行插入、播放、删除混音等编辑操作，在数据栏中实时显示当前的数据信息。

“录音机”操作界面底部的 5 个控制按钮分别介绍如下。

录音按钮，单击开始录制声音。

停止按钮，单击停止播放。

播放按钮，单击开始播放。

移到尾部按钮，将声音位置移到声音文件的尾部。

移至首部按钮，将声音位置移到声音文件的首部。

这 5 个按钮提供了录放机的基本操作。

2. 音频信息制作

（1）录制音频信息

使用“录音机”可以通过对话筒、录音带、VCD、录像带中的音频信息进行数字化处理，进行音频信息制作。

① 从“开始”菜单中打开“录音机”，进入图 3.26 所示界面。

② 单击“编辑”菜单中的“音频属性”命令，在打开的对话框中将“录音”音量放在中间位置附近；将“回放”音量放在中间位置；在“音质”栏中选定录音质量。录音质量越高，所需的存储量越大，反之亦然。设置完毕后单击“确定”按钮返回。

③ 准备好音源，然后单击“录音”按钮，开始录制。如果是在当前文件中插入声音片段，应先把时间滑块调到插入位置，再单击“录音”按钮，进行音频录制。

④ 单击“停止”按钮，完成录音。此时可以看到数据栏中录制的音频长度。拖动时间滑块到适当位置，播放并检查录制的声音。

⑤ 单击“文件”菜单中的“保存”或“另存为”命令，命名后将声音以文件的形式加以保存，默认文件的扩展名为 wav。

（2）音频文件的编辑

当声音信息的长度、效果与制作课件的要求有较大差异时，就需要对声音信息文件进行编辑。编辑的内容包括删除片断、插入声音、混入声音、添加混响和改变播放速度等操作。

3.5 动　画

动画能够生动形象地表达教学信息，可以再现一些事物发展变化的过程，使抽象的概念形象化，使微观的事物直观显示。因此动画一直是教育软件中的主要媒体之一。这一节主要对动画的不同格式以及采集、编辑的方法进行介绍。

3.5.1 动画技术概述

动画的视觉效果介于图画与电影之间。它虽然是一幅幅静止画面的显示，却带给人说不尽的艺术魅力；虽然没有电影表达信息的逼真细腻，却带有动感效果。

1. 计算机动画原理

计算机动画是计算机技术的一个重要方面，计算机动画应用的范围很广，常见于广告、电视片头、动画片中，在多媒体计算机课件中也是不可缺少的重要角色。

谈到动画的原理，就要提到人的视觉暂留效应。人眼在看到物体时在视网膜上视觉成像大约 1/24 s 后消失，也就是说，一帧帧的连续图片如果以每秒 24 帧以上的速度放映，人眼就会看到连贯的动画。较高的速度会使动画看起来很连贯，较慢的速度会使动画闪烁产生跳跃感。

多媒体技术中的动画制作在结合传统动画制作工艺的基础上，采用计算机图形学的最新成果，改变了动画制作的传统观念，使动画更加逼真、生动。

在教学中，动画能够吸引学生的注意力。动画节目对幼儿及少年有很强的吸引力，与该年龄阶段学生的认知水平相当。另外，动画可以对不易表现的现象做模拟演示，有利于揭示复杂事物的本质和发展规律，为提高教学质量创造了条件。

看过电影《泰坦尼克号》的朋友一定会记得，影片中有一段计算机动画模拟的泰坦尼克号撞冰山后沉没的镜头，非常生动形象，使原本不了解泰坦尼克号撞冰后沉没全过程的观众有了较清楚的认识。正是形象生动的特点使动画成为多媒体计算机课件制作中常用的一种信息，如果课件在适当的时候以适当的形式引用一些精彩的动画，会使课件增色不少。

2. 动画分类

动画根据表现形式可分为二维动画和三维动画。三维动画立体感强、动画效果逼真，从生成的角度来说，制作三维动画要比制作二维动画复杂一些，要考虑诸如灯光、摄像机镜头等诸多因素，相对而言，二维动画比较容易制作。并不是三维动画一定要比二维动画好，二维动画、三维动画只是动画的两种表现形式。例如，《狮子王》就是经典的二维动画，而《玩具总动员》则是三维动画。

目前制作动画的工具软件很多，一般可分为面向对象和面向帧。面向对象的动画制作软件有 Director、Authorware 中的对象路径控制等；面向帧的有 Animator、3ds Max 等。

用计算机制作动画需要大量的运算，一般制作大型的动画片都是在多台计算机图形工作站上完成的。例如，动画片《狮子王》就是动用了上百台计算机图形工作站完成的。但工作站很昂贵，如果只是制作一些小动画片段，如 CAI 课件中的动画等，那么就可在普通的 PC 上完成。随着 PC 性能的提高，出现了一些在 PC 上工作的动画软件，如制作二维动画的 Animator、Flash 等，制作三维动画的 3ds Max、Maya、Cinema 4D 等，使用这些应用软件，再加上优秀的创意，就可以在 PC 上制作出不亚于工作站级的动画。

3. 常用的动画格式

从原理上说，动画只是视频的一种，因此视频文件格式都可存储动画。但由于动画制作有其本身的特点和对数据交换的便利性需求，一般动画软件都使用 FLC、FLI 格式存储动画。另外，还有一种 GIF 格式的动画，在 Internet 网页中比较常用。

（1）FLC、FLI 格式

FLC、FLI 动画格式是 Autodesk 公司定义的动画格式，随着 Animator 系列、3ds Max 等动画制作软件的普及，FLC、FLI 动画格式在多媒体软件中得到广泛应用，并逐渐成为标准的动画格式，几乎所有的动画软件都支持这种动画格式。

（2）GIF 格式

GIF 动画格式是制作网页经常使用的动画格式。GIF 动画格式只有 256 色，经过数据压缩，体积比较小，在质量要求不高但存储容积有限制的场合无疑是最好的选择。

（3）SWF 格式和 SPL 格式

这两种格式的文件是 Flash 播放格式文件，其动画格式只有 256 色，但经过数据压缩，体积比较小，和 GIF 格式文件一样，是比较流行的动画文件。

3.5.2 Flash 动画制作

下面以 Macromedia 公司的 Flash MX 为动画制作平台样板，介绍二维动画制作的基本过程和方法。

1. Flash 概述

Flash 是美国著名的多媒体软件公司 Macromedia 推出的一个向量影像与网页动画结合的软件，使用 Flash 不用编写任何程序设计语言，便可轻而易举地制作出生动的影像与网页互动效果。

Flash 基于向量影像，使动画在网络上下载与播放的时间缩短，比点阵式动画更加快速与准确。运用 Flash 制作的动画在网络下载的同时即可播放，用户不必等待下载后观看，这将节省宝贵的时间。

Flash 提供了完整的绘图工具，用来绘制网页中的动画，也可以读入其他向量绘图软件的文件，例如 Freehand、Illustrator，或类似 Photoshop 的点阵文档。时间轴工具与 Director 的功能非常类似，它以影格为单位，能制作出复杂的互动效果。完成动画制作后，可将其输出为.swf 的文件格式或.htm 格式直接在网上发布。

Flash 还可以利用外部信息文件。Flash 支持很多文件格式，选择 File 菜单中 Input 选项，便能从外部导入以下的文件格式：emf、wmf、eps、ai、swf、spl、dxf、bmp、dib、jpg、gif、png、wav。

利用 Flash 可以非常方便地为制作的动画添加声音效果。只要在 File 菜单中选择 Input 选项，在弹出的对话框中选择需要的声音文件，插入即可。用户可以在 Windows 菜单中的 Library 选项中找到所插入的声音文件。

选择所要插入声音的位置（选择某一帧），打开 Library 窗口，选择所需要的声音文件，直接拖动到当前舞台（当前帧）上即可完成声音的插入。

总而言之，Flash 是出色的影像与网页动画制作软件，是 Web 上重要的动画制作工具。下面以中文版 Flash 6.0 为例介绍二维动画的创作方法。

2. Flash 的设计界面

中文版 Flash 6.0 的基本工作环境由菜单（Menu）、舞台（Stage）、工具箱（Tool Box）、时间轴窗口（Timeline Window）、属性窗口（Properties Window）等几个部分组成，如图 3.28 所示。

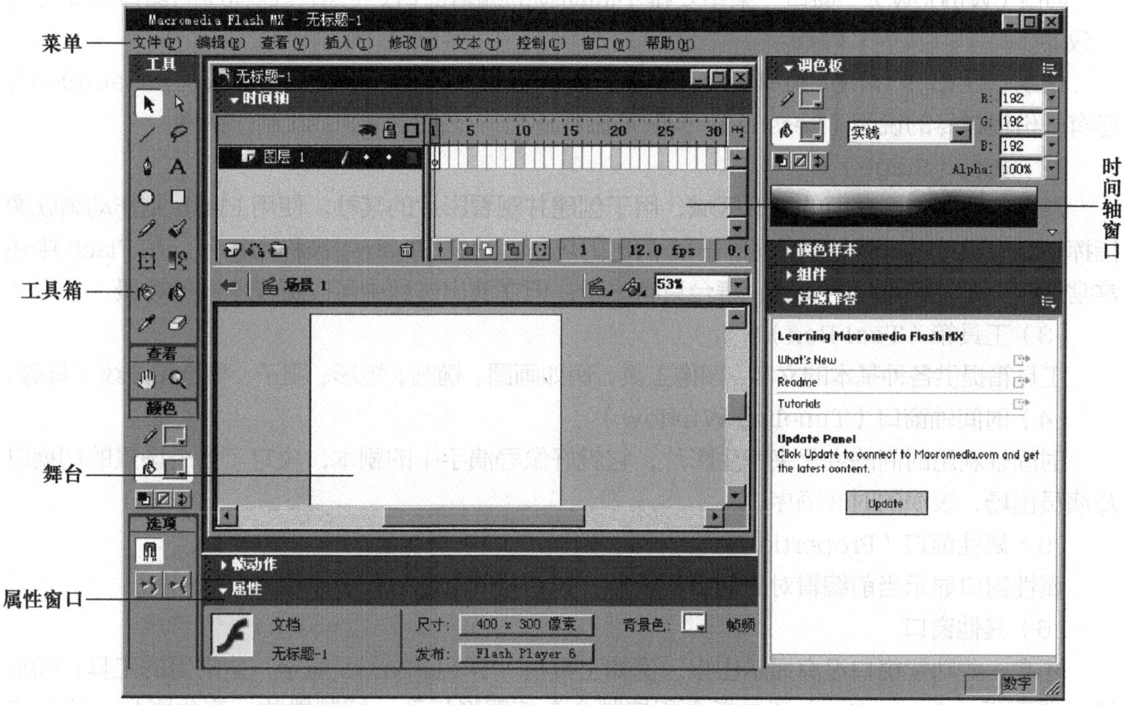

图 3.28 Flash 6.0 设计界面

（1）菜单（Menu）

Flash 的菜单中包括以下常见的选项。

文件（File）：完成文件存取（Save & Open）、设置（Setting）、输入（Input）、输出动画（Export Movie）、输出图像（Export Image）以及退出（Quit）等操作。

编辑（Edit）：“编辑”菜单中的命令是用来剪切（Cut）、复制（Copy）、粘贴（Past）Flash 动画中的各种对象的，包括图形（Shape）、符号（Symbol）、帧（Frame）以及场景（Scene）。

查看（View）：“查看”菜单中包括了控制屏幕显示的各种命令。这些命令决定了显示比例、效果、显示区域等。

插入（Insert）:“插入”菜单中的命令用来向目标库（Library）中增添图标，向当前场景（Scene）中增添新的层（Layer），向当前层中添加新的帧（Frame），以及向当前动画（Movie）中增添新的场景。

修改（Modify）:“修改”菜单中的命令用于修改动画中的符号、场景，甚至动画本身。

控制（Control）:“控制”菜单决定了动画的播放方式，并使创作者可以现场控制动画的进程。

文本（Text）:“文本”菜单是用来设置 Flash 中文字格式的各种命令可以设置和修改文本的样式。

窗口（Window）:“窗口”菜单安排不同动画的编辑窗口。它和其他程序的窗口命令完全一致。

帮助（Help）:“帮助”菜单包含了详细的联机帮助（Guide Tour）和示例动画（Samples），还有一份很详尽的说明（Lesson），同时该教程还是一个很好的 Flash 制作案例。

（2）舞台（Stage）

舞台是编辑电影画面的矩形区域，用于创建并观看影片的某帧。使用 Flash 制作动画就像指挥舞蹈演员演戏一样，要给他们一个演出的场所，这在 Flash 中被称为舞台。在 Flash 中还常常遇到一个“场景”的概念，舞台只有一个，但在演出过程中可以更换不同的场景。

（3）工具箱（Tool Box）

工具箱提供各种基本的文字、图像工具，例如画圆、椭圆、矩形、刷子、喷枪和曲线工具等。

（4）时间轴窗口（Timeline Window）

时间轴利用时间的变化来产生影片，它就好像导演手中的剧本，决定了各个场景的切换以及演员出场、表演的时间顺序。

（5）属性窗口（Properties）

属性窗口显示当前编辑对象的各种属性，如对象的颜色、大小、位置等。

（6）其他窗口

还有一些功能窗口没有显示出来。例如工具栏（Tools Bar），显示一些常用的工具；播放控制器面板（Controller）通过指令和控制命令使图形运动，控制播放，产生影片；库窗口（Library Window）可以先把一个对象定义为图符（Symbol），并把所有图符都存储在库窗口中；组件、颜色样本和问题解答等窗口，需要时可以通过“窗口”菜单打开这些窗口。

影片制作完成后，用户可以在 Flash 中用“输出”（Export）命令产生 Shockwave Flash 影片，并将它们置入到 Dreamweaver 中或使用随 Flash 一同安装的 AfterShock 工具完成最终的 MTML 文件，在浏览器中观看。

3. Flash MX 制作动画举例

通过上面的介绍已经了解到 Flash 的基本操作环境，下面以制作交互式动画实例，介绍 Flash 动画的制作过程。

影片内容：制作一个沿指定路径进行弹跳运动的小球。

进入 Flash MX 设计界面，执行如下步骤的操作。

第一步：建立文件。

单击“文件”（File）菜单，选择“保存”（Save）命令，在弹出的“文件保存”对话框中“文件名”文本框输入“弹跳的小球”，然后单击“保存”按钮返回。

第二步：建立元件（Symbol）。

利用画笔工具，选择工具箱中的圆形，在舞台的左边绘制一个规则的圆，然后选择填充颜色工具，选择填充渐变色填充此圆，使它看起来有球的立体感，如图 3.29 所示。

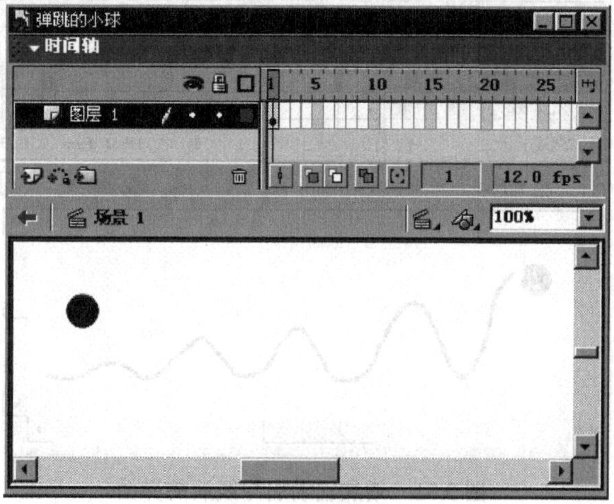

图 3.29 绘制的小球

为了使该圆球能够作渐变运动，使用箭头工具画一个矩形包围该圆球，然后按 Ctrl+G 键，把整个圆球组合起来，就制成了一个元件。组合后的圆球周围被加了一个外框。

第三步：定义关键帧（Keyframe）。

在第一步中已经定义好了第 1 帧，并默认为关键帧，然后再定义第 2 帧（要实现的是小球沿路径运动，因此定义两个关键帧：一个起点，一个终点）。

将鼠标置于时间轴的 30 帧处，单击此帧上的小按钮，按 F6 键，此处就增加了一个关键帧。此时的时间轴如图 3.30 所示。

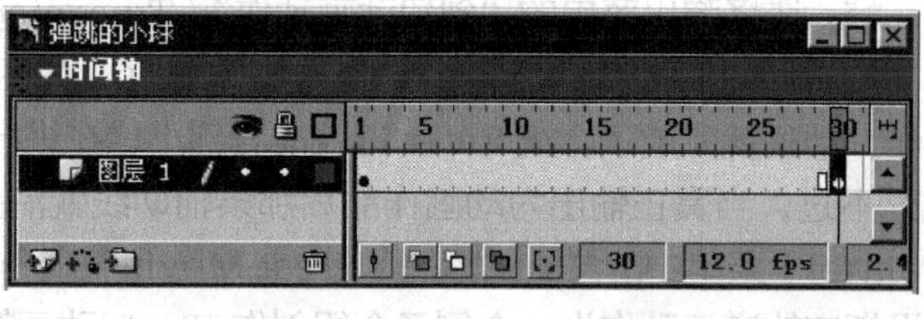

图 3.30 增加了一个关键帧

第四步：设计运动路径（Add Motion Guide）。

这是本范例的重点。单击时间轴中面板底边的 Add Motion Guide 按钮，系统会新增加一个“引导线”辅助图层。

选择绘图工具箱中的铅笔工具，选择绘图工具箱底部的铅笔模式为“平滑”（Smooth），在舞台上绘制一个曲线路径。

这条曲线就是所谓的动画辅助线，如图 3.31 所示。因为要使小球进行弹跳运动，所以绘制这条曲线时要考虑有关的物理学原理。

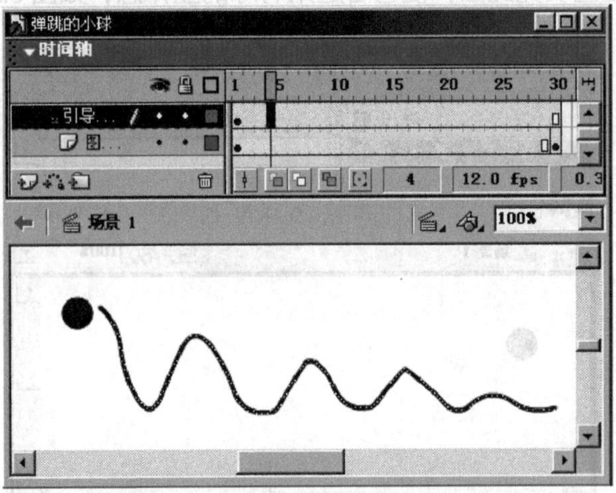

图 3.31　增加辅助引导线后的界面

第五步：元件贴近轨迹（Snap to Objects）。

如果尚未启用 Snap to Objects 功能，应单击“查看”（View）菜单的“贴近物体”（Snap to Objects）选项，确保“贴近物体”（Snap to Objects）选项前有“√”符号。因为要让小球去贴近辅助线，所以这一点很重要。

单击图层 1（Layer 1）的第 1 帧，使用箭头工具将前面所绘制的小球贴近辅助线的起点。

再单击图层 1 的第 30 帧，使用箭头工具将小球拖到辅助线的终点，如图 3.32 所示。

第六步：设置动画属性（Tweening）。

单击图层 1 的某一帧，选择弹出菜单的“创建动画动作”（Tweening）命令，此时就会看到时间轴发生了变化，并且舞台上的小球也已经处于对应帧的位置了，如图 3.33 所示。

经过上述 6 步操作，动画就完成了。按 Enter 键就能看到小球在进行曲线运动。可能在这里还看到那条辅助线，不过，当真正输出为动画作品后那条辅助线就消失了。按 Ctrl+Enter 键或单击“控制”（Control）菜单中的“测试影片”（Test Movie）命令，就看不见辅助线了。

在这里仅以小球沿指定轨道运动作为一个例子介绍创作 Flash 动画的基本方法。Flash 动画创作环境还可以实现旋转、变形等动画技术和交互响应等功能，有兴趣的读者可以参看关于 Flash 动画创作的书籍。

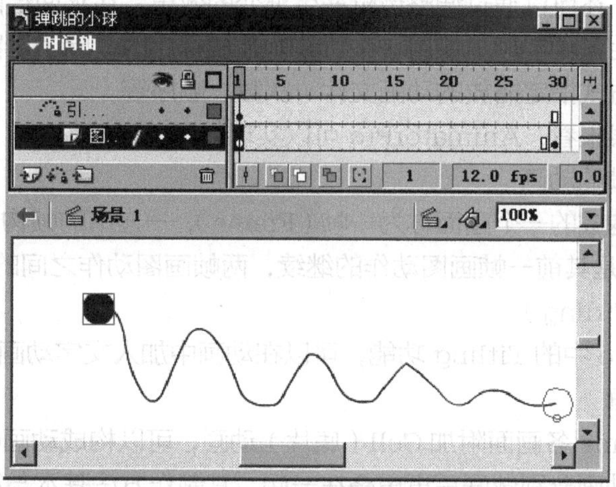

图 3.32　物体辅助线的起点和终点

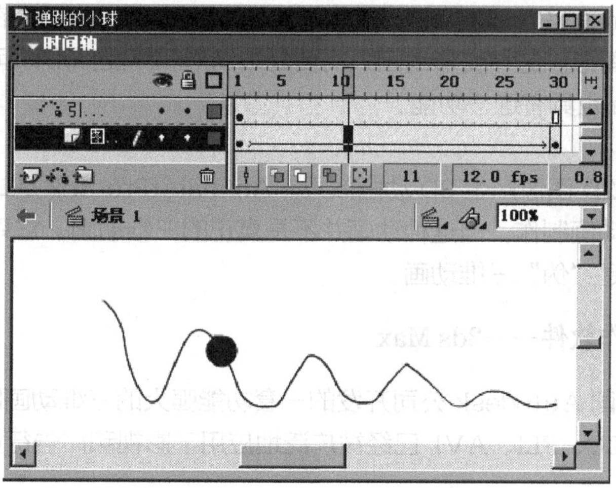

图 3.33　创建动画动作

3.5.3　其他动画制作软件简介

1. 二维动画软件 AnimatorPro 简介

AnimatorPro 是 Autodesk 公司早期推出的二维动画设计软件。在二维绘图方面，AnimatorPro 提供了 22 种绘图命令和 33 种墨水效果，其中绘图命令包括画直线、矩形(Box)、画圆（Circle）、徒手画（Draw）、花瓣（Petal）、封闭线（Shape）等；33 种墨水效果包括色彩循环、水墨效果、炭画效果、半透明玻璃效果等。图形色彩变化可以通过调整调色盘的色彩实现，或者自行定义，还可以通过调整色阶产生渐变的效果。在平面绘图中可编辑各种字体，并与墨水效果配合产生各种字形。使用 PLAYER 播放程序时，除了用鼠标器或键盘播放影片外，还可用编写剧本方式指定播放的动画文件、次数、顺序等。

从动画制作的效果来看，AnimatorPro 可以实现如下动画功能：

（1）传统的面向帧的动画

每一个绘图区域构成的一个画面称为一帧（Frame），一连串的帧构成一个影片（或称为动画）。每一帧中的画图是其前一帧画图动作的继续，两帧画图动作之间的差异越小效果越好。

（2）文字动画（Titling）

利用 AnimatorPro 中的 Titling 功能，可以在动画中加入文字动画效果或创作文字动画。

（3）动画中加动画

把 Frame-by-Frame 各画面附加 Cell（底片）动画，可以构成动画中的动画（动画重叠）。这种动画需要将两种动画分别做好后再重叠在一起，其制作方法基本与第一种差不多。

（4）变形动画

变形动画是 AnimatorPro 提供的一项特殊动画功能，它将一个图形在动画演变过程中变形成另一个用户指定的图形。这种变形动画只需要起始图形和终止图形即可，中间过程由软件自动完成。当然，Flash 也具有这一功能。

（5）其他动画

其他动画包括用 2D 图像产生 3D 动画效果。AnimatorPro 虽然是二维动画制作软件，但也提供了三维效果的动画制作。但这种动画并不是真正的三维动画，它只是把二维动画作一些处理形成三维效果，是“伪”三维动画。

2. 三维动画制作软件——3ds Max

3ds Max 是由美国 Autodesk 公司开发的一套功能强大的三维动画制作软件，3D Studio 所生成的动画文件 FLC、FLI、AVI 已经被广泛地应用于影视和广告行业，成为事实上的 PC 上的动画格式标准。

随着近年来 PC 性能的不断提升，3ds Max 软件被广大 PC 用户所接受，动画的性能和质量也越来越高。鉴于本书的宗旨和篇幅所限，关于 3ds Max 软件的应用举例被省略，有兴趣者可以参考相关书籍。

3.6 数字视频信息

数字视频又称数字电影，是一种活动的图像，一般指经多媒体计算机处理过的电影、电视图像或数字化摄录制设备制作的影视图像。在多媒体课件中，活动图像所起的教学作用与电视录像相类似，它能展示动态的、发展变化的事物和现象，给学习者以丰富的感性认识。多媒体计算机的视频图像与电影、电视的图像在活动成像原理上是相似的，即在单位时间内（如每秒）呈现一定数量（如 24 帧以上）的画面。所不同的是，电影是用光学成像原理制作的一幅幅画面，电视是用电子模拟技术形成的一帧帧画面，而计算机则是用数字技术制成的一帧帧画面。

3.6.1 视频制作概述

图像与视频在制作中是相联系的两个概念，简单地说，运动的图像称为视频。动态视频由一幅幅静止的图像组成，这一幅幅的图像称为帧，根据视觉心理学原理，当这些图像像放电影一样以一定的速率播放出来，人们就看到了动态的影像。

1. 从模拟信号到数字信号

通常，人们在电视上看到的、摄像机录制的、VCD 播放的信号都是模拟信号，而计算机中处理的信号则是数字信号，如果想在计算机中应用录像带、VCD 等媒体所携带的视频信号，就需要先将这些模拟信号转换为数字视频信号。从模拟信号到数字信号的转换通常需借助一些硬件设备（如视频捕捉卡）和相应的软件配合完成。

2. 数字视频技术指标

表征数字视频的技术指标主要有视频的分辨率、颜色深度、帧频和数据量。

（1）分辨率

分辨率指播放视频的画面的像素点数，用水平像素点×竖直像素点来表示。例如，通常使用 640×480 像素或 800×600 像素。

（2）颜色深度

数字化的视频每一帧中的每一个像素都有一定的颜色，该颜色值的大小用一个二进制数表示，称为颜色深度。如果颜色的存储方式是 8 位的，视频图像颜色深度就是 $2^8=256$ 色，或称为 8 位颜色深度；如果是 16 位的，颜色深度就是 2^{16} 色；如果是 24 位的，视频图像颜色深度就是 2^{24} 色。

（3）帧频

帧频指每秒钟播放图像的帧数，表示视频播放的速度。PLA 制为每秒 25 帧；NTSC 制为每秒 30 帧。

（4）数据量

数据量是指一个数据文件的大小。由上述几个指标可知，一段视频的数据量为

图像分辨率×颜色深度×帧频×时间长短/8

例如，存储 PAL 制式一分钟的 256 色、分辨率为 640×480 像素的视频图像数据为

$$640 \times 480 \times 8 \times 25 \times 60/8\,\mathrm{B} = 460\,800\,000\,\mathrm{B} \approx 439.5\,\mathrm{MB}$$

且视频的传输速率也需达到 7.33 MBps。可见，视频的数据量大得惊人。

这里所说的数据量是视频的原始数据，而原始视频数据是无法直接在计算机上播放的。因数据量太大，不仅数据的存储是个问题，而且数据的传输速度也难以允许。如一张 VCD 光盘的容量不过 650 MB，只能存储 1.4 分钟的上述视频影像。

然而，人们平时观看的 VCD 单片可放映一个小时左右，这是为什么呢？这就是数字视频压缩技术所带来的福音。

由于没有经过压缩的视频文件每帧图像内的相邻像素之间、帧与帧之间都有很大的相关性，也就是说没有压缩过的视频文件中有很大的冗余量。正是因为视频文件中存在着很大的冗余量，而人眼的某些视觉生理特点（如有限的视觉辨别率、视觉掩盖效应）又允许忽略一些不必要的细节，这就决定了可以采用一些压缩算法来对视频文件进行压缩，以去掉大量的冗余信息。

有关视频数据压缩技术，请参考有关书籍，此处不再详述。

目前，计算机、VCD、DVD 上的视频影像文件都是压缩后的视频数据，它们仅是原始数据量的几十分之一，甚至几百分之一。

3.6.2　数字视频文件格式简介

常见的压缩后的数字视频文件的格式有 AVI、MOV、MPG 和 DAT 几种。

1. AVI 格式文件

Microsoft 公司推出的 Windows 系列操作系统平台中使用的标准视频软件是 Video For Windows，该软件所使用的文件格式为 Audio-Video Interleaved（音频—视频交错文件），其文件扩展名为 avi，所以也简称为 AVI 文件或 AVI 格式。AVI 格式的文件将视频和音频信号混合交错地存储在一起，使得相邻时间内的视频和音频数据可以存储在同一个文件中，可以避免不必要的文件搜寻工作。

2. MOV 格式文件

QuickTime 原是 Apple 公司的 Macintosh 系列计算机上开发应用的一种视频软件，现已移植到 Windows 环境下。MOV 是 QuickTime For Windows 软件使用的数字视频文件格式，也是多媒体计算机所使用的一种重要视频文件，其扩展名为 mov，所以称为 MOV 文件或 MOV 格式。

3. MPG 格式文件

MPG 文件是使用 MPEG 方法进行压缩后得到的动态视频图像，其文件大小仅为相应 AVI

文件的 1/6，目前 MPG 格式文件是多媒体计算机上的全屏幕活动视频的标准文件。MPG 文件在 1 024×768 像素的分辨率下可以用每秒 25 帧（PAL 制式）或 30 帧（NTSC 制式）的速率同步播放，颜色深度可达到 2^{16} 种的动态视频影像和 CD 音质的音频。

4. DAT 格式文件

人们经常看的 VCD 就采用了 DAT 文件格式。应用这种格式的文件结构与 MPG 格式的文件结构基本相同。一般 Video CD 或 Karaoke CD 数据文件采用这种文件格式。通常称为全屏幕活动视频标准的 VCD，其实际图像分辨率只有 352×240 像素，与 AVI 或 MOV 格式的视频文件分辨率相差不大，但是由于 VCD 的帧率比较高，且具有 CD 音质的音频效果，所以从整体上看，VCD 的实际播放效果要比 AVI 或 MOV 格式文件好得多。

3.6.3 获得数字动态影像信息的方法

获得数字影像信息有很多方法，利用许多专业的或非专业的软硬件来配合完成这项工作，只要巧妙运用，制作数字化影像信息是不难的。获得数字影像也可分为直接获取和间接获取（转换获取）两种方式。

1. 直接获取

直接获取是指“从无到有”，利用软硬件环境和摄（像）、录（录音录像）、编（编辑处理）技术生成所需的数字动态影像。这种方式需要的设备投资比较大，同时需要摄、录、编的一些特殊技术和技巧，这里从略，有兴趣的读者请参看有关电视教材的摄、录、编类图书。

2. 间接获取

间接获取是指利用相应的软硬件把已经存在的动态影像由其他存储格式转变为自己能利用的文件格式。

一般来说，各种视频文件格式都可以通过某种或某几种软件配合进行转换，只要恰当地选择软件，就能成功地进行不同视频文件格式的转换。

本章小结

本章以介绍文本、图形、图像、声音、动画和视频等多媒体信息为主，讨论了信息的概念，阐述了关于这些信息媒体的最基本的采集编辑方法和技术。由于目前关于多媒体信息处理的工具软件比较多，对于每一种信息媒体，初学者都应该至少熟练掌握一个工具软件的使用方法。

思考与练习

1. 多媒体信息主要包括哪些信息？
2. 艺术字与一般文字的主要区别是什么？
3. 同样一幅大小的图片，哪种格式的文件最大，哪种格式的文件包含的图形信息最完整？
4. 试述声音文件的录制步骤。
5. 动画与电影的主要区别是什么？
6. 什么是图像的分辨率？
7. 什么是颜色深度？
8. 如何计算一幅图片的数据量？
9. 如何计算一段声音的数据量？
10. 如何计算一段数字电影的数据量？

实践活动

1. 试在 Word 中制作几幅艺术字，编辑两个数学公式。
2. 利用 Windows 的“画图”创作几幅图片。
3. 利用 iSee 对图片进行裁切、调整大小等操作。
4. 利用 Windows 的“录音机”录制、编辑一段声音。
5. 利用 Flash 动画平台设计一个简单的平面动画。

第4章　网络技术与教育应用

学习目标

1. 熟练利用谷歌或百度搜索引擎进行网络资源检索和获取信息。
2. 了解FTP、云存储及协同技术的使用方法，掌握云资源共享的方法。
3. 掌握电子邮件、即时通信工具、微博、博客等网络通信工具的使用方法。
4. 熟悉网络教育和网络环境下教学应用的基本方法。
5. 了解虚拟现实技术与人工智能的概念和在教育中的应用。

近20年来，网络技术得到了飞速发展，网络技术在教育中的应用方法与案例层出不穷，如博客、微博以及网络教学支撑平台等，这些网络技术在教育教学中的应用改变了传统的教育思想，极大地拓展了教育的时空界限，使教育从内容、形式、方法到结构均发生了全面变革。广大教师只有及时掌握国内外网络技术的发展动态、网络技术在教育中应用的模式和方法，紧跟教育教学改革的步伐，才能在信息化社会中稳步发展，这使教育工作者面临着前所未有的挑战。

熟练地掌握网络技术，恰当地利用网络手段为教育教学服务，正成为信息社会衡量一名合格的教育工作者的重要标准。如何尽快、有效地帮助教师掌握网络技术的操作、应用网络技术优化教育教学过程、提升教学绩效，是本章关注的焦点。因此，本章将从网络信息的浏览与资源获取、文件上传与下载、基于网络的通信与信息交流、基于网络的教与学和虚拟现实技术及虚拟学习环境5个方面来阐述网络技术的特点及基本操作，重点介绍其在教育中应用的方法或案例。

4.1　网络信息浏览与资源获取

随着Internet的快速发展与数字化资源库的建立，人们获取信息资源的主渠道发生了转变，正在从以纸质为载体的信息源逐步向以网络为载体的信息源过渡。在网络环境下，人们获取信息的基本方式一般有两种渠道：第一是信息浏览；第二是资源获取。

4.1.1　信息浏览

网络信息浏览已成为一种普遍的信息获取方式，信息浏览基本上是一种不需要学习的信息查询手段。

Internet 上有着非常丰富的信息资源。浏览 Internet 上的信息，通俗地说，就是通过计算机上的浏览器告诉 Internet 用户所要访问的信息的地址，然后 Internet 负责找到该信息并将其内容显示在浏览器上。

1. 登录 Internet 浏览信息需要掌握的几个基本概念

（1）Internet

① Internet 的基本概念。

Internet 是将不同类型的计算机、不同技术组成的各种计算机网络按照一定的协议相互连接在一起，使网内的每一台计算机或终端就像在一个网络中工作，从而实现资源和服务共享。目前，对于 Internet 有多种译名，如国际互联网、因特网等。

② Internet 的特点。

第一，规模大，覆盖范围广。Internet 奇迹般地崛起引起了世界瞩目。20 世纪 90 年代初以来，各国纷纷建立教育科研网络，各国的大学校园网和大型企业网发展迅速并连入 Internet。当今，Internet 已经覆盖到世界各个角落，只要与 Internet 连接，全球的信息触手可及。

第二，信息服务异彩纷呈。随着 Internet 的普及和使用，Internet 所提供的信息服务种类越来越多，除了基本的电子邮件（E-mail）、文件传输（FTP）、信息浏览（WWW）外，还提供了网上购物、网上会议等各种扩展服务，极大地方便和改善了人们的日常生活。

（2）浏览器

依据不同的组织结构和呈现方式，可以把 Internet 上的教育资源分为在线数据库、新闻组和电子公告牌、电子期刊、电子书和教育网站五大类。不管是哪类信息，在 Internet 上浏览这些信息都要通过一种被称为“浏览器”的应用程序。

简言之，浏览器就是在计算机上打开的一个可以看到外部世界的窗口。其功能包括主页浏览、在线数据库的访问、电子邮件的收发等。通过安装各种插件，还可扩展其功能。比如安装电子书插件后，就可以利用浏览器来阅读电子书；安装 Flash 插件后，就可以在浏览器中播放 Flash 电影。

不同浏览器的功能大同小异，目前使用较多的浏览器有 IE（Internet Explore）和 Netscape 两种。Windows 操作系统一般都集成了 IE 浏览器，目前 IE 浏览器占据了市场大部分份额，除 IE 之外用得比较多的还有美国在线（AOL）开发的 Netscape（网景）浏览器。

IE 浏览器一般在系统安装时作为一个插件自动安装，例如，平时安装 Windows XP 系统后，不必专门再安装 IE 浏览器就是这个原因。如果系统没有安装 IE 浏览器或者因病毒破坏等原因导致 IE 不能正常浏览信息，则需安装或修复 IE。

（3）URL

怎样通过浏览器访问到 Internet 上想要的资源呢？显然，最重要的是告诉 Internet 想要访问的资源的位置，然后网络就发出请求并以响应的方式将信息的编码发回到浏览器上。由于 Internet 上的信息资源种类繁多，所以必须为每一个资源定义一个独一无二的访问方法，或者说地址标识方法。URL（Uniform Resource Locator，统一资源定位器）就是这种地址标识方法。URL 的完整格式如下：

资源类型://服务器地址:端口号/路径

它从左到右由 3 部分组成：

① 资源类型：指出 WWW 客户程序用来操作的工具。如“http://”表示 WWW 服务器，“ftp://”表示 FTP 服务器。

② 服务器地址（Host）和端口号（Port）：代表资源所在的服务器域名或 IP 地址。Internet 上主机要进行通信，则每台主机必须具有一个唯一的地址以区别于其他主机，这个地址就是 IP 地址，如 210.42.241.1 就是一个合法的 IP 地址。虽然可以通过 IP 地址来访问每一台主机，但是要记住那么多枯燥的数字串显然是非常困难的，为此，Internet 提供了域名（Domain Name）。域名是为了方便用户访问互联网而设置的一套转换系统，域名与 IP 地址是对应的，同一个域名只能被注册一次，因此互联网上的域名是稀缺资源。服务器地址中最常见的格式是：www.abc.edu.cn，代表域名为 abc.edu.cn 的 WWW 主机。例如，河南师范大学主机的域名是“henannu.edu.cn”。显然，域名比 IP 地址好记多了。端口号是指 TCP/IP 协议中的端口，端口号的范围从 0 到 65 535，比如用于浏览网页服务的 80 端口，用于 FTP 服务的 21 端口等。

③ 路径（Path）：指明服务器上某个资源的位置。与端口一样，路径并非总是需要的。

例如，http://home.htu.cn/physics/index.htm 就是一个典型的 URL 地址。其含义是：“http://”代表访问 WWW 服务，“home.htu.cn”是要访问的服务器地址，“physics/”为该服务器上的子目录，“index.htm”是 HTML 文档（网页）。

2. 使用 IE 浏览器浏览信息

启动 IE 一般有 3 种方式：双击桌面的 IE 图标；单击快速启动栏内的 IE 图标；从开始菜单的程序菜单中运行 IE 程序。

在使用 IE 浏览器浏览网站时，通常有 4 种方法可以登录到目的网页：

① 网址法。在地址栏中直接输入欲浏览的网址，单击地址栏右侧的“转到”按钮或按 Enter 键即可登录相应的网页。例如，输入河南师范大学的网址 http://www.htu.cn/并按 Enter 键，就可登录到河南师范大学主页。

② 地址栏列表法。当访问最近通过前一种方法访问过的网址时，可单击地址栏右侧三角按钮，从下拉地址列表中选择要访问的网址。

③ 收藏法。如果有已收藏的网址，则可以从“收藏夹”中选择网站。

④ 超链接法。Internet 是一个信息的海洋，这些信息大都是通过超链接的方式组织起来的，所以在浏览信息时超链接法是最方便、效率最高的信息浏览方法。WWW 的界面非常友好，新用户很快就能学会利用各种超链接在网上漫游。

其实，从信息获取的角度来讲，信息的浏览还包括运用 FTP 共享资源和收发 E-mail，这些浏览信息的方法将在 4.2 节与 4.3 节中分别介绍。

4.1.2 资源获取

1. 资源检索

快捷而有效地使用搜索引擎已成为信息技术工作者在互联网浩瀚的信息海洋中获取有价值信息的重要方法。搜索引擎其实也是一个网站，只不过该网站专门提供信息“检索”服务，它使用特定的程序把 Internet 上的所有信息归类以帮助人们搜寻到自己所需要的信息。

搜索引擎按工作方式可分为 4 种，分别是全文搜索引擎（Full Text Search Engine）、目录索引类搜索引擎（Search Index/Directory Engine）、元搜索引擎（Meta Search Engine）和集合式搜索引擎（All-in-One Search Page）。

利用搜索引擎进行教育资源检索的效率高低以及结果准确性取决于用户对关键字、逻辑表达式、搜索技巧和搜索引擎特殊功能的综合运用能力。使用搜索引擎的常用技巧如下：

（1）提炼搜索关键字

在搜索引擎上搜索信息时首先必须输入关键字，搜索的结果取决于用户选择的关键字。大部分情况下找不到所需的信息是因为在关键字选择上发生了偏移，学会从复杂搜索意图中提炼出最具代表性的关键字对提高搜索效率至关重要，这方面的技巧是所有其他搜索技巧的基础。

选择关键字是一种经验积累，但在一定程度上也有章可循。选择关键字首先应对要找的问题有清晰的认识，即明确要找什么，然后把自己的想法提炼成简单的而且与希望找到的信息内容主题关联的最具代表性的关键字。提炼的关键字要能够表达查找资源的主题，一般选择句子主语和宾语中的主要名词和谓语中的主要动词作为关键字，不要选用没有实质意义的词（介词、连词、虚词）作为关键字。

此外，一些功能词汇，如英文中的“and”、“how”、“what”、“web”、“homepage”和中文中的“的”、“地”、“和”等，搜索引擎是不支持的。这些词被称为停用词（Stop Words）或过滤词（Filter Words），搜索时这些词都将被搜索引擎忽略。如果要用英文短语作为关键字，那么最好用双引号将短语引起来。若不用引号，则凡是网页中包含有两个关键字之一的网页都会呈现给用户，或者忽略短语中的停用词。

如果这一步做好了，往往就能迅速地定位要找的东西，而且多数时候根本不需要用到其他更复杂的搜索技巧。

（2）使用逻辑命令

搜索引擎基本上都支持附加逻辑命令查询，常用的是“+”号和“-”号，或与之相对应的布尔（Boolean）逻辑命令 AND、OR 和 NOT。用好这些命令符号可以大幅提高搜索精度。

“+”号相当于布尔逻辑命令 AND，表示搜索结果要同时包含提交的所有两个以上的关键字。比如，要搜索关于教育技术发展阶段的内容，可以使用“教育技术+发展阶段”进行搜索。多数的搜索引擎都可以用空格代替“+”号和 AND 命令表示逻辑“与”，所以提交的搜索条件可以是“教育技术发展阶段”。

“−”号相当于布尔逻辑命令 NOT，“A−B”表示搜索包含 A 但没有 B 的网页。“OR”表示逻辑“或”，“A OR B”表示搜索的内容要么含有 A，要么含有 B。需要注意的是，这里的“+”和“−”号是英文字符，而不是中文字符的“＋”和“－”。此外，操作符与关键字之间不能有空格，比如，要搜索教育或者技术的内容，应该输入“教育 OR 技术”，如果在“教育”后有空格，搜索引擎将视关键字为“教育”和“技术”的逻辑“与”操作，中间的“OR”被忽略。

（3）高级搜索语法

① 把搜索范围限定在特定站点。

“site”表示搜索结果局限于某个具体网站或者网站频道，如“www.sina.com.cn”、“edu.sina.com.cn”，或者是某个域名，如“com.cn”、“com”等。比如要在中国教育和科研网搜索关于教育技术的内容，则可以用“教育技术 site:edu.cn”进行搜索。

需要注意的是，site 后的冒号为英文字符，而且冒号后不能有空格，否则，“site:”将被作为一个搜索的关键字。此外，网站域名不能有“http://”前缀，也不能有任何“/”的目录后缀；网站频道则只局限于“频道名.域名”方式，而不能是“域名/频道名”方式。

② 搜索特定的文档类型。

除了普通的网页外，大多数搜索引擎都支持搜索特定类型的文档，如 Office 文档（包括 Word、Excel、PowerPoint）、Adobe PDF 文档、RTF 文档。搜索这类文档，要在普通的关键字后面加一个“filetype:”文档类型限定，“filetype:”后可以跟以下文件格式：doc、xls、ppt、pdf、rtf、all。其中，all 表示搜索所有这些文件类型。需要注意的是，filetype 后的冒号也必须为英文字符，并且冒号后不能有空格。

③ 搜索的关键字包含在网页标题中。

网页标题通常是对网页内容提纲挈领的归纳，根据网页标题的内容进行搜索，有时能获得良好的效果。要搜索网页标题中包含特定关键字的网页，可以使用 intitle 语法，使用方法是把标题中要出现的关键字放在“intitle:”后面。例如要搜索关于“教育技术发展历史”的内容，可以这样搜索：教育技术 intitle:历史，这样搜索到的网页标题中就含有“历史”，可以提高搜索的准确度。

④ 搜索的关键字包含在 URL 链接中。

网页的 URL 通常隐含着某种命名规则，如果对搜索结果的 URL 做某种限定，往往可以获得有用的结果。使用方法是在“inurl:”后跟上需要在 URL 中出现的关键字。例如，要找关于 Photoshop 的使用技巧，可以这样查询：Photoshop inurl:jiqiao。这个查询串中的

"Photoshop"，可以出现在网页的任何位置，而"jiqiao"则必须出现在网页 URL 中。

（4）辅助搜索

除了上述搜索方法外，还可使用英文状态下的双引号进行精确匹配查询（也称短语搜索），双引号中的几个关键字必须在网页中按顺序出现。还可以使用通配符"*"、"?"，当进行网络或文件查找不知道真正字符或者不想键入完整单词时，可以使用它来代替真正字符或完整的单词。

Google 使用的通配符属于"全词通配符"，指代替一个单词而不是单词中的某个或几个字母的键盘字符。Google 的全词通配符是*（星号），一次检索可以使用若干个*。如解答"How often does Halley's comet appear?"（哈雷彗星多少年出现一次？），用"Halley's comet appears every * years"搜索，可以轻而易举地得到答案：Halley's comet appears every 76 years。

查找派生词组和了解主题信息，使用通配符也极为方便。如"take * of"可以查到诸如 take Charge of、take Control of、take advantage of、take control of、take command of 等以 take…of 组成的词组；而"* About Search Engines"的搜索结果要比"Search Engines"更具体、贴切和实用。

通配符"*"还可以在"intitle:"、"site:"等搜索语法中使用，如 intitle:"the* of new york"、site:us"* search engine *"等。通配符"*"也支持中文搜索，一个"*"代替一个汉字，但在实际使用中其功能远不及英文搜索。

（5）搜索引擎应用的综合案例

概念图与思维导图是社会性软件中一个重要的学习工具。下面就以百度搜索引擎为例示范检索文件名为"概念图与思维导图"的演示文稿的搜索过程。

若不使用上述搜索技巧，在百度搜索框中输入"概念图与思维导图"直接进行搜索，结果有 9 610 个，其中在范围上包含与概念图、思维导图相关的许多条信息，也包含与二者无关的许多信息，内容上除包括概念图、思维导图的意义、定义、使用方法、案例外，也包括售书等内容的网站。因此，利用这样的常规方法进行搜索就不可能高效地获取目的信息。如果应用上述技巧进行搜索就可在短时间内找到该资源。根据案例的要求，共使用 intitle 和 filetype 两个搜索语法，其格式是："intitle:概念图与思维导图 filetype:ppt"。用这个关键词句在百度中搜索，其结果却只有一个，所以利用这些技巧有助于快速获取网络资源。

2. 资源获取与处理

（1）资源获取技巧

在信息化的教学课堂上，教师为达成教学目标需要丰富的数字化教学资源的支持。目前，网络上有大量与教学相关、学科门类齐全的信息、图片、动画和视频。高效准确地获取这些教学资源需要检索技巧，但是有些资源能够检索，能够浏览，但却不能直接下载。例如，有些网页屏蔽了选取和右键功能，造成资源无法复制，许多视频只能在线播放，而不能下载。这些运用常规方法不能下载的资源可用以下方法获取。

① 文本获取。一般情况下，网页上的文本信息可选中后直接复制使用。但是，当网页屏蔽选取和右键功能或登录才能复制时就需用以下方法获取。

第一，网页屏蔽了选取和右键功能，造成无法复制。

这种情况下，可直接查看源文件，从源文件中复制所需的信息。操作步骤为：利用当前网页浏览器菜单栏中“查看”→“源文件”命令，即可打开当前网页的HTML代码窗口，把HTML的标签删去，剩下的文本信息就是要复制的内容。

第二，需要登录才能复制。例如百度文库中的PPT，文字无法直接复制，而下载又需经验值，有时只用其中一些文字，也没必要完全下载。

这种情况下，直接在域名的“wenku”前加“wap”即可获取。例如网页的 URL 是 http://wenku.baidu.com/×××/×××××.html，要获取网页中的文本信息，在地址栏中域名前加“wap”，即 http://wapwenku.baidu.com/×××/×××××.html，按 Enter 键后，在显示的网页中就可直接复制所需的文本了。

② 图片获取。网页上的图片一般情况下可直接用单击右键选择另存的方法获取，但当网页屏蔽选取和右键功能或图片加有 Flash 效果时就需用以下方法获取。

第一，网页中鼠标的右键功能被屏蔽，造成图片不能另存。

例如，网页 http://×××.htu.cn/×××/index.html 中的图片有两种方法可以获取：方法一，把鼠标移到图片上，稍等片刻，在弹出的常有工具中单击“保存此图像”按钮，另存即可；方法二，直接查看源文件，找到其中的图片引用地址，将该地址输到地址栏中，在打开的新网页中即可另存。

第二，网页中用 Flash 图像查看器播放的图像也是不能直接用单击右键选择另存的方法获取的。

例如，对某网页中的图片获取方法为：查看源文件，找到获取图片的代码，它是用 Flash（“/images/Foucs1.swf”）播放的 banner1-3 图片，把 URL 补充完整，即在地址栏中输入 http://www.×××.com/images/banner1.jpg，按 Enter 键，在新打开的页面中就可以另存图片了。

③ Flash 动画获取。Flash 动画不能直接单击右键另存。例如网页 http://×××.htu.cn/×××/index2.htm 中的 Flash 动画。若 Flash 动画旁停留有迅雷下载的按钮，即可直接单击该按钮下载。若没有，就需要先查看源文件，找到代码 images/06.swf，然后在下载工具中补齐地址，即输入 http://×××.htu.cn/×××/images/06.swf，用下载工具下载即可。

④ 视频获取。目前，主流资源服务器上提供的视频以 FLV（如视频课堂、讲座、优酷等）、F4V（如土豆、ku6 等）、MP4（如公网视频中优酷、中国网络电视台等）等格式为主，这 3 种格式的视频资源下载方法如下。

第一，FLV 格式的视频下载。

若网页地址栏中的地址为“显式地址”，例如，某篇关于国际经济学和弓形虫进入身体导致双目失明的报道网址视频的地址可找到，则下载方法为查看源代码，在源文件中找到包含.flv的视频地址，也可用视频搜索软件（Flvspy）跟踪查找地址，然后在地址栏中输入该视频地址，按 Enter 键后就可下载。

若网页地址栏中为“隐式地址”，即地址找不到，就必须用 flvspy 跟踪查找地址，然后在地址栏中输入找到的地址并按 Enter 键，下载保存即可。

第二，F4V 格式的视频下载。

在 youku、tudou、ku6、youtube 网站上下载视频有两种方法。

方法一为直接在域名 youku、tudou、ku6、youtube 后面加“xia”，按 Enter 键，即可快捷下载视频。在教学过程中，教师可用这种方法快捷地获取 CNTV 上视频的隐藏地址，下载所需的教学资源。如：把 CNTV 的丹韵词音和亲密爱犬的地址按此方法复制到页面中即可轻松下载视频。

方法二为将链接拖入谷歌浏览器（Google Chrome）收藏夹中，在需要下载的视频页面单击收藏夹中的此链接即可轻松下载。

第三，MP4 格式的视频下载。

若地址为“显式地址”，其方法与 FLV 格式的视频下载方法一样。若地址为“隐式地址”，例如上述两个视频有 3 种下载方法：① 使用“CCTV/CNTV 视频下载（xmlbar）4.0”软件下载。用户在软件中输入需要下载的 CCTV/CNTV 视频的页面地址，单击“获取”按钮，或者使用拖放方法将页面地址从浏览器地址栏拖到该软件的浮动窗口，自动识别后进行下载。② 使用火狐浏览器（Mozilla Firefox）下载 Download Helper 插件。它是一个可以轻松下载网络视频的火狐拓展程序，网络上的很多视频、音频，比如优酷、土豆上的视频都可以轻松下载。③ 使用 Chrome 浏览器播放视频，播放的同时在网页空白处右击，在快捷菜单中选择“审查元素”命令，在“审查元素”面板依次选择 Network→Type 命令对项目排序，在列表中找到视频文件的地址，用下载工具下载即可。

（2）资源处理

按照上述技巧，教师能够从网上获取教学所需的资源。然而，在实际教学中教师需要对这些资源进行一定的处理。例如，从图片中剪切与教学相关的一部分或者从视音频中截取所需的一个片段等。

常用的图片处理软件有 Photoshop、Microsoft Office Picture Manager、ACDSee 等。其中 Photoshop 是一款专业的、功能强大的图片处理软件，要求使用者具有一定的专业基础。相对而言，Microsoft Office 自带的 Picture Manager 是一款操作简单的图片处理软件，可以对图片进行颜色校正、裁剪、旋转、压缩分辨率和格式转换等操作。常用的音频处理软件有 Adobe Audition（前 Cool Edit Pro）、GoldWave 等。Adobe Audition 是美国 Adobe Systems 公司（前 Syntrillium Software Corporation）开发的一款效果出色的多轨录音和音频处理软件，可以同时处理多个文件，轻松地在几个文件中进行剪切、粘贴、合并、重叠声音等操作。它还可以在 MP3、VOC、VOX、WAV 等文件格式之间进行转换，并且能够保存为 RealAudio 格式。GoldWave 是一个功能强大的数字音乐编辑器，可以对音频内容进行播放、录制、编辑以及转换格式等处理。它可以编辑的音频文件格式相当多，包括 WAV、MP3、MAT、AVI、MOV、APE 等，也可以从 CD、VCD、DVD 或其他视频文件中提取声音。

从网上获取视频资源后，可以采用专业视频编辑软件 Adobe Premiere 编辑，也可以使用非专业编辑软件会声会影等编辑。相对于 Premiere 而言，会声会影操作简单，并具有图像抓取和编辑功能，提供超过 100 种的编制功能与效果，通过模板剪辑制作视频，并配以效果、音乐、标题、转场等为其增添创意，可导出多种常见的视频格式，甚至可以直接制作成 DVD、VCD，这些功能可以满足教学中视频编辑的需要。

4.2 文件的上传与下载

Internet 的迅速发展为教学提供了前所未有的信息资源，以教学课件和教学管理文件为代表的资源一般为几十 MB，甚至上百 MB，由于超出了邮件附件的大小限制，所以通常选用 U 盘、移动硬盘、刻录光盘等人工方式使资源在教研室间或教研室与教室间相互转移，这就造成了经费的不必要支出。那么，能不能利用网络进行上传和下载课件，共享优质资源呢？答案是肯定的，这就是文件的上传与下载。

利用网络实现文件的上传与下载，有以下两个优点。

（1）共享信息方便、快捷，不需任何磁盘介质，节约单位开支

教师可能会有这种经历：急匆匆地带着 U 盘去教室上课，可当启动课件时，系统提示缺少某些插件、软件或者课件中引用了计算机上其他存储位置的图片或音视频文件。当遇到这种情况时，一般要回到研究室再复制一次，而有了文件的上传与下载服务，教师就不必惊慌，登录 FTP 服务器下载就行了。同时，用这种方式共享文件，单位就不需要购买移动硬盘、U 盘等存储介质，节约经费。

（2）阻挡病毒传播，保护文件

计算机中的很多病毒，尤其是新发病毒很多都是通过 U 盘拷贝文件传播的，利用 FTP 共享文件，阻断了病毒传播途径。

4.2.1 FTP 及其应用

1. FTP 简介

FTP 是 File Transfer Protocol（文件传输协议）的英文缩写，顾名思义，就是专门用来

传输文件的协议。FTP 服务器就是依照 FTP 协议在互联网上提供存储空间的计算机，当它运行时，用户就可以连接到服务器上下载文件，也可以将自己的文件上传到 FTP 服务器中。因此，FTP 的存在大大方便了用户之间远程交换文件资料的需要，充分体现了互联网资源共享的精神。

当启动 FTP 从远程计算机复制文件时，事实上启动了两个程序：一个本地机上的 FTP 客户程序，它向 FTP 服务器提出复制文件的请求；另一个是启动远程计算机上的 FTP 服务器程序，它响应请求把指定的文件传送到本地计算机中。

使用时经常遇到两个概念："下载"（Download）和"上传"（Upload）。"下载"文件就是从远程服务器复制文件至自己的计算机上；"上传"文件就是将文件从自己的计算机中复制到远程服务器上。

2. FTP 的主要工作原理

同大多数 Internet 服务一样， FTP 也是一个客户/服务器系统，用户通过一个客户机程序连接到远程计算机上运行的服务器程序， 依照 FTP 协议提供的服务进行文件传送的计算机就是 FTP 服务器，而连接 FTP 服务器，遵循 FTP 协议与服务器进行传送文件的计算机就是 FTP 客户端。用户把本地计算机的文件复制到远程计算机上，称之为"上传（Upload）"文件；用户将远程计算机的文件复制到本地计算机上，则称之为"下载（Download）"文件。由此可见，FTP 文件传输服务大大满足了用户传输和交换文件的需要，体现了网络资源的"共享性"原则和精神，与远程登录相比，FTP 可方便地获取和共享对方的资源。

3. 常用的 FTP 服务器软件

目前，虽然 FTP 服务器端的软件种类繁多，各有优势，但是常用的 FTP 软件是 IIS 和 Serv-U。IIS 是 Windows 操作系统的一个组件，虽然安装简单，但管理功能不强，只有简单的账户管理、目录权限设置、消息设置、连接用户管理，且安全性差，属于非专业的 FTP 软件；而 Serv-U 是 Rob Beckers 开发的一个功能强大、简单易用的 FTP 服务器。Serv-U 支持 9x/ME/NT/2K 等全 Windows 系列操作系统，可以设定多个 FTP 服务器，限定登录用户的权限、登录目录及服务器空间大小，功能非常完善，常见的软件下载 FTP 服务器基本上都是用 Serv-U 软件架设的。接下来介绍的 FTP 应用案例所访问的 FTP 服务器也是用 Serv-U 软件架设的，由于篇幅所限，其安装与配置方法不再赘述，有兴趣的读者可浏览网页学习。

4.2.2　文件上传与下载的应用

如果用户自己已建立了 FTP 服务器，就可以登录该服务器实现课件或其他教学资源的共享了；若没有搭建服务器，也可以利用其他的 FTP 服务器来实现此功用。

接下来就以匿名与账户两种登录方式来介绍利用 FTP 服务实现文件上传与下载的方法。

1. 匿名访问

案例一：某校已组建了校园网，并用 Serv-U 构建了一台 FTP 服务器，其 IP 地址是 210.42.252.125，使用默认端口，开通了匿名访问功能，主目录是 d:\anonymous，目标是利用此服务器为全校教师提供常用软件下载服务。具体实施步骤如下。

（1）添加下载资源

由管理员先在 FTP 服务器的 d:\anonymous 目录下添加 realplayer、迅雷等常用软件，如图 4.1 所示。

图 4.1 在 d:\anonymous 目录下添加常用软件

（2）下载软件

在校园网上的其他联网计算机上打开 IE 浏览器，在地址栏中输入“ftp:// 210.42.252.125”，然后按 Enter 键，便会以匿名用户身份登录 FTP 服务器，如图 4.2 所示。这时就可以像在本地计算机上一样复制软件了。

提示：① 匿名登录访问服务器时，一般只有“读取”权限，即只能下载软件。

② 如果 FTP 服务器在安装时使用的不是默认的“21”号端口，例如用的是“28”，则访问地址应是“ftp:// 210.42.252.125:28”。

2. 账号访问

对于上述这些公用的软件或课件一般采用匿名访问的形式，而学科教师又都有各自的教学课件和私有文件，这就需要每位教师独自享用自己的账号空间。因此，对于 FTP 服务器来说，匿名用户只有一个，而具有权限的账号却有很多个，每个用户合法登录后才能上传或下载各自的文件。

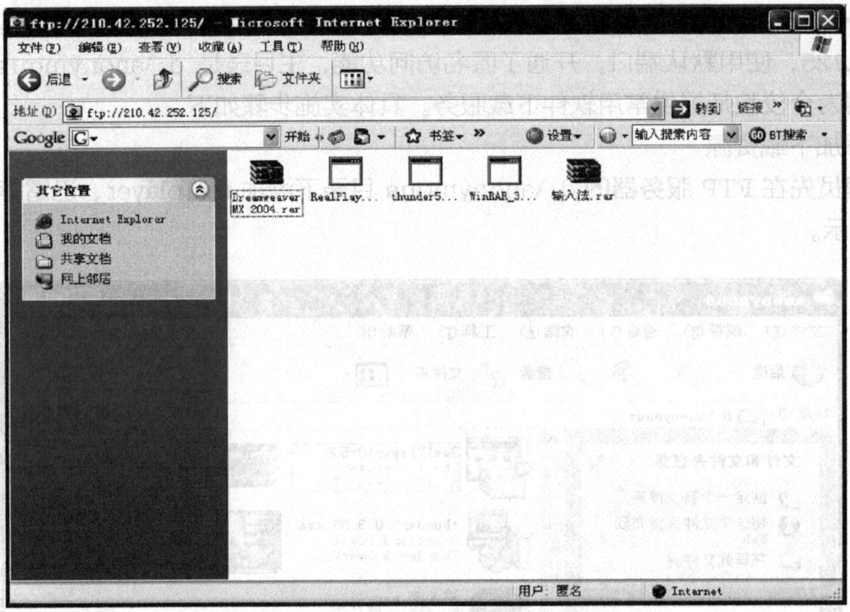

图 4.2　匿名登录 FTP 服务器

案例二：某校已组建了校园网，并用 Serv-U 构建了一台 FTP 服务器，其 IP 地址是 210.42.248.96，使用默认端口，除开通了匿名访问外，还为本校的 20 位教师分别开通了个人账户，服务器的目录结构如图 4.3 所示，每位教师独自用一个目录，目的是利用此服务器为 20 位教师提供教学中的课件上传下载服务。具体实施步骤如下：

（1）创建教师目录

由管理员在 FTP 服务器的 D:\teacher 目录下创建如 math、physics 等 20 个目录，这些目录分别对应一个账户，供用户将来存放自己的文件，文件夹命名尽量与教师的信息相关，如图 4.3 所示。

（2）创建组

在组管理中新建一个组，命名为“teacher”，组权限为读取、列表和继承。开通组的目的是把教师的公用课件或软件存放到组的主目录下，供教师访问。此步操作可视具体情况而定，若没有公用的内容，可省略。

提示：① 虽然每位教师都能够访问组的主目录下存放的课件，但它要求教师登录后才能使用，这一点与 anonymous 的访问是不同的。

② 由于组的公用性，其权限一般都设为读取、列表和继承，尽量不要开通写入等其他权限，否则组目录下的文件可能变得很乱，公用课件的安全性也得不到保证。

（3）开通教师账户

为 20 位教师分别开通个人账户，具体操作可参阅新建账户部分。如果创建了“teacher”

组，就把多位教师添加到组里。

图 4.3　服务器的目录结构

（4）登录 FTP 服务器

这里以 physics 用户为例演示操作。打开 IE 浏览器，在地址栏中输入“ftp://physics@210.42.248.96”，然后按 Enter 键，输入密码再次按 Enter 键，便会以 physics 用户身份登录 FTP 服务器。其窗口的外观基本上与本地计算机一样，如图 4.4 所示。

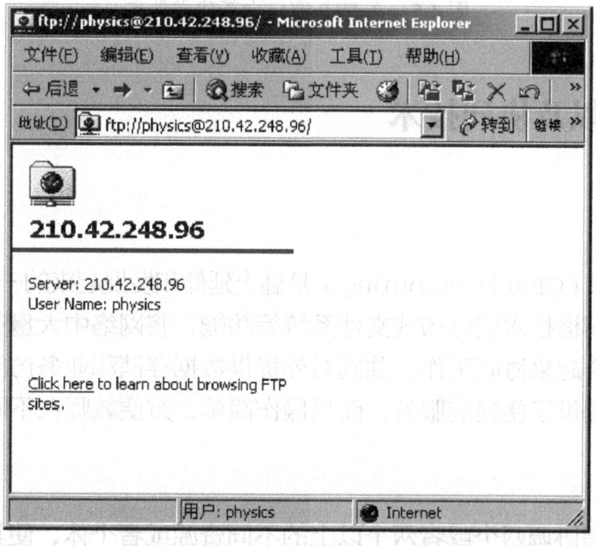

图 4.4　用户 physics 登录成功的窗口

提示：在上传或下载软件没有完成时切记不要关闭此窗口，如果在公用机器上使用自己的账户登录，为了确保个人数据的安全，使用后一定要关闭窗口。

（5）上传或下载软件

上传或下载软件操作与管理本地文件一样，通过复制、粘贴即可完成文件的上传和下载。例如上传网页设计工具 Dreamweaver MX 2004，方法是先在本地机器上复制此压缩包，然后在远程 FTP 窗口中粘贴此文件即可。下载的操作过程刚好反过来。如果文件数量比较多，可创建文件夹，如图 4.5 所示。

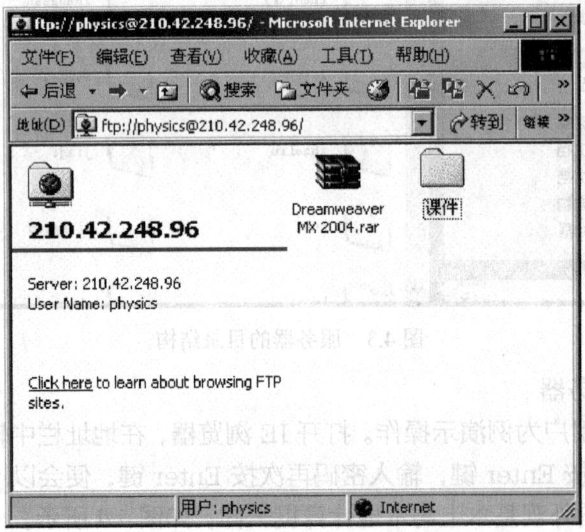

图 4.5　在 FTP 窗口中新建文件夹

4.2.3　云存储以及协同技术

1. 云存储简介

云存储是在云计算（Cloud Computing）基础上延伸和发展起来的一种新的网络存储技术，是指通过集群应用、网格技术或分布式文件系统等功能，将网络中大量的各种不同类型的存储设备通过应用软件集合起来协同工作，共同对外提供数据存储和业务访问功能的一个系统。云存储为教学资源共享提供了便捷的服务，而且操作简单，方便教师在不同场景中使用资源。

2. 协同技术

所谓协同，就是指协调两个或者两个以上的不同资源或者个体，使其协同一致地达成某一目标的过程。作为一个新的技术热点，“协同”概念有着更深的含义，不仅包括人与人之间的协作，也包括不同应用系统之间、不同数据资源之间、不同终端设备之间、不同应用情景之间、人与机器之间、科技与传统之间等全方位的协同。

3. 云存储以及协同技术的应用

（1）常见的云存储空间

云存储的使用者可以通过 PC、手机等移动终端设备实现数据、文档、图片和视音频等内容的集中存储和资源共享，教师可利用云存储功能共享教学资源而不需携带存储设备。目前，国内常用的云存储有金山快盘、坚果云、酷盘、115 网盘、华为网盘、360 云盘、百度云盘等。

下面以 360 云盘为例介绍云存储的使用方法。

① 登录 360 云盘网站，注册账号。

② 用账号登录云盘，即可实现资源的上传与下载。

另外，360 云盘具有外链功能，外链是 360 云盘在不同用户间实现资源共享的一种方法。外链的设置方法如下：在要共享的文件上右击，在快捷菜单中选择“共享文件”命令，打开“共享文件”对话框，复制“分享地址”中的外链地址，如图 4.6 所示，将此地址发给好友就实现了资源的外链。好友单击共享的链接就可使用该资源。

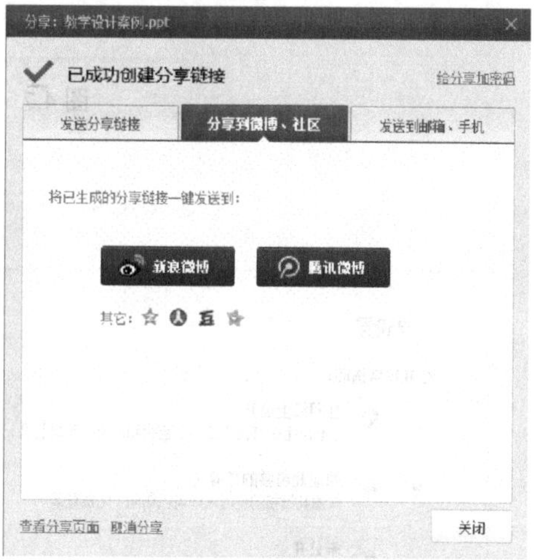

图 4.6 外链窗口

（2）文档协同

协作学习已经成为一种重要学习模式，在传统的班级授课和信息技术学习环境中得到了广泛应用。近年来兴起的协同软件可以实现师生、生生间的协作学习。利用协同功能，教师可以在线批阅学生提交的作业，也可以指导学生制定学习方案。同时，学生之间可以在线讨论交流，互相协作共同完成某个学习任务。

谷歌办公套件（Google Docs）是一个功能类似于 Microsoft Office 的在线办公软件，它通过网络实现多人间的文档协同编辑与处理。Google Docs 不需要下载或安装另外的软件，只需在浏览器中登录 Google 账户即可使用。

Google Docs 的主要功能如下：

① 创建在线文档。用户可以直接在 Google Docs 创建新文档或从计算机上传文档，如图 4.7 所示。

② 实时协作。在实际教学中，教师可以创建一个协同群，邀请学生加入该群。群内成员上传文档后，其他成员可以同时在线编辑文档，如图 4.8 所示。

③ 修订历史记录。群内成员的修改记录都会保留，如图 4.9 所示。教师通过此功能不仅可以看到学生的学习结果，而且能了解学生的学习过程，实现对学生的学习跟踪。

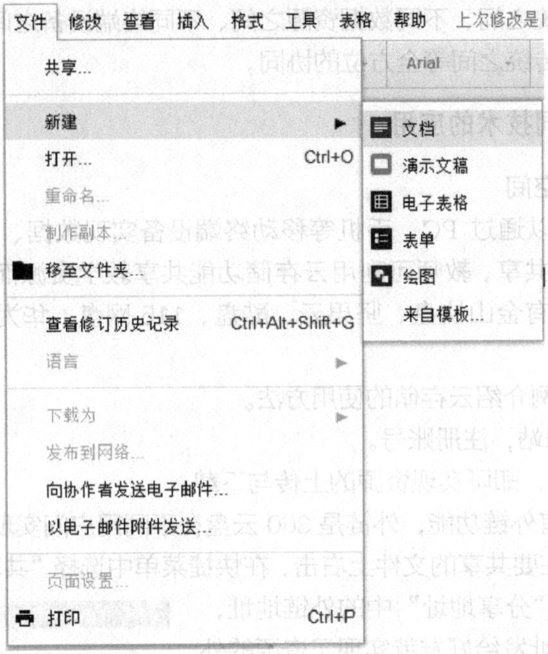

图 4.7　在 Google Docs 上创建文档

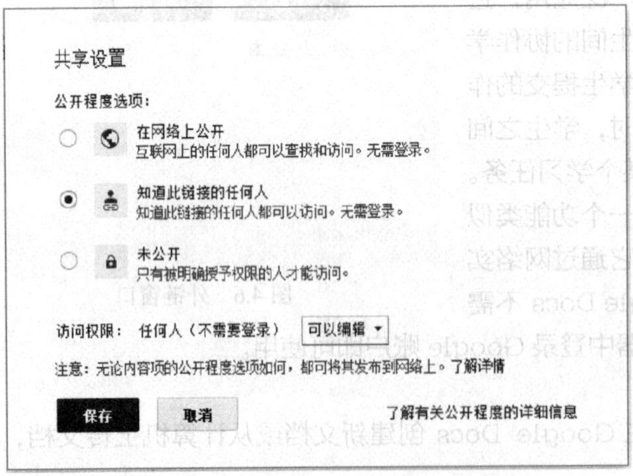

图 4.8　邀请协作者或读者

图 4.9　对文档做过修改的成员名单

④ 搜索工具。Google 文件可以利用 Google 的搜索能力查找数月未修改过的文档。

⑤ 安全和隐私。管理员能够对内部和外部资源设置共享，只有将成员添加至协同群或决定将资源公开时，其他用户才能访问。

⑥ 集成。成员从组织机构的初始页即可访问其 Google 文件。Google 电子表格数据 API 还允许其他应用程序显示和更新电子表格的内容。

4.3 基于网络的通信与信息交流

网络技术的发展为通信提供了基础环境，以网络技术为基础的社会性软件的广泛应用为信息交流提供了平台，如 E-mail 和即时通信工具等。这些工具作为信息时代的交流方式，具有方便、快捷、经济的特点，当然也在教学中拥有广阔的应用领域，利用它们可以实现收交作业、讨论教学问题等，并且，网络教学平台的设计基本上都有对这些工具的支持，为师生、生生交互提供了便利。

4.3.1 电子邮件的教学应用

1. 电子邮件概述

电子邮件就是 E-mail 的译文，是指通过电子通信系统进行邮件的书写、发送和接收，区别于传统的信件系统。

电子邮件产生于20 世纪 70 年代，其发明人为雷·汤姆林森（Ray Tomlinson）。最初的电子邮件只能发送简短的消息，随着互联网的兴起，现已可以发送文字、图片、声音、图像等多媒体信息。现在的电子邮件系统都提供发送附件的功能，这使用户可以像邮寄包裹一样发送任何格式的文件。

电子邮件在我国的应用开始于 20 世纪 90 年代，并成为 Internet 普及的先驱。1987 年 9 月 20 日，钱天白教授发出了我国第一封电子邮件："越过长城，通向世界"，揭开了中国人使用 Internet 的序幕。进入 20 世纪 90 年代，中国各大门户网站开始提供免费邮箱服务，在经历了一段收费风波后，2004 年谷歌（Google）公司推出了 Gmail，其他门户网站纷纷跟进，推动免费邮箱容量进入 GB 时代（1 GB=1 024 MB），2007 年雅虎中国推出了容量为 3.5 GB 的大容量邮箱。

电子邮件作为信息时代的重要交流方式，必然在教学中拥有更广阔的应用领域。电子邮件作为快捷、廉价的通信工具，不仅适合于远程教育中师生间、生生间的交流协作，也适合在课堂教学中作为师生互动、教学效果反馈的工具，同时也可以作为个人的信息交换平台来支撑教学的进行。目前，主流的网络教学平台基本上都集成了邮件模块，实现了对电子邮件的支持。

2. 电子邮件的基本工作原理

为了让人们都拥有易识别的电子邮箱地址，电子邮件采用 "USER@SERVER.COM" 的格式，由 3 部分组成。第一部分“USER”代表邮箱的账号，对于同一个邮件接收服务器来说，这个账号必须是唯一的；第二部分“@”是分隔符；第三部分“SERVER.COM”是邮件接收服务器域名，用以标志其所在的位置。

电子邮件的工作模型与传统的邮局相似，它的工作过程遵循客户端/服务器（C/S）模式。假如要发一封信，先要找一家邮局，然后填写收信人的地址，发信邮局通过邮路转交到收信邮局，对方到收信邮局收取。电子邮件的使用要求用户先申请邮箱（找邮局），对方也要有邮箱（地址），接下来登录邮箱、撰写邮件、发送邮件，然后这封邮件先到达用户的邮件服务商的服务器，邮件服务商（发信邮局）依据这个地址把这封邮件通过 Internet 传输到对方邮件服务商的服务器（收信邮局），对方登录邮箱从服务器收取邮件。

目前，电子邮箱的登录方式主要有两种：第一种是网页登录，就是直接在浏览器地址栏中输入邮件服务商的域名，然后在登录表单中填写账号和密码，这种方式快捷、易用，是最常使用的方法，但每次登录都要重复输入用户名；第二种是使用客户端登录，如 Outlook Express、Foxmail，只需在第一次使用时输入账号和邮件服务商的 SMTP、POP3 服务器域名（这些信息可在邮件服务商的帮助页面获得），以后再次使用只需输入密码，即可通过这些客户端在本机收发邮件。

3. 电子邮件的教学应用

（1）在远程教育中的应用

电子邮件超越时空的优点可以为远程教育中的师生提供教学便利。教师可首先建立邮件地址列表，包括班集体的全部邮件地址，有可能的话还可提供相关学科专家或资源拥有者的邮件地址。例如，在英语教学中可为学习者收集一些愿意交流的国外人士的地址。学生可就课堂疑难问题与教师沟通交流，也可以与学伴商讨。教师对于学生的问题可提供多媒体化的针对性辅导，并可对共性的问题向班级全部成员发送教学指导资源包。教师还可利用电子邮件布置作业，学生以回复邮件的形式提交作业，教师可以通过对邮件客户端的设置，使收到的邮件按照不同的主题存放至对应的文件夹以方便批改，教师批改完毕后再将结果回复学生。

学生在使用电子邮件时，如果希望得到及时的答复，发送的邮件要有一个凝练的主题。邮件的主体应符合简洁性原则，问题的描述可采用多种媒体形式，如计算机学习及其他信息化条件下的问题可提供屏幕截图或屏幕录像，让教师一目了然，有针对性地回答。

（2）在课堂教学中的应用

电子邮件在远程教育中的优点完全可以在课堂教学中发挥，有人可能会认为课堂教学中学习问题的解决是实时的，无需电子邮件的介入，其实电子邮件系统的引入可以使不同学习风格的学习者更为有效地参与到学习中。例如，有的学习者不习惯在课堂上发言或者回答问题，但他们可能愿意使用电子邮件与教师个别交流。因为，在提出问题之前可以经过充分的考虑并选择合适的表达方式，并且不必担心犯错和“丢脸”，这样可以使学习者获得同等的学习机会。

电子邮件系统可以延伸课堂的范围，为学习者提供全方位的学习空间，从而构建一种基于电子邮件系统的协作学习环境，由教师将学习者分成若干个学习小组，然后采用电子邮件组织学生的协作学习。这种方式的关键是联系人组的建立，实现的方法有两种：第一种是登录电子邮箱建立联系人组；另一种是在客户端设置多个联系人属于某个组。以后组内成员发送邮件时通过添加联系人组即可实现组内的邮件群发，就共同的任务或作业进行交流、讨论和资源共享。

4.3.2 即时通信工具的教学应用

通信技术与计算机技术相互结合、相互渗透产生了网络技术，融合了多种信息技术的网络技术正逐步改变着人们的工作、学习和生活。其中，1996 年 11 月 4 位以色列籍年轻人开发出世界上第一个即时通信软件 ICQ，使在线实时交流变成了现实。近年来，即时通信工具使用频率很高，几乎超出任何一种网络软件，成为最流行的互联网通信工具。即时通信工具在教学中的应用已成为网络教学中的一个亮点。

1. 什么是即时通信

“即时通信”是 Instant Messaging 的中文译文，其缩写是 IM，根据美国著名的互联网术语在线词典 NetLingo 的解释，其定义如下：“Instant Messaging”是一种使人们能在网上识别在线用户并与他们实时交换消息的技术。

一般地，即时通信被定义为应用在计算机网络平台上、能够实现即时的文本、音频和视频等交流功能的一种通信系统。广义的即时通信包括网络聊天室、网络会议系统等所有联机 IM 软件；而狭义的即时通信一般指由一组 IM 服务器控制下的若干 IM 客户端软件组成的系统等。

即时通信是这样工作的：当好友列表中的某人在任何时候登录上线并试图联系你时，IM 系统会发一个消息提醒，然后建立一个聊天会话，并可输入消息文字进行交流。即时通信被很多人称为自电子邮件发明以来最酷的在线通信方式，它比电子邮件和聊天室更具有自发性，甚至能在进行实时文本对话的同时一起进行 Web 冲浪。

2. 即时通信工具的功能

即时通信工具有 3 项基本功能：第一，为用户创建一个虚拟的身份；第二，为用户建立一个网络间点对点的连接；第三，建立一个平台，并通过这个平台的多个接口提供各种服务。

3. 即时通信工具的类型

即时通信工具发展迅速，其功能也日益丰富，逐渐集成了电子邮件、博客、微博、音乐、电视、游戏和搜索等多种功能。即时通信不再是一个单纯的聊天工具，它已经发展成集交流、资讯、娱乐、搜索、电子商务、办公协作和企业客户服务等为一体的综合化信息平台。目前，国内最常用的即时通信工具有 QQ、飞信等，而国外主要使用雅虎 Group、MSN 和 ICQ 等。

① 腾讯 QQ：QQ 是腾讯公司开发的一款基于 Internet 的即时通信软件。QQ 支持在线聊

天、视音频电话、点对点断点续传文件、网络硬盘、网络记事本、QQ 邮箱及远程协助等多种功能，并可与移动通信终端等多种通信方式相连。用户可以通过 4 个步骤来使用 QQ，即下载→安装→注册→登录使用。QQ 安装程序可到网站上下载，下载完成后就可安装 QQ 了。其安装方法与其他应用软件相似，待安装完成后就可在线申请 QQ 号码，这一步需填入申请人的相关信息，申请到 QQ 号并成功登录后，在计算机任务栏的右下角就会出现一个小企鹅图标，这就是 QQ 的工作图标，通过这个图标打开隐藏窗口，就可与其他 QQ 用户进行双向交流。任何人只要拥有一个 QQ 号码就可以方便、高效地与朋友联系，而这一切都是免费的。

② 雅虎 Group：简单地说，雅虎群组是一个群体交流、共享和社交平台。它允许用户按照自己的意愿创建小组，邀请自己的朋友加入，讨论共同的爱好，共享珍藏的照片，结识有共同属性的朋友，在网络的空间里找到一块有现实感的专属领地。其账号申请方法是用 Yahoo 账号登录，然后创建或加入群组。

此外，即时通信工具还有 MSN（Microsoft Service Network）和 UC（Universal Communication）。与 QQ 功能类似，它们拥有人性化的特点。LAVA-LAVA 也是一款趣味、实用、高品质的多媒体网络通信软件，不仅有即时文字聊天、文字会议、文件传送等基本通信功能，还提供超清晰的语音对话、高品质的视频对话、5 人的语音会议和视频会议以及网络对讲等，让使用者全方位感受快乐无限的网络音频视频交流。中继聊天（IRC）、微软 NetMeeting、POPO 以及 ICQ（I Seek You）也是现在非常流行的即时通信工具，可以与来自世界各地的网友进行即时交流。

4. 即时通信工具在教学中的应用

现代远程教育的出现，使教师与学生、学生与学生可分散在不同的地理位置，因此远程教学不再像传统的教学那样师生同处一室面对面地交流学科知识，而即时通信媒体的应用可以使教师与学生、学生与学生跨越空间的阻隔，实现实时交流，使远程协助成为可能。

（1）利用即时通信工具对学生实施个别化辅导

即时通信工具的最基本功能就是聊天。例如，腾讯 QQ 不仅具有传统的文字聊天功能，还具有语音和视频聊天的功能，交流非常方便。将这种功能用于教育教学中有利于教师对学生在课后实施个别化辅导。教师也可以即时地对学生所提出的问题给予释疑，这就有效地缩短了学生的存疑时间，不会因疑问的存在而阻碍学习的进程。由于网络的虚拟性，教师和学生都可以在非常轻松的氛围中交流，学生的思维可能更活跃、思路更清晰，这样就避免了学生在教师面前的拘束和紧张感。具体的聊天方式可以是实时的文字方式、语音方式甚至视频方式，离线时也可以留言，总之，即时通信工具是一种很好地适用于个别化辅导和教学的工具。

（2）即时通信工具可帮助教师实施远程操作示范

QQ 就有远程协助功能，学生在学习信息技术或计算机方向的专业知识时，若出现疑难问题，尤其是操作上的问题，就可通过 QQ 向教师申请远程协助。经同意后，教师可通过网络实施远程学习的个别化辅导，位于异地的教师就像操作自己的计算机一样在线操作学生的计算机，而学生可清晰地看到教师的详细操作过程，便于学生实践能力的培养。

（3）教师利用即时通信工具的文件共享和文件传送功能可以方便地布置和收发作业

即时通信工具具有文件共享功能，学生和教师都可以共享自己的文件供对方下载。教师通过这种功能可以很方便地布置作业或任务，也可以从学生的共享中方便地收取作业。

文件共享功能的好处是教师只要把作业布置完就可以离开，不一定要一直守在计算机旁。学生也是一样，做完作业并共享后也可以离开计算机，这对双方来说都是比较自由和方便的。

另外，QQ 的收发数据文件功能也可以用于教师作业的布置和学生作业的回收。此功能的优点是比文件共享速度快、及时、直接，几乎没有时间延迟，适合传递大容量的学习资源。但缺点也很明显，它要求双方都要在计算机旁，而且只能是一对一传送。

（4）利用即时通信工具的群体聊天功能可以方便地建立学习共同体

QQ 的群体聊天功能适用于学习共同体的建立。学习共同体是指一个由学习者及其助学者（包括教师、专家、辅导者等）共同构成的团体，其成员在学习过程中进行沟通、交流，共享各种学习资源，共同完成一定的学习任务，因而在成员之间形成了相互影响、相互促进的人际联系。由于不受地域和人数的限制，学习共同体的建立非常有利于集体讨论或课后答疑。学生还可以使用隐藏自己真实姓名的昵称，在交流过程中更充分地发挥其主观能动性。同时，在这种互相讨论的过程中，其他没有发言的同学也可学到相关的知识。

（5）利用即时通信工具可以方便地实现移动学习和移动办公

目前，许多即时通信工具都集成了网络硬盘功能。教师课前把多媒体课件传到网络硬盘上，到教室后把资料“拖”下来就行了，十分方便，并可以避免用 U 盘或其他移动设备时有些机器要装驱动程序的麻烦。

（6）利用即时通信工具可以加强对学生思想品德的教育和价值观的指导

即时通信工具的一些娱乐游戏功能可以让教师更具亲和力，使教师更容易全面地了解学生的情况。在这种氛围下学生也可能更愿意与教师进行思想交流，从而为加强学生思想教育工作提供了新的方法和途径。这对教师特别是班主任更为重要，对于学生非常容易接受的交流方式，如果利用得好将会产生一般的课堂教育达不到的效果。

沟通是即时通信软件的核心，目前大量流行的即时通信软件很有可能成为电子邮件的终结者。即时通信工具让网络交流的速度从原来电子邮件的等待状态跃升到一问一答的实时通信。教师要充分利用即时通信工具对教学的支持功能，以全面提高教育教学质量。同时，教师在利用即时通信工具的时候，既要充分利用它的优点，也要尽量避免它的不足，通过正确的引导，使学生在学习过程中正确利用好即时通信工具。

4.3.3 移动学习

随着 WAP 技术、蓝牙技术、GPRS 系统以及 UMTS 系统的成功开发，移动电话和移动计算技术迅速普及全球，为移动教育的开展提供了理想的技术条件和硬件设施。移动通信技术与移动计算技术在学习领域中的应用萌生了一种崭新的学习形式——移动学习。

1. 移动学习的概念

目前，移动学习还没有统一、明确的定义。国外学者 Clark Quinn 认为，移动学习是移动计算与数字化学习的结合，包括随时随地可获取的学习资源、强大的搜索能力、丰富的交互性、对有效学习的强力支持和基于绩效的评价。它是通过掌上计算机、个人数字助理或移动电话等信息设备所进行的数字化学习。Alexzander Dye 则认为，移动学习是一种在移动计算设备帮助下能够在任何时间、任何地点进行的学习，移动学习所使用的移动计算设备必须能够有效地呈现学习内容，并提供教师与学习者之间的双向交流。

北京师范大学现代教育技术研究所的魏顺平博士在《当代移动学习研究与实践回顾与展望》一文中指出："移动学习是指学习者在自己需要学习的任何时间、任何地点都可以通过无线设备和无线通信网络获取网络学习资源，与他人进行交流、学习。"

纵观国内外学者专家对移动学习所下的定义，可以得出移动学习就是利用移动通信设备进行随时、随地、随身的数字化学习方式。

2. 移动学习的特征

移动学习是现代远程学习的一种方式，具有远程学习的基本特征，如师生分离、技术媒体的运用、师生双向交流、学生群体的丧失。移动学习除上述特征外还有一个特点，就是学习者不再局限于计算机桌前，可以自由自在、随时随地进行不同目的、不同方式的学习。学习环境是移动的，教师、学生、技术人员都是移动的。移动学习的发展将使学生在远程学习上更加自由。只要能够实现电话装置的无线通信连接，无论在飞机场、在床上或在选择的任何地方，都可以进行学习。

3. 移动学习的发展状况

移动学习起源于美国，作为一种新型的学习方式已经有十余年的历史。自从 2001 年开始，移动学习受到了全世界各个国家的极大关注，特别是在欧洲，先后组织了 30 多个移动学习的项目，对移动学习的教学对象、教学方法、技术手段等进行了探讨。比较有影响的项目有爱尔兰远程教育专家 Desmend Keegan 负责的从数字化学习到移动学习和移动学习——下一代的学习、英国的 Ultrallab 实验室的移动学习等。

目前，国内也有学校对移动学习展开研究，如北京大学教育技术系。北京大学承担了教育部移动教育项目，开发的短信教育平台已投入教学实验，正在研究移动计算、移动数据库、移动网站等。从整体而言，移动学习处于初级研究阶段，但是自 2005 年底，尤其是 2006 年，移动学习由研究阶段进入商业推广应用阶段，成为移动学习市场启动的重要拐点。国内关于移动学习的主要研究方向包括家校通、校内无线网、移动图书馆、蓝牙校园网、中英文短信等。

4. 移动学习的主流模式

目前，实施移动学习的主流模式主要有基于短消息的移动学习和基于连接浏览的移动学习两种。

（1）基于短消息的移动学习

这种学习可以是学习者之间的、学习者与教师之间的，学习者与互联网之间的，甚至是学习者与某台服务器之间的。通过短消息学习可以实现问答学习、成绩查询、活动通知、课程辅导等，还可以采用“群发”或者“短信通道”作为学习管理服务和学生活动服务的组成。

短消息服务所具有的随时随地性使它在某些学习情境下具有比 E-mail 和 Web 更为优秀的表现。

（2）基于连接浏览的移动学习

基于连接浏览的移动学习是学习者利用移动学习终端，经过电信的网关接入互联网，通过 WAP 协议访问教学服务器，进行浏览、查询及实时交互，类似于普通的互联网用户。随着移动通信协议的不断改进，通信速度将大大提高，基于连接浏览方式的移动学习将得到广泛的应用。目前，最具有代表性的是基于 WAP 协议的连接浏览——学习者和教师可以通过 WAP 手机或 Smart phone 随时随地访问教学和学习资源。

5. 移动学习在教育中的应用

移动学习的应用领域主要有个人的移动学习、学校中的移动学习、企事业单位的移动学习和远程教育中的移动学习，其中，国内外的学者和专家对远程教育中的移动学习尤为关注。

（1）个人的移动学习

主要适用于学生和各类在职人员，这类人群手机普及率较高，而且易于接受这种学习方式。只要拥有智能手机或掌上计算机等便携式移动设备，就可以随时随地地享受到学习的乐趣，在候车、乘车等闲暇时间里，打开手机就可以解决学习的疑惑，遨游知识的海洋。

（2）学校中的移动学习

随着信息技术的不断发展和应用水平的进一步提升，移动学习被引入到课堂教学中，如“电子课堂”等，学生拿着平板计算机在课堂上或学校的任何角落都可进行移动学习，甚至从协作与资源的丰富性方面来看，平板电脑可以取代课本成为教材。平板电脑进入课堂主要不是作为传递知识的媒介，而是作为一种认知工具，让学生利用平板电脑对知识进行转变、加工、表达、探究，对知识进行协同，而不是简单地把知识数字化。

移动学习能更好地培养学生的探究能力。移动学习为学生开展探究学习提供支持，便于学生把探究学习从课堂延伸到户外，从校内延伸到校外；移动学习能创设现实环境中无法让学生探究的、虚拟的、情境性的环境，让学生基于平板电脑开展探究学习；利用平板电脑，学生可以方便地收集数据，再利用这些数据进行科学探究。

移动学习能更好地培养学生的合作意识与能力。学生在自主学习和探究学习过程中往往需要与其他学生一起交流互动，移动学习便于学生突破时间和地域的限制，开展同伴互教、小组讨论、小组练习、小组课题等合作学习，还可以将课堂上未完成的合作学习活动延续到课堂外进行。

移动学习能更好地促进学生的个性发展。它能够记录学生某个阶段的学习情况以及学生的发展变化，教师通过数据挖掘，可以了解学生知识和技能的掌握情况，了解学生的态度、习惯等，以第一手数据资料客观真实地了解学生；通过作业情况统计与反馈、学生活动评价等多种学习管理功能，能够对学生的整体学习过程开展有针对性的反馈和调控。

（3）企事业单位的移动学习

在过去，企业要对员工进行培训必须集中在一起，而且必须抽出特定的时间。对于一般的小型企业，这种模式还能适应，但是对于那些大型公司，这样既浪费资金也耽误时间。如果采取移动学习的方式，公司可以为员工的手机安装业务培训系统，通过专门用于培训的服务器系统将信息定期发送到员工的手机上，为了监控员工的学习还可以设计一些题目，让他们学习过后再反馈。相比集中培训，采用移动学习的方式既省时又省力，而且还大大降低了培训的成本。例如，诺基亚公司利用手机、PDA 等便携设备传授公司人力资源部门制定的技能培训和员工职业生涯计划，将老员工、高级技术人员甚至专家的个性化体验与新员工共享。

（4）远程教育中的移动学习

目前，我国的远程教育方式主要采用网络教育平台，学员每个星期或每个月都要抽出时间登录网络课程进行学习。这对能够上网的人来说的确很方便，但是要让每一位学员都配备一台个人计算机是很困难的。相比于计算机的普及率来说，手机的普及率要高得多。手机在中国的普及程度十分惊人，用户已经达 10 亿。在大学，手机的普及率更高，几乎达到了 100%。所以，在远程教育中实施以无线网络为依托，移动设备为终端的学习模式会更加有利于教育的普及化、公平化。

无线网络技术，特别是 3G 技术为移动学习提供了图像、音频、视频流等多种媒体形式，还提供了包括网页浏览、电视会议、电子商务等多种信息服务。同时，手机话费也明显降低，而类似于网络电视、可视电话等原来公众无法享受到的业务，也将不再局限于少数人使用。电子商务（E-Commerce）正逐渐向移动商务（M-Commerce）的方向发展，学习也会紧跟着商务的步伐，从数字化学习（E-Learning）向移动学习（M-Learning）的方向发展。

移动学习的前景是非常广阔的，要使移动学习成为学校教育的重要选择形式，真正在教育信息化中发挥重要作用，教育技术工作者就要像对待 E-Learning 一样，对整个移动教学系统包括教学资源、教学过程、教学对象、教学策略等一系列要素进行深入的研究和探讨。

4.3.4　博客、微博的教学应用

1. 博客、微博简介

“博客”一词是从英文单词 Blog 翻译而来的。Blog 是 Weblog 的简称，Weblog 就是在网络上发布和阅读的流水记录，通常称为“网络日志”，简称为“网志”。通俗地说，博客就是一个可以自由张贴文章的网站，通常由简短且经常更新的帖子构成。这些帖子一般是按照年份和日期倒序排列的，其内容可以是纯粹个人的想法和心得，也可以是基于某一主题或某一领域的专业知识。博客是集丰富多彩和个性化展示于一体的综合性平台，它的灵魂是知识共享。博客是信息时代的知识管理者，它将工作、生活和学习融为一体，将日常的思想精华及时记录并发布，链接自己认为最有价值、最感兴趣的信息与资源，使更多的学习者能够零距离、零壁垒地汲取这些知识和思想。

“微博”英文名为 Microblog，即微型博客，是随着 Web 2.0 而兴起的一类开放的互联网社交服务，它允许用户以简短文字随时随地更新自己的状态，每条信息的长度都在 140 字以内，支持图片、音频、视频等多种媒体的上传，每个用户既是微内容的创造者也是微内容的传播者和共享者。

2. 博客、微博的特点

微博是一种非正式的迷你型博客，一方面，它在本质上与博客有着同样的内涵，允许用户就某一个主题发表自己的观点；用户可以获得其他博客用户的反馈与评价；博客既是用户的个人空间，也可以支持用户之间的深度交流，用户可以借助博客建立社会联系，拓展自己的社会网络。两者具有以下共同特点。

（1）简单、快捷、低成本

申请者只需几分钟的时间就可以申请到一个属于自己的博客或者微博空间，并可方便地撰写信息。在此过程中，无需掌握网络编程和站点维护技术。

（2）开放性、私有性、交互性

博客和微博用户可以针对某个主题公开发表评论，而且追踪反馈机制能自动记录下别人对文章评论的信息，提示有哪些人引用了该文章，也可以方便地回访引用者的博客或微博，就双方感兴趣的话题进行交流。

（3）易管理、实时传递

博客是易于管理的个人电子出版系统。用户可以自由地记录、发布和更新内容，也可以方便地对文章分类管理。

（4）思想共享

思想共享是二者繁荣发展的核心主题，它把人们带入一个更加宽容与开放的世界，人们正开始用信息技术的触角去进行思想的碰撞。

另一方面，微博与博客也有着一定的区别。

个人博客把一个人在不同时期的思想汇集起来了，而社区博客则是把分散在不同个人头脑中的观点汇集起来了，这种汇集也决定了博客文本的非线性特征。与这种非线性相对的是博客的内容又体现了一定的集中性，个人博客的内容在一定时期内跟博客本人的兴趣爱好是联系起来的，因而博客的内容一般不会相差很远；而社区博客的建立更严格，它要遵守一定的规则，因而内容更加具有集中性，同时这种集中性也使博客文化带有了一定社区文化的特征。而且，博客系统能够自动生成站点的汇总提要（RSS Feed），以方便其他人订阅。如果用户只对某些博客上的“教育技术”专题感兴趣，则可以通过博客或相关工具（如新闻阅读器 RSS Reader）进行选择性的订阅。这样，无需每天登录众多分散的博客，新消息一旦产生，就会自动被“推荐”到用户的客户端。

较之于博客，微博的内容一般都非常短小，比如，可能只是只言片语的文本信息或者 10 秒钟左右的视频；作为一种共享与交流平台，微博更注重时效性和随意性，重在表达每时每刻的思想和最新动态，而博客则更偏重于梳理用户一段时间内的所见、所闻、所感。微博用户之间的交互是一种不对称的背对脸的跟随，你可以选择跟随的对象，那么被跟随对象的状态更新就会显示在你的个人空间中，而跟随对象本人却可以不主动和你交流。跟随可以一点对多点，也可以点对点，而移动终端提供的便利性和多媒体化使得微博用户体验的粘性越来越强。

3. 博客、微博在教育中的应用

博客和微博提供了一个无技术障碍的免费网络平台，教师可把教学心得、教案设计、课堂实录、研究成果等写成博客，供学生课后复习，辅助课堂教学，弥补传统教学的不足，还可以成为支持教师隐性知识显性化的工具。

目前，许多教师和学生都有自己的博客和微博，可以通过以下 3 个方面进行应用实践。

（1）促进教学方式的改进

高文教授在《教学模式论》中提倡“认知学徒制”的教学方式，认为“认知学徒制”在现代技术手段的支持下，能为学生创设一个有利于可视技能获得的、不同于传统学校“温室型学习环境”的、日常生活型的、真实有效的学习环境。博客和微博就是这样的技术手段，学习者可以通过它充分地利用网络资源，直接面对真实的问题情境；教师可以通过它实现一对一的辅导，达到因材施教的效果。二者的运用使教育多了一种实现建构性学习的技术手段，也多了一种信息技术和课程整合的方式。

运用博客和微博进行交流，能够促进教师对自己的教学行为进行及时的反思，发现问题，改进教学方法，总结教学经验，只有及时地反思才能使教学方式更科学民主。

（2）促进学习方式的改进

从博客特点和应用方式来看，它是符合学生认知心理的学习工具，教师可以通过博客变革传统的学习模式，快速提升学习者信息素养。学习者可以利用博客进行协作学习，构建一个学习共同体，使研究向纵深发展，这不仅有助于问题的解决，还有助于提高协作能力。由此可见，博客天然地符合建构主义学习理论，通过它可以更好地实践建构主义的学习方式，有助于实现教育的终极目标。

微博良好的技术支持可以保证其应用于移动学习的有效性。学生可以随时随地和同学、伙伴探讨问题，快速形成庞大的网状学习群体。微博平台的其他群组人员如教师可以随时接收，并可以使参与移动学习的群体扩张到无限，一个问题可以在这个庞大的学习团队中迅速解决。同时，微博中灵活的“一句话”播报为学生积累材料提供了方便，特别是出门在外，身边没有笔、纸，脑海里突然闪现灵感时，可利用手机随时上传到微博记载。除了自己收集材料之外，由于微博具有共享性，用户收集的材料已经提供给了所有微博的关注者和粉丝，他们在享用这些材料的同时，可以写入自己的观点和自己收集的其他材料。这样，用微博收集材料不仅是一种个体行为，更是将个人行为纳入了一个组织中，形成了更大的效应和价值。

（3）促进评价方式的改进

在整个教学活动中，评价是一个重要的组成部分，它的目的不只是终结性地反映学习，而是不断地强化学习，对教学具有诊断、激励以及调控等功能。但是，传统的教学评价主要是总结性评价，很难科学全面地对教学做出评价，从而阻碍了教学评价在教学工作中作用的发挥。因此现代教育更强调形成性评价、过程性评价，但是这种评价的难点就是评价资料的收集与保存，而运用博客和微博可以很好地解决这个问题。利用二者可以记录学习进程，其中包括学习者自身的创作内容，资源的链接，文档、图片、声音或视频文件等，还会有针对这些内容的其他人所做出的评论，从而构造学生的电子档案袋。电子档案袋能够反映出学生的整个学习进程和各个学习阶段的发展过程，描绘出个人知识形成和认知提升的渐进轨迹，教师、学生和家长都可以定期了解各个阶段学生的进步情况，形成在全学校甚至更广泛的范围内新的有效的评价体系。这种评价不是简单针对知识的学习结果，还可以包含对学习方法、情感、心理等方面的评价。

4.3.5 远程交互系统的教学应用

即时通信软件已成为继电子邮件和 Web 应用之后的第三大互联网应用，作为即时通信形式之一的网络会议系统随着技术的不断成熟而受到越来越多的重视，它的应用可使不同地方的人在网上同时召开网络会议，以解决不能脱岗或旅途不便的问题。近几年，视频会议系统被广泛地引入应用于远程教育中，使网络多媒体通信系统成为了多媒体实时交互远程教育系统，为远程教育这一新的教学理念的实现提供了有效的技术手段。

1. 远程交互系统简介

远程交互系统是一个具有多人音频/视频、共享文档、共享电子白板、互动广播等功能的实时数据协同、实时讨论的网络平台。远程交互系统虚拟现实中的教室打破时空限制，让异地师生通过音视频实时交互，如同置身于同一课堂之中。

2. 远程交互系统在教育中的应用

远程交互系统在远程教育中有重要的作用，可以实现师生面对面的授课方式，提高教学质量；还可以使数量众多的学生在有限的空间内无限量地接受到优秀教师的授课，使本来只能容纳百人的教室课堂可以让上千的学生感觉犹如教师与其是在独自面对面传道授业；使一门优秀课程可以在长达数周、数月甚至更长的时间内在不同的地区使用。在远程教育中，通过远程交互系统的面对面的授课可促进师生、生生之间的情感交流，弥补了远程教育的缺陷。

（1）远程实时教学

服务器安装在互联网站点，拥有账号的学生和教师可以在家里或者办公室通过网络登录到服务器上。在预定的某个时间内，教师可采用音频、视频、课件、屏幕、白板等广播手段进行授课、讲解，师生、学生之间通过语音、文字相互交流提问。

（2）实时辅导答疑系统

在预定的某个时间内，学生可以通过语音、文字提问，教师给予实时回答，并且通过电子白板等工具进行交流，因而能够应用在大学的远程教育教学中的答疑、考前答疑辅导、远程家教等。其特点是占用较少的网络带宽即可达到实时沟通交流的目的。

（3）日常会议

在学校或者教育部门，位于不同地区的与会者通过远程交互系统，可以讨论教学计划、布置教学任务等。远程交互系统的广泛应用使人们可以随时随地召开会议或参加会议，改变了传统的开会办法，提高了工作效率。

（4）学术或经验交流活动

学术或经验交流活动是促进学术界发展的一项重要活动。传统集中式的交流活动由于场所大小、场所技术支持条件的限制，在一定程度上制约了这些活动的高效开展。随着国际一体化的演变，学术或经验交流活动已不仅仅局限于某个地区或某一个国家，跨区会议或学习联盟的形式越来越多，远程交互系统可以使跨地区或国家的相关教研机构、专家学者进行学术或经验交流活动。

3. 常用的远程交互系统介绍

（1）NetMeeting

Microsoft NetMeeting 为教育教学工作人员提供了一种通过 Internet 进行交谈、召开会议的全新方式。NetMeeting 是 Windows 自带的免费软件，无需注册就可以随意使用，但它需要服务器的支持才能工作。它有强大的功能，除了语音、视频，还有文字聊天、电子白板、文件传送、程序共享等。NetMeeting 的工作窗口如图 4.10 所示。

图 4.10　NetMeeting 的工作窗口

NetMeeting 的使用由以下几步组成。

① 首次运行 NetMeeting 时需要进行简单的设置。其方法是：在程序项中启动 NetMeeting，输入使用者的姓名、电子邮箱等信息，经过简单的设置后，计算机桌面上就添加了一个启动 NetMeeting 的快捷方式，双击该图标就可启动了。但是，当窗口上提示“当 NetMeeting 启动时登

录到目录服务器”时，应把“服务器名”由“Microsoft Internet 目录”改为 NetMeeting 服务器网址，然后进行音量的测试。用 Windows 2000 的网络服务组件——ILS（Internet Locator Server）就可搭建内部 NetMeeting 服务器。此组件可到微软网站上下载，安装和配置都比较简单，只需指定一个固定 IP 地址即可，而此 IP 地址就是 NetMeeting 启动时登录的目录服务器。这样就拥有了自己的 NetMeeting 服务器，利用该服务器可组建教学会议、专题讨论小组等。

② 呼叫。启动 NetMeeting 后，NetMeeting 窗口右上方有竖排的 3 个按钮，单击第三个小书本按钮，就会出现一个标题为“找到某人”的窗口，显示一个人员列表（称为“目录”），其中列出了所有在线的人，双击一个人可以发起呼叫。

③ 电子白板。白板就是计算机上的“黑板”，可以在上面输入文字、绘画等，进行随心所欲地创作。当用户和他人建立了通话以后，双方都可以在上面发布自己的观点和意见。NetMeeting 程序底部的 4 个并排的按钮的第三个就是“白板”，单击它将弹出一个标题为“白板”的窗口。白板窗口的左边有竖排的两排按钮，是供用户使用的创作工具，其中最有用的是“笔”和“荧光笔”这两种。选择一种笔后，就可以在窗口上创作了。窗口下方是颜色选择，可以选择喜欢的颜色。窗口下方最右边是页码控制，当画满一页后可以单击最右边的按钮，插入新的一页。

④ 多人会议。NetMeeting 现在只支持文字、白板、共享的多人会议，不支持语音和视频的多人会议。如果确实需要语音和视频的多人会议，那么还需要会议服务器的支持。

（2）飞视美远程交互教学系统

飞视美是一个由飞鱼星科技有限公司开发的新型的远程交互教学系统。此系统专注于提供高效、智能的视频会议解决方案，服务于学校各类学术交流、协同办公、教学培训等领域，通过网络进行异地实时的音视频沟通，操作简单、轻松、高效。

飞视美远程交互教学系统具有以下特点：

① 三大功能让交互更高效。

第一，数据功能。强大的数据共享与传输功能，包括电子白板、各种文档与多媒体文件共享，屏幕共享、IE 协同等功能，让会议更高效。

第二，视频功能。支持多种视频分辨率，从 160×120 像素到全高清 1 080 p 展示，同时支持多路视频源接入，一个会场可以接入多个摄像头拍摄并在会议中同时显示，还有视频轮循、云台控制及多屏显示等功能。

第三，辅助功能。支持多人公共聊天和一对一的私聊、会议点名、会场字幕、会议录制、权限控制、会议锁定等功能。

② 四大布局让界面更灵活。

第一，标准布局。显示所有窗口和数据，是全能型布局。

第二，培训布局。主显视频窗口，在窗口中能实现视频的焦点突出、全屏放大、多路分屏、视频轮循等功能。

第三，视频布局。重点显示数据区域，是培训讲解的最佳之选。

第四，全屏显示。全屏显示是以上 3 种布局的扩展。

③ 五大优势让操作更流畅。

第一，首创 HG264 技术，实现完美的音视频效果。

第二，南北互通技术，确保不同线路的音视频同步。

第三，服务器级联技术，确保大规模会议的稳定与流畅。

第四，软硬件智能结合，参与会议的方式多样化、更自由。

第五，操作简单，无需专业人员，即刻享受完美视频会议。

飞视美 FaceMeeting 的使用由以下几步组成。

① 安装客户端。在飞视美官网上下载飞视美视频会议客户端，并按照提示完成安装。

② 登录会议室。运行飞视美桌面终端，弹出用户登录信息对话框，如图 4.11 所示。

在图 4.11 中输入正确的服务器地址、用户名和密码，单击“登录”按钮，进入会议室选择界面，如图 4.12 所示。选择要登录的会议室，单击“下一步”按钮，若列表中只有一个会议室，系统自动登录该会议室。

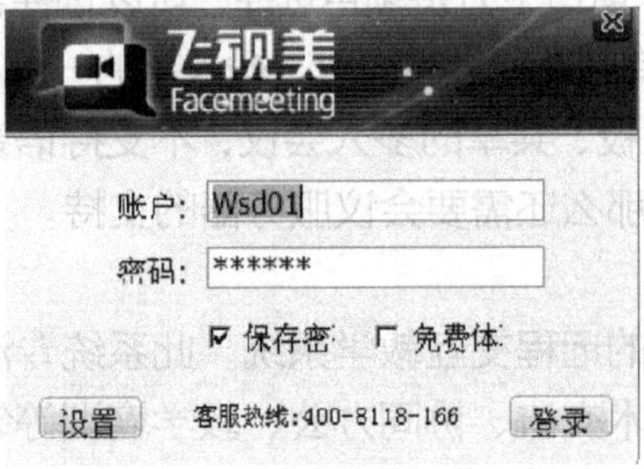

图 4.11　飞视美登录界面

图 4.12　会议室选择界面

③ 主界面及功能区简介。

飞视美登录成功后的主界面如图 4.13 所示。

主菜单区——提供系统主要功能菜单，包括系统、主席、主讲、出席、视图等菜单项。

快捷功能按钮区——集合了申请发言、申请主讲、数据共享、布局模式、主屏显示、会议录制和全屏显示等快捷按钮。用键盘也可完成这些功能，主要是为了简便操作。

列表显示区——用于显示当前会议室中的用户列表、请求列表、发言列表和文档列表。

数据显示区——用于电子白板的绘制与写入、文档演示及屏幕广播数据的接收及显示。

数据工具栏——主要是在文档上进行标注、绘制、编辑图形、输入文字等控制项。

视频显示区——显示本机或来自其他用户的视频图像。

文字交流区——用于显示系统消息、文本讨论以及与其他用户的文字交流信息。

音量控制区——用于控制及显示话筒和声音回放设置的音量大小。

系统状态栏区——显示会议时间、会议室名称、与会者人数等信息。

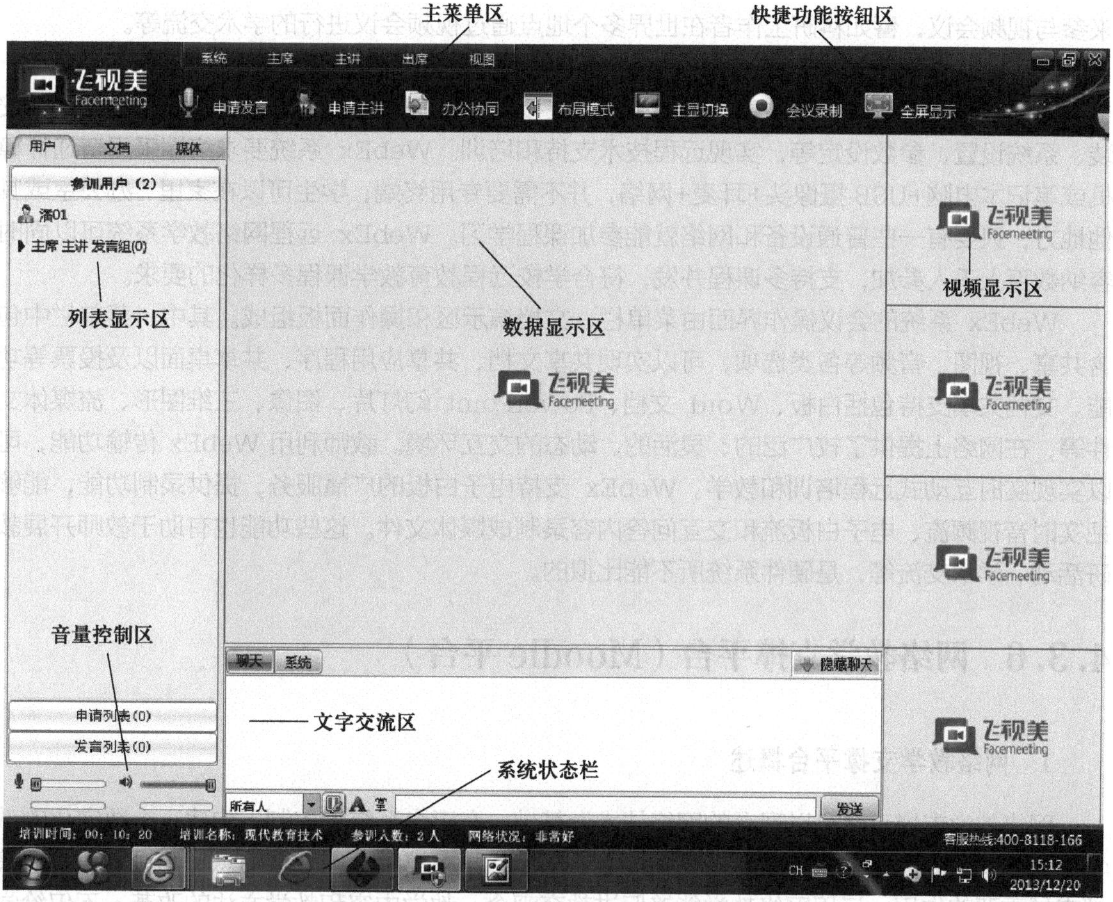

图 4.13 主界面

主席（教师）和参会人员（学生）登录后，按上述功能即可开展远程交互会议（教学）。

（3）V2 Conference 视频会议系统

V2 Conference 视频会议系统是威速公司开发的软件系统，它不仅可以提供流畅的语音，而且可以提供清晰流畅的视频图像。V2 Conference 作为利用网络开展视频会议的软件产品，使用户可以利用普通的 PC、标准的视频采集设备、耳机和话筒实现基于 Internet 的虚拟会议。V2 Conference 能够实现高质量、高可靠性的音视频通信、协同工作、文档共享、远程培训等多种会议功能，可有效地节约时间和经费，提高工作和学习效率。

V2 Conference 视频会议系统的用户界面由数据共享区、文字交谈区、视频区等部分组成。

V2 Conference 视频会议系统广泛地应用在桌面级别的视频会议需求中。分布在不同地理位置的各个用户可以通过视频会议系统使用台式计算机、便携式计算机、工作站等就某一问题进行探讨或就某一话题进行交流。V2 Conference 软件视频会议系统的 C/S 或 B/S 结构使得各个视频终端具有可灵活变更位置的特点，因此人们可以方便地在不同位置访问视频会议服务器来参与视频会议，譬如科研工作者在世界多个地点通过视频会议进行的学术交流等。

（4）WebEx 系统

WebEx 系统利用桌面共享，使用户可以在授权的情况下控制远端的计算机，进行软件安装、系统设置、参数设定等，实现远程技术支持和培训。WebEx 系统要求终端采用普通计算机或笔记本电脑+USB 摄像头+耳麦+网络，并不需要专用终端，学生可以在家里、办公室或其他地方，只要有一些普通设备和网络就能参加课程学习。WebEx 远程网络教学系统可以同时容纳数百上千人参加，支持多课程并发，符合学校远程教育教学课程多样化的要求。

WebEx 系统的会议操作界面由菜单栏、文档演示区和操作面板组成。其中，菜单栏中包含共享、视图、音频等各类选项，可以实现共享文档、共享应用程序、共享桌面以及投票等功能。文档共享支持包括白板、Word 文档、PowerPoint 幻灯片、图像、三维图形、流媒体文件等，在网络上提供了较广泛的、灵活的、动态的交互环境。教师利用 WebEx 传输功能，可以实现实时互动式远程培训和教学。WebEx 支持电子白板的广播服务，提供录制功能，能够把实时音视频流、电子白板流和交互问答内容录制成媒体文件。这些功能也有助于教师开展教研活动、学术交流等，是硬件系统所不能比拟的。

4.3.6　网络教学支撑平台（Moodle 平台）

1. 网络教学支撑平台概述

网络教学支撑平台是以现有的网络技术为基础，在平台系统的控制下构建一个数字化的教学环境，是实施网络教学实践的基础和核心。网络教学支撑平台在教育信息化建设中正发挥着越来越重要的作用。运用网络教学能够促进教育观念、教学内容和教学方法的改革，不仅给学习者提供了便捷的学习机会、丰富的数字化资源，使学习生活更加自主化、个性化，而且也打破了传统的教学时空观念，充分体现了以“学习者为中心”的教学理念。

（1）网络教学支撑平台的概念

网络教学支撑平台又称为在线教学平台、网络教学平台、远程教学支撑平台、网络学习管理系统等。一般而言，网络教学支撑平台通常由课程教学、学生学习、教学管理、学习资源管理、协作交流、在线测评等模块组成。在功能上，它主要提供课程开发与发布工具（包括对多种类型文件的导入导出并提供相互链接和有机整合等）、学习管理工具（包括对某一选课群体或特定学生的添加、删除和赋予不同权限等）、交流工具（同步交流，如 QQ、Skype、MSN 以及国外师生常用的 Yahoo Group 和异步交流如 E-mail、博客等）、评测功能（包括问题的创建、答案的反馈和结果的评测等）以及统计功能（主要是对学生成绩的统计）等。

20 世纪 90 年代中期，我国有 60 多所高等院校相继成立了网络教育学院，为了满足网络教学的需要，一些教育和商业机构围绕教学资源管理和网络教学活动管理两方面的功能开发了专门的网络教学支撑平台，这些网络教学支撑平台大体经历了内容管理系统（Content

Management Systems，CMS）、学习管理系统（Learning Management Systems，LMS）、学习内容管理系统（Learning Content Management Systems，LCMS）和通用网络教学支撑平台（Web-based Instruction Platforms）4 个发展阶段。

（2）利用网络教学支撑平台开展网上教学的优势

相对于传统的教学形式而言，利用平台开展网上教学具有以下优势：

① 教学活动不受时间和空间的限制，教师和学生可以根据自己的实际情况选择不同的时段、不同的地点分别进行课程设计和自主学习。

② 充分综合利用文本、图像、视频、音频等多种媒体形式。对于教师而言，可以开发出表现形式丰富的课程；对于学生而言，这种图文声像并茂的多种感官综合刺激有利于情境的创设和认知的改变。

③ 提供了协作式的虚拟学习社区，师生可以利用各种交流工具进行同步或异步交流，加强思想的交流和信息的反馈。

④ 减轻教师的工作负担。教师无须经过专门训练，就可以利用平台方便快捷地实施网上教学活动。

⑤ 为学生提供诊断性的学习支持。许多支持数字化学习规范的平台以学习活动的理念组织学习资源，围绕学习目标提供诊断问题，根据学习者的选择或基础自动地提供不同的教学内容。

（3）目前常用的网络教学支撑平台

目前，国外网络教学支撑平台主要有 Moodle、Claroline、WebCT、Blackboard、Virtual-U、Angel、Atutor、eCollege、Eledge、LearningSpace 等。国内近几年也开始致力于引进和开发网络教学支撑平台，在引进方面，主要有亿邮公司在 WebCT 基础上开发的 eYouCT，CERNET 与 Blackboard 公司于 2003 年 10 月共同投资组建赛尔毕博公司（CERNET-Blackboard），负责中文版 Blackboard 的开发和推广。同时，国内许多远程教育公司和高校正在积极开发自己的网络教学支撑平台，比如龙腾多媒体远程教育系统、天空教室网络教学系统、清华网络学习平台和北京大学网络教学平台等，但就功能的完备性、数字化学习规范的兼容性和系统的稳定性而言，国内的平台相对于国外的 Moodle 等大型平台还有相当大的差距。

2. Moodle 平台的搭建

随着信息技术应用水平的提升和 Moodle 自身功能的逐渐完善，Moodle 在教育教学和企业培训中的应用越来越广泛。目前，国内越来越多的高校和中小学教师开始关注并使用这个全球化的开源的课程管理系统。为了降低高校和中小学教师操作 Moodle 的门槛，提升教师应用 Moodle 的水平，下面主要介绍 Moodle 平台的搭建。

（1）服务器选型及软件准备

Moodle 平台是一个基于 PHP 环境的动态网站程序，具有良好的跨平台特性，其运行需要 Web 服务器和数据库的支持。Web 服务器选用 Apache，数据库则用 MySQL。但是，Moodle

平台要求有更多的组件支持，依作者的配置经验推荐用“集成安装包”来架设服务器，不但速度快而且成功率高。常用集成安装包如下：

① EasyPHP。

② Apache2triad。

③ Apache Friends XAMPP。

④ WAPM。

若采用“集成安装包”架设 Web 服务器的方法架设 Moodle 平台，需下载的软件有以下两个：

① EasyPHP，容量是 13 MB，最新版本是 12.1，或者 Apache2triad，容量是 100 MB，最新版本是 1.5.4。

② Moodle 代码，在官方网站中，选择 zip 格式压缩包，容量是 36.8 MB，最新版本是 2.4+；再转到语言页面下载 zh_cn 的简体中文包。

若使用 Moodle 与 XAMPP 的组合套件，则只需下载一个文件即可，因为它把 Moodle 平台与 XAMPP 服务器套件组合在了一起，选择最新版本 v1.7.4，容量是 98.6 MB。

（2）Web 服务器架构

双击下载的 Apache2triad 1.5.4 安装包，选择其安装位置 D:\Apache2triad，输入 Apache2triad 的管理密码，单击“下一步”按钮开始复制文件，随后 Apache2triad 自动完成 Apache 的配置。在这一过程中还要求用户输入一次上面设置的密码，根据提示重新启动系统即可完成 Apache2triad 的安装。

（3）Moodle 平台的安装

① 在 Apache2triad 服务器目录下找到 htdocs 目录，新建 Moodle 目录，把下载的 Moodle 压缩包解压到该目录下；在 D: \Apache2triad\Mysql\data 目录下新建 Moodledata 目录，用于存放 Moodle 平台安装时的初始化数据以及平台使用中用户提交的数据；把简体中文语言包解压缩并复制到 Moodle 目录下的 lang 目录中。

② Moodle 平台的基本配置。在 IE 浏览器地址栏中输入 http://服务器 IP 地址后按 Enter 键，将看到 Moodle 的安装界面，选择简体中文，单击“向后”按钮；接下来，Moodle 要对服务器进行 PHP 版本、自动开启会话、上传文件和内存限制等测试，全部通过后单击“向后”按钮，依据提示分别输入平台地址、Moodle 目录和数据目录，系统会自动带上正确的参数，所以一般保留默认值即可，单击“向后”按钮；选择 MySQL 数据库，数据库的主机设为 localhost，数据库名要与①中新建的一致，如 Moodledata，输入用户名 root 和密码（安装 apache2triad 时设置的）和表的前缀，如 lcl_，单击“向后”按钮；Moodle 对服务器的运行环境即其中的组件进行检测，全部通过后，单击“向后”按钮。对于下载语言包，编者使用的是简体中文，且已把 zh_cn 压缩包放入 Moodle 的 lang 文件夹中，所以就不再需要下载语言包了，单击“向后”按钮即可完成 Moodle 的配置。细心的读者会发现，当平台配置完成后，系统会在平台根目录下创建一个名为 config.php 的配置文件。

③ 数据库、模块及插件的安装。接上一步，单击“继续”按钮，出现 Moodle 的 GPL 许可证信息，单击“是”按钮，开始安装数据库，待弹出数据库升级成功信息后即完成了数据库的安装。单击“继续”按钮开始安装模块，如作业、聊天、论坛、测验等。全部安装成功后，单击“继续”按钮，开始安装插件，如计算器、多选和匹配等。全部安装成功后，单击“继续”按钮，开始设定版块表格，正确设置完后单击“继续”按钮，开始创建插件表格。

④ 管理员信息设置。接上一步，单击“继续”按钮，在管理员信息设置页面中依次填入管理员的用户名、密码、管理时显示的姓名、E-mail、系统语言，提交个人照片、QQ 号码、院系名称和电话等管理信息，单击“更改个人资料”按钮。

⑤ 平台信息设定。在此页中用户可以配置平台首页和平台的名称，也可以在今后任何时间通过首页上的“站点设置”链接返回到此页修改这些设置。填入网站的描述信息后，单击“信息修改”按钮完成 Moodle 的安装与设置，现在就可以用 http://IP 地址方式来浏览此网络教学支撑平台及添加新课程了。

3. Moodle 平台下课程的创建与管理

Moodle 集成了许多社会性软件的功能，能够创建课程页面、发送 E-mail 通知、创建课程大纲和进度计划、发布和评判作业、组织课程资料、成绩管理等，也正是由于这些功能的存在致使初次使用它的教师不知所措。接下来以添加“教育技术学”类别，并在该类中添加“网络资源开发”课程为例介绍 Moodle 平台下课程的创建与管理。

课程的创建以及指派任课教师由平台管理员或课程创建者负责，而课程的管理由任课教师负责。一般情况下课程创建任务作为教务管理的一部分应由教务管理员担任，所以 Moodle 平台中课程的创建与管理应按图 4.14 所示关系进行。

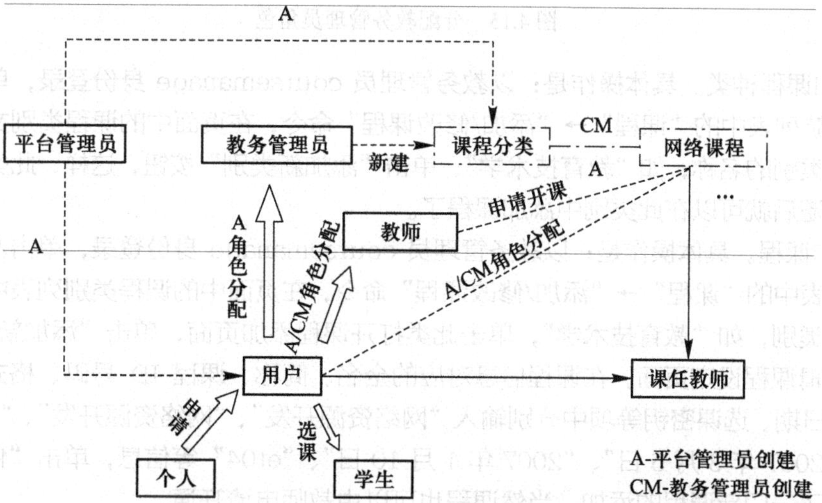

图 4.14 Moodle 中各角色之间的关系

为了顺利地创建课程，平台管理员需要开通 3 个用户：用户一，账号为 student，将来作为学生用户；用户二，账号为 teacher，将来作为课任教师用户；用户三，账号为 coursemanage，将来作为教务管理员用户。

（1）创建课程

① 创建教务管理员。教务管理员是由平台管理员通过角色分配的方法由普通用户升级而来的。具体操作是：平台管理员成功登录系统后，单击左侧“网站管理”导航列表中的“用户”→“账户”→“浏览用户列表”命令，在用户列表中选择 coursemanage 用户，在出现的 coursemanage 个人资料页面中选择上方的“角色”标签，在出现的分配角色页面中单击“课程创建者”选项，在图 4.15 所示的页面中选择右栏中名字为 xiehf 即账号为 coursemanage 的用户，再单击栏中间的左向箭头，为该用户分配“课程创建者”角色，这样，用户 coursemanage 就是教务管理员了，负责课程分类与具体课程的创建及课程的导入与备份等操作。

图 4.15　分配教务管理员角色

② 添加课程种类。具体操作是：以教务管理员 coursemanage 身份登录，单击左侧“网站管理”导航列表中的“课程”→“添加/修改课程”命令，在页面中的课程类别文本框中输入新添加课程类别的名称，如“教育技术学”，单击“添加新类别”按钮，这样，此类别就被添加到平台中，随后就可以在此类别中添加课程了。

③ 添加课程。具体操作是：以教务管理员 coursemanage 身份登录，单击左侧“网站管理”导航列表中的“课程”→“添加/修改课程”命令，在页面中的课程类别列表中选择欲添加课程对应的类别，如“教育技术学”，单击此类打开课程添加页面，单击“添加新课程”按钮，就打开了编辑课程设定页面，在课程信息对应的全名、简称、课程 ID 号码、格式、课程开始日期、选课日期、选课密钥等项中分别输入“网络资源开发”、“网络资源开发”、“10401”、“星期格式”、“2007 年 3 月 5 日”、“2007 年 1 月 10 日”、“et04”等信息，单击“保存更改”按钮，就完成了一门新课程的添加。当然课程也可以由教师申请开通。

④ 为课程指派任课教师。当课程创建后，就要为该课程指派任课教师。若课程是由教务管

理员添加的，需要此步操作，若课程是由教师申请开通的就不需进行该操作。具体操作是：以教务管理员 coursemanage 身份登录，单击左侧“网站管理”导航列表中的“课程”→“添加/修改课程”命令，在页面中的课程类别列表中选择课程类别“教育技术学”，单击此类打开课程页面，如图 4.16 所示，单击课程名称右数第二个“分配角色”图标，选择“教师”选项，就打开了分配角色页面，如图 4.17 所示，在右边的窗格中选择课程对应的教师，单击栏中间的左向箭头，就可为该课程指派任课教师了。经过此操作，该教师就具备了管理“网络资源开发”课程的权限，可在线进行课程资源的开发、学习活动的设计。

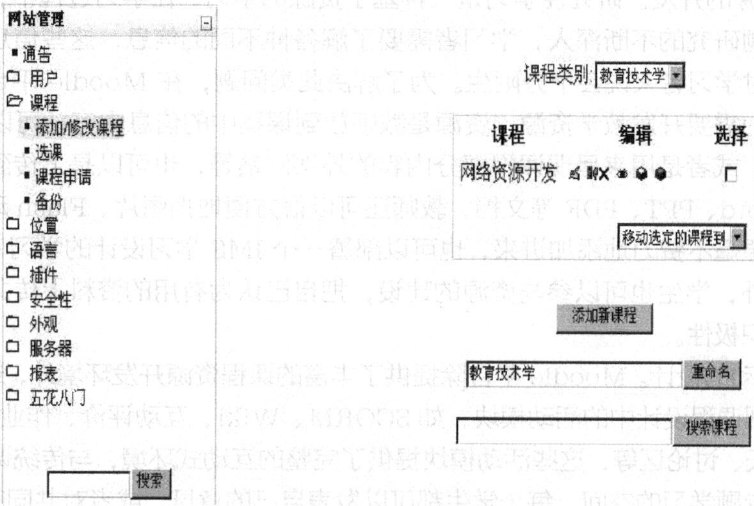

图 4.16　为课程分配教师

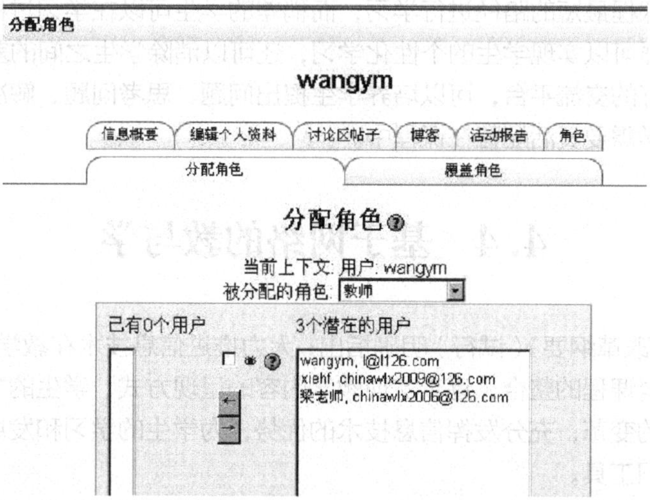

图 4.17　用户升级为教师角色

（2）课程管理

课程的管理包括课程资源的开发和学习活动的设计，要添加和修改活动或资源，就需要打开编辑功能。通过单击课程主页右上角的“打开编辑功能”按钮或者单击管理板块中的“打开编辑功能”链接，关闭时，需单击“关掉编辑功能”按钮或者链接。

Moodle 的许多功能是在登录后才能使用的，要管理课程的内容，应先登录相应的课程，然后才可以修改课程的内容。在课程主页的右上角还有一个“切换到角色”列表，允许以学生或访客的视角来查看创建的课程。

① 课程资源的开发。研究性学习是一种基于资源的学习。在学习过程中，伴随着情境问题的产生与课题研究的不断深入，学习者需要了解各种不同的信息，这些信息往往不可能预先准备，甚至对学习者来说会十分陌生。为了解决此类问题，在 Moodle 平台中，教师可以根据教学活动的需要开发教学资源，资源是教师放到课程中的信息内容，可以是在 Moodle 中编辑的网页，或者是用来呈现课程部分内容的外部网站等，也可以是上传到课程平台中的文件，包括 Word、PPT、PDF 等文档，教师还可以很方便地把图片、Flash 动画、声音和影像等多媒体资源毫不费力地添加进来，也可以部署一个 IMS 学习设计的学习单元包，使课堂异彩纷呈。另外，学生也可以参与资源的建设，把自己认为有用的资料上传共享，从而大大提高了学习的积极性。

② 学习活动的设计。Moodle 平台除提供了丰富的课程资源开发环境外，还提供了许多将教学活动整合到课程设计中的活动模块，如 SCORM、Wiki、互动评价、作业、投票、测验、程序教学、聊天、讨论区等，这些活动模块提供了完整的互动式环境，与传统课堂比较，Wiki 为学生提供了专题学习的空间，每个学生都可以发表自己的意见，或者对共同的主题进行扩展或者探讨；讨论区更能给学生提供机会表达个人观点；在“程序教学”中，基础好的学生可以用最短的时间沿着课程最短的路径进行学习，而稍差的学生可以在学习过程中跳转到其他分支进行补救学习，这样可以实现学生的个性化学习，还可以消除学生之间的差异；Moodle 平台还给学生提供了更好的交流平台，可以培养学生提出问题、思考问题、解决问题的能力。这些活动都可以根据教学需要灵活配置在课程中。

4.4　基于网络的教与学

《基础教育课程改革纲要》（试行）明确指出：大力推进信息技术在教学过程中的普遍应用，促进信息技术与学科课程的整合，逐步实现教学内容的呈现方式、学生的学习方式、教师的教学方式和师生互动的变革，充分发挥信息技术的优势，为学生的学习和发展提供丰富多彩的教育环境和有力的学习工具。

本节将介绍网络教育的优势、网络环境下教与学的模式及网络教学环境的设计，引导教师在新模式中如何教，学生在新模式中如何学等。

4.4.1 网络教育的优势

20 世纪 80 年代以来，计算机多媒体和网络技术以前所未有的速度迅猛发展。伴随着知识经济时代的到来，这些新技术彻底改变了人们的生产生活方式，特别是计算机网络教育，作为一种新的教育学习方式引起了人们的极大关注。目前，世界各国都在积极利用网络通信技术开发网络教育资源，通过开发和使用教育资源而推进教育普及和教育服务个性化，达到教育资源超时空、超地域的共享。网络教育向人们展示了一个崭新的、广阔的学习世界，为任何愿意获取知识的人提供了学习的权利和机会。它突破了传统学校教学方式的时空束缚，与课堂教育、广播教育、电视教育共同构成多元化的教育体系，在丰富传统教育形式的同时，还促进了其他教育结构体系向现代化的发展。

1. 网络教育定义

网络教育是一种基于计算机及网络技术并利用现代网络进行知识传播和学习的新型教育形式。

我国教育技术专家南国农先生于 2001 年给网络教育下的定义是：“网络教育是主要通过多媒体网络和以学习者为中心的非面授教育方式”，这一简洁定义阐明了网络教育的本质。

现在比较认同的网络教育定义是：在网络环境下，以现代教育思想和学习理论为指导，充分发挥网络的各种教育功能，利用丰富的网络教育资源，向教育者和学习者提供一种网络教和学的环境，传递数字化学习内容，开展以学习者为中心的非面授教育活动。这种教育模式代表了现代远程教育中先进技术和实用性的有效结合，是现代远程教育发展的主流模式。

2. 网络教育的优势

和传统教育相比，网络教育具有很大的优势，具体表现在以下几个方面。

（1）学习的开放性、学习内容的多媒体呈现

相对于传统教育模式，网络学习更便捷。网络教育突破了有围墙的传统教育模式，极大地拓展了教育的空间，使得学校和整个社会紧密地联系在一起，打破了学习空间的封闭性和学习时间的分割性，使更多的人有机会接受教育，从而扩大了教学规模，提高了教育效益。任何人都可以通过网络在任何时间、任何地点、从任何章节开始学习任何课程。

网络教育将文字、图形、影像、声音、动画等多媒体资源与其他多媒体教学软件的先进技术有机地融合在一起，多层次、多角度地对学习内容进行描绘。信息资源的超媒体性和非线性使得知识信息的组织呈现层次网络状，有利于促进学习者高阶思维能力的发展，并且可以将复杂抽象的概念具体化、形象化，激发学习者的学习兴趣，加深对所学知识的理解，学习者可以调动多种感官共同参与认知活动，从不同角度、不同层面对同一问题进行反思，加深对知识的理解和掌握，提高学习质量。

（2）教学模式的个性化

网络教育的出现使人们可以在任何地方、任何时间，根据个人的学习习惯，按照自己的步调学习，网络教学将会改变传统教学中教师占课堂主导地位，学习者只能被动地接受知识的模式，树立“以学习者为中心”的教学理念，依据个性化的原则进行教学，充分发挥学习者学习的主动性和参与意识，调动他们的内在学习要求，激发他们的探究热情，彻底改变那种“一个进度，一个标准”的旧体制。网络汇集了大量的信息和学习资源，学习者可以通过网络进行学习，并能得到专家提供的“个性化”的指导和建议。在网上，教学内容、教材、教学手段和辅助教学手段以及考试等都可以因人而异，自主选择性强，学习者的主观能动性和个性潜能可以得到充分发挥，从而实现个性化学习。

这种学习模式重视对学习者创造精神和实践能力的培养，促进整个社会由知识学习型向知识发展型转变，为终身学习体制的日趋成熟奠定了基础。

（3）教学方法的灵活性

网络教学提供了交互性灵活的学习环境，它能实现教学信息与学习者、学习者与学习者、教师与学习者之间同步的、异步的交互，学习者可以通过网络向教学专家请教问题、在同学之间讨论问题或进行协作学习。基于此优势，网络为现代教育提供了更为广阔的发展空间，教学活动可以由课堂扩展到家庭、社区等任何信息技术普及的地方。学习者也可以在课堂以外的任何时间进行上网学习。

（4）资源共享和及时反馈

在信息的海洋中，要想迅速准确地查找到所需要的信息不是一件容易的事，学习者也许找遍了整个图书馆、阅览室，转遍了大大小小的书店，浪费了大量的时间，也没找到所需要的信息。网络教育机构不仅提供在线课程，也提供丰富、翔实的在线资料库，学习者只需要输入几个关键字，就可以在较短的时间内找到所需的资料。同样，有关学习的反馈信息、考试的最新政策和教材的最新变化也可以在第一时间传递给学习者。

（5）网络教学的交互性

实时交互是指在网络上的各个终端可以实施即时回答，交互的方式有生生交互和师生交互，师生之间的交互可以获得教师的指导，学生之间的交互可以进行协作学习，这种双向交互活动不仅可使学生通过视听手段获取教学信息，还能够让教师跟踪学生的学习进程。懂得交流才懂得学习，交流是学习者在学习过程中一个相当重要的环节，通过交流可以及时发现和解决学习者在学习中遇到的一些问题。网络教学通过它特有的答疑工具，如网络课程的协作平台、论坛、QQ 等工具将学习者的学习延伸到了课堂之外，不再局限于有限的课堂时间，学习者在学习中发现问题可以随时提问，并在短时间内得到详细的解答。

网络教育强大的教育功能还可以带来思想观念的改变与提高，例如使人们树立全球理念、创新理念、效率理念、自由与平等以及协作精神，交往方式也会发生变化。

3. 对网络教育的思考

网络教育作为一种新型教育模式已悄然兴起，并不断走向成熟，前景是广阔的。网络教育作为一种全新的教学手段具有许多传统教育手段所不可比拟的优势，从很大程度上解决了一些教育教学问题，促进了现代教育理念和模式的改变，但网络教育并不能解决一切教育问题，它自身仍存在一些不足和缺陷。譬如，缺乏对学习者情感目标的培养、对缺乏独立自主学习能力的学习者容易造成学习障碍、相对宽松的学习环境使得学习者的学习目标不够明确，从而迷失方向等；网络教育也容易造成青少年过分的依赖性，青少年缺少从实践中得到的直接经验，有些人以为什么信息都可以从网上得到，其实不然，因为青少年成长的正常过程是不可能被替代的；网络教育不像传统的教育，有主流，可控制，它的无权威、无主导、多元化在带给青少年信息的同时，对于尚未完全培养出正确判断能力、自主分析能力的青少年来说，会影响青少年身心的健康成长；还有，网络的快捷方便使青少年更疏于实际的人际交往、社会活动，易使青少年的情感趋于冷漠，造成“自我封闭”状态；另外，网络毕竟是“虚拟社会”，而与现实社会的反差会影响青少年在现实生活中的生存能力。

应该看到，网络教育顺应了时代发展的需要，符合现代知识经济社会对学习方式的要求，是构建终身学习体系的重要手段，我们应该主动接纳并积极投身其中，扬长避短，使网络教育真正成为培养创新型、复合型高素质人才的新型教育模式。

4.4.2 网络环境下教与学的模式

教学模式是指在一定的教育思想指导下，围绕着教学活动中的某一主题，形成相对稳定的、系统化和理论化的教学范型。教学过程的各个因素相互作用形成教学模式，而基于网络的教学模式也是由网络环境下的教学过程中的多个因素相互作用构成的。相对于一般教学过程来说，网络环境下的教学过程包括 4 个因素：教师、学生、网络教学材料、网络学习环境。在基于 Internet 的网络教育环境下，学习者可以不受时间、空间和地域的限制，在任意时间、任意地点通过网络自由学习，任何人都能得到每个学科优秀教师的指导，都可以向世界上最权威的专家请教，都可以借阅世界上著名图书馆的藏书，都可以迅速查找到世界上最新的信息和资料，因此，网络环境下的教学内容、教学时间甚至是指导教师都可以完全按照个人的需要进行选择，这样学习者的主动性、积极性就可以得到最大限度的发挥。目前，网络环境下的教与学的模式主要有 5 种，即讲授式、个别化学习、讨论式、探索式和协作式，下面分别对这 5 种模式做简单的介绍。

1. 讲授式模式

讲授式模式起源于传统的课堂教学模式，在 Internet 上实现这种教学模式，不仅可以体现教师在教学过程中的主导作用，而且能充分体现学生的主体地位，使学生学习的积极性和主动性得到了极大的提高。这种模式的最大优点在于它突破了传统课堂中人数、时间和地点的限制，世界各地的学生都可以参与学习，更大程度地突破了客观因素的限制。但它缺乏在课堂上学生与教师面对面交流的氛围，学习情境的真实性不强。网络环境下的讲授式根据教师和学生登录网络的时间差异，分为同步式讲授和异步式讲授两种。

（1）同步式讲授

同步式讲授模式主要是指分布在不同地点的学生在同一时间聆听教师讲解，并且师生之间有一些简单的交互。在教学过程中，通常教师会事先准备好授课材料，通过视频会议系统来给学生演示、讲解、传递教学信息，学生通过聆听讲授、观察感知、理解教材、领会运用等过程进行学习。视频会议系统可以在网络中实时传输视频和音频信息，在教学过程中，教师在配有摄像机、话筒、电子白板和投影仪的多媒体教室中讲课；学习者在配有同样设备的远程教室中聆听教师授课。教学内容和学生的练习作业可以通过网络实时呈现和传送，并且通过一定的设备允许师生之间进行一些简单的提问和解答，最后由教师对学生结果进行检查和评价。

同步式讲授的优点在于它的教学方法与传统的课堂教学模式类似，对教师的要求比较低，适于目前的学习习惯。但它缺乏实质性的交互，由于授课时间有限，一个教师要同时面对众多的学习者，无法和大部分同学进行交互。另外，同步式讲授模式虽然没有要求教师和学生在同一地点进行教学，但它要求学习者的学习时间和教学同步。由于参与网络学习的学习者层次复杂，很难集中在同一时间进行学习，这样就会降低整个教学过程的教学效果。还有，它对授课系统的设备要求比较高，需要教师自身能够熟练操作或者请专人辅助操作，成本相对较高。

（2）异步式讲授

异步式讲授可以借助于 Internet 的 WWW、E-mail 等服务、流媒体技术和网络课程来实现。教师事先将教学要求、教学内容以及教学评测等教学材料编制成网页文件，存放在 Web 服务器上，学生通过浏览这些页面来学习。另外，教师还可以将课堂授课的实况摄录下来，压缩成流媒体文件，供学生点播，而不需要在特定的时间和地点进行学习。在学习过程中，如果学生遇到困难，可以通过 E-mail、BBS、博客等形式请教教师，也可以和同学进行讨论交流。

这种教学模式的优点在于教学活动可以随时随地进行，每个学生可以根据自己的实际情况确定学习的时间、内容和进度，随时上网聆听教师讲课，向教师提问或与同学讨论，教师也可以随时解答学生所提出的疑难问题。但由于缺乏实时交互，该模式对学生的学习自觉性和主动性要求比较高。另外，教师对学生的评价和反馈也要及时准确，否则就达不到很好的教学效果。

2. 个别化学习模式

网络教学过程中，除了面向群体和小组的教学模式外，还有面向个体的教学模式，在网络环境下的教学过程中，这种模式也能发挥很大的优势。

这种模式可以通过记录学习者和网络软件的交互情况以及教师和学习者之间的通信来实现。网络软件的基本教学过程是：计算机呈示与提问—学生应答—计算机判别应答并提供反馈。在网络环境下，这种教学模式因为加入了很多多媒体内容而使整个教学过程生动活泼，大大提高了学习者学习的积极性和主动性。师生之间也可以通过 E-mail 和 BBS 等工具实现个别化辅导，前者由于实现方式是异步非实时的，学生对所提问的问题考虑比较深入，教师也能全面深入地回答学生，但缺点是学生不能马上得到辅导。后者学生在提出问题后能即时得到教师讲解，但它要求学生和教师同时联入网络，对于比较复杂的群体来说，这种时间同步性要求往往难以满足。

3. 讨论式模式

在网络上实现讨论式模式有很多种，比如电子公告板、在线聊天等。整个讨论学习过程均由教师组织引导，学生可以通过与教师和学伴之间的对话来解决问题、发表见解、交流学习的感受，同时，教师也能根据学生的情况提供有针对性的指导。讨论式模式通常有两种情况：同步讨论和异步讨论。

（1）同步讨论

一般来说，在同步讨论教学过程中，教师提出主题，学生进行讨论和发表见解，师生之间的讨论能实时显示。由于在线讨论的时间比较有限，学生的发言时间不会太长，一般都是简短的语句，就像人们日常生活中的交谈一样，整个讨论过程也没有固定的模式，这就要求教师能对教学过程进行监控，仔细注意学生的发言和反应，根据学生的发言对讨论的话题进行正确的引导，以保证学生的讨论和发言符合教学目标的要求，防止讨论偏离主题。教师在教学过程中，要对学生发言中的积极因素适时加以肯定和鼓励；一些错误或者不准确之处要及时纠正，保证教学过程顺利进行。最后，教师要对讨论组中的不同成员的表现进行点评。

（2）异步讨论

教师围绕主题建立讨论组，学生针对某一主题进行发言或者对别人的发言进行评论，教师对学生言论进行检查和点评，并根据实际情况设计和提出一些新的问题将讨论逐步引向深入。在讨论过程中，教师的任务主要是引导，切忌直接告诉学生应该做什么，问题的答案是什么，对于学生在讨论过程中的表现要适时做出恰当评价。由于异步讨论教学模式中学生有足够的时间对所讨论的问题进行思考，所以发言一般都是以文章的形式出现，而且讨论也比较深入全面。但教师需要事先做大量的准备工作，选择合适的讨论题目引导大家进行讨论，并且需要对学生的表现进行及时准确的评价，因此，该教学模式对教师的要求比较高。

4. 探索式模式

根据 Boud 和 Feletti 的观点（1991），探索学习要经过问题分析阶段、信息收集阶段、综合阶段、抽象提炼阶段和反思阶段等。因此，探索式学习认为学习者通过解决实际问题来学习要比教师单纯讲授知识更有效。这种教学模式在 Internet 上的实现一般是由教育机构设立一些适合由特定的学生对象来解决的问题，通过 Internet 向学生发布，学生可以通过网上搜索、查阅大量与此相关的信息资源来解答问题。另外，还设有专家对学生在学习过程所遇到的困难提供帮助，通过适当的启发或提示来引导学生得到最后的答案。由于这种模式是以问题或者任务驱动学习，学生动手找到答案，确立了学生在教学过程中的主体地位，因而能有效激发学习者学习的积极性和创造性，大大提高学生动手能力。但需要注意的是，教学过程中需要提供及时的反馈以防止学生产生过强的挫折感。

WebQuest 是基于网络的探索式教学模式，由美国圣地亚哥州立大学的 Bernie Dodge 等人于 1995 年提出，是一种以探究为取向、利用因特网资源的课程单元教学活动，主要由绪言、任务、过程、资源、评估、结论 6 部分组成。这类课程计划呈现给学生的是一个特定的假想情景或者一项任务（通常是一个需要解决的问题或者一个需要完成的项目）。这种教学模式能在原有的班级授课的基础上帮助学生开展自主选题、自主探究和自由创造的探索性学习，有效激发学生上网查找相关资料的积极性。

目前，国内外利用网络进行探究性学习的网站非常多，比较著名的包括美国宇航局的探究学习网站、GLOBE 项目网站、恐龙世界等，这些网站都提供了很好的探究课题，也为学生针对自己感兴趣的课题主动学习提供了支持。

5. 协作式模式

网络环境下的协作式教学指利用计算机网络和多媒体等相关技术，由多个学习者针对同一学习内容进行交流和协作，以达到对教学内容比较深刻理解与掌握的过程。协作学习为学生提供了合作、探讨、自由争辩的“平台”，它提倡讨论、交流、学术民主，鼓励自由发挥、自由想象。因此能集思广益，便于多种不同观点的碰撞与交流，能在较短时间内使同一“单位”的每一位学生对同一个复杂问题获得多方面的较深入的认识，帮助学生了解事物的复杂性。在教学过程中，教师可以制定明确的学习目标，提出问题，学生结合个人情况和经验分析所面临的学习任务和可能遇到的困难，相互帮助、相互提示、相互讨论，借助他人的帮助，构想出各种解决问题的可能方法并预估其可能产生的效果。学生在这种环境下，充分调动各种感官展开辩论、竞争、研讨、思考、辨析等活动。

4.4.3　网络教学环境的设计

互联网络以其丰富的资源、先进的技术、方便快捷的信息获取方式受到人们的青睐，基于网络的教学将成为教育的一种重要方式。网络教学环境的设计关系着网络教学的质量。

1. 网络教学环境的含义

教学环境是指影响教学活动的各种外部条件。现代信息技术支撑下的教学环境包含两个方面的要素：信息化教学资源和教学管理系统。我们将网络技术支撑下的教学环境称之为网络教学环境。

2. 网络教学环境的设计

网络教学环境分为三大类，分别是网络教室教学环境、校园网络教学环境和 Internet 教学环境。下面分别介绍这 3 种网络教学环境的设计。

（1）网络教室教学环境的设计

目前，网络教室的教学应用得到了迅速发展。网络教室功能强大，集普通的计算机室、语音室、视听室、报告厅等教学设备场所的功能于一身，对增强教学效果、提高学生兴趣有着重要作用。网络教室教学环境的设计应包含以下几个主要方面：①教师可以将自己的屏幕、讲话的声音实时展示给学生；②教师可根据教学活动的需要对学生的计算机实施远程控制，包括学生的实时分组与操作示范等；③教师可有选择地监视学生的屏幕信息；④具有师生间、学生小组间的在线交流功能；⑤在教学过程中，学生可利用电子举手功能向教师提问。

（2）校园网络教学环境的设计

校园网络教学环境包多媒体教室和网络电子阅览室。

① 多媒体教室是指联入校园网的多媒体教室，其设计应包括：师生可共享校园网服务器上的教学资源，例如可以下载软件、浏览电子图书、点播视频信息等；方便教师利用 FTP 功能传递教学课件。

② 网络电子阅览室是为了满足师生浏览网络学习资源、VCD 等多媒体电子教学信息而提供的视听阅览的场所与设施。其设计应包括：网络电子阅览室应提供联机检索、网络检索等多种检索系统和多种资源检索方式，缩短查询时间；经过检索，教师和学生可以浏览及下载所需的多媒体素材；支持多媒体课件的点播和实时调用，方便教学；电子图书阅览室应接入“中国期刊网”、“中国数字图书馆”等，方便师生检索各学科数据库，并实现网上阅览或下载图书、期刊、论文等。

（3）Internet 教学环境的设计

Internet 上丰富的信息是人们获取知识的重要来源。网络教学的支持、服务手段应包括以下内容：①教师和学生可以浏览校园网或外网服务器上的各学科网络课程，也可以通过 Web 服务器浏览远端站点的教学资源。②接入同步教学网，接受优秀教师的辅导。目前国内已有北京 101 中学等推出了名为“同步教学”的网络，这样的网络不仅在其校内运行，也对外开展服务。③对于网络课程中未涉及的学习内容或疑难问题，学生可通过 E-mail 询问，有的网站专门聘请了经验丰富的教师或专家，进行答疑解惑。④在线测试，由网站提供某一科目的试题，试题形式一般是选择题或填空题。在学生答完全部试题并提交后，系统自动判分，并给出标准答案。⑤电子公告板（BBS）是 Internet 上普遍使用的交流手段，学生可以将疑难问题张贴到相关讨论组中，以求得教师或其他学生的指导。

网络教学环境具有共享性、异地性、资源丰富等特点，有利于培养学习者的创新精神和自主学习能力。

随着计算机技术与网络技术的发展，网络教学环境的建设会逐步趋向于完善，基于网络的教学将成为未来教育的主要形式之一。

3. 远程录播系统在教学中的应用

随着教育教学改革和流媒体技术的发展，传统的语音教育已经不能满足教育方式多元化的需要，远程录播系统的应用实现了个性化的教学方式，是对传统教学模式的一次创新和延伸。远程录播系统是基于网络的、虚拟的、集成学习环境的系统，把现场摄录的视频、音频、电子设备的图像信号（包含电脑、视频展台等）进行同步整合，生成标准化的流媒体文件，提供网络录播、点播、直播等功能。远程录播系统突破了传统“面授”教学的局限，为求知者提供了时间分散、自由安排学习、资源共享、地域广阔的创新学习方式。

远程录播系统和课堂教学整合起来，在多媒体教室安装视音频采集系统（包括摄像机、录播主机等），通过摄像机将精品资源共享课程和视频公开课等课堂场景录制到录播主机中，录播主机通过高速网络就可实现传统课堂的录课、点播或直播。学生就可以在任何时间、任何地点通过网络进行听课，使得优质的校本教学资源能够惠及更多的学习者。

4.5　虚拟现实技术及虚拟学习环境

虚拟现实技术作为一种综合多种科学技术的计算机领域的新技术，已经涉及众多研究和应用领域，被认为是 21 世纪重要的发展学科以及影响人们生活的重要技术之一。它被广泛应用于教育、游戏、城市规划、室内设计、房产开发、工业仿真和军事模拟等方面，本节介绍虚拟现实技术及在教育中的应用。

4.5.1　虚拟现实技术概述

1. 虚拟现实技术的概念及特征

虚拟现实（Virtual Reality，VR）也称虚拟实境或灵境，是一种可以创建和体验虚拟世界的计算机系统，它利用计算机技术生成一个逼真的、具有视、听、触等多种感知的虚拟环境，用户使用各种交互设备同虚拟环境中的实体相互作用，通过交互式视景仿真和信息交流产生身临其境的感觉，虚拟现实技术是一种先进的数字化人机接口技术。

虚拟现实技术最早起源于 20 世纪 50 年代的美国，由美国 VPL 探索公司和它的创始人 Jaron Lanier 提出这一概念，后来美国宇航局（NASA）的艾姆斯空间中心开始利用流行的液晶显示电视和其他设备研制虚拟现实系统，发展至今仍处于不断探索阶段。它的本质是仿真，具有 4 个主要特征：沉浸感（Immersion）、交互性（Interaction）、自主性（Independence）和想象性（Imagination）。

2. 虚拟现实系统的分类

根据其功能可把虚拟现实系统分为以下 4 类。

（1）桌面虚拟现实系统

桌面虚拟现实是一种比较简单的虚拟现实，在普通的多媒体计算机中就可以实现，它以计算机的屏幕作为学生观察虚拟境界的一个窗口，通过各种输入设备实现与虚拟现实世界的充分交互，这些外部设备包括鼠标、追踪球、力矩球等。它要求学生使用输入设备，通过计算机屏幕观察 360°范围内的虚拟境界，并操纵其中的物体。桌面虚拟现实不是完全的沉浸，用户在操作时仍然会受到周围现实环境的干扰。这种系统的特点是结构简单、价格低廉，易于普及推广，是一套经济实用的系统。

例如，浙江大学 CAD&CG 国家重点实验室开发了桌面型虚拟建筑环境实时漫游系统，还研制出了一种新的在虚拟环境中的快速漫游算法和一种递进网格的快速生成算法。

（2）沉浸型虚拟现实系统

沉浸型虚拟现实系统是一种高级的虚拟现实系统，使用户有一种置身于虚拟境界之中的感觉。它利用头盔式显示器或其他设备把参与者的视觉、听觉和其他感觉封闭起来，提供一个新的、虚拟的感觉空间，并利用位置跟踪器、数据手套、其他手控输入设备、声音等使得参与者产生一种身临其境、全心投入和沉浸其中的感觉。这种系统的优点是用户可完全沉浸到虚拟世界中去，缺点是系统设备价格昂贵，难以普及推广。

（3）增强现实型虚拟现实系统

增强现实型的虚拟现实不仅是利用虚拟现实技术来模拟现实世界、仿真现实世界，而且要利用它来增强参与者对真实环境的感受，也就是增强现实中无法感知或不方便感知的感受。典型的实例是战机飞行员的平视显示器，它可以将仪表读数和武器瞄准数据投射到安装在飞行员面前的穿透式屏幕上，飞行员不必低头读仪表的数据，能集中精力盯着敌人的飞机或导航偏差。

（4）分布式虚拟现实系统

分布式虚拟现实系统是指一个支持多人实时通过网络进行交互的软件系统，每个用户在一个虚拟现实环境中通过计算机与其他用户进行交互，并共享信息。它将局部的虚拟现实环境通过空间关联形成更大范围的虚拟环境，支持多个用户实时地通过网络对同一虚拟世界进行观察和操作、共享信息、实现交互，以达到协同工作的目的，它是单机虚拟现实随着网络技术发展的一种提高。

3. 虚拟现实技术的典型应用

虚拟现实技术的应用非常广泛，它可以应用于军事、医学、教育、工程设计、互动娱乐等领域，而且随着虚拟现实技术的进一步发展，其应用领域会更加广泛、深入。正是由于虚拟现实技术的巨大应用价值，其研究受到了许多国家的高度重视。

在国外，虚拟现实技术获得了长足的进步，在不同领域、不同层次上都已经有很多虚拟现实系统问世。美国空军 Armstrong 医疗研究室的 T.Furness 小组开发的战斗机飞行仿真器模拟了飞行员在天空中驾驶飞机的感觉，使得飞行员的早期培训可以在地面上进行，减少了飞行员培训的风险和成本。在医学领域中虚拟现实技术已应用于仿真组织、器官的结构解剖，构建“虚拟器官”，它可以对各种刺激做出反应，可模拟实际人体器官的生理、病理过程。远程手术系统用于控制远程的医疗设备，系统根据遥感和机器人等技术将远程传来的图像仿真成手术场景，医生在此场景下进行手术操作，传感器将医生的操作控制信号传送到手术台，控制手术机器人或机械手完成手术。

虚拟现实技术可提供立体感强、极富交互性的三维全景，可以放大缩小，从任意角度观看对象，给人直观和深刻的印象，所以在教学中有广泛的应用。如在教学资源相对短缺（如解剖中使用的标本）、实验耗材的不可逆性、某些教学资源在自然条件下无法观察到（如细胞的结构等）时，虚拟现实技术可以发挥很大作用。

在国内，20 世纪 80 年代末开始进行相关研究，起步较晚，与国外发达国家还有一定的差距。目前，我国已制定了开展 VR 技术的研究计划，九五规划、国家自然科学基金委、国家高技术研究发展计划等都把 VR 列入了研究项目，国内一些重点院校也积极投入到了这一领域的研究工作。

4. 虚拟现实技术的发展趋势

虚拟现实技术涵盖计算机软硬件、传感器技术、立体显示技术等多种技术，将向以下主要方向发展。

① 动态环境建模技术。虚拟环境的建立是 VR 技术的核心内容，动态环境建模技术的目的是获取实际环境的三维数据，并根据需要建立相应的虚拟环境模型。

② 实时三维图形生成和显示技术。三维图形的生成技术已比较成熟，关键是如何“实时生成”，在不降低图形的质量的前提下，如何提高刷新频率将是今后重要的研究内容。此外，VR 还依赖于立体显示和传感器技术的发展，现有的虚拟设备还不能满足系统的需要，有必要开发新的三维图形生成和显示技术。

③ 新型交互设备的研制。虚拟现实要实现人自由地与虚拟世界中的对象进行交互，犹如身临其境，借助的输入输出设备主要有头盔显示器、数据手套、数据衣服、三维位置传感器和三维声音产生器等。因此，新型、便宜、性能优良的数据手套和数据服将成为未来研究的重要方向。

④ 智能化语音虚拟现实建模。虚拟现实建模是一个比较烦琐的过程，需要大量的时间和精力。如果将 VR 技术与智能技术、语音识别技术结合起来，可以很好地解决这个问题。可以将模型的属性、方法和一般特点的描述通过语音识别技术转化成建模所需的数据，然后利用计算机的图形处理技术和人工智能技术进行设计、导航和评价，将基本模型用对象表示出来，并将各种基本模型静态或动态地连接起来，最后形成系统模型。在各种模型形成后进行评价并给出结果，由人直接通过语言来进行编辑和确认。

虚拟现实技术是 21 世纪发展的重要技术之一，是许多相关学科领域交叉、集成的产物，在各行各业中具有广阔的应用前景，必将对未来的科学研究、生产和生活方式带来深远的影响。

4.5.2 虚拟现实技术的教育应用

虚拟现实技术作为新的教学媒体，它的出现无疑将对教学产生深远的影响。它是继多媒体、计算机网络之后，在教育领域内最具有应用前景的技术。近年来，随着计算机技术、心理学、教育学等多种学科的相互结合、促进和发展，该系统可以提供更加协调的人机对话方式，有效地促进了学生的学习。

教育是一个传授知识的过程，学生通过亲身经历可以加快对知识的理解，虚拟现实技术正是为体现这一优势而走进教学的。通过虚拟现实系统，学生可以游览海底、遨游太空、观摩历史城堡，甚至深入原子内部观察电子的运动轨迹和体验爱因斯坦的相对论世界，由于场景更加逼真，激发了学生的学习兴趣，从而使他们更主动地获取知识。虚拟现实在广泛的科目领域提供无限的虚拟体验，从而加速和巩固学生学习知识的过程，它在教育中主要应用于以下几个方面。

1. 虚拟课堂

虚拟课堂是指运用分布式虚拟现实技术构造的一个虚拟真实的教学环境，分布在各个不同地方的学生可以通过网络参与到虚拟课堂中。虚拟教室模拟了真实多媒体教室的整个场景，是师生共同活动的一个空间，在这里可以完成教学、答疑等各种教学活动。借助网络通信技术，视音频采集、处理技术以及交互代理等技术，参与到课堂的各个对象可以看到彼此，学生可以看到教师的板书，听到他的讲解。教师也能看到学生的表情和动作，可以听到学生的提问，并随时解答。这种教学方式可以增强师生之间的实时互动，激发学生的学习兴趣，提高教学效率。

2. 虚拟实验室

利用虚拟现实技术建立的各种虚拟实验室已经广泛应用于理工科的教学实验中。在虚拟物理实验室里，学生可以做光学、重力、惯性等实验。在虚拟的化学实验室里，学生可以利用各种化学药品和天平、砝码、温度计等工具做各种不同的化学反应，观察燃烧、爆炸等反应现象。在虚拟的地理实验室里，学生可以做地震波传播、火山喷发等实验。在虚拟的生物实验里，学生可以做各种解剖实验。

虚拟现实的交互性、临场性和多感知性使学生能够在虚拟的学习环境中扮演一个角色，从而可以全身心地投入到学习环境中去，这非常有利于学生的技能训练。并且这些虚拟的训练系统无任何危险，学生可以不厌其烦地反复练习，直至掌握操作技能为止。

清华大学“工程力学虚拟实验室”是一个场景逼真的模拟实验教学软件。它参考了众多的工程实验资料，根据控制理论原理和实际实验所得数据对力学实验进行模拟，界面逼真，交互性强，内容丰富，不仅可以配合教师作为实验前的预习教学，具有良好的人机交互界面，也可供学生课余时间的练习使用。

3. 虚拟校园

天津大学在1996年最早开发了虚拟校园，让学生领略到了近代史上久负盛名的大学概况。

到现在，人们已经不仅仅满足于校园环境的欣赏，而是要体验到其中全方位的教育，形成一个完整的虚拟校园体系。

虚拟校园系统可以让学生不出门就浏览到某校园的全部，从教学到教务，再到丰富的校园生活都可一目了然。这样大大方便了学生对学校的了解，而且也为不在校学习的特殊学生提供了学习机会。现在许多高校都开发了虚拟校园，如北京航空航天大学、西南交通大学、上海交通大学、中国人民大学等。

4. 虚拟图书馆

虚拟图书馆是用虚拟现实技术构建的提供相关信息的场所，虚拟图书馆不仅仅提供诸如文本、视频、声频等信息资源，而且更提供与众不同的身临其境的情境资源。在学习历史知识时，学生可以通过虚拟图书馆进入不同朝代的虚拟世界，实时观察或实际参与当时的历史事件，从而亲身感受和了解不同朝代的实际情况。在学习生物知识时，学生可以通过虚拟图书馆穿行在人体的内部组织和器官之间，加快知识的获取。

虚拟现实技术能够为学生提供生动、逼真的学习环境，学生能够成为虚拟环境的一名参与者，在虚拟环境中扮演一个角色，这对调动学生的学习积极性、培养学生的技能都将起到积极的作用。虚拟现实技术在教学中的主要作用体现在以下方面。

（1）弥补教学条件的不足

在传统教学中往往会因为实验设备、实验场地、教学经费等方面的原因，而使一些应该开设的教学实验无法进行。利用虚拟现实系统可以弥补这些方面的不足，学生在虚拟实验室中可以做各种各样的实验，获得与真实实验一样的体会，从而丰富感性认识，加深对教学内容的理解。

（2）避免真实实验所带来的各种危险

在传统教学中对于危险的或对人体健康有危害的实验，一般采用电视录像的方式来取代实验，学生无法直接参与实验，获得感性认识。利用虚拟现实技术进行虚拟实验可以免除这种顾虑。学生在虚拟实验环境中可以放心地去做各种危险的或危害人体的实验。例如，虚拟的化学实验可以避免化学反应所产生的燃烧、爆炸所带来的危险；虚拟的外科手术可避免由于学生操作失误而造成“病人”死亡的医疗事故；虚拟的飞机驾驶教学系统可免除学员操作失误而造成飞机坠毁的严重事故。

（3）打破空间、时间的限制

利用虚拟现实技术，可以彻底打破空间的限制。大到宇宙天体，小至原子粒子，学生都可以进入这些物体的内部进行观察。例如学生可以进入虚拟发电厂内，考察发电机的每个部件的工作情况以及每个部件之间的相互联系，了解整个发电过程，这是电视录像媒体和实物媒体所无法比拟的。虚拟技术还可以突破时间的限制，一些需要几十年甚至上百年才能观察的变化过程通过虚拟现实技术，可以在很短的时间内呈现给学生观察。例如，生物中的孟德尔遗传定律，用果蝇做实验往往要几个月的时间，而虚拟技术在一堂课内就可以实现。

（4）可以虚拟人物形象

虚拟现实系统可以虚拟历史人物、伟人、名人、教师、学生等各种人物形象，创设一个人性化的学习环境，使学生能够在自然、亲切的气氛中进行学习。例如，在虚拟课堂中，远程学生可以与虚拟的教师、学生一起交流、讨论，共同探讨学习中的各种问题，进行协作化学习。再如，在思想品德课教学中，学生可以与虚拟的先进人物如雷锋、孔繁森同志一起座谈、交流，通过先进人物的言行来感化学生，从而达到思想品德教育的目的。再如，在外语教学中，可以通过计算机虚拟学生到国外旅游的情境，让学生与人交谈，达到训练学生口语的目的。

4.5.3 人工智能及其教育应用

人工智能（Artificial Intelligence，AI）最初是在1956年的Dartmouth学会上提出的，是研究和开发用于模拟、延伸和扩展人的智能的理论、方法、技术及应用系统的一门新的科学技术。它是计算机科学的一个分支，企图了解智能的实质，并生产出一种新的能以与人类智能相似的方式做出反应的智能机器。该领域的研究包括机器人、语言识别、图像识别、自然语言处理和专家系统等。

随着人工智能技术的不断发展，AI成为教育技术领域中的重要研究内容之一。人工智能技术在教育中的应用不仅可以多媒化、网络化地呈现教学内容，也可以智能化、决策化地进行教学策略指导，还可以进行情境化、过程性的教学评价。人工智能技术虽不能改变教育教学过程的实质，但可以改变教育过程的组织序列，影响解决教育教学问题的思路，在一定程度上提升了教学效果乃至引发教育模式的重大创新，如网上学习共同体、合作学习等。

本章小结

本章先后讲解了网络信息的浏览与资源获取；FTP、文件上传与下载应用、云存储与协同技术；电子邮件、即时通信工具、BBS和论坛、移动学习、博客与微博、远程交互系统的教学应用、网络教学支撑平台；网络教育的优势、网络环境下教与学的模式和网络教学环境的设计；虚拟现实技术及其教育应用、人工智能等知识点，重点介绍了信息的检索与获取技巧、云存储与协同技术应用、博客与微博、电子邮件等在教学中的应用方法及网络教学环境的设计，旨在示范网络技术在教育中应用的模式和方法，使读者熟练掌握网络技术的操作，恰当地利用网络手段为教育教学服务。

思考与练习

1. 利用搜索引擎检索资源效率的高低以及结果的准确性是由哪些因素决定的？使用搜索引擎的常用技巧有哪些？

2. 常规不能下载的资源有哪几类？获取技巧分别是什么？

3. 简述 FTP 的功能，常用的 FTP 服务器软件是什么？

4. 移动学习的概念是什么，它有哪些主流模式？

5. 博客和微博的内容特点分别有哪些？

6. 远程交互系统在教育中有哪些应用？常用的远程交互系统有哪些？

7. 与传统教育相比，网络教育的优势具体表现在哪些方面？

8. 网络环境下教与学的模式有哪些？

9. 简述网络教学环境的分类及其各自功能设计的要求。

10. 虚拟现实的定义是什么？有哪些主要特征？根据功能虚拟现实系统的分类有哪些？

11. 虚拟现实的教育应用主要有几个方面？

实践活动

1. 以 Google 搜索引擎为例，检索文件名为“网络课程的设计与开发”的 Word 文档，体验搜索技巧应用的便利。

2. 下载常规方法不能下载的数字化资源，练习资源的下载方法。

3. 注册一个云存储空间的账号，分别上传和下载一个多媒体课件，练习云存储资源共享的方法。

4. 以“E-mail 的教学应用”为主题，利用常用的即时通信工具，组织一次网络协作学习，把各自的发言内容记录下来，保存为 Word 文档，并尝试用即时通信工具共享文件的方法。

第5章　数字化教学资源设计与开发

学习目标

1. 了解数字化教学资源的种类。
2. 熟悉教学软件的设计过程和方法。
3. 了解开发数字化教学资源所遵循的基本原则。
4. 熟悉几个常用的教学软件设计开发工具的功能和特点。
5. 熟练掌握一种教学软件开发工具。

计算机及其网络技术的普及应用筑起了信息高速公路。合理高效地运用信息高速公路于教育信息化的深入发展，数字化教学资源的建设成为首当其冲的任务。因此，设计开发和运用数字化教学资源是信息时代的教师和教育技术工作者必须掌握的基本知识和技能。

本章主要介绍教学软件设计的基础知识、多媒体课件设计及网络课程开发的基本方法和技能。

5.1　数字化教学资源开发基础

由于教学资源的内容非常广泛，本节主要对教育教学软件的分类、设计过程、设计工具、设计原则、脚本设计和评价等问题进行简单的阐述。

5.1.1　数字化教学资源的分类

教学资源包括与教育教学有关的教学设施、仪器设备、师资队伍、图书资料、环境、财务、规章制度、教学计划、人事学籍档案、教学材料等相当广泛的内容。数字化教学资源主要指以数字化的形式体现的教育教学软件资源，按其被使用的对象和应用的方式可以划分为教育管理软件和教学应用软件两大类。

1. 教育管理软件

教育管理软件又可以分为教学资源管理软件和教务管理软件。

（1）教学资源管理软件

教学资源管理软件主要实现对各种教学资源数据进行采集、统计、检索、调用等管理功能，是教育信息化的重要组成部分。

常见的教学资源管理软件有学校办公自动化系统、职工档案管理系统、仪器设备管理系统、财务管理系统等。

教学资源管理软件只有将多种形式的教学资源有层次、有组织、科学地组织起来，并提供一个易用、快捷的应用平台，才能发挥教学资源的长处，使教学资源能够更有效地为教学服务。

（2）教务管理软件

教务管理软件主要包括学生档案管理系统、教学计划与课表编排系统和考试评价系统等相关的教务管理软件。

学生档案管理系统主要包括学生的入学管理和学籍管理。入学管理主要管理学生的入学注册、付费情况以及与付费相对应的课程选择情况；学籍管理则管理学生从注册入学到毕业各门课程的学习情况，如上课、答疑、完成作业、阶段考试成绩、期中期末考试成绩、毕业论文（或毕业设计）以及其他的一些学习活动的评价等。

教学计划与课表编排系统主要包括各类学科、各种专业、各门课程的设置、时间、时数、地点、师资分配和课程学分等。

考试评价系统包括试题库管理、试卷生成、试卷打印、联机测试、试卷分析和成绩登录等管理部分。

2. 教学应用软件

教学应用软件是一种根据教学目标设计的，表现特定教学内容、反映一定教学策略的计算机教学程序，它可以用来存储、传递和处理教学信息，也能与学生进行交互并对学生的学习做出评价。

教学应用软件主要有多媒体教学软件、网络课程和教学网站、网络课件、精品课程、课程积件和测试评价类等软件。

（1）多媒体教学软件

多媒体教学（Multimidiea Computer Assisted Instruction，MCAI）软件也称多媒体课件，是数字化教学资源中的主要内容之一。它以教学或学生自学为主，是以多媒体信息的形式构成独立或辅助完成一定教学任务的教学软件。

多媒体课件的特点体现在：交互性、个别化、信息形式多样性、教学模式丰富等几方面。

① 交互性：指在教学过程中，学生与计算机之间通过反复的信息交互而获得学习。

② 个别化：学习者可以自己安排学习时间和空间、在教学过程中自己选择学习内容、自定学习步调，可以完全依据学习者自己的兴趣、爱好、能力和需求获得个别化学习，实现因材施教。

③ 信息形式多样性：构成学习内容的信息包含文字、图形图像、动画、声音、视频等多种形式的信息。多媒体课件可以实现内容表达准确、生动形象、再现过去、预示未来、缩放视野

等传统课堂难以实现的教学情境。

④ 教学模式丰富：多媒体课件中可以包含课程讲解、操练与练习、问题应答、模拟演示、游戏娱乐、问题求解、发现探究等各种模式的教学活动。

由于多媒体教学软件内容丰富、种类比较多，稍后再做详细的介绍。

（2）网络课程和教学网站

通过网络在线传递教学信息，在网络环境下完成教学活动的教学过程称网络教学，提供通过网络进行教学活动的课程教材简称为网络课程。一个网络课程具有合理的课程教学目标，具有较完整的、系统的课程知识体系、辅助扩展知识、教学信息和与学生交互反馈的教学过程控制、教学评价机制等。教学网站是具有系统的网络教学平台、提供丰富的网络课程、较完善的学生学籍管理和教学过程控制的系统软件。

（3）精品课程

精品课程是由教育行政部门组织建构和评价产生的一种优质的共享网络课程。它除具有网络课程的基本特征外，更强调于教学名师的课堂教学视频资源的提供。学习者可以通过精品课程的学习享受他校教学名师的教学过程。近几年的精品资源共享课程和教师教育精品资源共享课程同属于这一类数字化教学资源。

（4）课程积件

课程积件是比较小的、仅反映某个知识点或单一知识信息的教学软件。其特点是文件小、便于网络传递、多以动画或视频片段的形式呈现，有利于用户二次开发和整合应用，可以单独运行，也可以作为多媒体课件设计的素材。因此，课程积件是一种深受广大教师、课件设计者和学生喜爱的教学资源。

（5）测试评价类软件

计算机辅助测试评价类软件具有测试过程简单、高效，测试结果客观，准确，数据处理便捷等优点。计算机无纸化考试系统就是一种典型的测试类软件，该系统包含如下功能模块。

① 题库系统模块：包括试题录入和题库维护等；

② 试卷生成模块：包括试卷编制策略、试卷生成和打印试卷；

③ 联机测试模块：包括考试信息管理、试卷的自动分发、测试过程控制、考生应答信息收集管理和自动评卷等；

④ 数据分析模块：包括考试结果统计、试卷分析、生成评价报告和提供学生成绩查询等功能；

⑤ 考生档案管理模块：包括考生注册、学籍管理等功能。

教学过程评价测试系统的应用是教育信息化的主要标志之一，应该被广泛普及。

3. 多媒体教学软件

多媒体教学软件以教学或学生自学为主，是以多媒体信息的形式构成独立或辅助完成一定教学任务的教学软件。

根据教学模式和教学策略的不同，可以将多媒体教学软件分为以下几类。

（1）课堂演示型

课堂演示型教学软件一般是由教师运用 PowerPoint 等软件自行编制的，其教学程序基本属于直线式顺序教学，用于辅助各科的课堂教学。

课堂演示型教学软件具有图、文、声、像等多种媒体元素，具有强大的表现能力，在直线式程序的基础上有简单的跳转和链接功能，适于演示各学科的内容提要、数据图表、动态现象、模拟示意，可用来配合课堂的讲授、讨论、练习、示范等各种教学方法。

课堂演示型教学软件一般来说是为了解决某一学科的教学重点与教学难点而开发的，它注重对学生的启发、提示，反映解决问题的全过程，主要用于课堂演示教学。这种类型的教学软件要求画面直观，尺寸比例较大，能按教学思路逐步深入地呈现。

（2）操练与练习型

操练与练习型教学软件给学生提供与所学到的例子相似的练习项目，并根据学生的交互给予反馈。反馈的内容取决于学生的输入，反馈形式包括简单的对错判定、提示继续尝试、动画演示、语言解释等。当学生回答正确时，直接进入下一个练习项目。

与书面作业相比，操练与练习型教学软件具有即时反馈、激发动机和节省教师工作时间的优点。但是过分使用或滥用操练与练习型教学软件会使学生陷入琐碎技能训练的“题海”，影响能力的发展。

操练与练习型教学软件能够代替课堂书面作业或家庭作业，也可以用于考试前帮助学生检测知识，查漏补缺。由于学生能够凭借软件自学，教师能有更多的时间对学生进行个别辅导。

设计操练与练习型教学软件时应注意以下事项。

① 规定练习时间。在日常教学中，教师应规定学生每天练习 10～15 分钟。这样学生既不会感到厌烦，又能有效地巩固当天所学。

② 以个人练习为主。操作和练习型教学软件的优势是自定步调和个性化反馈，因此应该以个人上机练习为主，当然也不排除组织小组之间的竞赛。

③ 有针对性地练习。教学中常常不是所有的学生都需要完成软件所提供的所有练习。教师可以根据学生的知识和技能缺陷，让不同的学生在不同的时间或不同的计算机上练习所必需的内容。

（3）指导型

指导型教学软件体现了以教师指导为主的教学策略，可以向学生系统地传授关于某一课题的内容，其教学程序分为直线式和分支式，能够用于从言语信息到复杂规则的应用，以及问题解决策略等各种学习结果的教学。

指导型教学软件应该包含加涅所提出的所有教学事件，因此好的指导型软件通常有练习部分。有些指导型教学软件具有教学管理功能，教师可以为学生选择学习的起点水平，也能够得到学生学习进度表和测验成绩记录表等。指导型教学软件的目的是呈现知识或示范技能，并指导学生初步地应用知识或技能，一般不包括扩展练习或系统的学习评价。

指导型教学软件可以代替教师的讲授，让全班学生同时学习一个相对完整的教学单元。这种软件的优势是能很好地适合学生的个别需求。例如，有的学生需要在教师讲授后进一步复习，有的学生需要更多的时间或自定步调掌握知识，有的能力较强的学生愿意通过自学掌握知识等。在远程教育中，指导型网络教学软件得到了普遍的应用。

（4）资源型

资源型教学软件是一种适于学生自主学习的软件类型，正逐渐成为多媒体教学软件的一种普遍形式，尤其是大量用于网络教学中。它的基本特点是超媒体结构。资源型教学软件的结构与前面讨论过的演示型、操练与练习型、指导型教学软件不同，各页之间没有预先确定的线性顺序结构，而是由链接形成的非线性的网状结构，学习者通过选择链接来浏览信息。

资源型教学软件主要分为学科电子参考读物、专题分析、案例研究等。

（5）模拟演示型

模拟是指用多媒体技术再现真实的或想象的系统，用于说明系统如何运作。根据模拟的教学目的和所模拟的内容，模拟型教学软件可以分为两大类：一类是物理模拟和过程模拟，主要用于事实、概念、命题等陈述性知识学习；另一类是程序模拟和情景模拟，主要用于智慧技能、认知策略等程序性知识的学习。

总的来说，接触和探究实际事物比模拟要好，但是如果受到经费、事件等条件所限，教学中应该采用模拟方法。在学生不愿意扮演实际角色，或者实际表演会使教学难以控制时，可以使用角色扮演的模型。

（6）教学游戏型

教学游戏的功能是通过给学习活动增加游戏规则来提高学习动机，主要有操练与练习游戏和模拟游戏两种。

目前在中小学教学中应用的游戏性教学软件大多是操练与练习游戏，如英语单词记忆、算术速算、语文组词、地理发现等；也有少量模拟游戏，如人体器官旅行。在高校和职业培训的商务、管理类课程教学中，比较多的应用是模拟游戏。

在适合操练与练习和模拟型的教学情景中，都可以应用同样功能的游戏。由于游戏有强烈的娱乐性特点，学生通过游戏学习时容易偏离学习目的。因此，在教学计划中，教学游戏软件比较适合穿插应用，并且应用的目的要明确，使用时机和时间都要周密考虑，权衡游戏带来的动机效果与课时利用，以及游戏的负面影响。

（7）发现学习

发现学习也称探究式学习。此类课件强调学习情景的创设，围绕着教学目标，系统建构一个问题求解的情景，提供探索、分析和掌握新概念或原理的工具，将学生置身于构造好的情景中，让学生通过意义建构或反复尝试来获取新知识。发现式学习可以使学生由对一个基本概念、原理的探索而获取更高层次的认知能力的发展。

5.1.2 教学软件设计过程

教学软件的开发方法和过程与一般的计算机软件开发有着许多相似的地方。但是，教学软件是为学生提供学习环境，通过与学生的交互使学生学到特定的知识和技能，达到预期的教学目标，因而教学功能、教学内容和教学过程的设计是教学软件设计的核心。由于多媒体教学软件是面向学生进行的，并且具有素材种类多、信息量大和交互性强的特点，从而决定了多媒体教学软件的开发有其独特的方法。

根据计算机辅助教学理论，多媒体教学软件的开发过程包括需求分析、教学设计、系统设计、脚本编写、素材准备、教学软件（或课件）制作、评价与修改和综合测试等步骤。多媒体教学软件的开发过程如图 5.1 所示。

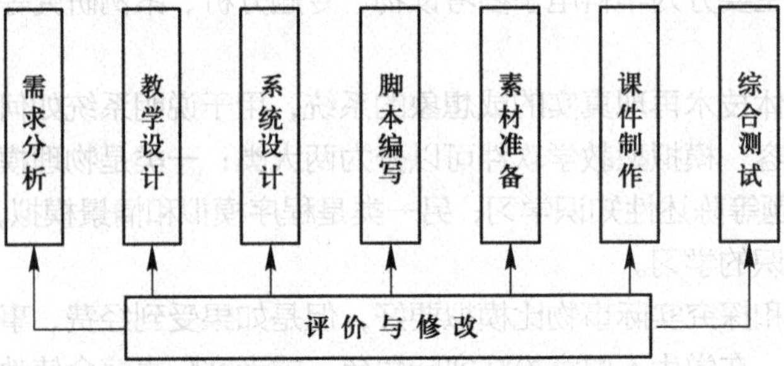

图 5.1　多媒体教学软件开发步骤示意图

1. 需求分析

需求分析是指教学需求分析，是多媒体教学软件的第一个环节，通常选择那些适合用多媒体技术来表现的学科内容，或是在教学活动中急需解决的问题作为研究课题，论证教学软件开发的必要性和可能性。课题选择主要包含以下几项任务。

（1）选定学科课程

确定多媒体教学软件是对哪个学科的课程进行计算机辅助教学。

（2）确定教学目标

在选定的学科中确定教学内容和教学范围，明确多媒体教学软件所要实现的目的和达到的目标。这些内容的选择应有利于发挥计算机辅助教学的特点。

（3）确定教学对象

明确所制作的教学软件的使用对象、学习者已经具备的知识基础和认知能力。

（4）教学软件运行环境

教学软件运行环境包括计算机的硬件环境（计算机硬件配置及对图形、声音设备的要求）、计算机的软件环境（操作系统、教学软件的存储介质）和教学软件播放环境（是课堂演示、个人计算机、计算机网络还是多媒体网络教室）。

2. 教学设计

教学设计是指为了达到预定的教学目标所进行的选择哪些教学内容、教学内容都以什么样的信息形式呈现、教学过程划分的教学环节、教学活动采用哪些教学模式、检测学习效果的内容与方法等内容的安排和设计。多媒体教学软件是根据教学目标设计的计算机程序，主要依靠计算机的逻辑控制与使用者的人机交互活动来完成学习。因此，教学设计是整个教学软件设计开发过程的关键环节。一般来说，教学软件的教学设计任务主要有以下几个方面。

（1）划分教学单元

将教学内容表达为知识单元或细分为组成知识单元的知识点。

（2）选择教学模式

选择适当的教学模式，如指导、练习、模拟等。

（3）确定媒体信息的形式

确定不同的教学内容所使用的多媒体信息形式（文本、图形、动画、或声音等）。

（4）建立知识结构

确定各个教学单元或知识点之间的转移方式。

教学设计最能体现教师的教学经验、风格和教学特点，它是教师教学思想的具体表现，所以在教学软件设计中占有非常重要的地位。

3. 系统设计

多媒体教学软件具有存储信息量大和交互性好的特征，因此必须认真设计多媒体教学软件的系统结构，构建教学软件的总体结构、主要模块和各个子模块之间的相互联系，这样才能保证多媒体教学软件达到最佳的教学效果。软件的系统设计通常包括以下内容。

（1）确定开发环境

根据教学软件的教学设计选择的内容要求和教学模式，确定制作教学软件所需要的软硬件环境，例如所需要的媒体设备、写作系统及工具软件等。不同的工具软件在某些特定的方面都有其各自的优点，合理地选用工具软件对以后的教学软件编制往往可以起到事半功倍的效果。

（2）封面的设计

封面是计算机与学生的第一个交互界面，用于说明多媒体教学软件所包含的主要教学内容及其使用方法等重要信息。封面的设计要新颖、简洁，要给学生留下较深刻的印象。

（3）建立教学单元间的层次结构

通过认真地分析教学内容，阐述教学目标，将教学内容分为一个个教学单元以及进一步细分的知识点，形成一系列的学习子目标，并按教学的要求加以组织和整理，建立学习子目标间的逻辑结构和相互间的联系，生成学习目标的层次结构。确定学习子目标内容应使用的媒体形式，或者哪些媒体的组合才能使表达更加合适，以便于在编制教学软件时能更有效地将教学内容的层次结构表示出来，使学生能够很容易地找到所需要的信息而不至于迷路。常见的多媒体教学软件的系统结构有顺序结构、层次结构和网状结构。其顺序结构和层次结构示意图如图 5.2 所示。

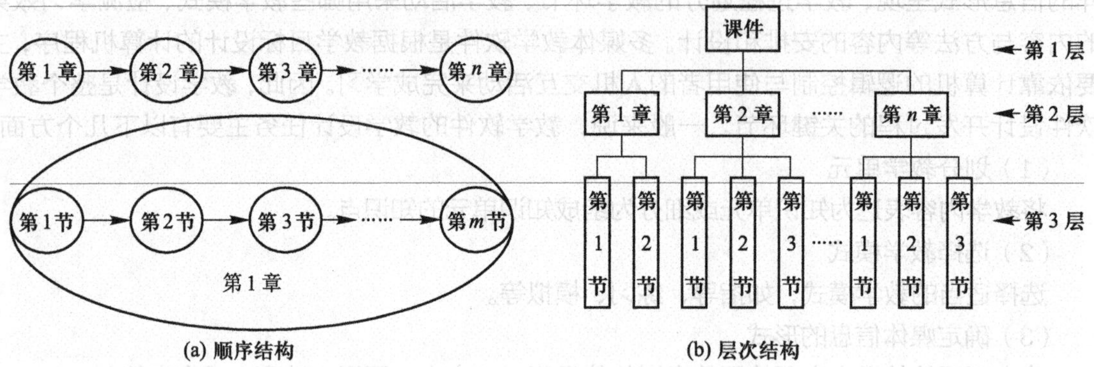

图 5.2　顺序结构和层次结构示意图

（4）确定教学单元的超链接

超链接是多媒体教学软件实现超文本和超媒体的基础。单击图像、单词或短语可以作为学生实现跳转的条件，它能从某个具体的信息或主题跳转到与其相关的另一个信息或主题，它最能体现复杂事物之间的联系。因此，在设计超链接网络结构时应该考虑到知识单元与知识点之间、知识单元与知识单元之间、知识点与知识点之间的逻辑关系和层次关系及它们之间的链接关系，从而形成一个非线性的网络结构。

4. 脚本编写

脚本是教学软件开发的直接依据。在多媒体教学软件的教学设计和系统设计环节中确定了教学软件开发的思想方法，但在开发教学软件过程中还有许多描述 CAI 教学软件的细节问题需要通过脚本来向设计人员说明。例如，怎样向学生讲解和提问、如何接收学生的回答、如何判断学生回答的正确程度、如何分析出现错误的原因并给出相应的反馈等，在教学软件的教学设计、系统设计和流程框图中是难以详细描述的。

教学软件脚本是由学科教师按照教学的思路和要求对教学软件的教学内容进行描述的一种形式，也是软件制作者开发教学软件的直接依据。编写脚本工作就是具体地规定每个单元中计算机向学生传送什么信息、从学生处得到信息后又如何判断和反馈，以及学生如何控制和选择学习内容等详细的描述。

5. 素材准备

在教学软件的脚本完成之后，接下来的工作就是准备素材。恰当地选择多媒体教学软件的素材能使教学软件的表现力更加丰富、生动活泼，有利于激发学生的学习动机，有助于学生由感性认识到理性认识的升华。素材包括文本、图形、图像、动画、声音、视频等。制作素材需要花费大量的时间和精力，素材的准备工作主要包括文本的录入，图形、图像的制作与后期处理，动画的编制和视频的截取等。素材要根据教学需要和教学内容来准备，以理想的形式呈现教学内容，满足学生听得懂、看得清、记得牢的要求，不能选择那些不符合教学规律和教学内容的素材。

制作素材费时费力，要尽量使用原先已有的素材。但是，如果没有合适的素材就应当自己去制作。

6. 教学软件制作

当教学软件的文字、声音、图形、图像、动画、视频等多媒体素材准备好以后，就要根据实际情况选定多媒体创作工具。利用某一创作平台或某种高级语言对各种素材进行编辑，按照前面的教学设计所确定的教学软件结构和脚本设计的具体内容将各种素材有机地结合在一起，制作成交互性强、操作灵活、视听效果好的多媒体教学软件。一般来说，编写好的教学软件要经过反复多次调试运行，直到每个教学单元的设计都符合预先的设计要求为止。

7. 评价与修改

在教学软件编制过程中，随时都可能对前面工作的每个环节进行评价与修改。在教学软件完成后，需要组织人员对教学软件是否达到设计要求进行全面的分析和测试。首先检查这个已经形成的教学软件的教学单元设计、教学设计、教学目标等是否都已达到了要求，对教学软件信息的呈现、交互性、教学过程控制、素材管理和在线帮助进行评估，经过多次反复调试、修改、完善才能趋于成熟。然后再对这个符合设计要求的教学软件做出评价。对教学软件的评价是多方面的，不仅要从教学对象角度考虑，而且还应考虑到美学效果，也要兼顾教学软件的实用性、有效性和其他因素。因此，参加教学软件评价的人员除了参与本教学软件设计的有关人员外，还应有一些专门的评价人员，如教学软件的使用者、有丰富经验的教学人员和教学软件编制人员等。通过试用，发现在编写调试阶段未能发现的技术错误和不足，修改教学软件，使之能够达到要求的教学目标。

教学效果的评价分析应分为两部分进行：一部分是分析教学软件本身对教学效果的影响，使教学软件开发者清楚地看到软件结构、素材质量、交互设计及编写质量对教学效果的影响，从而发现问题的所在，改进教学软件的不足之处；另一部分是学习内容与媒体内容的选择对教学效果的影响——对学习内容进行深入细致的分析，有助于选择最佳的媒体内容，设计出更好的教学过程。而这些内容的修改又将会对软件结构的设计、素材的准备和程序的编写本身产生很大的影响。因此，详细分析影响教学效果的因素对教学软件的开发有着重要的意义。

通过评价，对所开发的教学软件进行全面分析和测试。最后教学软件的设计人员还需要根据评价意见和鉴定对教学软件酌情进行评价后调试，教学软件才进入产品的成型阶段。上述评价属于形成性评价。

8. 教学软件产品的成型

通过评价调试后的教学软件还需要经受一个时期的试用考验，教学软件在计算机辅助教学中的大量使用和教学效果测试可以暴露其内在的不足，以便进一步完善修改。

在试用中对教学软件所做的变更多半是完善功能和细节调整。教学软件设计人员应广泛征求用户的意见，进行反复的修改完善。

课件经过反复测试修改、教学应用实践之后，要达到既定教学目标和良好教学效果，还需要通过专家组进行评价鉴定。通过这一总结性评价，最后形成产品推广使用。

5.1.3　教学软件开发环境

教学软件是计算机应用软件的一种类型，具有计算机应用软件的一般特性，符合计算机应用软件的一般要求。为了保证多媒体教学软件开发的顺利进行，保证在教学中充分发挥计算机多媒体技术的功能，必须保证软件运行的稳定性、界面的友好性和操作的简便性。良好的多媒体开发环境是开发高质量、高水平多媒体教学软件的技术保障。

多媒体教学软件开发的软件环境主要包括中文的操作系统和开发工具。

（1）操作系统

可供开发多媒体教学软件的操作系统主要有 Windows 98 及其以上版本、Windows NT、Unix 和 Novell 等。目前 Windows XP 操作系统功能很强，而且性能稳定，是人们所喜爱的操作系统，当然，Windows XP 及其以上版本要求的硬件条件也较高，只有具备配置较高的硬件系统与功能强大的软件系统的结合，才能体现出良好的、优越的开发环境。

（2）开发工具

这里所说的开发工具是指专门用于开发多媒体教学软件的软件系统，它具有一套完备的能构成多媒体教学软件结构和教学内容素材集成的工具软件。目前世界上应用的开发平台有很多种，各有其优势和不足。下面简单介绍几种常用的开发软件。

① PowerPoint 用于制作演示型课件，亦称电子幻灯片，是一种简单易学的多媒体演示文稿的集成平台。不足之处是模式单调，交互性差。

② Macromedia 公司的 Authorware 是基于流线式的专门用于开发多媒体教学软件或多媒体展示作品的软件。简单易学，不具有高级语言编程能力的人也可以利用它开发出令人满意的多媒体作品。

③ 方正奥思（Founder Author）是我国方正集团开发的可视化、交互式多媒体集成创作工具，具有直观、简便、友好的全中文界面。

④ Macromedia 公司的 Flash 是基于时间轴的平面动画编辑软件，也是多媒体教学软件的一个很好的开发平台。Flash 平台的问世及功能的不断增强不仅给多媒体制作领域带来了新的活力，而且还给网页制作创造了几乎无限的创意空间，作品文件小，易于网上发布和浏览，缺点是交互性较差，需要函数的运用和编程。

⑤ 微软公司的 Visual Basic 是面向对象的程序设计语言，是通用的多媒体应用程序开发平台。特点是通用、灵活；但需要一定的程序设计基础，设计难度较大，并且调试不直观，这使

很多教学软件开发者望而却步。

⑥ Macromedia 公司的 Dreamweaver 是一款网页制作软件，是网络课程或网络课件开发的一个很好的平台。

其他诸如几何画板、Mathstool、ToolBook、Director 等多媒体开发平台都具有各自的特点。总而言之，掌握熟练任何一个开发平台都能奠定多媒体教育软件开发的技术基础。

5.1.4 教学软件设计原则

教学软件设计开发应遵循的基本原则主要包括教育性原则、科学性原则、艺术性原则和技术性原则和交互性原则等。

1. 教育性原则

教学软件开发的选题对学习者要具有教育意义，要有明确的使用对象、有明确的教学目标。要明确为什么要开发该软件，要解决教学上的什么问题，能够使学生在知识、能力、思想品德等方面引起哪些变化。无助于实现教学目的，教师口头能讲清楚的，不适合现代教学媒体手段表现的内容，都不应作为教育软件的选题。

选题内容要有助于解决教学重点和难点。要着眼于加强学生的基础知识和基本技能，既要有一定难度和深度，又要使学生经过努力能够掌握。

结构要符合教育对象的认识规律。教育软件的组织结构安排要遵循教学原则和教学规律，考虑教育对象的心理发展特点，不能脱离学习者现有的知识基础和接受能力。

多媒体教学软件应用的目的是优化课堂教学结构，提高课堂教学效率，既要有利于教师的教，又要有利于学生的学。所以，首先考虑的是利用某个教学软件达到教学的目的。例如，学生自主学习型的教学软件，其教学目的就是激发学生的学习兴趣，调动学习积极性，充分发挥学生的主动性。确定了教学软件制作的目的以后，再根据课题，以教材为基本，从实现教学目标、完成教学任务的需要出发，但不能为教材所束缚，要充分增加教学软件的含金量，发挥多媒体教学软件教学的优势。

2. 科学性原则

科学性是指教学软件所传递的知识信息应该服从科学性，教学内容应该反映学科知识和反映自然科学规律，不能含有反科学、伪科学和封建迷信的内容。

① 规范准确。在教育软件中使用的语言、文字要准确无误，无疑义、无歧义，阐述的科学原理，引用的资料、名词、术语以及计量单位要准确。

② 客观实际。教育软件中使用的例证和反映的各种实际现象等要能客观地反映实际情况，能准确深刻地揭示事物的内在规律，推理要符合逻辑。

多媒体教学软件中所要表达的知识要具有科学性，措辞要准确，行文要流畅，符合知识的内在逻辑体系和学生的认知结构。教学软件中显示的文字、符号、公式、图表及概念、规律的表述力求准确无误，语言配音也要准确。

3. 艺术性原则

一个好的教学软件的展示不但能取得良好的教学效果，而且还可使人赏心悦目，获得美的享受，激发学生的兴趣。优质的教学软件应是内容与美的形式的统一，展示的对象力求结构对称，色彩柔和，搭配合理，具有审美性。

教学软件使用图像和声音直观地表达教学信息，可以适当采用艺术的手法，在图像清晰、声音清楚、色彩逼真、声画同步的同时，具有较强的艺术表现力和感染力，为学习者创造一种轻松愉快的学习氛围，从而激发学生的情感，引起学生的学习兴趣，使他们在乐于接受所学知识的同时受到美的陶冶。

但是，应避免由于与教学目标无关的图形或动画信息的存在而干扰或转移学生的注意力，也许影响教学效果和效率。

4. 技术性原则

所谓技术性原则是指教学软件在制作过程和编制技巧上要符合计算机软件的设计标准。例如，运行要流畅、跳转要灵活、导航链接有效及界面友好、简单易操作、有及时的操作提示或帮助系统、有用户使用说明或 Readme 文档，使用户易学、好用以及安全性高等。

如果应用系统是运行在互联网上的，是远程的、开放的，那么安全性显得尤为重要。无论是远程访问会话中传输的信息，分支网络链接中传输的信息，还是内部网络中传输的信息，保护用户信息不被泄露和限制不同权限用户对各种层次的信息的访问等，提供高效的安全解决方案都是必需的。

安全性包括保密、完整性保护、身份验证、授权和预防重播。可以使用网络加密保护尽可能地减少在公用网络和专用网络上传输敏感信息所带有的风险和权限限制等。

5. 交互性原则

教学软件要有良好的交互性，及时对学生的学习活动做出相应的反馈。表现的知识应该是可操作的，而不是教材的电子搬家。教学软件的操作要尽量简便、灵活、可靠，便于教师和学生控制，可以在教学软件的操作界面上设置寓意明确的菜单、按钮和图标，最好支持鼠标，尽量避免复杂的键盘操作和层次太多的交互操作。

5.1.5　教学软件的脚本设计

教学软件的教学设计工作完成后，应该在此基础上编写出相应的脚本。教学软件的脚本是开发教学软件的直接依据，是由教学设计人员根据学科教师的教学经验，通过周密的教学设计，按照教学软件开发的要求编写而成的。教学软件的脚本为软件的制作提供直接的依据，是沟通学科教师与计算机程序设计人员之间的桥梁。规范的多媒体教学软件脚本对保证软件的质量水平、提高软件开发效率具有积极的作用。

多媒体教学软件脚本的编写一般是以一本好的教材为蓝本，再结合与多媒体信息技术相关的教学设计而完成的。

1. 脚本的主要内容

多媒体教学软件脚本的主要内容由基本信息、具体教学内容和教学软件运行显示效果 3 项构成。

① 基本信息：包括课程名、教学目标、使用对象、教学模式、脚本撰写人姓名、教学软件脚本编号、编写日期等。

② 具体教学内容：根据教学设计实现教学目标所使用的信息及媒体类型，如课程的文字内容、公式、使用的图形（包括草图）、符号，需要的动画内容，必要的数字视频信息，以及是否需要配音解说或旁白等。重点、难点是实现教学软件教学目标的具体内容。

③ 运行显示效果说明：例如，同一屏幕内容呈现顺序、动态字母、显示和擦除的淡入、淡出效果等；教学内容单元之间的链接、控制转向和超级链接等内容的说明。

2. 脚本的格式

不同的教学软件制作人员编写的教学软件脚本格式不一定相同。目前比较流行的有表格式脚本格式和卡片式脚本格式。两者从形式上看差别很大，但是在内容上基本相同。现分别介绍如下。

（1）表格式脚本

表格式脚本的格式如表 5.1 所示。除了表头的基本信息外，主要有序号、屏幕显示内容和效果与控制说明。

表 5.1　表格式脚本

课程软件名称：

科目：

脚本编写人：

分目录名称：　　　　　　　　　　　　　　　　　编写日期：

总编号：　　　　　　　　分编号：　　　　　　　第　页，共　页

序号	屏幕显示内容	效果与控制说明
1		
2		
…	……	……

① 序号。序号又称屏幕号或屏幕序号。由于计算机大多是一屏一屏地显示教学内容，脚本中对每一屏幕都进行了编号，通过屏幕编号可以指定各个教学单元之间进行链接和转向，即序号提供了课程控制转向和链接的地址。序号之间可以是连续的，也可以是断续的，断续编号有利于修改和插入新内容。

② 屏幕显示内容。屏幕显示内容是实现教学目标所使用的视觉信息，例如文字内容、公式、使用的图形（包括草图）、符号，需要的动画内容，必要的数字视频信息，是否需要配音解说或旁白，以及前进、后退和导航连接控制按钮等。把此表格当作一个屏幕，还要明确表示屏幕文字区、图形区和控制链接区域。

③ 效果与控制说明。此项是对运行时的显示效果、控制转向及超级链接的说明。显示效果包括图文信息显示的先后顺序、颜色、文字风格、显示和擦除等效果；控制转向是指从哪个屏幕号转到此屏的，通过该屏的某个菜单、命令按钮或导航图标可以转到哪些屏幕号；超级链接指屏幕中有关的超文本、超媒体链接导航到的屏幕号。

表格式脚本图例请参看后面的“表格式脚本编写示例”。

（2）卡片式脚本

卡片式脚本的原理也是基于多媒体教学软件的内容是一屏一屏地呈现给学习者并让学习者阅读、理解和记忆的，所以可以用一张卡片描述的内容对应一屏的教学软件教学内容，卡片脚本是计算机屏幕的翻版。一串有序的卡片内容构成一个教学单元的内容，所以一个教学软件的脚本由一定数量的卡片构成。

由于多媒体教学软件大部分包含有分支结构、超文本、超媒体结构，由多个模块构成，所以一张卡片上除了包含对应的一屏教学内容外，还要包含屏幕之间的控制转向的信息。

不同的教学软件开发单位、开发公司所使用的卡片的格式不完全一致。下面介绍教学软件课题组使用的一种脚本卡片，如图 5.3 所示。它具有结构清楚、编写方便的特点，更具有一定的代表性。

多媒体教学软件的脚本一般包括以下几方面的内容。

① 文件名。文件名是对这一屏幕内容所属的计算机文件名，也可以是模块名。

② 卡片号。由于多媒体教学软件一般属于超文本、超媒体的模块化结构，教学内容是非线性的，没有先后之分。为了便于管理和制作，一般按主模块或子模块将相关的脚本卡片分类，同一模块按一定的顺序排列编号。卡片号之间可以是连续的，也可以是断续的，断续编号有利于修改和插入新内容。

③ 屏幕画面。屏幕画面是学习活动区域，是教学内容呈现的舞台。这一区域的设计体现了教学软件设计者的设计思路和设计风格。关于屏幕画面的设计，稍后再做详细的讨论。

④ 跳转关系。多媒体教学软件的超文本结构是通过跳转关系来实现的，可以从“进入方式”和“键出方式”两方面来描述节点与节点之间的联系。可以采用如下语句分别来描述。

a. 由________卡片，通过________按钮。

b. 通过________按钮，可进入________卡片。

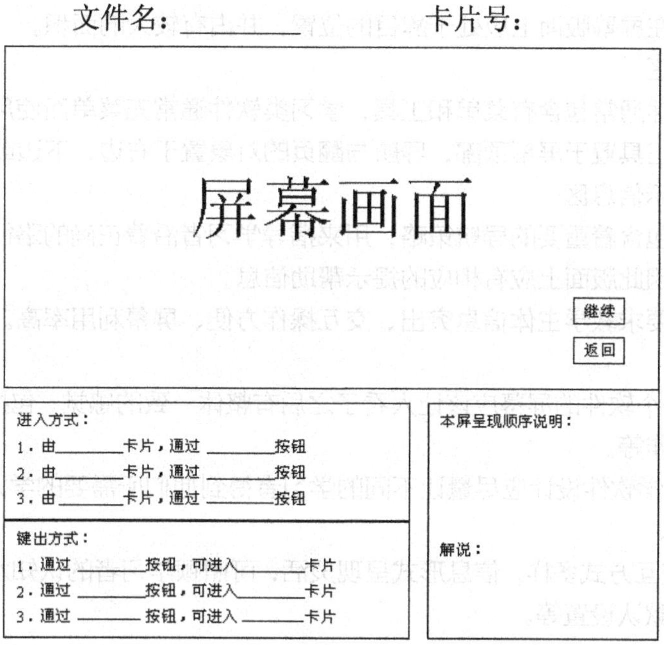

图 5.3　脚本卡片的一般格式

⑤ 呈现说明。主要说明各种媒体信息呈现的先后顺序和显示/擦除的效果。

⑥ 解说。说明需要配音的解说词、背景音乐或音效等内容。

3. 屏幕版面设计

在脚本编写的各项内容中，屏幕版面的设计和编写是最重要的一个环节，其设计的好坏直接影响着教学软件的质量。下面先介绍构成屏幕画面的基本内容，再讨论影响屏幕画面的重要因素——屏幕版面规划，以及屏幕规划的典型案例。

从上述两类脚本格式可以明显看出，表格式脚本中的“屏幕内容”和卡片式脚本中的“屏幕画面”相对应，在这里将其统称为“屏幕画面”。

多媒体教学软件的屏幕中包含有各种教学内容信息、帮助提示信息和可以进行交互控制或导航信息。对屏幕版面进行规划就是设置这些信息的位置和大小。一般的学习型软件的屏幕画面规划如图 5.4 所示。

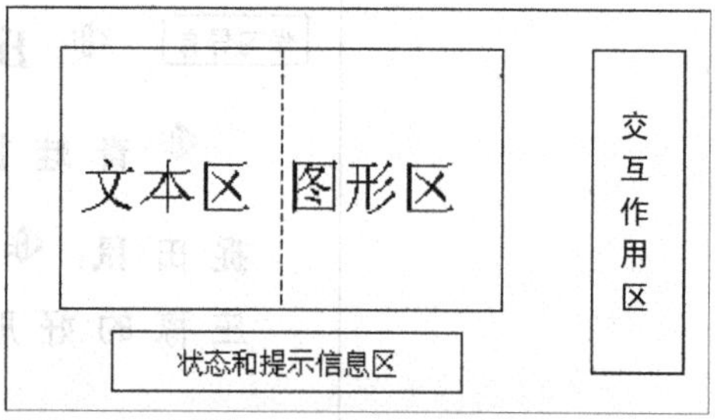

图 5.4　一般屏幕画面规划

（1）教学内容呈现区

教学内容呈现区主要呈现知识内容、演示说明、举例验证、提问问题和反馈评价等，它们是以多媒体信息形式来呈现的。设置这些媒体信息的呈现区域时，重点是对各种可视信息，如文本、图形、图像、动画和数字电影等进行大小和定位设计。整个教学内容呈现区域在屏幕版面上应处于醒目的位置，并占有较大的面积。

（2）交互作用区

工具资料类软件通常包含有菜单和工具，学习类软件通常无菜单而使用导航按钮对象。一般习惯是把菜单和工具置于屏幕顶部，导航与翻页的对象置于右边、下边或右下角。

（3）状态和提示信息区

多媒体作品中包含着重要的导航策略，用来指导学习者沿着正确的路径进行学习，避免走弯路和误入歧途，因此版面上应有相应的提示帮助信息。

屏幕画面设计要求教学主体信息突出、交互操作方便、屏幕利用率高。一般要求遵循如下屏幕设计原则。

① 一致性。一个软件的屏幕应该让人看了之后有整体一致的感觉，包括界面风格、相同内容的布局、交互操作等。

② 适应性。教学软件设计应尽量让不同的学习者得到他们所需要的学习方式，交互的图符信息应尽量人性化。

③ 灵活性。交互方式多样，信息形式呈现灵活，可照顾学习者的认知水平和能力，如提示信息显示与隐藏、默认设置等。

4. 屏幕版面典型实例

图 5.5 所示为一个典型实例“科学小品文”的屏幕画面布局（选自华南师大谢幼如教授编著的《多媒体教学软件设计》）。其中，进入的方式为由课文目录画面，通过“庄稼的好朋友”按钮进入；通过单击“小喇叭”图标、“讲解”按钮、“拼音”按钮实现超媒体的链接，进行朗读、讲解和加注拼音；通过“最前页”、“上一页”、“下一页”、“最后页”和“课文目录”按钮进行导航控制；通过“看一看”、“想一想”、“写一写”和“乐一乐”按钮实现相应的超级链接。当然，不同教学单元的教学内容可能需要不同的屏幕版面规划和布局，这里所介绍的示例仅做一般性的参考。

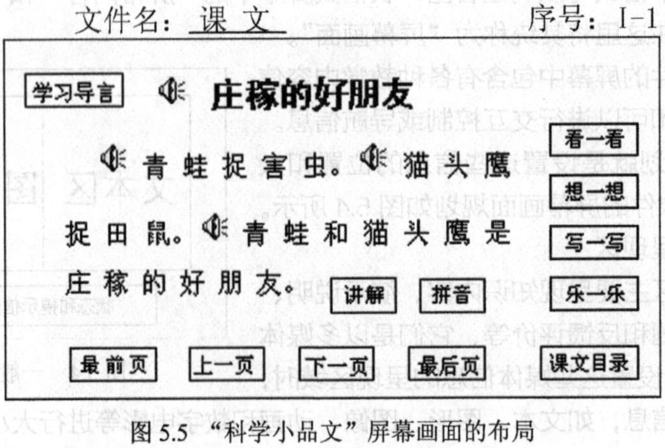

图 5.5　“科学小品文”屏幕画面的布局

5. 表格式脚本编写示例

目前也有很多流行的多媒体教学软件的屏幕布局可供读者参考。下面的案例为中学物理多媒体课件“平抛物体的运动”单元教学软件的部分脚本（选自河南师范大学李振亭教授所著《多媒体课件设计理论与实践》）。它可以清晰地展示多媒体课件表格式脚本编写的基本内容和基本方法。

中学物理——平抛运动

教学软件脚本

内容：中学物理计算机辅助教学软件，主要内容有“自由落体运动”、“平抛运动”、“欧姆定律”等。

教学目标：通过该软件的使用，使学生对自然现象加深认识，掌握自然界事物运动和变化的规律，能够把这些规律运用到生活实践中。

使用对象：高中学生，或具有初中物理知识者。

教学模式：课堂演示，辅助教师课堂讲授；学生自学，课外辅助资料。

编写者：　　　　　　　　　　　　　　　　　　　　　　年　　月　　日

屏幕号	屏幕显示内容	说　　明
0-01	**物理 CAI 教学软件** 自由落体 平抛运动 欧姆定律 …… 退出 制作者：　　　　单位:　　　　年　月　日	封面、题目、目录及署名 分别转向： 1-00 2-00 3-00 结束
2-00	**平抛物体的运动** 将物体用一定的初速度沿水平方向抛出，物体受到跟它的速度方向不在同一直线上的重力作用而做<u>曲线运动</u>。这样的曲线运动叫做<u>平抛运动</u>。**（请看右图）**  <u>请单击锤子</u> <u>继续</u>	标题 动画文字 转向： 继续：2-01 击锤：2-10 曲线运动：F-01

续表

屏幕号	屏幕显示内容	说　明
2-01	**平抛物体的运动** 平抛运动可以分解为水平方向和垂直方向上的两个运动。在水平方向上物体不受力，物体由于惯性做匀速直线运动，速度等于平抛物体的初速度。在垂直方向上，物体受到重力作用，并且初速度为零，物体做自由落体运动。 请单击锤子  看轨迹 继续	动画字幕 转向： 继续：2-02 击锤：2-20 轨迹：2-30 匀速直线运动：F-02
2-02	由此可得平抛物体的速度、位移和时间的平抛运动公式为： 速度 $\begin{cases} v_x = v_0 \\ v_y = gt \end{cases}$ 位移 $\begin{cases} x = v_0 t \\ y = \frac{1}{2}gt^2 \end{cases}$ 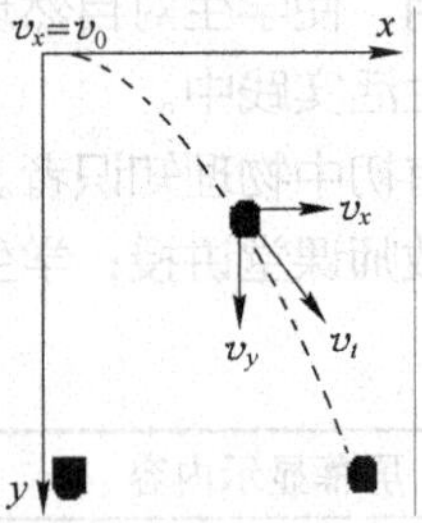 继续	速度式、图闪烁
2-03	由此可得平抛物体的速度、位移和时间的平抛运动公式为: 速度 $\begin{cases} v_x = v_0 \\ v_y = gt \end{cases}$ 位移 $\begin{cases} x = v_0 t \\ y = \frac{1}{2}gt^2 \end{cases}$ 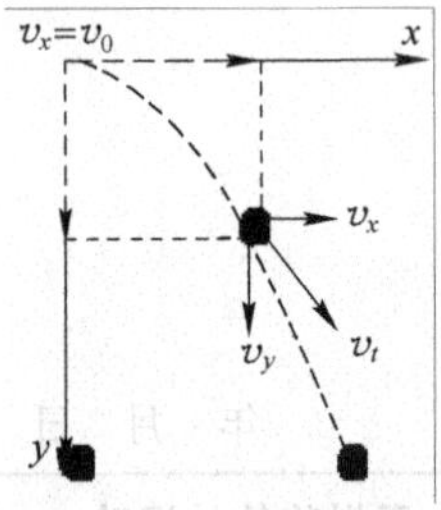 继续	位移式、图闪烁
2-04	**例题**：飞机在高出地面 0.81 km 的高度，以 2.5×10^2 km/h 的速度水平飞行。为了使飞机投下的炸弹落在指定的轰炸目标上，应该在距离轰炸目标的水平距离多远的地方投弹？ 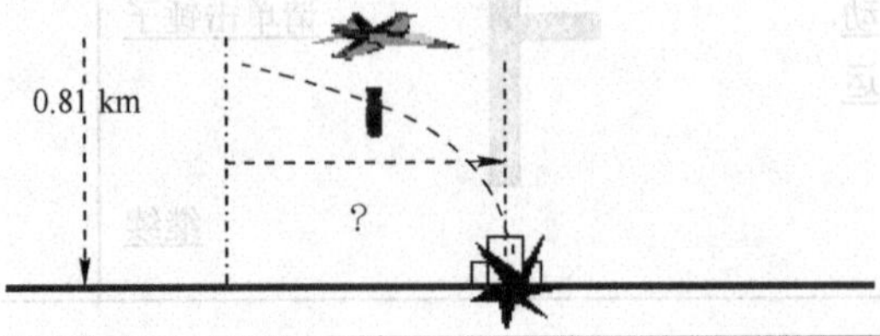	飞机飞行 飞机声 中途投弹 弹落动画 爆炸图 轨迹分析

续表

屏 幕 号	屏幕显示内容	说　明
2-05	**解**：炸弹的运动为平抛运动，设投弹点到轰炸目标的水平距离为 x，竖直方向高度为 y，下落到地面所用时间为 t。 根据题意可知： $\overline{v_0}$=2.5×10^2 km/h=0.069 km/s y=0.81 km　求 x=?	添加到 2-04
2-06	由位移公式 $\begin{cases} x=v_0t \\ y=\dfrac{1}{2}gt^2 \end{cases}$ 得（?） $x=\overline{v_0}\sqrt{\dfrac{2y}{g}}=0.069\times\sqrt{\dfrac{2\times0.81}{9.8\times10^{-3}}}=0.90$（km） 所以应该在离轰炸目标的水平距离是 0.90 km 的地方投弹。	添加到 2-05
2-07	单元测试 ……	
2-10		动画过程 补充 2-00 返回 2-00
2-30	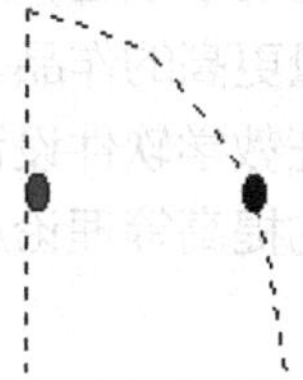	动画过程 返回 2-01
	……	

5.1.6　教学软件的评价

要对一个作品进行评价，首先要明白评价的目的和意义、通常采取的评价方式和评价的指标体系等内容。

1. 评价的概念

教学软件的评价属于教育评价的范畴。所谓教育评价，是在教育测量的基础上，对测量的结果依照一定价值标准（如教学目标）给予价值上的判断。

在教学软件设计过程中，随时都可对前面的工作的每个环节进行评价和修改。在教学软件完成后，需组织人员对教学软件是否达到设计要求进行全面分析和测试。首先检查这个已经形成的教学单元设计、教学设计、教学目标等是否都已达到了要求，对信息的呈现、交互性、教学过程控制、素材管理和在线帮助进行评估，经过反复多次调试、修改、完善才能趋于成熟。在作品完成之后，要对其进行客观、公正的评价。

2. 评价的目的与意义

教学软件评价的目的是保证教学软件开发的质量，促进教学软件开发的规范性。开发的教学软件既要符合教育教学的规律，又要达到软件开发的标准和要求。专家组严格按照评价指标体系逐条地对教学软件进行测评，可以发现问题，促进修改和完善，总结经验，不断提高多媒体教学软件的总体水平和质量。

由此可见，评价可以起到如下作用。

（1）诊断作用

通过评价的审查和测试，可以发现教学软件存在的问题，有利于改进和提高。

（2）激励作用

对教学软件进行评价，对师生的活动具有激励作用。一般地说，好的评价（如对教学软件的表扬、奖励、肯定等）可以鼓励教学软件开发者继续努力工作，以便开发出水平更高、质量更好的教学软件。激励学生积极使用优秀的高质量的教学软件，提高教育教学的效果。

（3）提高质量

对教学软件的评价一方面便于发现问题，有助于改进；另一方面，开展教学软件评价在开发者之间引入了竞争机制，有利于产生更多质量更高的作品。

因此，对教学软件进行合理的评价具有保证教学软件设计开发的规范化、提供修改完善教学软件的建议或意见、促进教学软件制作水平的提高等理论意义和实践价值。

3. 评价的形式

评价的形式一般情况下有形成性评价和总结性评价。

（1）形成性评价

形成性评价也称诊断性评价，主要是在教学软件开发制作的过程中实施的评价。在教学软件开发的过程中，随着开发的进程，开发设计人员或课题组应对开发的各个环节和步骤进行及时的诊断和评价，及时发现问题并及时纠正。这项工作主要由课题组和开发人员来完成。

（2）总结性评价

总结性评价也称终结性评价，一般是在作品完成之后经过一定时期的试运行后进行的评价。它的目的在于检查和评价作品是否能够达到预期的教学目标，对学习者的学习是否有促进的作用。这种评价要通过权威部门组织的专家组严格按照评价的指标体系逐条地对教学软件进行测评，肯定优点，发现问题或不足。总结性评价能够为教学软件的改进提供资料，为作品的正式发行提供依据。

4. 评价的指标体系

教学软件的评价必须依照一定的标准进行。评价的标准要依据一定评价原则拟定合理的评价指标体系。由于教学软件的种类繁多，并且教学目标和教学任务不同，加上不同的教学思想和观点，不可能拟定一个完美的统一的评价标准。因此，对教学软件的评价一般根据特定的需要制定相应的标准。目前也有不少学者在进一步加强和完善各类教育教学资源的评价体系。教育教学类软件评价指标体系的拟定一般遵循教育教学性、科学性、艺术性、交互性和使用的方便性等教学软件设计的基本原则。

为了推动教育软件的研制、开发和推广应用，1993 年原国家教委成立了中小学教材审定委员会——计算机学科审查委员会。该委员会制定了《中小学教学软件审查标准及其说明》，这是一个原则性和指导性的标准，对于具体的教学软件评价来说，还需要做补充说明方能实施。

5.2 演示型课件的设计制作

PowerPoint 是 Microsoft Office 系列办公自动化软件中一个非常重要的组件，其功能是制作多媒体演示文稿，可以集文字、图形、图像、声音、视频和动画等多媒体形式于一身。由于 PowerPoint 功能强大、操作简单、使用方便，因此被广泛应用于会议报告、产品展示、学术交流和多媒体课堂教学等领域。目前，Office 系列办公软件升级到了 2013 版，但绝大多数用户仍然在使用 Office 2007，所以本节通过介绍 PowerPoint 2007 来学习演示型课件的设计制作。

5.2.1 PowerPoint 2007 基础

使用 PowerPoint 制作的多媒体作品又称为演示文稿，它是由一张张幻灯片组成的，因此，制作演示文稿也就是制作不同内容版式的幻灯片，然后把这些幻灯片有机地组织起来作为一个整体进行放映演示。

1. PowerPoint 2007 的工作界面

启动 PowerPoint 后，将进入 PowerPoint 的工作界面。PowerPoint 作为 Office 系列软件之一，它的工作界面和 Word、Excel 等软件的界面类似，由标题栏、菜单栏、幻灯片编辑窗口、大纲/幻灯片窗格、备注窗口、视图切换按钮和状态栏等部分组成，如图 5.6 所示。

2. PowerPoint 2007 的视图方式

PowerPoint 2007 有普通视图、幻灯片浏览视图、幻灯片放映视图、备注页视图等多种视图方式，每种视图都有自己的特点，用户可以根据幻灯片设计的需要选择不同的视图方式。在工具栏的“视图”菜单中单击相应的按钮即可在不同的视图之间切换。

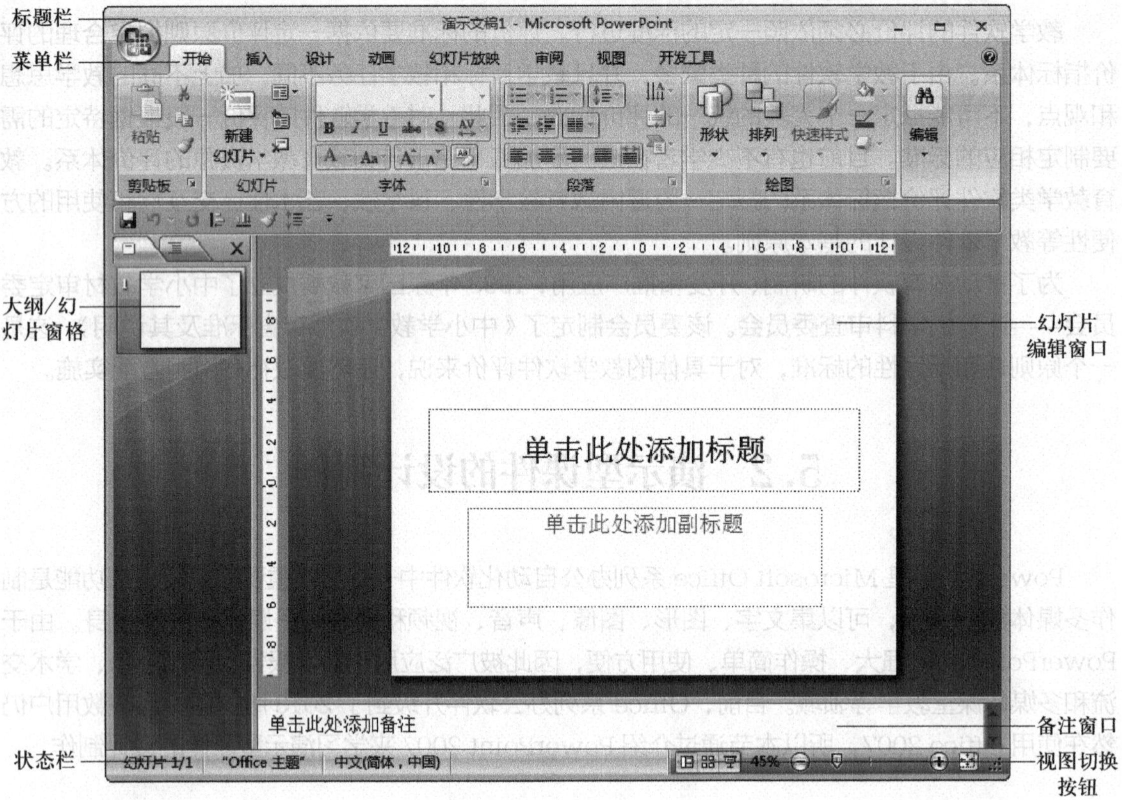

图 5.6　PowerPoint 工作界面

（1）普通视图

普通视图是 PowerPoint 2007 的默认视图，它是最基本的视图模式。如果要从其他模式切换到普通模式，只要单击“普通视图”按钮或界面右下方的按钮即可。普通视图主要由“大纲/幻灯片”窗格、“幻灯片编辑”窗口及“备注”窗格组成，如图 5.7 所示。

普通视图主要用于调整幻灯片的总体结构及编辑单张幻灯片中的内容，还可以在“备注”窗格中添加备注信息。

（2）幻灯片浏览视图

单击“幻灯片浏览视图”按钮，演示文稿将切换到幻灯片浏览视图，如图 5.8 所示。

在该视图中，幻灯片以缩略图的形式排列，用户可以方便地查看幻灯片的背景及配色方案等整体效果。通过幻灯片浏览视图，可以进行复制、粘贴、删除幻灯片以及调整幻灯片的次序等操作，但不能编辑单张幻灯片的内容。

图 5.7 普通视图

图 5.8 幻灯片浏览视图

（3）幻灯片放映视图

单击“幻灯片放映”视图按钮，演示文稿将切换到幻灯片放映视图模式，它是以全屏方式显示文稿中的幻灯片，如图 5.9 所示。

图 5.9　幻灯片放映视图

通过幻灯片放映视图，用户可以查看演示文稿的演示效果，幻灯片放映视图模式与播放真实演示文稿的效果相同。

（4）备注页视图

在视图菜单中单击“备注页视图”按钮，可切换至备注页视图，如图 5.10 所示。

在备注页视图中可以看到画面被分成了两部分，上半部分是幻灯片，下半部分是一个文本框。文本框中显示的是备注内容，用户可以对其进行编辑。

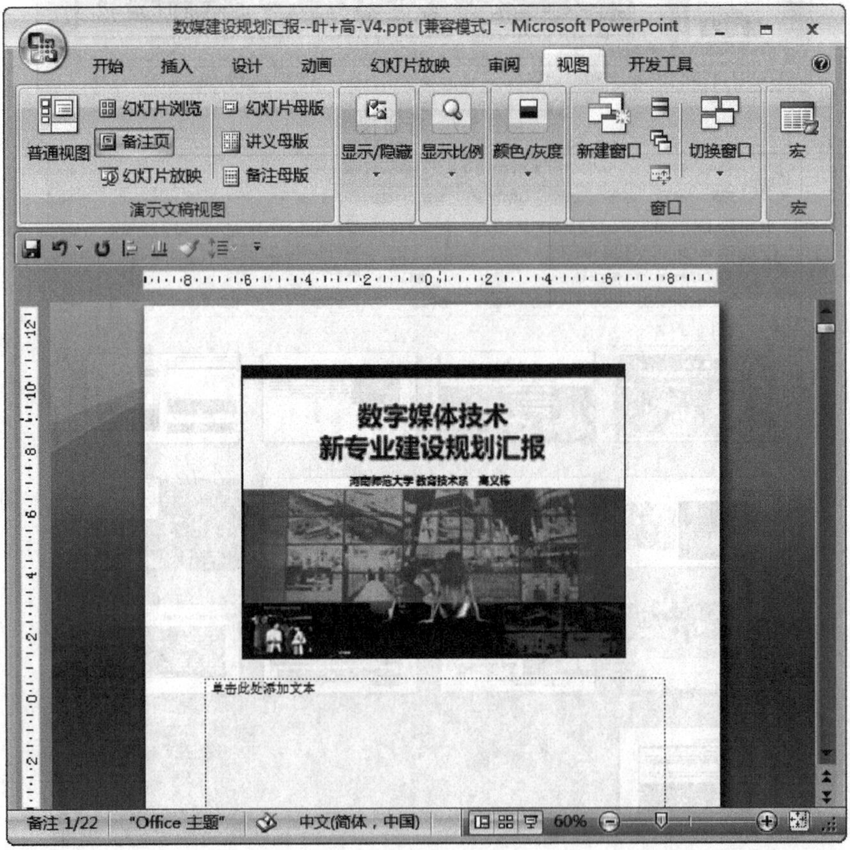

图 5.10　备注页视图

在制作演示文稿时，一般在普通视图中制作幻灯片，在幻灯片浏览视图中查看演示文稿的结构并进行调整，在幻灯片放映视图中预览放映效果，而需输入、编辑大量备注信息时可选择备注页视图。

5.2.2 使用 PowerPoint 2007 制作课件

使用课件教学对教学效果的优化和提高有着重要的作用，也是目前现代教育技术应用中不可缺少的一部分。作为即将从事教学工作或已经从事教学工作的人员，学会制作课件为自己的教学服务显得非常重要，也是衡量一个教师能否胜任现代化教学工作的标准之一。使用 PowerPoint 制作课件，操作简单、使用方便、功能强大，是当前非常流行的课件制作手段。

通过上一节的学习，读者已对 PowerPoint 2007 有了一个初步的认识。下面将介绍使用 PowerPoint 2007 制作课件的程序及操作方法。

1. 新建演示文稿

在 PowerPoint 中不是把制作的每一张幻灯片都保存为一个文件，而是将演示文稿所包含的全部幻灯片及相关信息合成为一个单独的文件，称为一个演示文稿（文件扩展名为 pptx）。制作课件的第一步就是新建演示文稿，PowerPoint 2007 提供了 5 种基于模板创建新文稿的方式：创建空白文档和最近使用的文档、基于已安装的模板、已安装的主题、我的模板以及根据现有演示文稿创建新的演示文稿。另外，还可以基于 Microsoft Office Online 的在线模板创建新的演示文稿。

（1）创建空演示文稿

如果是第一次制作关于某个知识点的课件，一般都是从一个空演示文稿开始。默认情况下启动 PowerPoint 2007 后，窗口就会出现一个空白的幻灯片，用户只需输入内容即可。此外，还可以基于某个特定的模板新建空演示文稿。

单击左上角圆形按钮→“新建”命令，出现新建演示文稿任务窗格，如图 5.11 所示。PowerPoint 2007 提供了多种设计模板，用户可以根据自己设计课件的内容性质来选择一种模板创建演示文稿。“幻灯片设计”窗格中还提供了演示文稿的配色方案和动画方案，以保证幻灯片设计协调一致，用户可以根据需要选择。

在“新建演示文稿”窗格中选择相应的模板，即可新建一个基于该模板的演示文稿，如图 5.11 所示。在“开始”菜单下单击“新建幻灯片”按钮，可以从弹出的窗格中选择一种版式，如图 5.12 所示。

（2）根据现有演示文稿新建

根据现有演示文稿新建演示文稿就是在已经设计过的演示文稿的基础上创建。方法如下。

① 单击“新建演示文稿”窗格中的“根据现有演示文稿”超链接，弹出如图 5.13 所示的对话框。

图 5.11　新建窗格

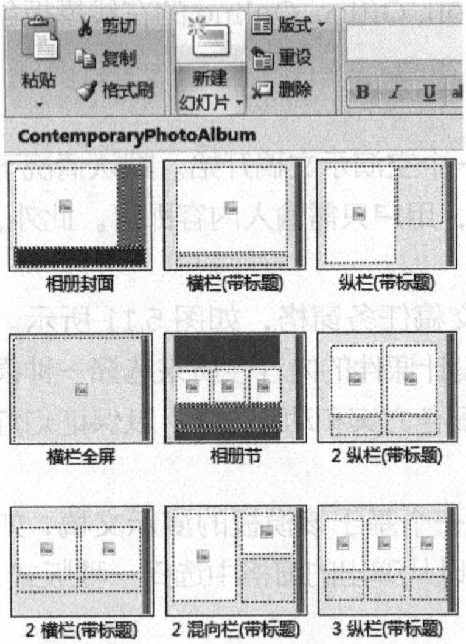

图 5.12　幻灯片版式窗格

图 5.13　“根据现有演示文稿新建”对话框

② 在对话框中选择一个与将要制作的课件风格、内容接近的演示文稿，单击“新建”按钮，在打开的演示文稿基础上进行修改补充，就可新建一个演示文稿。

2. 编辑演示文稿

演示文稿是由一张张幻灯片组成的，对演示文稿的编辑就表现为对每一张幻灯片的设计制作。PowerPoint 2007 提供的诸多功能使幻灯片的制作非常简便。

（1）选择幻灯片主题

PowerPoint 2007 主题取代了在 PowerPoint 的早期版本中使用的设计模板。在过去，设置协调一致的 Microsoft Office 文档格式很费时间，因为用户必须分别为表格、图表、形状和图示选择颜色或样式选项。在 Microsoft Office 2007 中，主题简化了创建协调一致、具有专业外观的文档的过程，这不仅可以在一个程序中实现，而且还可以在多个程序中实现。现在，在 Microsoft Office Excel 2007、Microsoft Office PowerPoint 2007、Microsoft Office Word 2007 和 Microsoft Office Outlook 2007 中可以使用相同的主题。在“设计”菜单中，选择并单击一下鼠标就可以轻松应用一个主题，如图 5.14 所示。

图 5.14 选择和应用主题

主题与模板之间的区别如下。

主题是用户在主题库中看到的内容。虽然主题可以是独立的文件类型（.thmx），但用户创建的每个演示文稿内部都包含一个主题（甚至连新的空白演示文稿也应用了主题）。内置主题不包含文本或数据，但主题颜色、主题字体或主题效果将应用于文档的所有部分，包括文本和数据。

PowerPoint 模板是一种特殊的“入门”文件类型（.potx）。打开一个模板时即会打开一个新的演示文稿，其中包含应用于该模板的内容、版式、格式、样式和主题。用户还可以根据需要自定义主题，包括设置背景格式，以及使用图片或纹理作为幻灯片背景等。

（2）改变幻灯片的版式

当需要更改某张幻灯片的版式时，只需要先选中这几张幻灯片，然后单击“开始”菜单下“新建幻灯片”选项右边的“更改版式”按钮，如图 5.15 所示，在弹出的如图 5.12 所示的幻灯片版式窗格中，单击其中的一个版式就可以将其应用到当前选中的幻灯片上。如果修改了原版式中占位符的大小和位置，想重回到原来的状态，只需单击下面的“重置版式”按钮即可。

（3）文本操作

文本是制作课件时用到的最多的表达形式，因此在编辑幻灯片时会经常进行文本的操作。如果当前的幻灯片应用了系统提供的文字和内容版式，在幻灯片中会出现文本占位符，如图 5.16 所示。

图 5.15　更改或重置幻灯片的版式

图 5.16　文本占位符

这时，只要在占位符中单击鼠标即会出现闪烁的光标，输入内容即可；如果幻灯片中没有文本占位符，要想输入文本的话，就要插入文本框，系统提供了横排和竖排两种文本框形式。插入文本框有以下两种方法。

① 执行“插入”→“文本”→“横排”或“竖排”命令。

② 单击“绘图”工具栏上的“横排文本框”按钮或“竖排文本框”按钮。

选择上述两种方式中的任一种，在幻灯片中要插入文本的位置单击或拖动鼠标即可输入文本。图 5.17 所示为在一张空白幻灯片上插入了一个文本并输入了一首古诗《枫桥夜泊》。如果要对文本进行编辑修饰，首先拖动鼠标选中文本内容或者单击文本框边沿使文本框处于选中状态，图 5.17 中的文本框即为选中状态，然后在“格式”工具栏中单击相应的按钮对文本进行设置，如图 5.18 所示。

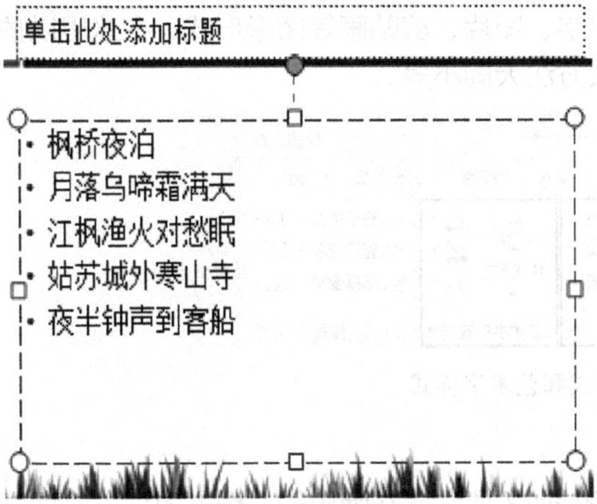

图 5.17 文本输入

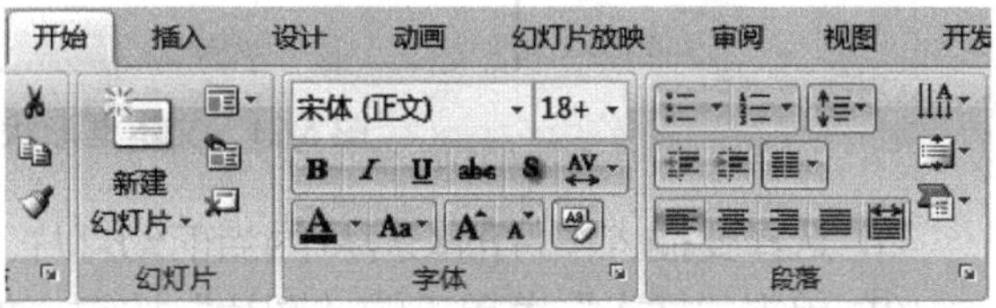

图 5.18 文字格式工具栏

也可以在选中部分文字或者选中整个文本框的情况下单击鼠标右键，在弹出的文本格式快捷工具中设置文字的格式，如图 5.19 所示。

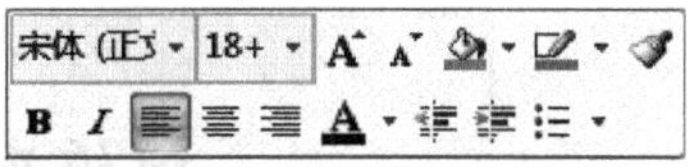

图 5.19 文字格式快捷工具

还可以在右键快捷菜单中单击“字体”命令，通过“字体”对话框对输入的文本进行设置，如图 5.20 所示。

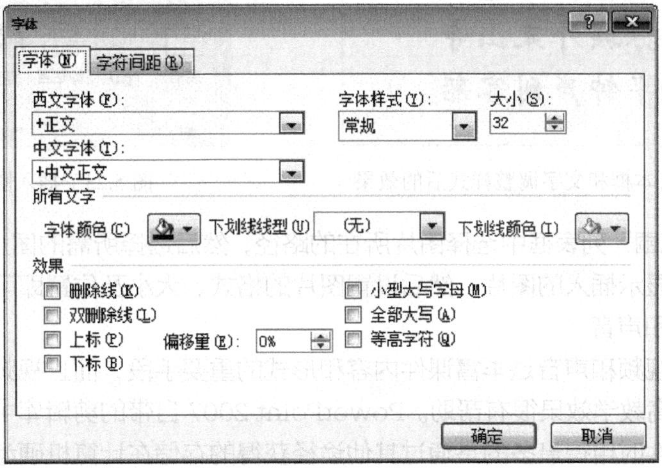

图 5.20 “字体”对话框

除了对文本内容进行编辑修改外，还可以对文本框进行一些设置。选中文本框，则菜单栏上出现“绘图工具”，选择“格式”选项卡，可调出如图 5.21 所示的“格式”界面。可以对文本框和艺术字样式做一些设置，图 5.22 所示是对文本编辑修饰后的效果。

（4）插入图形

用户在编辑演示文稿时，只有文本内容通常是不够的，为了增强演示文稿的视觉效果，可在文稿中插入一些图形。PowerPoint 提供了艺术字、图片、剪贴画等图形形式，在这里以插入图片为例讲解插入图形的方法，其他图形的插入方法大同小异。

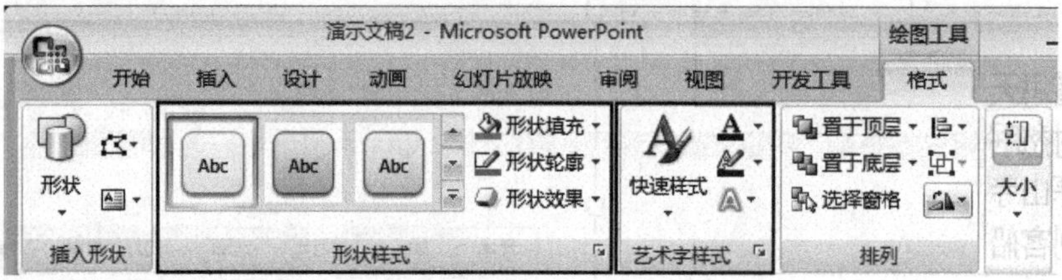

图 5.21　文本框形状样式和艺术字样式

① 选择要插入图片的幻灯片为当前幻灯片。

② 单击“插入”菜单下的“图片”按钮，如图 5.23 所示，在弹出的“插入图片”对话框中选中需要插入的图片。

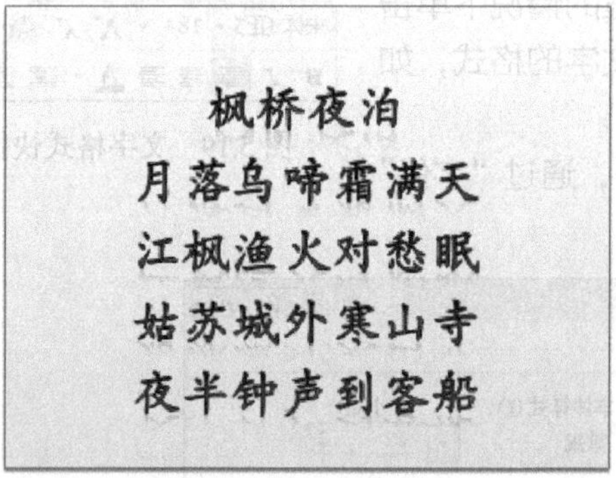

图 5.22　文本框和文字调整样式后的效果

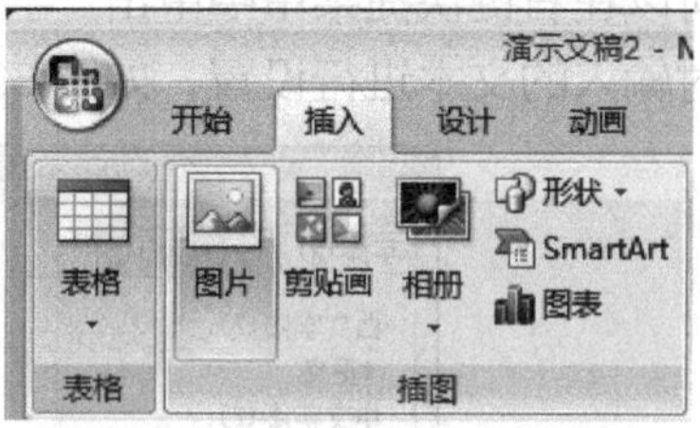

图 5.23　插入图片

③ 在“查找范围”列表框中选择图片所在的路径，然后选择所需的图片，单击“插入”按钮，幻灯片上就会显示插入的图片，然后设置图片的格式、大小及位置即可。

（5）插入影片和声音

在课件中插入视频和声音是丰富课件内容和形式的重要手段，而且视频和声音更能引起学生的注意力，对提高教学效果很有帮助。PowerPoint 2007 自带的剪辑库中有少量的动画和声音文件，在制作课件时用得最多的是通过其他途径获得的存储在计算机硬盘上的独立视频和音频文件，下面以插入影片文件为例讲解插入这类文件的方法，PowerPoint 2007 支持 AVI、WMV、ASF、MOV、MPEG、MP4 等多种格式的视频文件。

① 把要插入影片的幻灯片设置为当前幻灯片，执行“插入”→“影片和声音”→“文件中的影片”命令，系统弹出“插入影片”对话框，在“查找范围”列表框中选择影片所在的路径，然后选择所需的影片。

② 单击“插入”按钮，弹出如图 5.24 所示的对话框。

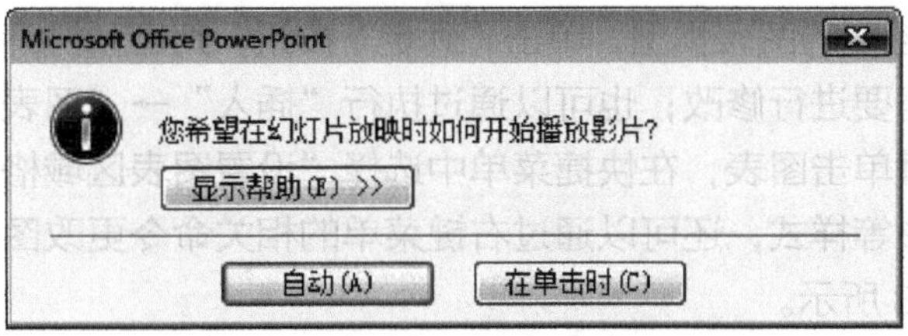

图 5.24 设置影片播放时间对话框

此对话框是设置影片插入幻灯片以后的播放方式的，有“自动”和“在单击时”两个选择按钮，如选“自动”则插入的影片在运行到当前幻灯片时自动播放，如选“在单击时”则运行到当前幻灯片后，影片不会自动播放，只有在影片窗口单击鼠标后才播放。

③ 根据课件设计的要求选择一种播放方式，并单击相应的按钮，在幻灯片中出现的窗口即是播放影片时的窗口大小，调整其大小即可。

（6）插入表格

若课件中涉及众多的数据项，并需要进行分析比较，可以插入表格。方法如下。

① 选择要插入表格的幻灯片为当前幻灯片。

② 执行“插入”→“表格”命令，系统弹出如图 5.25 所示的“插入表格”对话框。

③ 在“列数”和“行数”文本框内输入所需表格的列数和行数。

④ 单击“确定”按钮，一个被设置了行数和列数的表格就被插入到当前的幻灯片中，如图 5.26 所示。

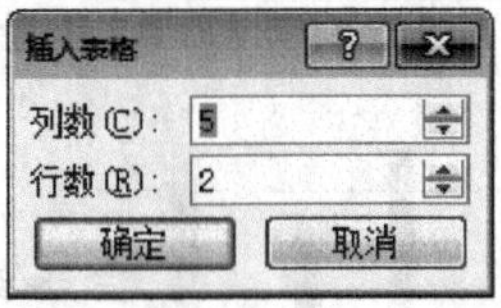

图 5.25 “插入表格”对话框

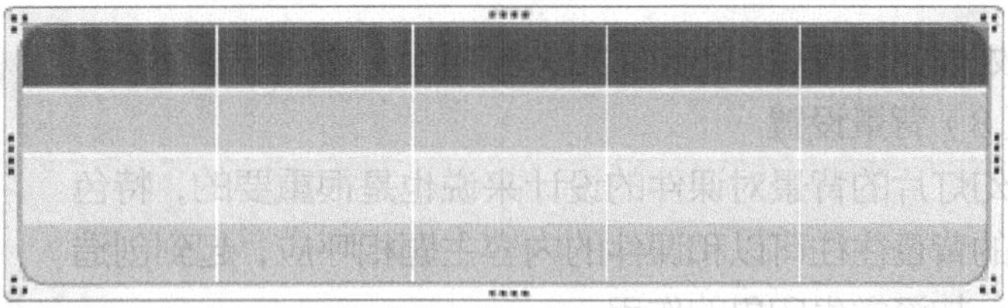

图 5.26 插入表格

在表格的单元格内输入内容，“表格和边框”工具栏也会同时出现在工具栏中，通过它可以对当前的表格进行修改编辑。如果幻灯片应用了含有表格占位符的某种版式，在占位符上双击鼠标左键也会弹出“插入表格”对话框，后面的操作相同。

（7）插入图表

图表是以表格中的数据为基础，用某种图形标识数据特征以及相互间关系的一种分析工具。它能直观地反映出同一时期不同事物的构成情况以及同一事物不同时期的发展趋势，为分析数据、解释现象提供依据，在课件设计中也经常用到。

PowerPoint 2007 提供了内嵌的 Microsoft Graph 中文版，专门用来在页面中制作图表。要生成图表，必须以表格中的数据为基础，因此，首先要形成称为数据表的表格。

在新建幻灯片时，采用“图表”幻灯片版式，单击图表区域，出现“插入图表”对话框，如图 5.27 所示。选择想要的图表类型，单击“确定”按钮，则自动打开一个数据表和依托数据表的图表，然后根据需要进行修改；也可以通过执行“插入”→“图表”命令来插入数据表和图表。可以用鼠标右键单击图表，在快捷菜单中选择“设置图表区域格式”选项来设置图表的填充、边框颜色、阴影等样式，还可以通过右键菜单的相关命令更改图表类型或编辑数据。生成的图表效果如图 5.28 所示。

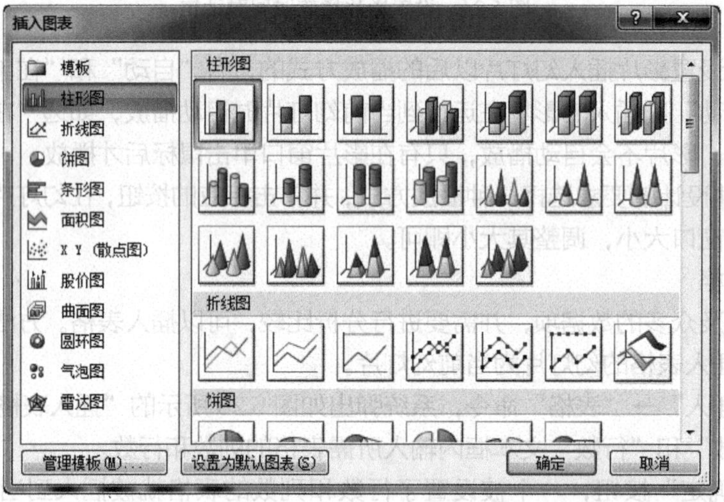

图 5.27　“插入图表”对话框

处理完图表后，单击图表以外的区域，数据表将消失。

（8）背景设置

幻灯片的背景对课件的设计来说也是很重要的，特色鲜明的背景往往可以和课件的内容主题相呼应，起到创造意境、加深学生印象的作用。

PowerPoint 2007 提供了多种幻灯片背景方案，用户也可以根据需要自定义背景。设置背景的操作如下。

① 选定要更改背景的幻灯片。

② 切换至普通视图，执行“格式”→“背景”命令，也可以单击鼠标右键，在快捷菜单中选择“背景”选项，系统弹出如图 5.29 所示的“设置背景格式”对话框。

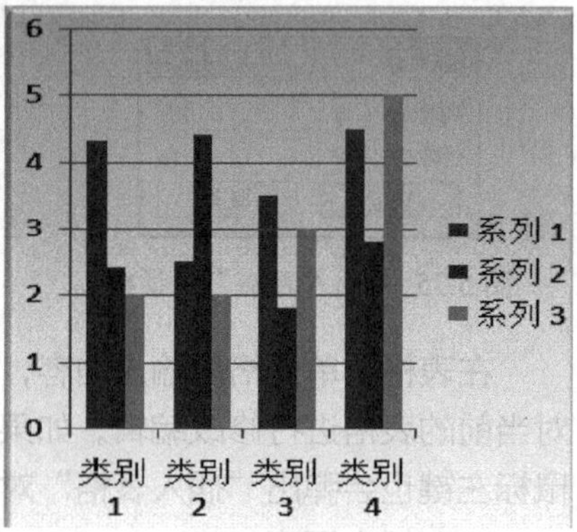

图 5.28　生成的图表效果

③“填充”列表框右侧有 3 种背景填充类型，分别是纯色填充、渐变填充和图片或纹理填充。选择不同的填充类型，下方将出现该类型的修改选项。修改相应设置到满意效果后，单击“全部应用”按钮便可以设置好背景。

（9）插入、移动和删除幻灯片

单张幻灯片编辑完毕后，如果发现幻灯片播出顺序需要调整或者不再需要某张幻灯片，或是需在某个位置上添加新的幻灯片，在“幻灯片浏览”视图下进行这些操作是很方便的。

① 插入幻灯片。在要插入幻灯片的位置单击鼠标左键，会出现一个和幻灯片缩略图等高的光标，然后单击“常用”工具栏上的“新幻灯片”按钮或者执行“插入”→“新幻灯片”命令，就会在光标所在位置插入一张全新的幻灯片。

② 删除幻灯片。选定要删除的幻灯片，按键盘上的 Delete 键或者通过鼠标右键的快捷菜单中的“删除幻灯片”命令即可删除选定的幻灯片。

③ 移动幻灯片。选定要移动的幻灯片，按住鼠标左键，将此幻灯片拖动到所需放置的位置，松开左键即可。

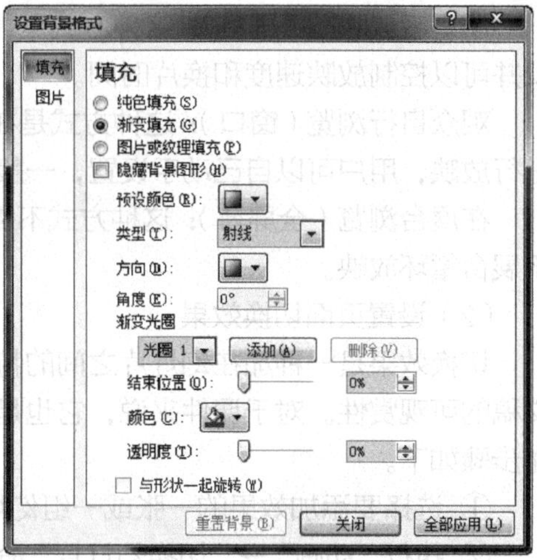

图 5.29 “设置背景格式”对话框

3. 演示文稿的放映

（1）设置放映方式

演示文稿制作完毕就可以进行放映，在放映前应先设置演示文稿的放映方式。PowerPoint 2007 提供了 3 种放映方式，用户可以根据需要选择合适的方式。设置放映方式的操作步骤如下。

① 执行“幻灯片放映”→“设置放映方式”命令，系统弹出如图 5.30 所示的“设置放映方式”对话框。

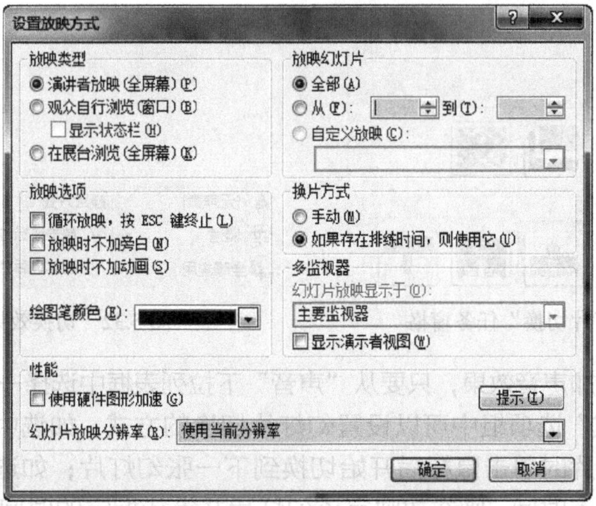

图 5.30 “设置放映方式”对话框

② 在“放映类型”选项区中有“演讲者放映（全屏幕）”、“观众自行浏览（窗口）”和“在展台浏览（全屏幕）”3 种放映方式，用户可以根据需要选择其中一种。

3 种放映方式的具体功能如下。

演讲者放映（全屏幕）：这种方式是最常用的演示文稿放映方式，可以全屏幕地观看演示文稿并可以控制放映速度和换片时间。

观众自行浏览（窗口）：这种方式是在一个带有打印、复制和编辑放映的菜单选项的窗口中进行放映，用户可以自己动手设置，一般用于会议和产品展览。

在展台浏览（全屏幕）：这种方式不需要人为控制，演示文稿以自动放映方式播放，一般用于展台循环放映。

（2）设置页面切换效果

切换效果是一种加在幻灯片之间的特殊效果，使前后幻灯片转换时富于动态性，增强演示文稿的可观赏性。对于课件来说，它也是吸引学生注意力的一种手段。设置页面切换效果的操作步骤如下。

① 选择要添加效果的一张或一组幻灯片。

② 执行“动画”→“切换幻灯片”命令，在“幻灯片切换”任务窗格中选择一种切换效果，如图 5.31 所示。

③ 在“修改切换效果”选项区中的“速度”下拉列表框中选择切换速度。系统提供了 3 种方案，分别是慢速、中速和快速，用于调节幻灯片的切换速度，如图 5.32 所示。

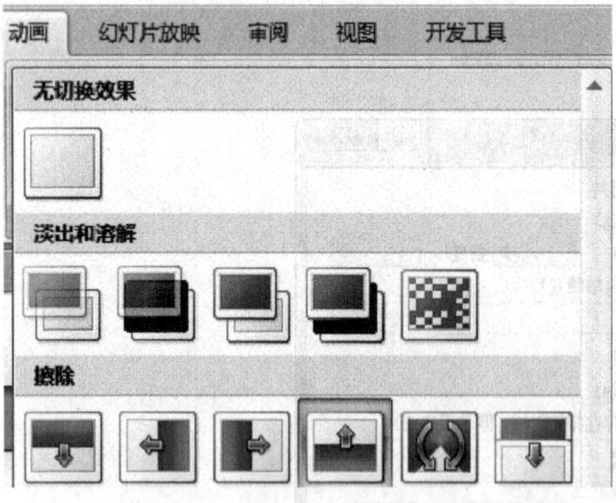

图 5.31　“幻灯片切换”任务窗格

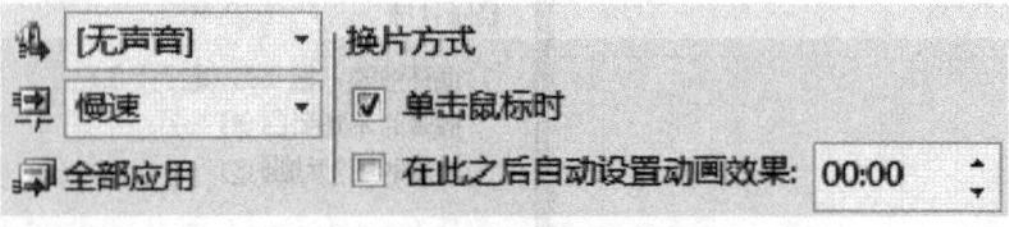

图 5.32　切换效果设置选项

④ 若要为切换添加声音效果，只要从“声音”下拉列表框中选择一种声音类型即可。

⑤ 在“换片方式”选项组中可以设置幻灯片切换的方式。如选中“单击鼠标时”复选框，则在放映该幻灯片时单击鼠标后开始切换到下一张幻灯片；如选中“每隔”复选框，并在其后文本框内输入时间，则在放映完该幻灯片并等待指定的时间后开始切换至下一张幻灯片。

⑥ 若要将切换效果应用到演示文稿中的所有幻灯片上，单击“全部应用”按钮即可。

（3）添加动作按钮

动作按钮可以对正在播放的幻灯片进行前进、后退等跳转操作，还可以跳转到计算机上的其他演示文稿或 Internet 上。添加动作按钮的步骤如下。

① 选定要添加按钮的幻灯片。

② 在“绘图”工具栏中执行“自选图形”→“动作按钮”命令，打开“动作按钮”类型列表，在列表中选择一种按钮，如图 5.33 所示。

③ 在幻灯片上拖动鼠标绘制按钮，系统会弹出如图 5.34 所示的“动作设置”对话框。

图 5.33　动作按钮图

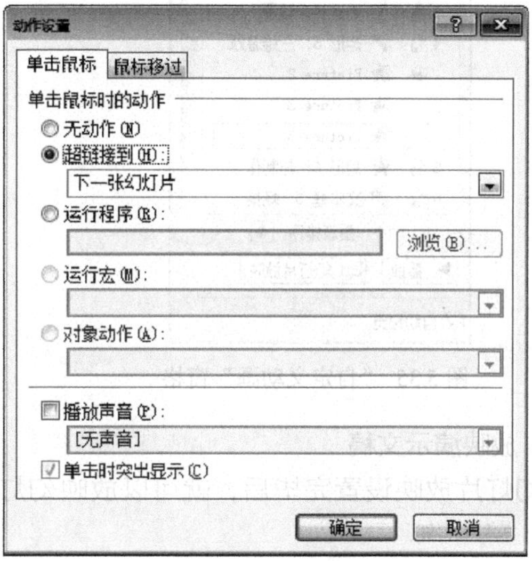

图 5.34　“动作设置”对话框

④ 在对话框中的“超链接到”下拉列表框中选择单击按钮时跳转的位置。

⑤ 单击“确定”按钮。

（4）设置动画效果

在 PowerPoint 中除了可以为幻灯片添加切换效果外，还可以为幻灯片中的各个对象添加动画效果。添加动画效果的操作步骤如下。

① 在普通视图中，显示要设置动画效果的幻灯片，选择设置动画的对象。

② 在“动画”菜单中单击“自定义动画”按钮，打开“自定义动画”窗格，如图 5.35 所示。

③ 在“自定义动画”窗格中单击“添加效果”按钮，在弹出的下拉菜单中选择一种效果，即可将该效果应用于幻灯片中所选的对象，如图 5.36 所示。

④ 如果要更改动画效果的开始方式，可以在“开始”下拉列表框中修改。

⑤ 在“方向”下拉列表框中选择动画效果的方向。根据动画效果的不同，该下拉列表框也随之发生变化。

⑥ 在“速度”下拉列表框中选择播放动画效果的速度。

图 5.35　“自定义动画”窗格

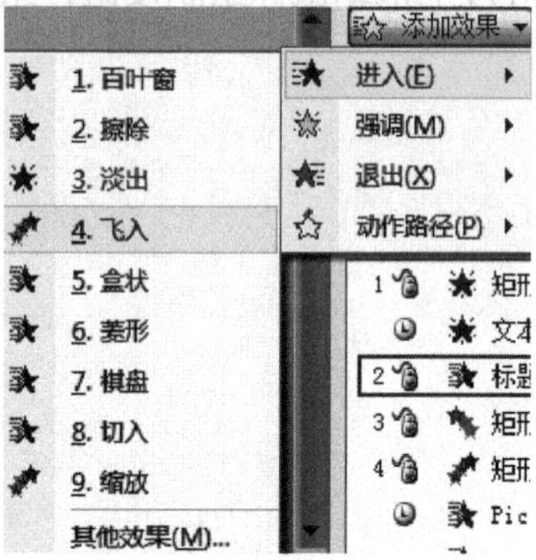

图 5.36　添加动画效果

（5）放映演示文稿

对幻灯片放映设置完毕后，就可以放映幻灯片了，在 PowerPoint 中有以下几种放映方法。

① 执行“幻灯片放映”→“观看放映”命令。

② 执行“视图”→“幻灯片放映”命令。

③ 按 F5 键。

④ 单击底边栏的“幻灯片放映”按钮。

前 3 种方法都会从第一张幻灯片开始放映，第四种方法会从当前幻灯片开始放映。

（6）演示文稿的打包

利用 PowerPoint 的“打包成 CD”功能，可以将一个演示文稿连同支持文件一起复制到一个文件夹中，可以在未安装 PowerPoint 的计算机上运行打包的演示文稿。打包演示文稿的步骤如下。

① 打开演示文稿。

② 执行“文件”→“发布”→“CD 数据包”命令，如图 5.37 所示，打开“打包成 CD”对话框，如图 5.38 所示。

③ 单击“复制到文件夹”按钮，打开“复制到文件夹”对话框，在该对话框中设置文件夹名称和保存的位置，单击“确定”按钮即可实现演示文稿的打包。

图 5.37 “CD 数据包”命令

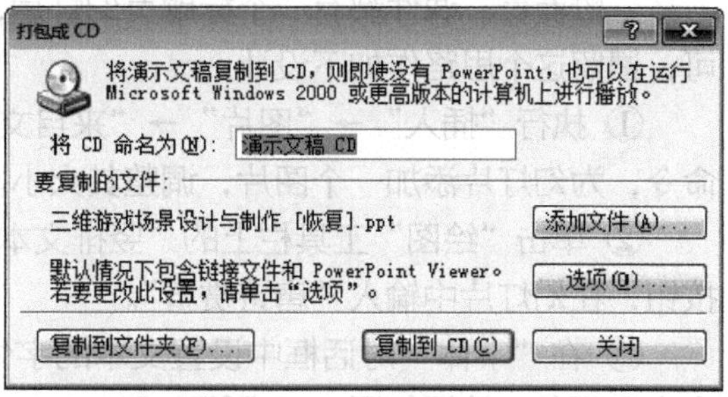

图 5.38 “打包成 CD”对话框

5.2.3 典型实例分析

以上为读者介绍了使用 PowerPoint 2007 制作课件的基本方法，比如文本的输入、图片的插入等。为了让读者对使用 PowerPoint 2007 制作课件有更深入的认识，下面以两首唐诗的欣赏为例，制作一个完整的教学课件，课件由标题页幻灯片、目录页幻灯片、内容幻灯片和结尾幻灯片组成，最后的效果如图 5.39 所示。

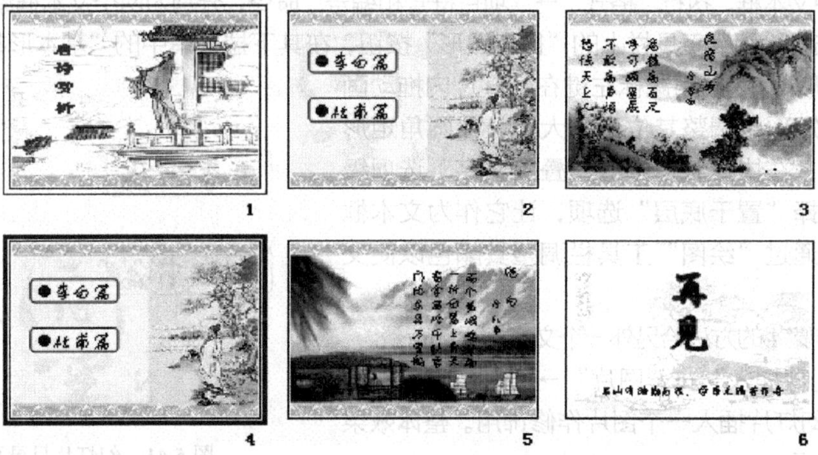

图 5.39 幻灯片顺序

1. 新建演示文稿

① 启动 PowerPoint 2007 后，在右侧的任务窗格中打开“幻灯片设计”任务窗格。

② 在“应用设计模板”列表框中选择“诗情画意”模板。

2. 制作标题页幻灯片

一般而言，课件都有一个标题页幻灯片，这张幻灯片不宜太复杂，给出课件内容的标题即可，遵照这个思路作如下设计。

① 执行“插入”→“图片”→“来自文件”命令，为幻灯片添加一个图片，调整其大小。

② 单击“绘图”工具栏上的“竖排文本框”按钮，在幻灯片中输入“唐诗赏析”。

③ 在“字体”对话框中设置文本的字体、大小及颜色，效果如图 5.40 所示。

图 5.40　字体设置效果

3. 制作目录幻灯片

为了使课件的结构清晰，下面将制作幻灯片的目录页。

① 执行“开始”→“新幻灯片”命令，插入一张新的幻灯片。

② 单击“绘图”工具栏上的“文本框”按钮，在幻灯片上插入两个文本框，分别输入“李白篇”和“杜甫篇”。

③ 选中文本框，执行“格式”→“项目符号和编号”命令，分别为两个文本框添加项目符号。

④ 单击“绘图”工具栏上的“自选图形”按钮，在其下拉菜单中的“基本形状”一栏内选择“圆角矩形”，然后用鼠标左键在幻灯片内拖动画出一个圆角矩形，调整其位置及大小，在圆角矩形上单击右键，在快捷菜单中的“叠放次序”选项级联菜单中选择“置于底层”选项，让它作为文本框的背景，可通过“绘图”工具栏调整其颜色以使文本醒目。

⑤ 用步骤④的方法给另外一个文本框添加背景。

⑥ 执行“插入”→“图片”→“来自文件”命令，为目录幻灯片插入一个图片作修饰用。整体效果如图 5.41 所示。

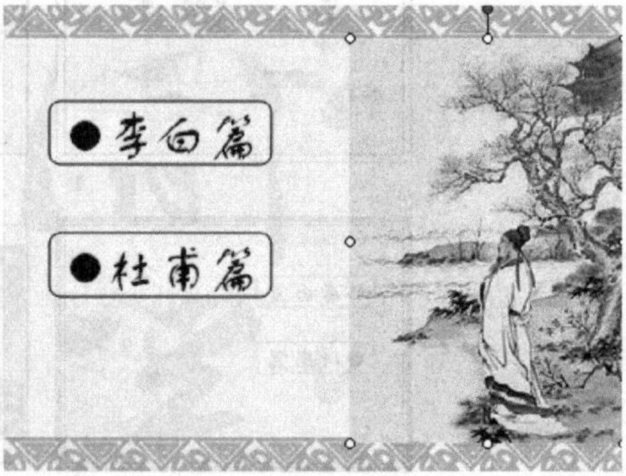

图 5.41　幻灯片目录页效果

4. 制作“李白篇”和“杜甫篇”幻灯片

① 执行“开始”→“新幻灯片”命令，插入一张新的幻灯片。

② 执行“插入”→“图片”→“来自文件”命令，调整插入图片的大小，为幻灯片设置一个背景图片。

③ 单击“绘图”工具栏上的“竖排文本框”按钮，在幻灯片中输入《夜宿山寺》这首诗，并调整文本的大小、字体、颜色和位置，整体效果如图 5.42 所示。

按上述步骤制作“杜甫篇”幻灯片，效果如图 5.43 所示。

图 5.42 “李白篇”幻灯片效果

图 5.43 “杜甫篇”幻灯片效果

5. 制作结束页幻灯片

① 执行“插入”→“新幻灯片”命令。

② 在插入的幻灯片上，执行“插入”→“图片”→“来自文件”命令，为幻灯片插入一张图片作背景，调整其大小，并通过图片工具栏对其设置效果。

③ 执行“插入”→“图片”→“艺术字”命令，在弹出的对话框中设置艺术字的样式及内容。

④ 单击“绘图”工具栏中的“文本”按钮，插入一个文本框，输入“书山有路勤为径，学海无涯苦作舟”，并设置字体、颜色，效果如图 5.44 所示。

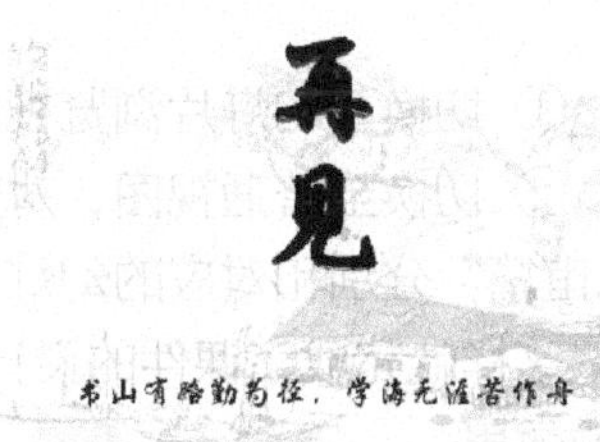

图 5.44 结束页幻灯片效果

6. 设置幻灯片动画效果

① 切换至第一张幻灯片并打开“自定义动画”任务窗格，单击“唐诗赏析”文本框，然后单击“自定义动画”窗格中的“添加效果”按钮，在弹出的下拉菜单中选择“强调”→“更改字号”选项。

② 切换到第二张幻灯片，单击“李白篇”文本框，然后单击“添加效果”按钮，在弹出的

下拉菜单中选择“强调”→“放大/缩小”选项，同样设置“杜甫篇”文本框的效果。

③ 切换到第三张幻灯片，对其中的文字设置为“进入”选项中的任意一种动画效果，并按类似方法设置第四张幻灯片中的文字效果。

④ 打开“幻灯片切换”任务窗格，在“应用于所选幻灯片”列表框中选择“水平百叶窗”选项，然后单击“应用于所有幻灯片”按钮。

7. 动作设置

① 切换到第二张目录幻灯片，选中“李白篇”文本框，单击右键，选择“超链接”选项，打开如图 5.45 所示的“编辑超链接”对话框。

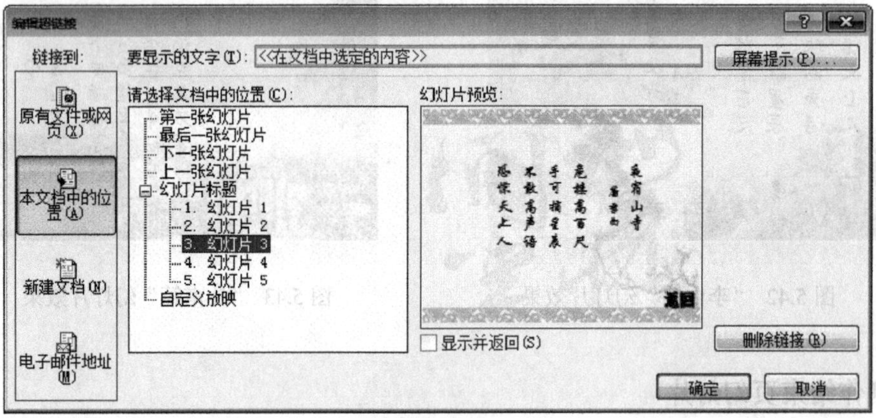

图 5.45 “编辑超链接”对话框

在“链接到”下的列表框内选择要链接到的幻灯片即可。

② 选中“杜甫篇”文本框，制作同样的超链接。

8. 调整放映顺序

① 切换至幻灯片浏览视图，复制第二张目录幻灯片，粘贴至第三和第四张幻灯片之间。

② 切换至普通视图，对第 4 张幻灯片的两个文本的动作设置进行修改，使“李白篇”和“杜甫篇”分别和对应的幻灯片进行链接。

这样就完成了课件的设计过程，可以执行“幻灯片放映”→“观看放映”命令来观看幻灯片的效果。

PowerPoint 是一款非常优秀的演示性课件制作工具，简便易用是 PowerPoint 的一大特点，只要读者在学习过程中能够举一反三，定会触类旁通，相信很快就能制作出优秀的课件来。

5.3 交互型课件的设计制作

在各种多媒体课件开发工具中，Macromedia 公司推出的多媒体制作软件 Authorware 是不可多得的开发工具之一，它有 11 种交互类型，可以设计交互型课件，使不具有编程能力的用户也能制作出高水平的多媒体作品。本节从 Authorware 操作界面、制作多媒体课件和典型案例分析 3 方面来介绍交互型课件的设计与制作。

5.3.1 Authorware 的操作界面

Authorware 是一种基于图标和流程线的多媒体开发工具。它的主要功能是把各种多媒体素材组织在一起，而素材的编辑处理则需要其他软件支持，如 Photoshop、Flash、Premiere、3ds Max 等。Authorware 操作简单，程序流程明了，易学易用，不需要大量编程，能制作高水平的多媒体作品，是非专业开发者和专业开发者很好的选择。

Authorware 自诞生以来，经历了几个版本的更新与发展，目前最新版本是 Authorware 7.02。本节以该版本为平台讲述，为了方便，书写时仅用 Authorware 标识。

从 Windows "程序"菜单中选择"Macromedia Authorware 7.0"，Authorware 自动新建一个文件，弹出如图 5.46 所示的界面，若不调用知识对象，单击"取消"按钮，则打开如图 5.47 所示的 Authorware 操作界面，主要由标题栏、菜单栏、工具栏、图标栏、属性窗口和程序设计窗口等组成。

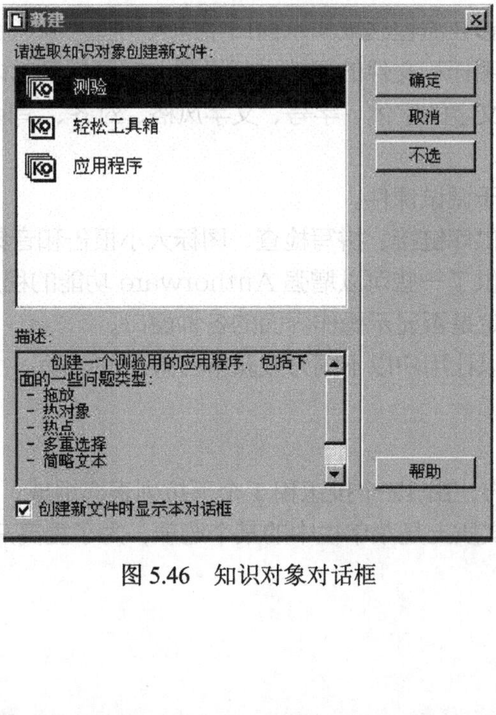

图 5.46 知识对象对话框

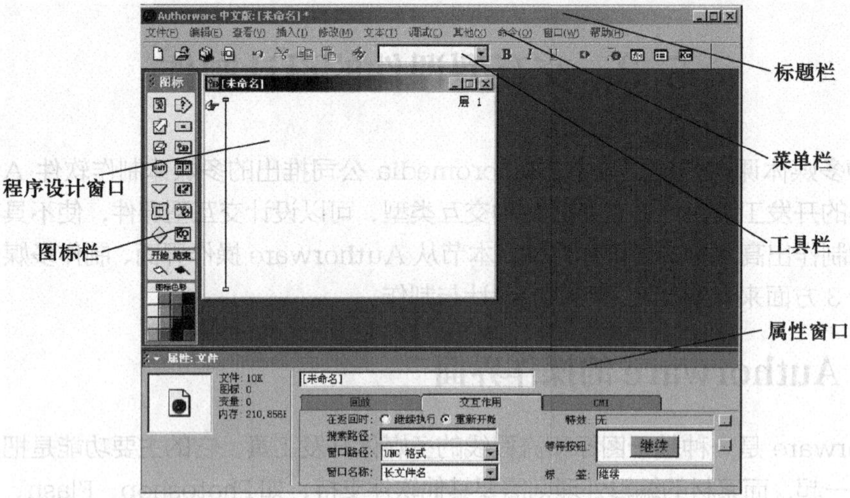

图 5.47　Authorware 操作界面

1. 菜单栏

菜单栏是配合图标进行控制的一些选项，使用方法与 Windows 菜单一样。Authorware 的菜单栏共有 11 个菜单项，其功能如下。

①“文件”菜单：主要用于对文件进行创建、打开、保存、导入、输出、打包等管理。

②“编辑”菜单：主要用于对象选择、复制、粘贴、取消、删除和对图标操作等。

③“查看”菜单：用于控制程序操作界面的外观。

④“插入”菜单：能够在流程线或演示窗口中插入一些对象、图片、控件或媒体等。

⑤“修改”菜单：对图标和文件的属性进行设置，对图标及其内容进行编辑修改。

⑥“文本”菜单：对文字的字体、字号、文字风格、对齐、消除锯齿，滚动文本、保护原始行宽等进行编辑处理。

⑦“调试”菜单：用于调试课件。

⑧“其他”菜单：提供库链接、拼写检查、图标大小报告和音频格式转换等命令。

⑨“命令”菜单：提供了一些可以增强 Authorware 功能的程序。

⑩“窗口”菜单：确定是否显示操作界面的各种窗口。

⑪“帮助”菜单：可以让用户以不同方式获得各方面的帮助。

2. 工具栏

工具栏位于菜单栏下方，由 17 个按钮和 1 个下拉列表框组成，其名称和排列如图 5.48 所示。工具栏中的每个工具实质上是菜单栏中的某个选项，为了提高开发效率而把这些选项以工具形式排列在工具栏中。

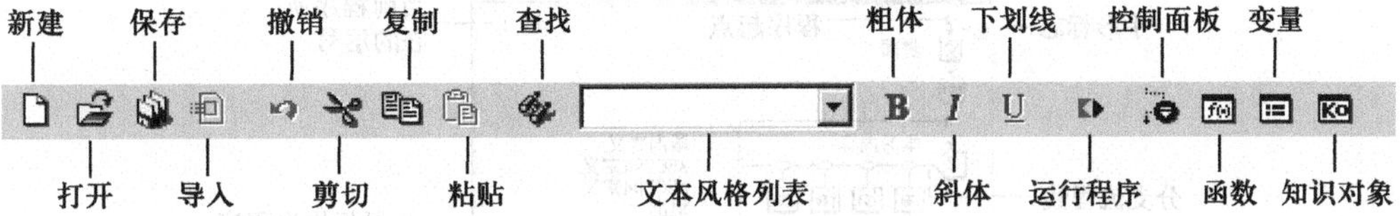

图 5.48 工具栏

其中，控制面板按钮可以调出程序运行控制面板，对程序进行跟踪调试。函数、变量和知识对象按钮分别用于调出函数、变量和知识对象窗口。

3. 图标栏

图标栏有 13 个设计按钮，对应多媒体课件的不同功能模块，使用它们可以制作交互式课件，是 Authorware 最有特色的部分，将在 5.3.2 节介绍。在 13 个设计按钮下方还有一些其他辅助调试工具图标。图标是 Authorware 制作课件的关键，其基本操作如下。

① 添加图标。单击图标工具栏中某一图标，拖动到程序设计窗口的流程线上，松开鼠标，在流程线上就会添加一个新图标。新建图标默认名称为“未命名”，等待图标例外，它的默认名称为空，无“未命名”字样。

② 更改图标名称。为了使程序脉络清晰、图标功能一目了然，设计者可以选择图标，用键盘输入代表图标作用的名字，按 Enter 键即可。

③ 选择图标。在程序设计窗口中用鼠标左键单击流程线上的图标即可选择一个图标。若需要选择多个图标，则可以按住 Shift 键同时依次单击所需图标。

④ 编辑图标。双击图标即可打开图标，进而编辑图标内容。

⑤ 复制/剪切图标。选择一图标后，执行“编辑”菜单下“复制”/“剪切”命令或按快捷键 Ctrl+C/Ctrl+X，也可单击工具栏中的“复制”/“剪切”按钮。

⑥ 粘贴图标：选择流程线上的合适位置，执行“编辑”菜单下的“粘贴”命令或按快捷键 Ctrl+V，也可单击工具栏中的“粘贴”按钮。

⑦ 移动图标：选择一个图标，用鼠标左键拖动到流程线的合适位置，松开鼠标。

⑧ 删除图标：选择需删除的图标，按 Delete 键即可。

4. 程序设计窗口

程序设计窗口是课件流程的设计和各种媒体组合的平台，如图 5.49 所示。

程序设计窗口最左侧的一条竖线叫做流程线，代表程序的执行流程，图标被放置在流程线上。流程线上有一个手形标志，该标志指示当前设计位置。在流程线上加入新的图标或粘贴图标时，首先要用该标志确定位置。窗口右上角的“层 1”字样表明当前窗口是第一层。若流程线上有群组图标，双击后，流程窗口会有“层 2”字样，表明该窗口是第二层，是由第一层派生出来的。

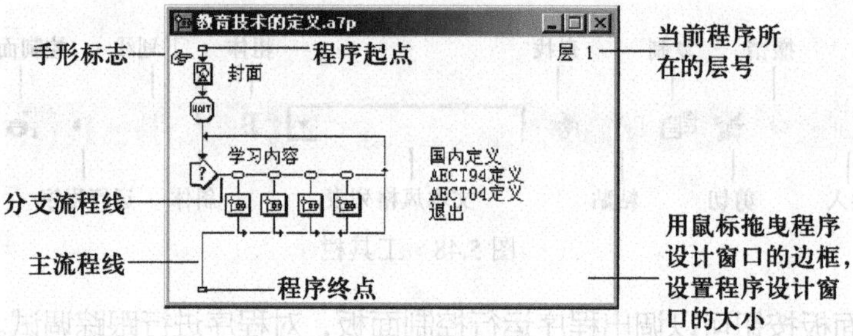

图 5.49　程序设计窗口

5.3.2　使用 Authorware 制作多媒体课件

使用 Authorware 制作课件实际上就是利用各种图标将文字、图片、声音、动画、视频等各种素材加入到课件中，设置其控制和交互方式，最后打包发布。下面将一一介绍。

1. 文件属性

执行“文件”→“新建”→“文件”命令，创建新文件。单击工具栏上的“运行”按钮，打开程序的运行界面。为了使程序界面满足设计者要求，需要进行文件属性设置。执行“窗口”→“面板”→“属性”命令，打开如图 5.50 所示的文件属性对话框。

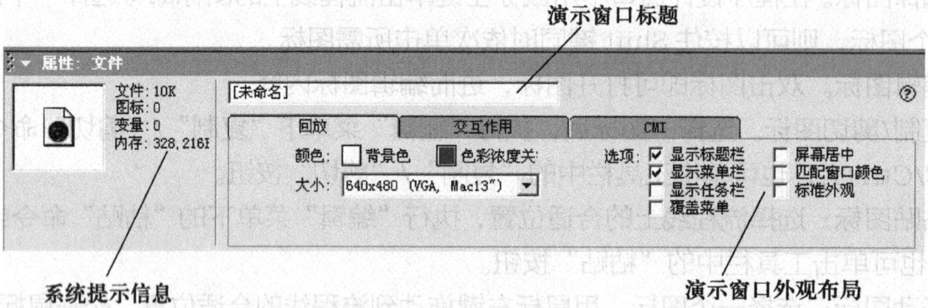

图 5.50　文件属性

（1）系统提示信息

在文件属性栏左侧，系统给出了文件图标、文件大小、所使用的图标数、变量数和剩余内存空间等参数信息。

（2）演示窗口标题

默认情况下，文件的标题是第一次保存时所命名的文件名，该标题可以重新命名，新的标题名不会影响文件名。

（3）演示窗口颜色

① 设置背景色。单击背景色前面的颜色按钮，弹出调色板，选择需要的颜色，单击“确定”

按钮，即可设置背景色。

② 设置色键颜色。与设置背景色相同。此项功能在使用具有色键功能的视频显示卡时才需要设置。

（4）演示窗口大小

演示窗口大小就是多媒体课件运行窗口的大小，如果窗口设置不当，特别是窗口过大，会导致部分对象无法正常显示。演示窗口大小可以通过选择图 5.50 中“大小”下拉菜单选项来设置，其中各选项的含义如下。

① 根据变量：窗口可变，用户可以随意调整窗口大小。

② 512×342 至 1 152×870：设置固定的演示窗口大小，选定后用户不能调整。

③ 使用全屏：全屏显示。因每台计算机的显示器分辨率不同，全屏显示可能导致文件显示效果发生变化，最好不要使用该选项。

考虑到不同计算机之间的兼容，设置演示窗口尺寸最好小于或等于 800×600。

（5）演示窗口外观布局

“属性：文件”对话框右侧各复选框可以设置演示窗口外观布局，具体作用如下。

① 显示标题栏：选中该复选框可以在演示窗口中显示标题栏，反之则不显示。

② 显示菜单栏：选中该复选框可以在演示窗口中显示菜单栏，系统默认创建一个“文件”菜单并提供“退出”命令。若取消选择，需要用户提供其他退出程序的途径。

③ 显示任务栏：选中该复选框后，“显示标题栏”复选框失效，演示窗口最大化时，任务栏可见。反之，演示窗口最大化后任务栏不可见。

④ 覆盖菜单栏：选中该复选框后，用户菜单栏叠于演示窗口之上，位于此区域的内容将被覆盖。反之，菜单栏在演示窗口上方，不占用演示窗口空间。

⑤ 屏幕居中：选中该复选框后，演示窗口置于屏幕中央。

⑥ 匹配窗口颜色：Windows 窗口默认的颜色系统是白色，允许用户自定义窗口颜色。选中该复选框，演示窗口的颜色与用户自定义的窗口颜色效果一样。

⑦ 标准外观：类似于匹配窗口颜色，用户还可以把在 Windows 中定义的按钮等外观应用到 Authorware 文件中。

2. 添加文字和图形图像

在课件中使用最多的素材就是文本和图形图像，Authorware 中呈现文本和图形图像素材的图标是▣显示图标。把显示图标拖到流程线上，创建显示图标，双击该图标，演示窗口就可以呈现文本和图形图像。

（1）显示图标

① 工具箱：双击显示图标，打开演示窗口，在程序设计窗口中出现工具箱，如图 5.51 所示。工具箱是制作显示内容的重要手段，具体作用介绍如下。

↖移动工具：用于选择和移动一个对象，且可以改变对象大小；用鼠标左键双击，显示或隐藏“覆盖模式”工具，如图 5.52 所示。

A 文本工具：在演示窗口中用鼠标左键单击可创建一个文本对象。

+ 直线工具：用于在演示窗口绘制水平、垂直和 45°直线。

／斜线工具：用于在演示窗口绘制任意角度直线，若同时按住 Shift 键，其功能相当于直线工具；用鼠标左键双击，显示或隐藏“线型”工具。

□矩形工具：用于绘制矩形，若同时按住 Shift 键，可绘制正方形；用鼠标左键双击，显示或隐藏“填充模式”工具，如图 5.53 所示。填充模式提供了无填充、背景色填充、前景色填充和各种网格填充共 36 种填充式样供选择。

○椭圆工具：用于绘制椭圆，若同时按住 Shift 键，可绘制圆形；用鼠标左键双击，显示或隐藏“填充模式”工具。

▢圆角矩形工具：用于绘制圆角矩形，若同时按住 Shift 键，可绘制圆角正方形，图形左上角的句柄可控制圆角度；用鼠标左键双击，显示或隐藏“填充模式”工具。

⊿多边形工具：用于绘制多边形。绘制方法：在演示窗口中单击鼠标左键，产生一顶点，移动鼠标到合适位置再单击鼠标左键，产生另一顶点，依次操作直到所有顶点都定义完毕，最后双击鼠标完成多边形绘制。用鼠标左键双击，显示或隐藏“填充模式”工具。

✎A■：用鼠标左键单击铅笔右侧的颜色按钮会弹出调色板，如图 5.54 所示，调色板提供了 256 种颜色，用于设置文字、线条、图形轮廓颜色。

◈■：用鼠标左键单击油漆桶右侧任一颜色按钮会弹出调色板，用于设置文本背景色、图形填充色。当选择某一填充模式时，这上下两个颜色按钮分别设置填充图案和底色的颜色。

═线型：鼠标左键单击该按钮，弹出“线型”工具，可设置线条的虚实、粗细和是否带箭头以及箭头的方向等。用鼠标左键双击，显示或隐藏“线型”工具，如图 5.55 所示。

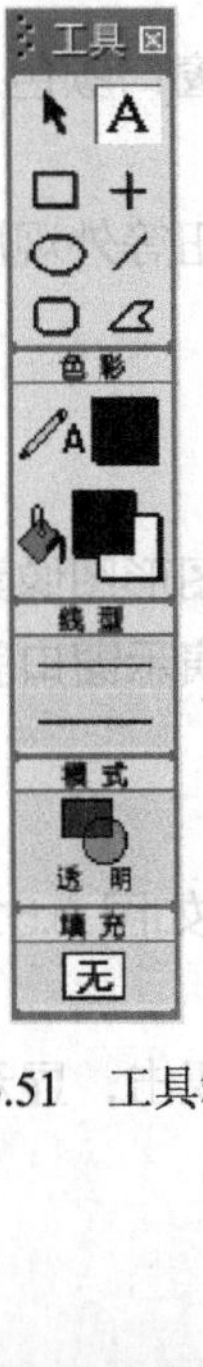

图 5.51　工具箱

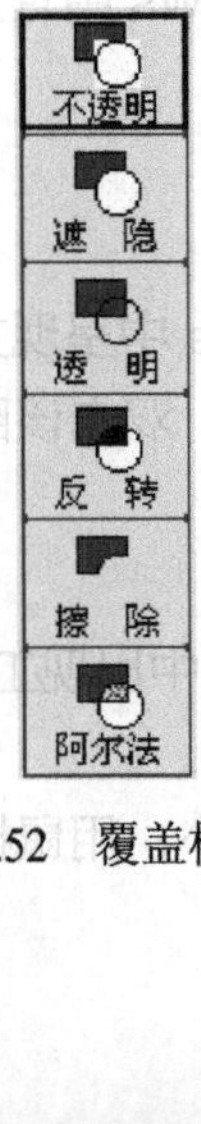

图 5.52　覆盖模式

图 5.53　填充模式

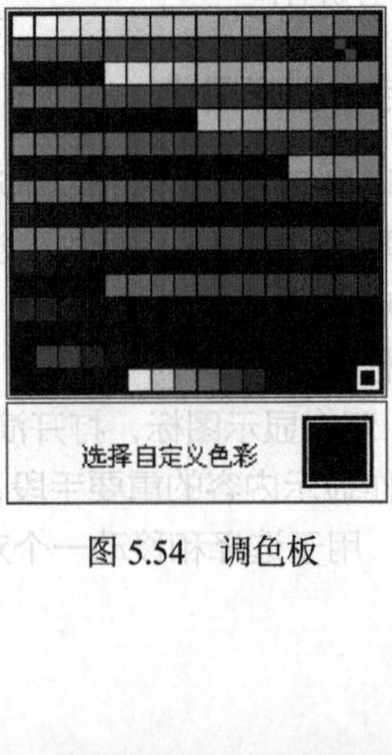

图 5.54　调色板

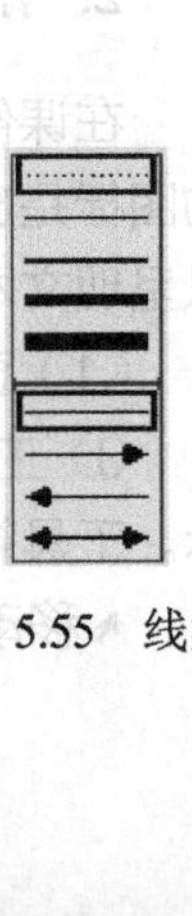

图 5.55　线型

② 覆盖模式：用于设置多个显示对象之间显示效果，各种覆盖模式作用如下。

不透明度模式：为默认模式，使位于上面的对象完全显示，位于下面的部分被遮盖。

隐藏模式：去掉前景对象四周的白边，但对象内部不受影响。

透明模式：前景对象的所有白色区域都变成透明，从而显示出下方被遮盖的部分。

反转模式：前景对象与下方重叠部分以反相显示，若下方对象为白色则不变。

擦除模式：默认情况下，创建的对象不可见。若前景对象背景颜色与下方对象颜色不同，则前景对象以背景色显示，前景对象的背景区域变为透明。

阿尔法模式：可以使包含阿尔法通道的图像文件与背景产生渐变融合的图像效果。

③ 显示图标属性：双击显示图标，在程序设计窗口下方出现显示图标的属性对话框，如图 5.56 所示。其主要作用如下。

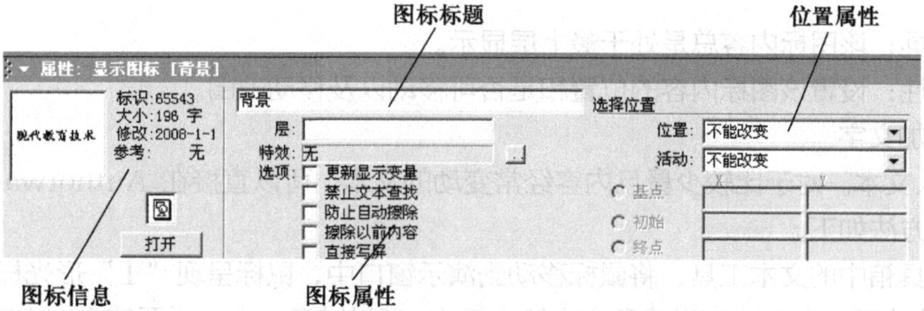

图 5.56　显示图标属性

图标信息：显示信息，单击下方的“打开”按钮可以打开演示窗口，显示该图标内的信息。

图标标题：设置该显示图标的标题，与文件属性中标题设置类似。

层：用于设置该图标所在的层数，它决定了该图标中对象与屏幕上其他对象的相对位置。在默认情况下，Authorware 将图标放置在最底层，即层数为 0，层数较高的对象将在层数较低的对象的前面显示。

特效：图标内容不是直接出现，而是通过一些效果显示出来，进而突出主体，使课件动起来。设置过渡效果的方法是用鼠标左键单击“特效”后面的按钮，打开如图 5.57 所示的对话框。

在左侧特效类别窗口中选择一类过渡方式，在右侧窗口中列出该类过渡方式的所有过渡效果，单击即可选择一种过渡效果。在两个窗口下方可以设置周期（过渡效果持续时间，单位为秒）、平滑（过渡平滑性，数值越小越光滑）和影响（过渡效果应用的范围），用户可以通过“应用”按钮预览过渡效果，满意后单击“确定”按钮。

更新显示变量：在程序运行过程中，显示窗口的变量能够随时显示其值的变化情况。

禁止文本查找：在查找或替换内容时，禁止在该图标内查找。

防止自动擦除：不允许自动擦除，只能通过擦除图标来擦除。

擦除以前内容：先擦除已经存在的画面内容，再显示该图标内容。

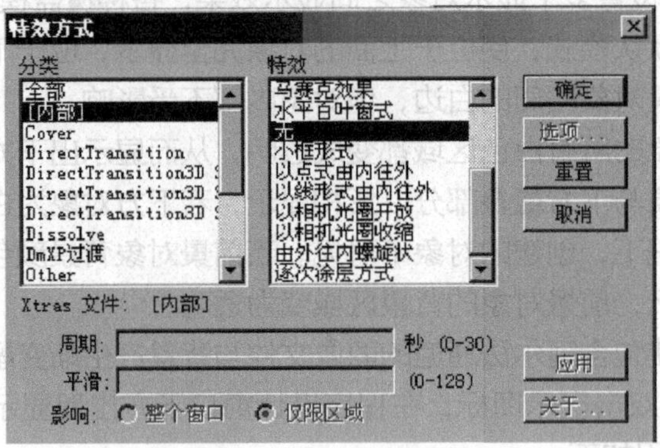

图 5.57 “特效方式”对话框

直接写屏：该图标内容总是处于最上层显示。

位置属性：设置该图标内容的位置和是否可移动以及移动范围。

（2）添加文字

① 输入文本。对于比较少量且内容经常变动的文本，可以直接在 Authorware 的演示窗口中创建，方法如下。

选择工具箱中的文本工具，将鼠标移动到演示窗口中，鼠标呈现“I”形光标，单击鼠标左键，窗口中出现一条文本缩进线和文本输入标志。通过键盘输入所需要的文字内容，如图 5.58 所示。输入完毕后，选择工具箱中的移动工具，退出文本输入状态，这时输入的文本周围出现 6 个控制点，如图 5.59 所示。

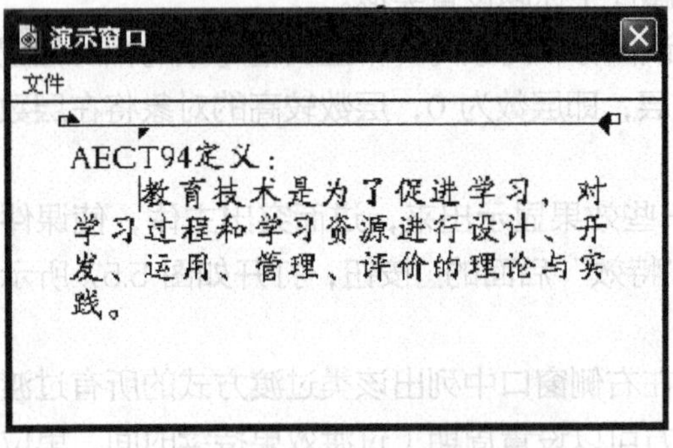

图 5.58　输入文本

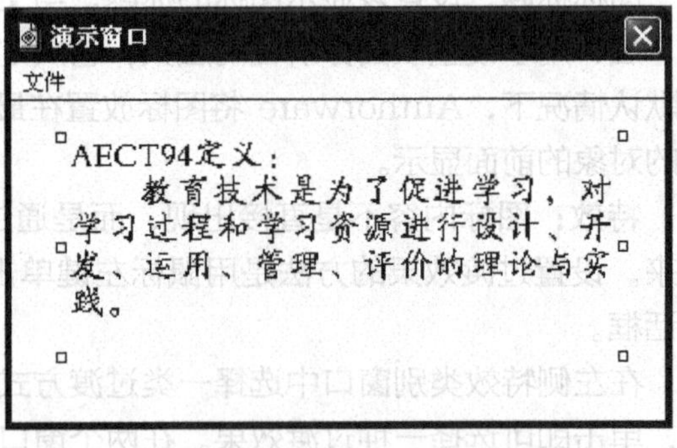

图 5.59　退出输入文本状态

② 导入文本。课件有时需要呈现大量文本信息。如果该文本已经存在于磁盘上，则可以直接导入到显示图标而无需输入，这样就可以省去大量精力。导入文本有两种方法，具体操作如下。

加载外部文本：选择流程线上的合适位置后，执行“文件”→“导入和导出”→“导入媒体”命令，打开如图 5.60 所示的对话框，选择一个 TXT 文件，单击“确定”按钮，系统弹出如图 5.61 所示的对话框，单击“确定”按钮即可导入文本。

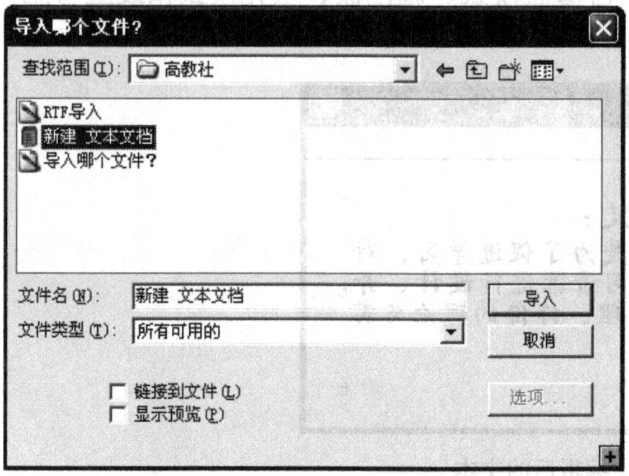

图 5.60 “导入哪个文件？”对话框

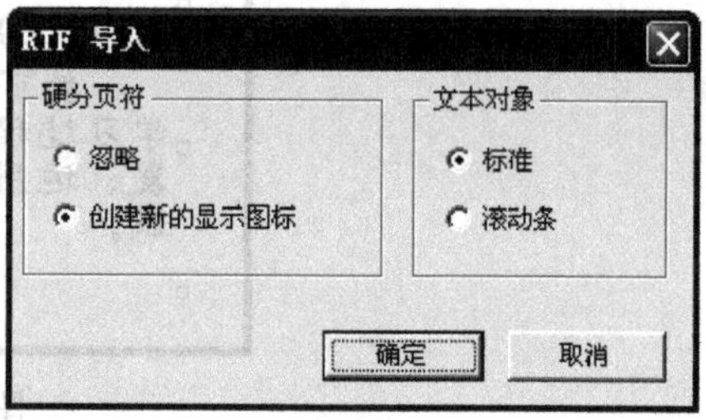

图 5.61 “RTF 导入”对话框

图 5.60“导入哪个文件？”对话框下方有两个复选框选项。“链接到文件”是指选定素材与课件之间是链接关系，如果素材文件位置移动或删除，课件将无法显示该素材文件。若不选中“链接到文件”复选框则素材直接嵌入到课件中，素材文件变化不影响课件内的显示效果。选中“显示预览”复选框可以在加载素材时看到素材预览的效果，反之则不能。右下角的“+”号表示一次可以加载多个素材。

图 5.61 的“RTF 导入”对话框分为硬分页符和文本对象两部分。硬分页符中“忽略”将会忽略 RTF 文件的硬分页；“创建新的显示图标”可使 RTF 文件的每一页都会产生一个新的显示图标。文本对象中“标准”表示导入的文件将创建标准的文本选项；“滚动条”表示创建的文本带有垂直滚动条。

粘贴外部文件：打开外部文件，选择需要粘贴的文本，复制到剪贴板上；在流程线上添加一个显示图标并打开；单击工具栏的“粘贴”按钮或“编辑”菜单下的“粘贴”命令，即可导入文本。

③ 文本属性设置。添加文本的字体、大小、风格很单调，设计者可以根据需要进行调整，Authorware 提供了丰富的字符属性、段落属性供用户选择。如果这样还不能满足要求，用户还可以在 Authorware 中加载自己喜欢的字体和风格。

选择移动工具，单击文本对象，选择文本菜单设置整个文本对象的字体、字号和对齐方式等。选择文字工具，单击文本对象，该对象中出现闪动的光标，按住鼠标左键拖动可以选择局部文字进行字体、字号等调整。对上面输入文本的编辑效果如图 5.62 所示。

（3）添加图形图像

① 绘制图形。绘图工具箱可以绘制直线、椭圆、矩形、圆角矩形、多边形等，是 Authorware 的重要工具，绘图工具箱在显示图标、交互图标、框架图标等许多设计图标中都

有应用，这里以显示图标为例介绍图形绘制方法，其他类似。打开显示图标，选择形状工具，在演示窗口拖动鼠标即可绘制各种形状，结合覆盖模式、调色板、填充模式和线型可制作如图 5.63 所示的图案和表格。

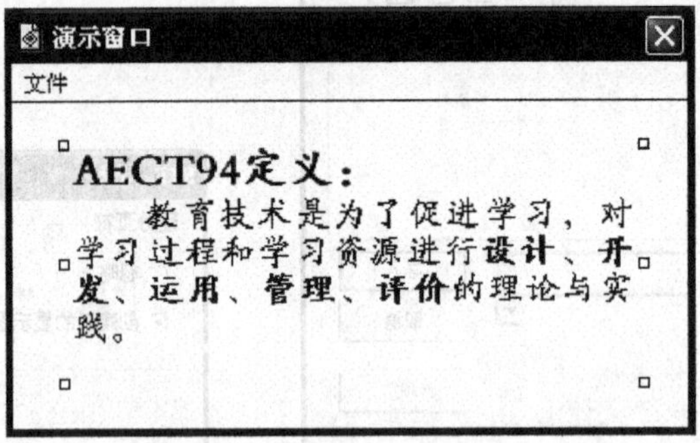

图 5.62　编辑后的文本

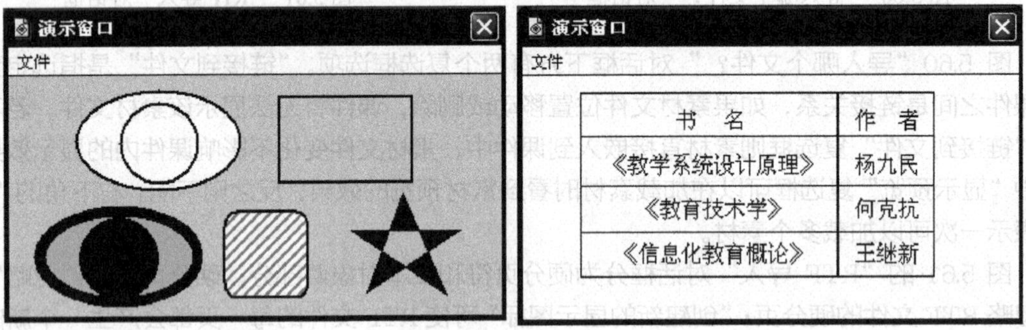

图 5.63　图案和表格

② 导入外部图片。Authorware 虽然可以绘制图形，但绘图功能有限，同 Photoshop 等专业的图像处理软件相差甚远，只能绘制简单形状。而图片色彩丰富、形象逼真、信息量大，可以作为课件背景或呈现教学信息，故大多数时候需要将已存在的图片导入 Authorware 文件，以丰富课件内容。导入外部图片的方法与导入外部文本的方法类似，这里就不再讲解。

3. 添加数字电影和声音

利用多媒体计算机辅助教学离不开动画影像和声音。文科课件中的散文诗歌讲究声情并茂，需要在课件中使用声音素材；理科课件中，介绍工作原理、描述化学反应常常需要用动画来表现。运用数字电影图标、DVD 图标和声音图标能在 Authorware 的程序中添加动画、电影、声音等多媒体素材，并且可以根据课件需要对声音和影像的播放进行多种控制，实现多媒体辅助教学的功能。

（1）添加数字电影

数字电影图标用于导入由其他软件制作的数字视频或动画文件。在流程线上添加数字电影图标，双击该图标，打开如图 5.64 所示的属性对话框。

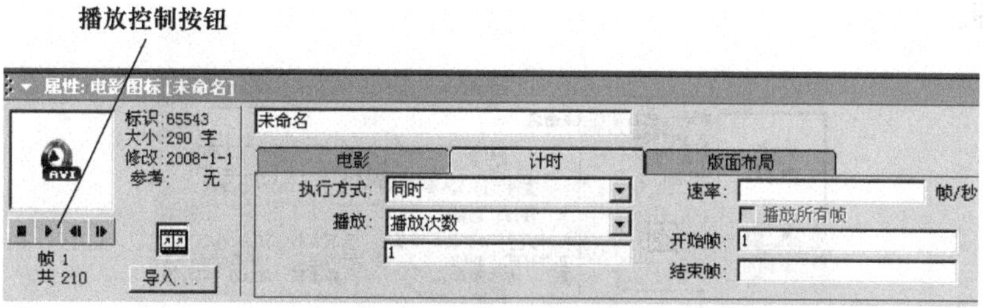

图 5.64 数字电影图标属性

单击导入...按钮，打开“导入哪个文件？”对话框，类似于图 5.60。选择需要的数字电影文件，单击“确定”按钮，即可添加数字电影。在属性对话框中单击▶按钮，观看视频播放效果。

在数字电影属性对话框中有电影、计时、版面布局 3 个标签，对应 3 个选项卡。计时选项卡属性如下。

① 执行方式：用于控制影像文件之后如何执行，有以下 3 种方式。

等待直到完成：当该影像文件播放全部结束之后，程序继续执行流程线上的下一个图标。

同时：开始播放数字影像文件后，Authorware 同时依次执行流程线上接下来的图标。

永久：当执行完影像文件后，只要没有从演示窗口内清除影像对象，用户仍可以激活此数字影像。

② 播放：决定数字电影播放的次数或控制条件。

③ 速率：用于设置数字电影的播放速度，单位是帧/s，常用的是 25 帧/s、30 帧/s。当速度过高时会出现丢帧现象，需选中“播放所有帧”复选框。

④ 开始帧：定义电影从哪一帧开始。

⑤ 结束帧：定义电影到哪一帧结束。

（2）添加 DVD 文件

DVD 图标用于控制外接视频播放设备。在流程线上添加一个 DVD 图标，双击该图标，出现如图 5.65 所示的对话框，可以把 DVD 光驱中的对象导入程序。

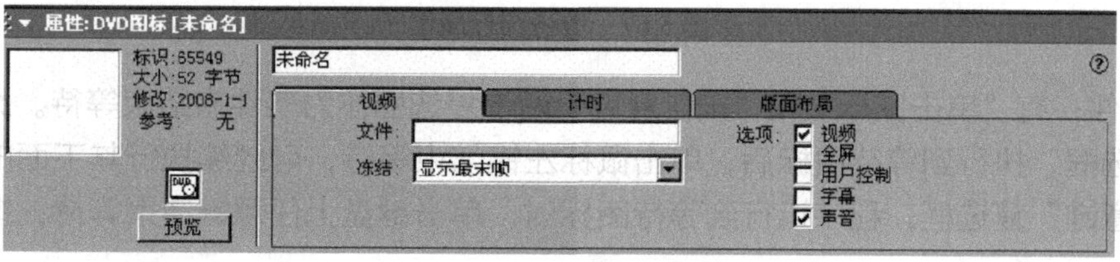

图 5.65 DVD 图标属性

（3）添加声音

声音图标用于加载和播放声音文件。将声音图标添加到流程线上，双击打开声音属性对话框，如图 5.66 所示。通过该对话框可以设置导入哪个声音文件、导入声音文件的位置、存储方式、计时等。

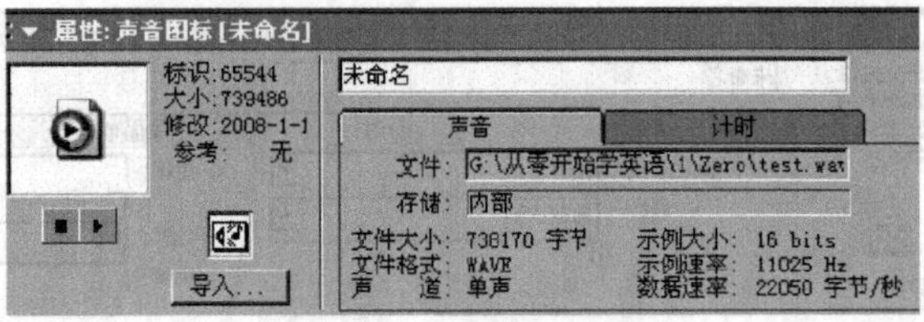

图 5.66　声音图标属性

另外，Authorware 可以通过插入菜单导入 GIF 动画、Flash 动画、QuikTime 文件等动态信息，具体操作这里不再讲解。

4. 显示信息的等待和擦除

当课件有多个显示图标时，需要让显示内容逐一显示，并且不同的显示内容在学生面前停留的时间长短不一，有时还需要根据学生的反应确定显示时间长短。完成这些要求最直接的方法就是使用等待图标。另外，当显示图标较多时，显示的内容就会相互覆盖，或全部堆放在演示窗口中，导致教学内容不突出且杂乱，影响教学效果。这就势必要求在显示结束之后，使它们从屏幕上自动消失。解决这个问题就要用到擦除图标。

（1）等待图标

等待图标可以使程序暂停，直到设计者设定的响应条件得到满足为止。把等待图标拖到流程线上，双击该图标，打开等待图标的属性对话框，如图 5.67 所示。对等待的效果设置如下。

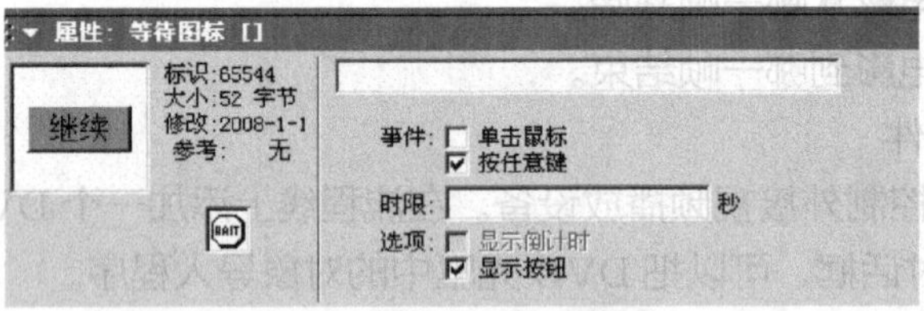

图 5.67　等待图标属性

① 事件：有“单击鼠标”和“按任意键”两个复选框作为条件来结束等待。选中“单击鼠标”复选框，执行到等待图标后，单击鼠标左键结束等待，可继续执行其下面的图标。选中“按任意键”复选框，程序运行到等待图标时，单击键盘上任意键结束等待，继续执行下面图标。

② 时限：输入等待时间的长短，单位是秒。

③ 选项：当在时限中输入时间后，“显示倒计时”复选框可用，选中此复选框，则程序运行到等待图标时，演示窗口中出现倒计时钟。选中“显示按钮”复选框，在演示窗口出现“继

续”按钮，单击该按钮可结束等待。

（2）擦除图标

擦除图标用于擦除显示在演示窗口或屏幕上的任何对象，例如显示图标、交互图标、框架图标以及数字影像图标等显示的内容。当擦除某一图标时，该图标的所有内容都将被一次性地擦除。换句话说，擦除图标操作的对象是图标，而不是图标内包含的对象。如果需要每次仅擦除一个对象，则必须把多个对象放在不同的图标内。

打开擦除图标的属性对话框，如图 5.68 所示。擦除效果设置如下。

图 5.68 擦除图标属性

① 选择要擦除的对象：单击要擦除的图标，在属性对话框左侧显示该图标的内容，右侧列出要擦除的各种图标，若不小心选错了对象，可以在被擦除的图标列表中选择该对象，单击“删除”按钮。

② 设置擦除效果：擦除图标在擦除显示对象的同时，带有丰富的动画效果，这些效果可以使程序变得更加丰富多彩。单击“特效”右边的按钮，打开类似于图 5.56 的对话框，选择合适的渐隐动画即可设置擦除效果。

5. 移动图标

在许多时候，动画往往比文字和静止图像更具有说服力。Authorware 具有二维动画制作能力，可以制作简单的移动动画。

移动图标的作用是将对象从一个位置移动到另一个位置，该对象来源于显示图标、交互图标等。移动图标本身并不具有移动对象的功能，而是驱动其他显示对象移动的工具。移动图标移动的对象以图标为单位。

打开移动图标的属性对话框，如图 5.69 所示。单击演示窗口的对象，可将其设为移动对象，在预览窗口中可以看到移动对象的缩略图。

对于新建的移动图标，当课件运行到此时，Authorware 将自动打开该图标。放置在移动图标之前的对象就会显示在演示窗口内，这样设计者就可以进行移动属性设置。对于修改的移动图标，设计者需在课件运行到移动对象之后暂停，双击流程线上的移动图标，打开移动图标属性对话框进行移动属性设置。

（1）移动类型

Authorware 提供了以下 5 种移动类型。

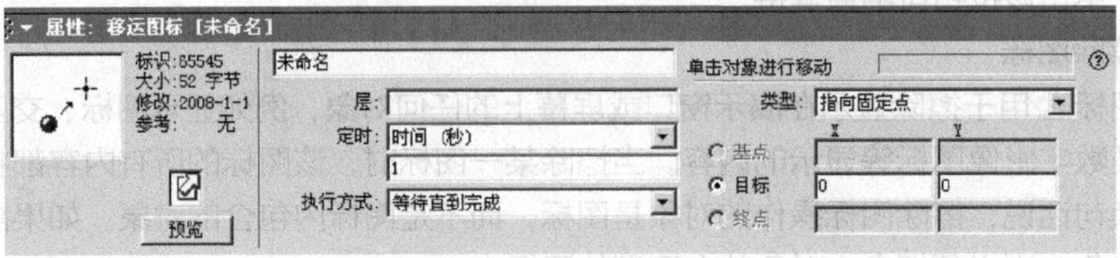

图 5.69　移动图标属性

① 指向固定点：这是默认的运动类型，单击对象移动到目标位置，无论拖动对象的路径如何弯曲，Authorware 总是将移动对象沿着直线从当前显示的位置移动到目标位置。

② 指向固定直线上的某点：将对象从原位置移动到一条直线上的任意一点。在移动之前，需要确定移动的基点、终点和移动的直线。对象移动的基点是移动直线的起点，终点是移动对象所到达的位置。起点和终点连接起来的直线即为对象可以移动到的位置范围，目标点的值决定对象移动到直线上哪个位置停止，如图 5.70 所示。

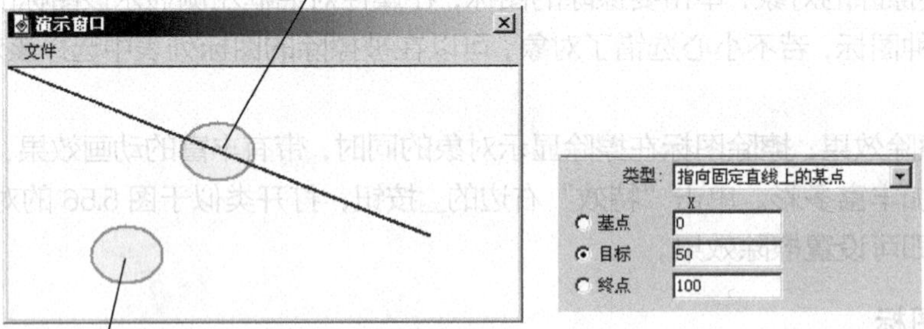

图 5.70　指向固定直线上的某点

③ 指向固定区域内的某点：将对象从当前位置移动到区域内的某一点，如图 5.71 所示。在移动之前需要设置区域的起点和终点。设起始位置的坐标为（0，0），单击鼠标移动到的位置为终点，坐标为（100，100），起点和终点连接的矩形区域为对象可以移动的空间范围。在目标位置的 X、Y 坐标中分别输入数值，即可确定对象移动到的位置。该运动类型与指向固定直线上的某点类似，区别在于一个是移动到矩形区域内某一位置，一个是移动到直线上的某一位置。

④ 指向固定路径的终点：将对象从当前位置沿着一条设定的路径移动到路径的终点。路径是由直线或曲线组成的。路径起点可以不是对象在演示窗口的起始位置，这样当开始移动时，对象可能会从初始位置突然跳到路径起点。对象移动结束之后它总是停留在设定路径的终点。

创建路径的方法：打开移动图标的属性对话框，选择移动类型为“指向固定路径的终点”，拖动移动对象，每释放一次鼠标，都会在演示窗口内出现一个控制点。如果控制点是三角形的，那么表示此前的路径是直线的；如果控制点是圆形的，那么表示此前的路径是一段圆弧。双击控制点，可在三角形与圆形之间进行切换，并且路径的性质也将发生变化。绘制路径如图 5.72 所示。

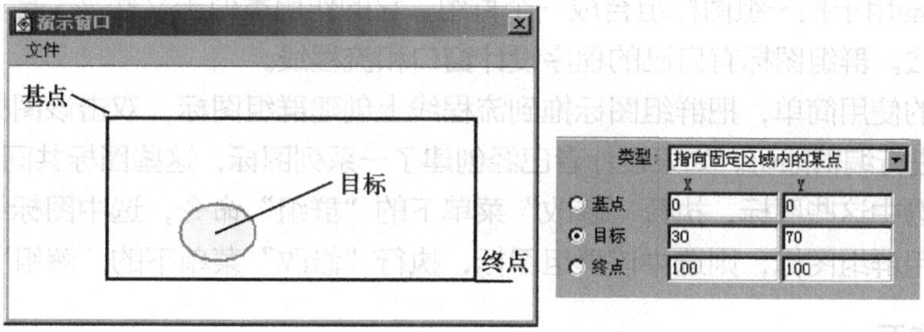

图 5.71 指向固定区域内的某点

⑤ 指向固定路径上的任意点：将对象从当前位置沿着一条设定的路径，移动到路径的任意位置。路径设置与指向固定路径的终点一样。属性设置如图 5.73 所示。

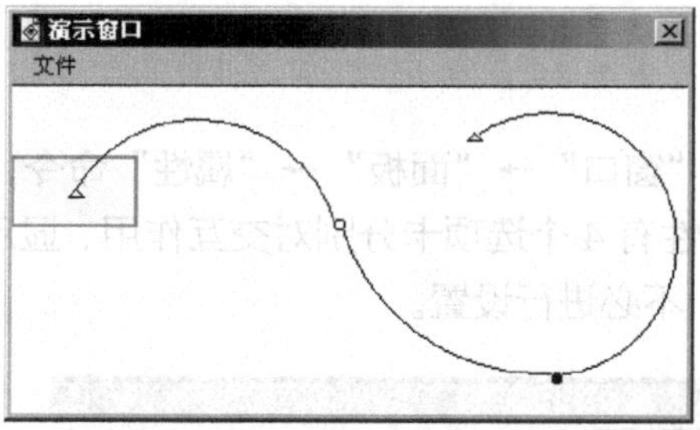

图 5.72 绘制路径

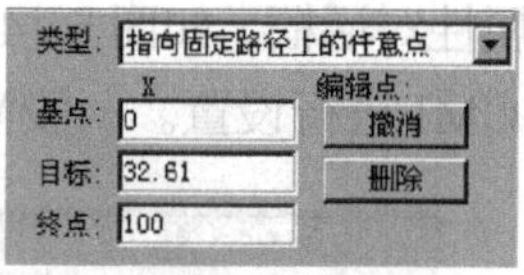

图 5.73 指向固定路径上的任意点

（2）运动时间设置

运动时间长短或者速度快慢可以通过在“定时”下拉列表中选择以“时间（秒）”或“速度（每秒的英寸数）”为单位后，在其下方文本框中输入相应的值来控制。

（3）远端范围

远端范围用于设置移动对象的越界选项，它只对“指向固定直线上的某点”、“指向固定区域内的某点”、“指向固定路径的任意点” 3 种移动类型有效。在上述移动类型的作用下，当控制运动的数值小于起点位置或大于终点位置的数值时，远端范围就会发生作用。Authorware 提供了以下 3 种处理方法。

① 在终点停止：将越界的对象移动到线、区域或路径上最接近计算值的位置处，它可以有效地防止将对象移动到规定的边界之外。

② 循环：在这种状态下，Authorware 认为路径是终点、起点连接在一起的封闭路径。例如，将路径的起点位置设置为 0，终点位置设置为 100 时，当控制移动的位置值等于 120 时，那么对象将移动到路径上数值为 20(120−100)的位置处。

③ 到上一终点：当停留位置超出路径或区域的范围时，仍然将对象移动到该位置。

6. 群组图标

群组图标用于把一组图标组合成一个群组。它的作用类似于文件夹，是实现模块化编制课件的一种方法。群组图标有自己的程序设计窗口和流程线。

群组图标的使用简单，把群组图标拖到流程线上创建群组图标，双击该图标，打开下一级程序设计窗口进行编辑即可。如果设计者已经创建了一系列图标，这些图标共同完成某一功能，则设计者只需选中这些图标，执行“修改”菜单下的“群组”命令，选中图标组成一个群组图标。若不想使用群组图标，则选中该群组图标，执行“修改”菜单下的“解组”命令即可。

7. 课件交互

交互能力是计算机的优势所在，交互性是多媒体的核心，也是优质课件的关键。交互图标用于提供用户响应，实现人机交互，是 Authorware 中功能最强大的图标。用交互图标制作出来的多媒体课件具有交互性，能够充分考虑学习者的个体差异，适合自主学习和个别化教学。

（1）交互图标与交互类型

用鼠标左键把交互图标拖到流程线上，执行“窗口”→“面板”→“属性”命令，打开交互图标属性对话框，如图 5.74 所示。交互图标属性有 4 个选项卡分别对交互作用、显示、版面布局和 CMI 进行设置。一般情况下采用默认值，不必进行设置。

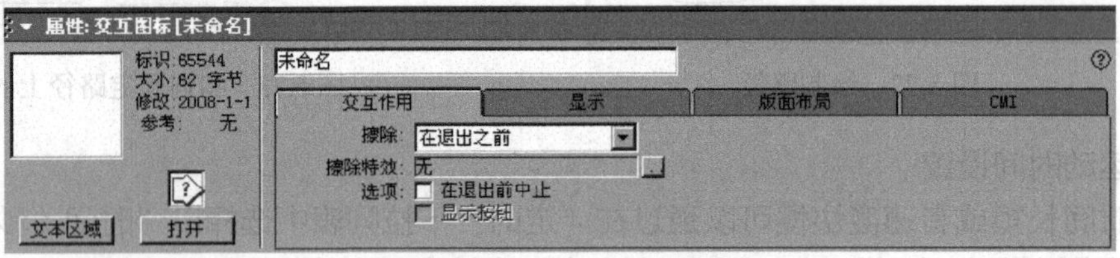

图 5.74　交互图标属性

交互图标本身不实现交互功能，而是对交互进行统一管理。双击交互图标，打开交互图标的演示窗口，可以看到交互的按钮、热区等。在交互图标演示窗口中也可以显示文本和图形图像，其设置与显示图标类似。

选择一图标拖到交互图标右侧后松开鼠标，打开如图 5.75 所示的对话框，共有 11 种交互类型可以选择。

选择好交互类型后需要对如何实现交互进行设置，这就用到交互类型属性。每种交互类型的属性对话框都有一个共同的选项卡，如图 5.76 所示。

① 范围：设置该交互在课件中的有效范围。

② 激活条件：在该文本框中输入条件，当条件为真时，该交互有效，反之无效。默认状态

下该交互有效。

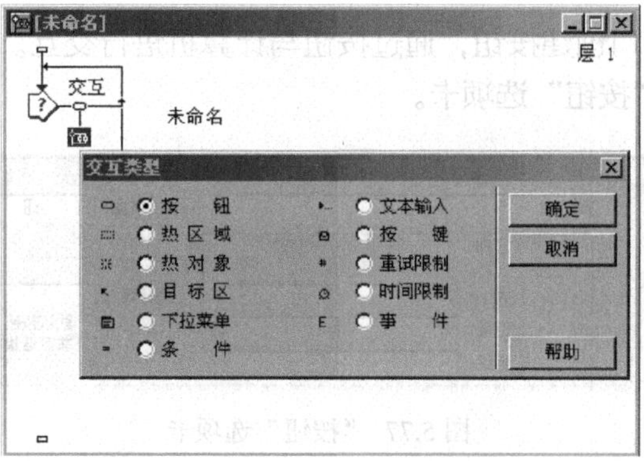

图 5.75　交互类型

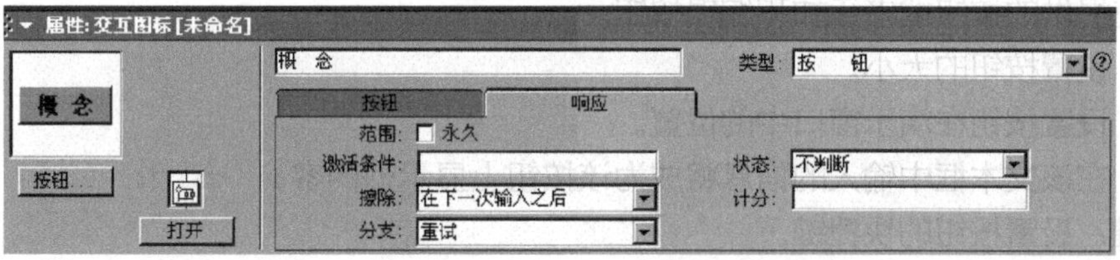

图 5.76　“响应”选项卡

③ 擦除：当执行完交互后，对交互执行过程中显示内容的擦除方式的设置。擦除方式有以下 4 种。

在下一次输入之前：在结束本次交互时擦除交互执行过程中显示的内容。

在下一次输入之后：该交互执行过程中显示的内容保留到下次进入交互响应。

在退出时：在退出交互时擦除。

不擦除：除非使用擦除图标，否则交互执行过程中显示的内容永远存在。

④ 分支：指对交互响应后程序流向的设置，共有 4 种处理方式。

重试：程序执行完该分支后，返回交互图标，重新等待交互发生。

继续：程序执行完该分支后，分支按原路返回，继续执行该分支右边的其他符合条件的分支，然后返回交互图标。

退出交互：程序执行完该分支后，退出该交互图标，继续执行流程线上的后续图标。

返回：只有在“范围”中选中了“永久”复选框，分支中才会出现该选项，保证程序不管在什么位置调用该交互，执行完后，程序返回到之前调用的地方。

⑤ 状态：针对应答测试类交互，对状态进行判断。“不判断”是默认状态。“正确响应”表示系统把该分支看作是正确交互，在交互分支图标的标题前显示一个“+”号。“错误响应”表示系统把该分支看作是错误交互，在交互分支图标的标题前显示一个“-”号。

⑥ 计分：与状态结合使用，记录测试者得分成绩。

（2）按钮响应

按钮响应是在演示窗口创建按钮，通过按钮与计算机进行交互。按钮交互可以导航链接、目录等。图 5.77 所示为“按钮”选项卡。

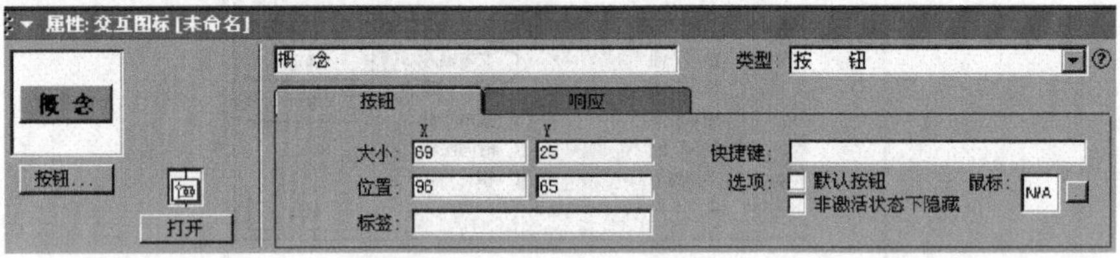

图 5.77 “按钮”选项卡

按钮：单击该按钮，系统弹出如图 5.78 所示的对话框，用来设置合适的按钮外观。用户可以选择系统提供的按钮或者添加和编辑按钮。

大小：设置按钮的大小。

位置：设置按钮在演示窗口中的位置。

标签：在该文本框中输入的信息将成为该按钮上显示的内容。

快捷键：设置按钮的快捷键。

选项：有两个复选框。“默认按钮”用来把按钮设置成默认按钮，按 Enter 键相当于单击按钮的作用。“非激活状态下隐藏”用来设置当按钮无效时自动隐藏。

鼠标：单击其右侧按钮，系统弹出如图 5.79 所示的窗口，用来设置鼠标移动到该按钮时的形状。

某按钮响应课件中“目录”界面效果如图 5.80 所示。

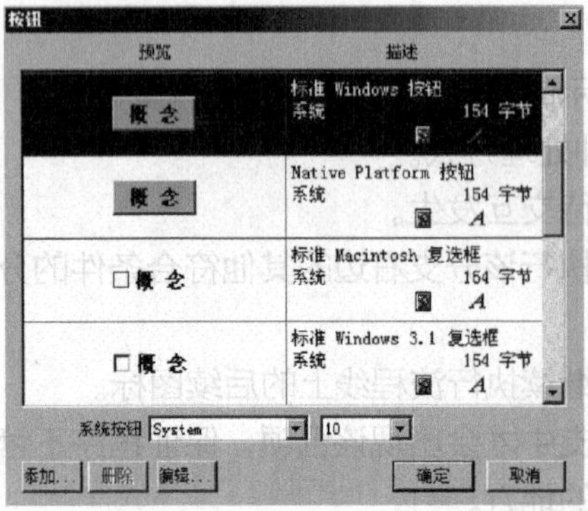

图 5.78 “按钮”对话框

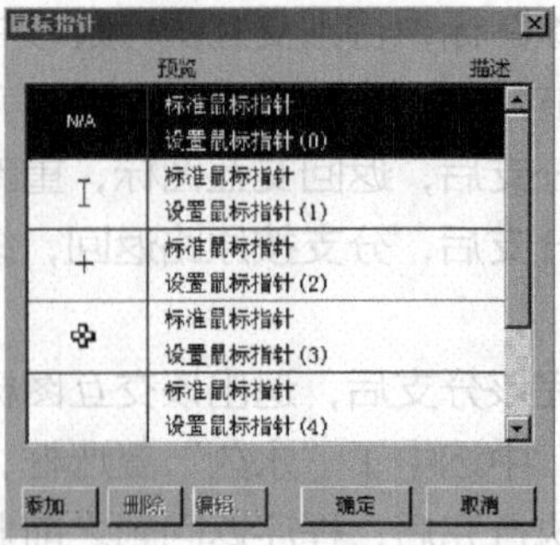

图 5.79 鼠标指针

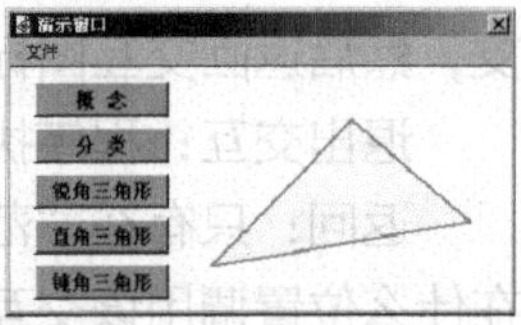

图 5.80 “目录”界面

（3）热区域响应

热区域响应就是在演示窗口中创建一个不可见的矩形区域，在区域内单击、双击或鼠标滑过时，程序执行对应分支。热区域的大小和位置可以调整，方法是双击交互图标打开其演示窗口，热区域可见，用鼠标拖动进行调整。

图 5.81 所示为“热区域”选项卡。

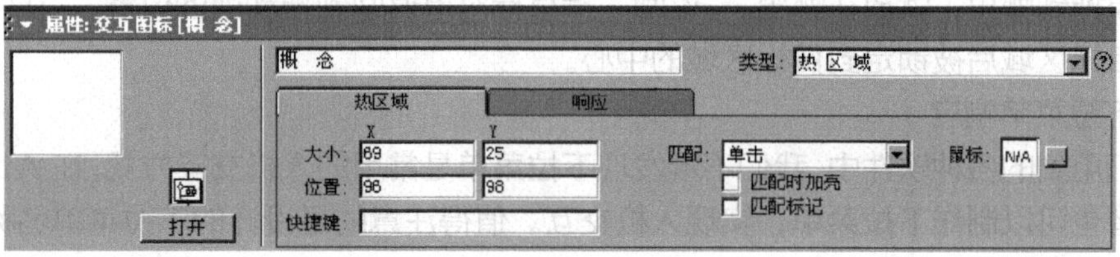

图 5.81 “热区域”选项卡

“匹配”下拉列表框用于设置热区域响应的匹配方式，共有 3 种选择。“单击”指在热区域内单击鼠标左键响应，是默认状态。“双击”指在热区域内双击鼠标左键响应。“指针处于指定区域内”指当鼠标移至热区域上方时响应。

在“匹配”下拉列表框下方有两个复选框。“匹配时加亮”指交互发生时热区域会闪亮一次。“匹配标记”指交互发生时热区域中的小按钮标志中心出现黑点，交互结束后黑点不消失。一般情况下两者都不选中。

（4）热对象响应

热对象响应是指通过对象实现交互，对象可以是文字、图形、图像等，其选项卡如图 5.82 所示。

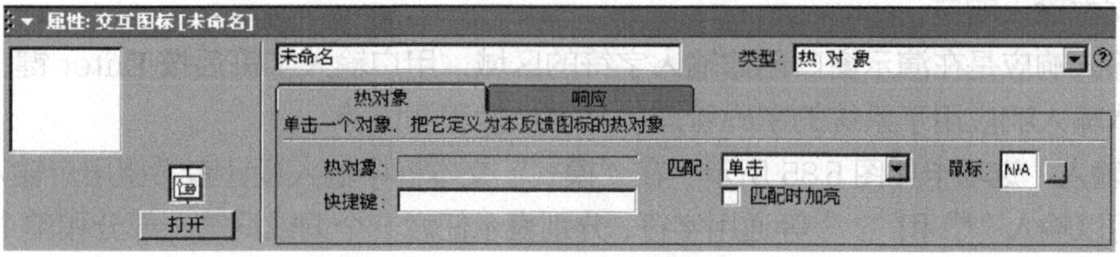

图 5.82 “热对象”选项卡

（5）目标区响应

目标区响应指把对象移动到目标区域实现交互，可以制作拼图等类似作品，其选项卡如图 5.83 所示。

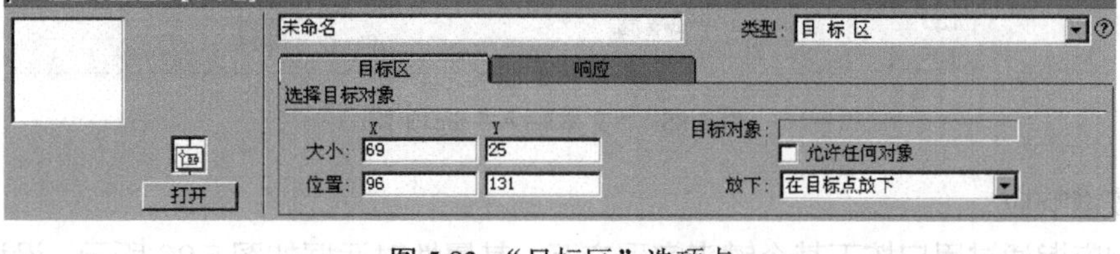

图 5.83 “目标区”选项卡

目标对象是指与目标区域匹配的对象。“允许任何对象”指该目标区域任何对象都可以拖至此处。

“放下”下拉列表框用来定义目标对象被放下后的动作，有 3 种选择。“在目标点放下”指把目标对象拖到哪里，就放在哪里。“返回”指目标对象返回到拖动前的位置。“在中心定位”指拖动到目标区域后被锁定到目标区域的中心。

（6）下拉菜单响应

在人们用到的各种软件中，我们不难发现下拉菜单是常用的人机交互方式，在 Authorware 中，设计者也可以制作下拉菜单，实现人机交互。值得注意的是设计的下拉菜单名称与功能要一目了然，符合常规。

在如图 5.84 所示的“菜单”选项卡中，“菜单”文本框用来设置菜单标题。下拉菜单通常在程序运行过程中都有效，故在响应选项卡中“范围”应设置为“永久”。图 5.84 右侧为设置了“目录”下拉菜单的程序设计窗口。

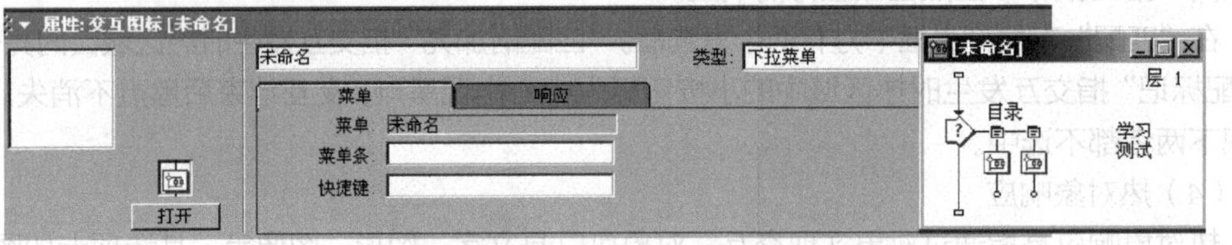

图 5.84 “菜单”选项卡和程序设计窗口

（7）文本输入响应

文本输入响应是在演示窗口创建输入字符的区域，用户输入字符后按 Enter 键，程序实现交互。文本输入响应用于系统的密码管理、文字检索和测试等。

“文本输入”选项卡如图 5.85 所示。在“模式”文本框中输入设计者希望用户输入的内容。该文本框可以输入“*”和“？”等通用字符，分别表示任意一个词或词的一部分和单个字符。“最低匹配”文本框用来设置用户输入的内容至少有几个单词同“模式”文本框的内容匹配才响应交互。“忽略”选项组用于决定匹配是否忽略大小写、空格、附加单词、附加符号和单词顺序等。

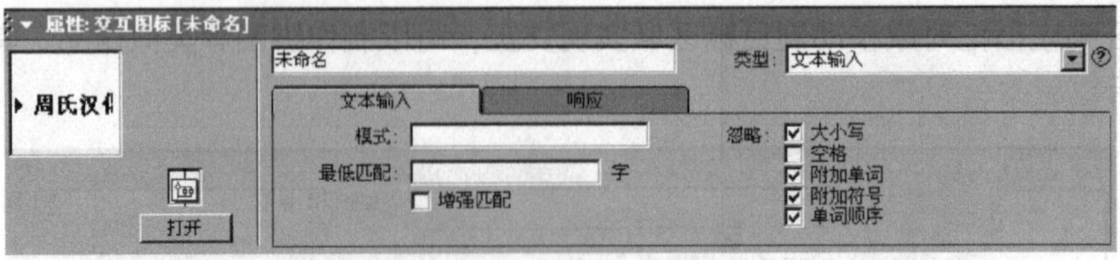

图 5.85 “文本输入”选项卡

（8）按键响应

按键响应指通过用户按下某个键来实现交互，其属性对话框如图 5.86 所示。设计者在“快捷键”文本框中输入希望用户输入的快捷键。程序运行时，若用户输入正确的快捷键，则执行该交互分支。

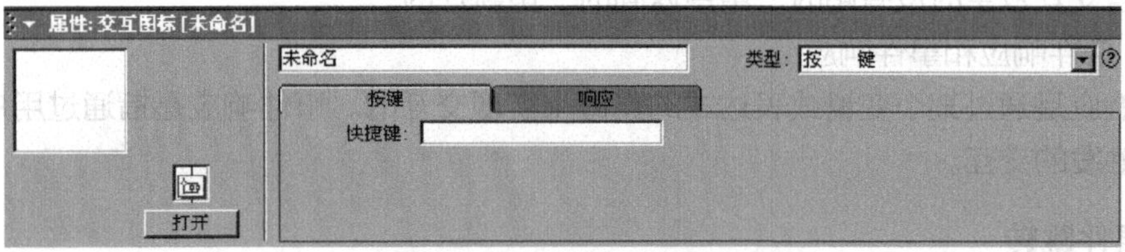

图 5.86 “按键”选项卡

（9）重试限制响应

重试限制响应用来设置响应交互的次数，一般与其他交互类型共同构成一个结构。如密码管理需要使用文本输入响应和重试限制响应。通过文本输入响应输入密码，通过重试限制响应限制输入错误密码的次数。

“重试限制”选项卡如图 5.87 所示。“最大限制”文本框用来设置重试的最大次数。正常情况下，超过最大次数需要关闭程序，这就需要在响应选项卡中设置“分支”为“退出交互”。

图 5.87 “重试限制”选项卡

（10）时间限制响应

时间限制响应指限制界面等待交互的时间，一般与其他交互类型共同构成一个结构，如密码管理、测试等。

“时间限制”选项卡如图 5.88 所示。

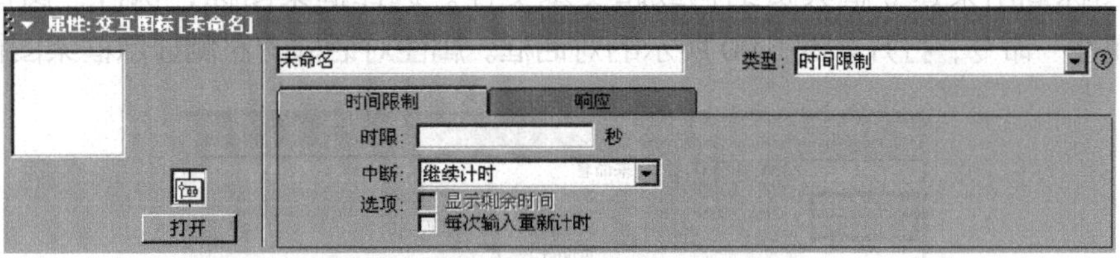

图 5.88 “时间限制”选项卡

“时限”文本框用于输入等待时间的最大值，单位为秒。

“中断”下拉列表框用于设置处理时间限制响应的方式，共有 4 种选择。“继续计时”指在执行交互时仍保持计时状态。“暂停，在返回时恢复计时”指在执行交互时不计时，当返回时继续计时。“暂停，在返回时重新开始计时”指用户返回时重新计时。“暂停，如运行时重新开始计时”指当交互发生时没有超时，用户返回时，重新计时。

（11）条件响应和事件响应

条件响应是通过某个变量或表达式的真假来实现交互的。事件响应是指通过用户操作或控件自身所触发的交互。

8. 课件跳转

导航图标和框架图标是用来制作页面系统的图标。一个框架图标可以下挂许多图标，这些图标被称为页，各个页之间是独立的部分，页与页之间靠导航图标发生联系。

（1）导航图标

导航图标可以在页面之间建立导航链接，实现页面间的跳转。导航图标常挂于交互图标之下，可以位于流程线的任何位置，但必须指向当前程序中某一框架图标中的页。

双击流程线上的导航图标，打开导航图标属性对话框，如图 5.89 所示。

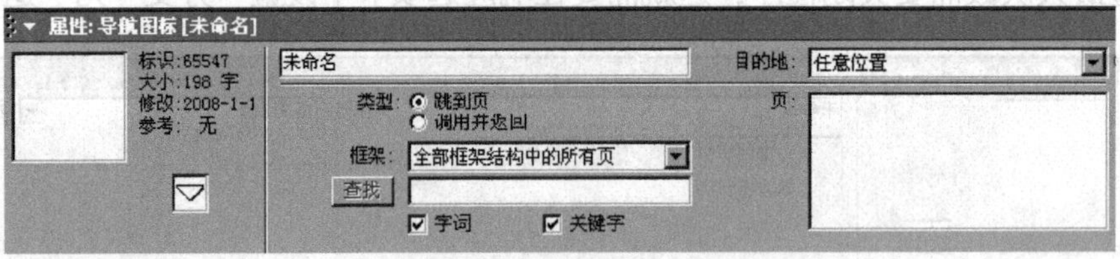

图 5.89 导航图标属性

“目的地”下拉列表框用来设置链接的下一页面，共有 5 种选择。“最近”可以选择“返回”或“最近页列表”。“附近”可以选择“上页”、“下页”、“首页”、“尾页”、“退出框架结构”等。“任意位置”可以选择跳转的类型、跳转页的范围、设置查找等。“计算”可以通过图标表达式进行页面跳转。“查找”可以设置查找的跳转方式、搜索范围、查找内容等。

（2）框架图标

框架图标用来建立框架页结构或超文本文件。选择框架图标，执行“窗口”→“面板”→“属性”命令，打开如图 5.90 所示的对话框。属性对话框的左侧显示框架图标系统信息

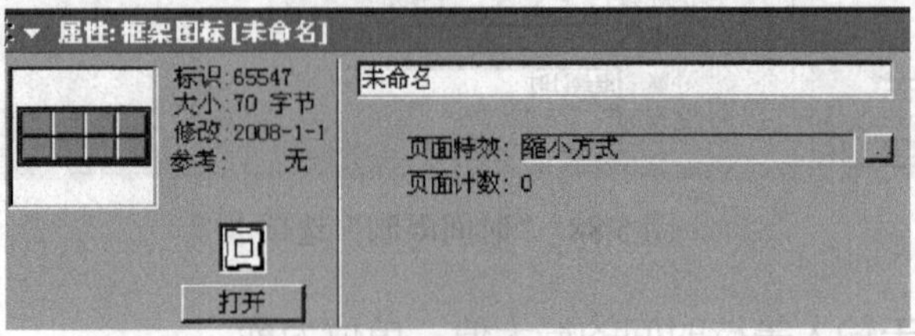

图 5.90 框架图标属性

和演示窗口的对象。“页面特效”用于设置页面间的过渡效果。“页面计数”用来显示该框架图标下挂图标的数量。

双击框架图标，打开框架图标程序设计窗口，如图 5.91 所示。

框架图标程序设计窗口由“进入”和“退出”两部分组成。中间以一条线分开，拖动线右侧的黑色方块可以调整两部分的大小。

当程序进入框架图标运行时，首先执行“进入”部分，默认以显示灰色导航面板为开始，接着执行交互图标，通过导航图标实现页与页之间的跳转，用户可以根据需要删除、修改或添加导航控制，也可加入显示、声音、移动等图标。然后执行“退出”部分。默认的“退出”部分没有图标可直接退出框架结构，当然“退出”部分也可添加图标，用来设置退出效果。

从这个过程可以看到，框架图标本身不是一个具有新功能的图标，而是其他图标组合在一起共同完成超链接。图 5.92 所示为“故都的秋”的流程图。

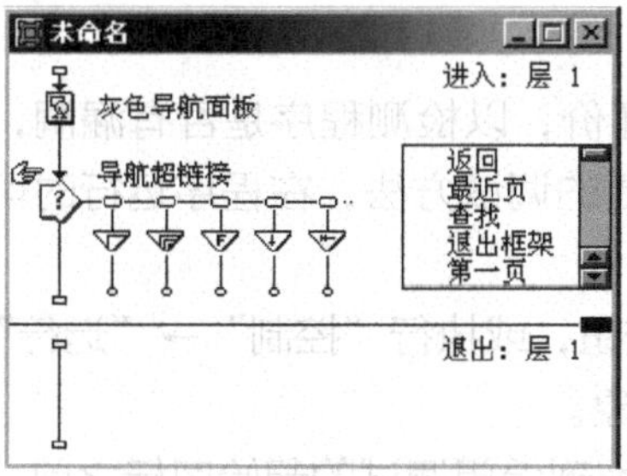

图 5.91　框架图标程序设计窗口

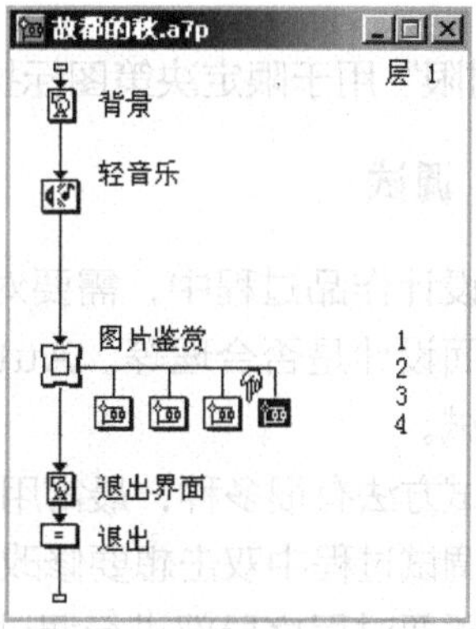

图 5.92　“故都的秋”流程图

（3）判断图标

判断图标◇又称决策图标，用来控制分支选择和程序流程。决策图标和决策分支共同构成决策结构。当程序运行时，决策图标根据事先设计好的分支方式自动执行相应的分支流程，不需要使用者进行控制。

双击判断图标，打开判断图标属性对话框，如图 5.93 所示。

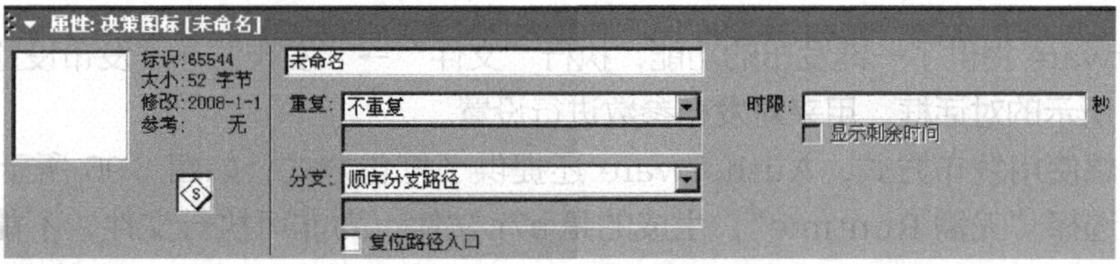

图 5.93　判断图标属性

“重复”下拉列表框用于设置决策分支的循环方式，共有 5 种选择。“不重复”表示执行一个决策分支后立即退出该决策结构。“固定的循环次数”可设置重复执行决策结构的次数。“所有的路径”是指直到程序执行完所有路径后才退出判断图标。“直到单击鼠标或按任意键”表示直到用户单击鼠标或按任意键后，才退出决策结构。“直到判断值为真”表示直到条件为真，才退出决策结构，否则重复执行决策分支。

“分支”下拉列表框用于设置决策分支的执行方式。“顺序分支路径”用于从左至右顺序执行各决策分支流程。“随机分支路径”用于随机执行分支路径，可能导致某些路径反复执行。“在未执行的分支结构中随机选择”用于随机选择路径执行，但保证每个路径被执行一次。“计算分支结构”通过文本框内的表达式决定执行哪个分支。

“复位路径入口”指当程序再次执行该决策结构时，该决策结构中分支路径的执行记录被复位，即认为这些分支从来没有被执行过。在选择了“在未执行的分支结构中随机选择”时，选中“复位路径入口”复选框，则此功能与“随机分支路径”功能一样，不能保证每个分支都被执行。

“时限”用于限定决策图标执行的时间。

9. 调试

在设计作品过程中，需要对设计功能和效果进行评价，以检测程序是否有漏洞，内容安排、界面设计是否合理等。Authorware 中提供了便捷的调试方法，在程序运行时可以逐步跟踪调试。

调试方法有很多种，最常用的是单击工具栏的按钮，或执行“控制”→“运行”命令。在程序调试过程中双击想要修改的对象，即可编辑该对象。

当需要对程序局部进行调试时，需把开始标志拖到希望调试的起始图标之前，把停止标志拖到希望调试的最后一个图标之后，单击常用工具栏中的按钮即可。当需要取消从标志旗开始执行时，只需在图标栏中开始标志处和停止标志处单击即可。

在调试程序时，单击工具栏上的按钮，系统弹出控制条，来控制跟踪程序的执行。该工具条各按钮功能从左到右依次是运行、初始化、停止、暂停、播放、显示/隐藏跟踪。

10. 打包发布

Authorware 提供了一键发布的功能，执行“文件”→“发布”→“发布设置”命令，打开如图 5.94 所示的对话框，用来对发布参数进行设置。

如果不想使用发布方式，Authorware 还提供了打包方式，如图 5.95 所示。在对话框下拉列表中选择“无需 Runtime”，生成的是 a7r 文件，为非可执行文件，不能独立运行。若选择“为 Windows XP，NT 和 98 版本”，则生成可在这些操作系统中独立运行的 EXE 文件。

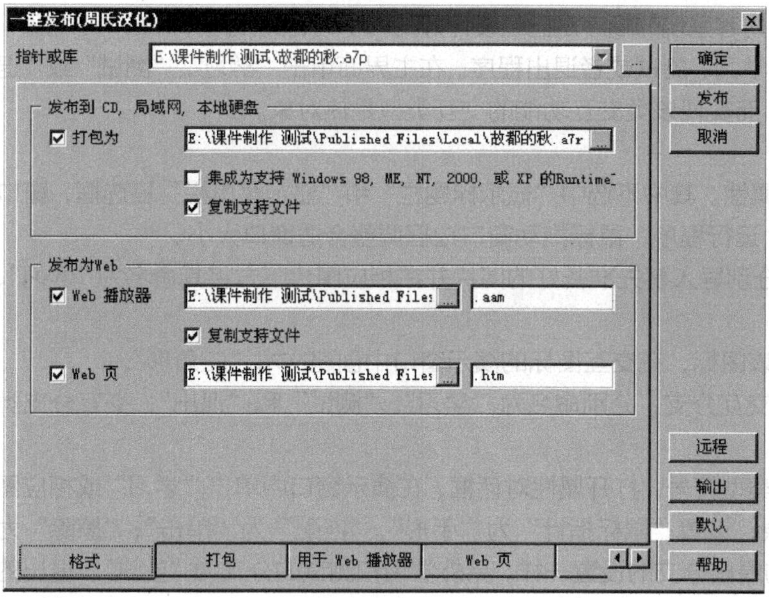

图 5.94　发布设置

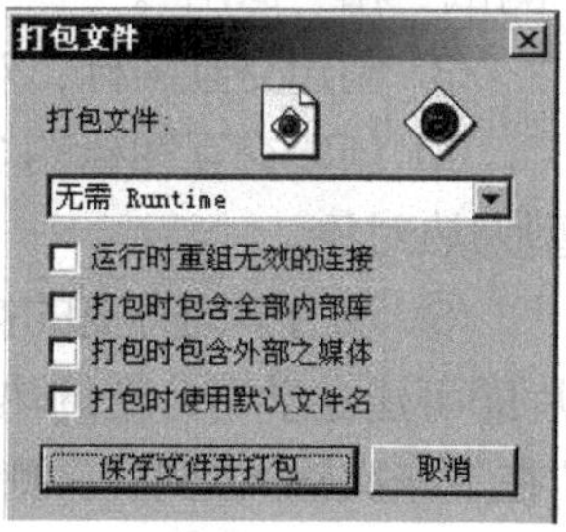

图 5.95　打包文件

5.3.3　典型实例分析

上面介绍了 Authorware 的界面和使用 Authorware 制作课件的方法，为了让设计者对 Authorware 制作课件有更深入的认识，下面以交互型课件——三角形为例进行典型实例分析。

1. 程序设计窗口和主界面

“三角形”课件包含呈现学习内容和进行测试两个方面功能，其程序设计窗口和主界面如图 5.96 所示。从程序设计窗口可以看出该课件程序执行路径有 3 种选择，通过用户响应决定执行哪条路径，属于交互性课件。

图 5.96　程序设计窗口和主界面

在“故都的秋”中，课件内容呈现的顺序是已经设计好的，学习者无法选择。在“三角形”中，学生有自主权，可以选择学习、测试或者退出程序。在主界面单击“学习”、“测试”或“退出”图片即可进入相应模块，而实现该类交互功能的交互类型是热对象。

主要设计步骤如下。

① 新建文件，设置文件属性。其中不选中“显示标题栏”和“显示菜单栏”复选框，窗口大小选择“根据变量”选项，运行程序，鼠标拖动窗口边框调整合适窗口大小。

② 创建 3 个显示图标，分别导入事先准备好的图片并在相应图片下方将其命名为“学习”、“测试”和“退出”。

③ 创建交互图标，双击该图标，在交互图标的演示窗口中创建文本“三角形”。

④ 创建交互图标的 3 个交互分支，分别命名为“学习”、“测试”和“退出”，交互分支类型为热对象。

⑤ 双击学习分支的交互类型符号，打开属性对话框，在演示窗口中单击“学习”或相应图片即可建立学习分支的热对象；设置“鼠标指针”为“手形”，“匹配”为“单击”；“擦除”为“在下一次输入之前”。测试与退出分支的设置一样。另外学习和测试的分支为“重试”，退出的分支为“退出交互”。

2. 学习分支

学习分支主要是呈现三角形的相关知识。根据该知识的特点，学习流程图如图 5.97 所示。学习分支是把“三角形”的所有知识以按钮的形式罗列在演示窗口左侧，通过单击按钮，在演示窗口右侧显示相应内容。如图 5.98 所示，左图为学习分支界面，右图为学习分支运行锐角三角形子分支的界面。学习分支是通过交互图标的按钮响应类型实现的。另外，“背景”图标非常重要，在该图标中插入图片作为背景，一方面可以使画面美观，另一方面可以遮盖主流程中交互图标上方的内容。

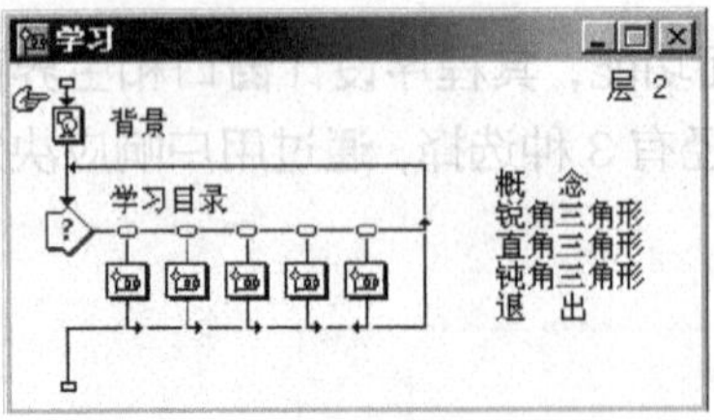

图 5.97　学习分支流程图

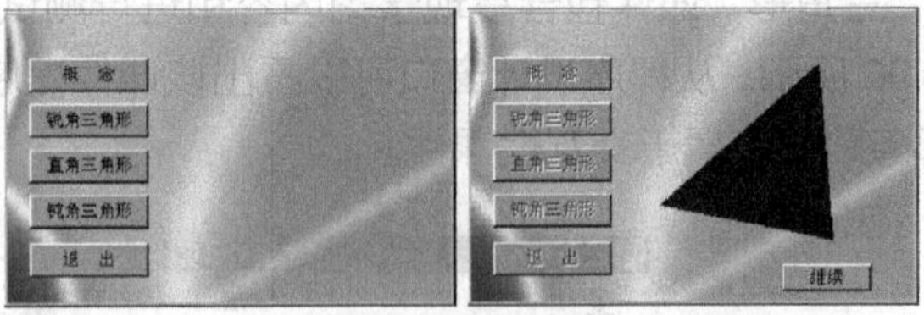

图 5.98　学习分支界面和运行子分支界面

主要设计步骤如下。

① 双击学习群组图标，打开学习流程图。

② 创建显示图标，插入背景图片。

③ 创建交互图标和概念、锐角三角形、直角三角形、钝角三角形与退出 5 个分支。

④ 交互类型属性设置如图 5.99 所示。

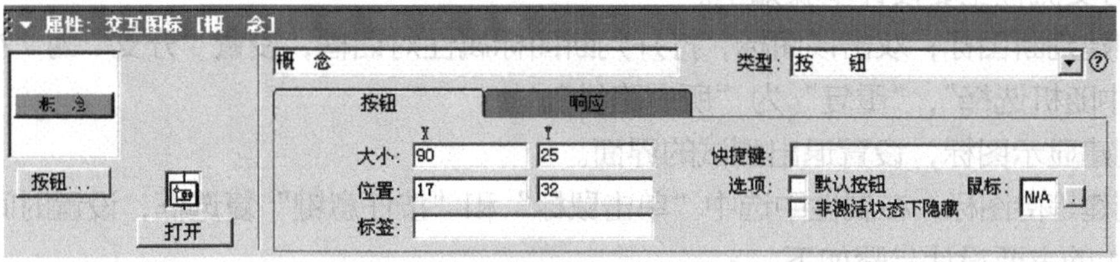

(a) “按钮”选项卡

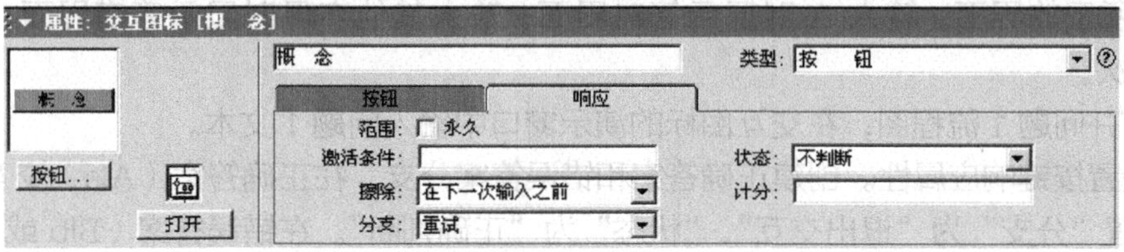

(b) “响应”选项卡

图 5.99 学习目录的交互类型属性

⑤ 双击交互图标，打开演示窗口，按住 Shift 键单击，选中所有按钮，执行“修改”下拉菜单中的“对齐”命令，打开如图 5.100 所示的对话框，选择“左对齐”和“垂直等间距”。

⑥ 在概念等各分支中添加图标，显示教学内容。

3. 测试分支

测试分支对学习效果进行测评，这里仅设计了具有代表性的几种题目。测试分支流程如图 5.101 所示。

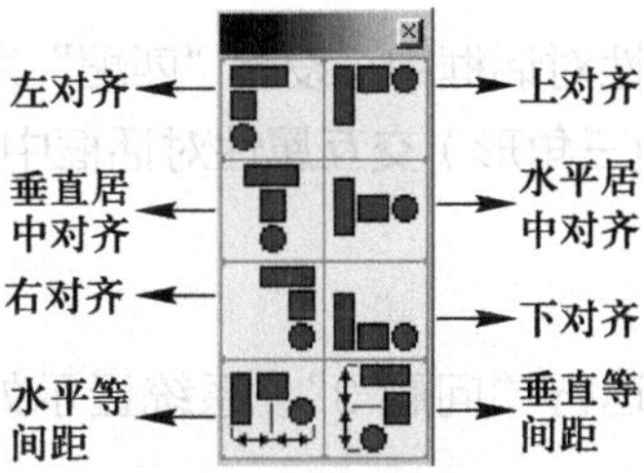

图 5.100 对齐

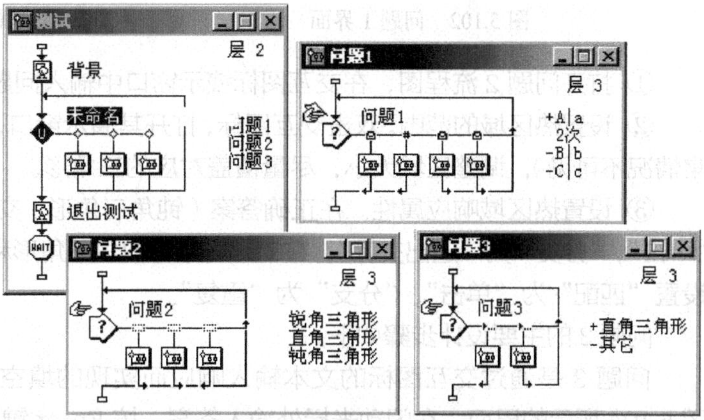

图 5.101 测试分支流程图及子流程图

测试分支设计了 3 个测试问题处于判断图标中，测试者运行程序时随机运行 3 个测试题。

测试分支流程主要设计步骤如下。

① 创建判断图标；双击该图标，打开判断图标属性对话框，设置“分支”为“在未执行的分支结构中随机选择”，“重复”为“所有路径”。

② 创建显示图标，设置退出测试的界面。

③ 创建等待图标，在属性中选中“单击鼠标”和“按任意键”复选框，设置时间为 2 秒。

问题 1 的主要设计步骤如下。

问题 1 是通过交互图标的按键响应而实现的单选题。运行“问题 1”时系统显示如图 5.102 所示的界面，输入 A 时显示答对界面；输入其他字母时显示答错界面；答错次数最多为两次。

① 打开问题 1 流程图，在交互图标的演示窗口中输入问题 1 文本。

② 设置按键响应属性。创建正确答案和错误答案分支，在正确答案（A|a）交互属性对话框中，设置“分支”为“退出交互”，“状态”为“正确判断”。在错误答案（B|b 或 C|c）交互属性对话框中，设置“分支”为“重试”，“状态”为“错误判断”。

③ 创建重试限制交互属性。在属性对话框中设置“次数”为“2”，“分支”为“退出交互”。

问题 2 的主要设计步骤如下。

问题 2 是通过交互图标的热区域响应而实现的判断题。运行“问题 2”，系统显示如图 5.103 所示的界面。单击正确答案的热区，出现答对界面；单击错误答案热区，出现答错界面。

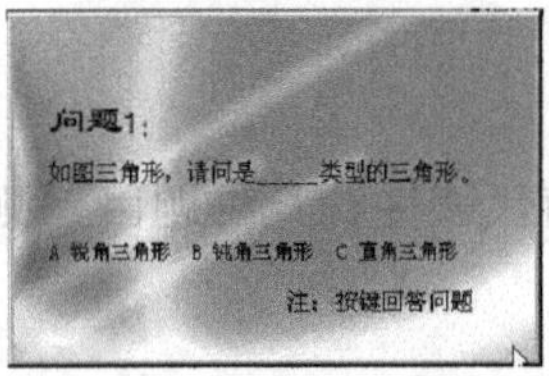

图 5.102　问题 1 界面

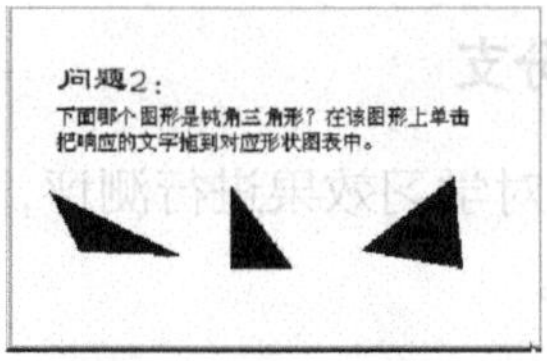

图 5.103　问题 2 界面

① 打开问题 2 流程图，在交互图标演示窗口中输入问题 2 文本。

② 设置热区域的范围。双击交互图标，打开其演示窗口，看到每个分支都有一个热区域（正常情况不可见），调整区域大小，尽量覆盖对应的三角形。

③ 设置热区域响应属性。在正确答案（钝角三角形）交互属性对话框中，设置“匹配”为“单击”，“分支”为“退出交互”。在错误答案（锐角三角形和直角三角形）交互属性对话框中，设置“匹配”为“单击”，“分支”为“重复”。

问题 3 的主要设计步骤如下。

问题 3 是通过交互图标的文本输入响应而实现的填空题。运行“问题 3”，系统显示如图 5.104 所示的界面，在闪动光标处输入答案，按 Enter 键即可。

① 打开交互图标的演示窗口，输入问题 3 文本，将输入文本框移至填空处。

② 设置文本输入响应属性。在正确分支的交互属性对话框中的“模式”文本框输入正确答

案，设置“状态”为“正确判断”，“分支”为“退出交互”。在错误分支的交互属性对话框中，在“模式”文本框输入“*”，设置“状态”为“错误判断”，“分支”为“重复”。

4. **退出分支**

退出分支比较简单，如图 5.105 所示，与“故都的秋”的设置类似，不再具体介绍。

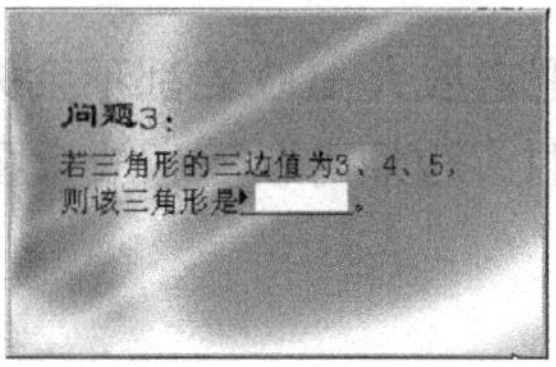

图 5.104　问题 3 界面

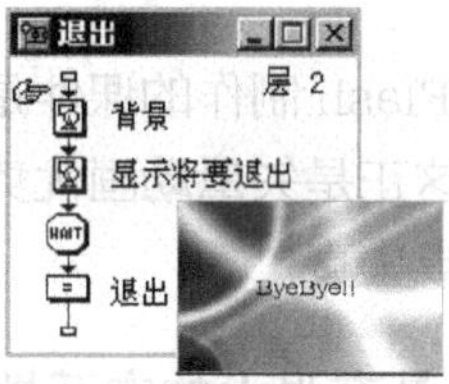

图 5.105　退出界面

Authorware 功能强大，特别适合制作交互型多媒体课件。交互型课件与尊重学习者个体差异的教学思想不谋而合，对推进素质教育有着积极的促进作用，但相对于 PowerPoint 而言，Authorware 的操作较复杂，这就需要大家多练习，多思考，从而能够熟练运用 Authorware 制作出优秀的课件。

5.4　使用 Flash 制作课件

Flash 是美国著名的多媒体软件公司 Macromedia 推出的一个向量影像与网页动画结合的软件，2007 年被 Adobe 公司收购。在第 3 章我们已经介绍了利用 Flash 软件制作二维动画的基本方法，但同时 Flash 也是开发多媒体课件的良好平台，在多媒体课件制作领域，Flash 越来越成为教师和教育工作者制作多媒体课件的首选软件。本节首先介绍用 Flash 制作多媒体课件的优势，其次介绍用 Flash 制作课件的流程，最后以案例的形式介绍用 Flash 制作多媒体课件的基本过程。

5.4.1　使用 Flash 制作课件的优势

与其他教学软件开发平台相比，使用 Flash 制作的多媒体课件有许多优势，主要介绍如下几点。

1. **强大的图形图像处理能力**

使用 Flash 制作的课件最终生成的播放文件（*.swf）非常小巧，一个图、文、声、视、画并茂的精美课件经过它的处理也就是几百千字节，复杂的最多也就几兆字节。并且它还可以采用外部调用和应用模块等技术手段来进一步减少课件文件的大小。这就意味着用 Flash 制作的课件便于携带，网络传输和下载比较方便。这些是 PowerPoint、Authorware 等同类软件不能相比的。对于教师和教学工作者来说，下载、携带、演示和彼此交流都十分方便。

2. Flash 制作的课件缩放不变形

由于使用 Flash 制作的课件是矢量动画，因此即使把它放大 100 倍都不会失真，画面仍然清晰、完美，这正是矢量动画优势的体现。在播放课件时，教师可以随意放大图像，而不用担心画面会模糊或失真。

3. Flash 具有强大的交互性

没有交互性的课件算不上一个好的课件，而 Flash 自身的一大特点就是交互性极强。Flash 具备强大的交互实现功能。它不但内置了丰富的脚本语言，也为编程爱好者提供了自由编写代码的平台，功能强大，利用脚本语言、按钮和场景可以实现各种交互功能，最大程度地满足了多媒体课件的交互性的要求。

4. Flash 制作的课件修改容易

在 Authorware、3ds Max 中，制作一个动画不难实现，但是如果制作完成后要修改某些运动元素，操作就相当麻烦了。而在 Flash 中，由于采用了元件（Symbol）、层（Layer）、时间轴（Time Line）、关键帧（Key Frame）等技术，只要掌握了这几种技术，修改时对某一个元件（Symbol）进行操作，就可完成部分或全部元素的修改。如果要修改某一个对象的颜色，只要修改其相应的元件即可，整个课件中凡是出现这个对象的所有画面都将全部更改，如果要修改层次关系、运动路线、某个对象的形状等，都只要简单的几步就完成了。

5. Flash 有强大的兼容性

如果想方便快捷地制作出三维效果，可以将事先用 3ds Max 制作好的动画导入 Flash 中，如果想给制作好的 Authorware 课件加片头，也可以将用 Flash 制作的动画导入到 Authorware 课件中。另外，还可以使用 Action 脚本把 Flash 动画有机地组织起来，使课件更加灵活，更加具有开放性和可移植性。

5.4.2　使用 Flash 制作课件的流程

使用 Flash 开发多媒体课件的流程可以分为总体规划、模块设计、脚本编写等几个教学软件设计开发步骤，分别介绍如下。

1. 总体规划

① 确定课件的主题。根据教学目标要求、学习对象特征和教学内容，确定课件的表现表式。
② 风格设计。根据课件主题，设计课件的主色调、色彩搭配、字体和界面布局及构图等。
③ 内容规划。根据教学内容，用流程图的方式编写内容结构图。

2. 模块设计

以化整为零、化大为小的思路对网络课件进行模块化。根据多媒体课件的内容，采取自顶向下、逐步细化、模块化的方法，将一个大型的课件分解为若干个课件模块组。

3. 脚本编写

根据总体规划和模块设计，需要对各内容块进行详细描述，包括文本、图像、动画、音频和视频等具体内容的显示方式、时间先后关系、显示位置等，以脚本卡片的形式进行仔细编写。

4. 素材搜集与处理

按照脚本要求，搜集文字资料、图片，动画、声音、视频等素材，并对其进行处理，以符合课件需要。

5. 技术选用

Flash 实现课件的方法有多种，如翻页技术可以采用场景之间进行切换，也可以采用跳帧技术。具体用哪种技术，可以根据设计者习惯来选用，但必须强调的是最好始终用同一种方法进行技术统一，以提高课件源程序的易读性。

6. 界面设计

界面设计是指对学习者与计算机进行交互时所用的界面进行设计。多媒体课件使用多媒体化的交互界面，使人机交互界面更接近自然。界面设计要遵循简洁大方、艺术效果好等原则，它包括菜单、窗口、图标、按钮和对话框等项内容的设计。

7. 制作各分模块

在制作各分模块时，以跳帧技术为例，每一小块内容都是一个 MC 电影剪辑元件，然后把它放在主场景的不同图层中，最后在交互按钮上进行，跳到具体的帧上即可。

8. 课件整合过程

整合就是通过脚本语言把各个制作好的模块整合成一个完整的课件的过程。

9. 测试与纠错

课件整合完毕后，需要对整个课件进行测试，以确保它的技术的正确性和内容的无误性。它包括各模块跳转的正确性，代码功能的无误性和内容文本的正确性等，以保证内容的科学与完整性和课件的正确可读性。

5.4.3　典型实例分析

下面以中学物理课程中的“平抛物体的运动”一节课为例，介绍在 Adobe Flash CS4 环境中制作多媒体课件的基本方法。

“平抛物体的运动”是高中一年级物理课程中的一节内容。其教学目标是通过该课件的运动演示，使学生理解平抛运动是“竖直方向的自由落体运动与水平方向的匀速直线运动的合运动，在处理时可以分解为竖直方向和与水平方向上的两个运动”。

参考第 5.1 节中“平抛物体的运动”的脚本实例，把该课件的制作过程分为 5 个大的模块：创建课件起始页面、创建“平抛现象”演示动画、创建“平抛运动分解”演示动画、创建“平抛运动公式”演示动画和创建“例题讲解”演示动画。其中，每一模块都是一个电影剪辑元件，然后将各元件放在主场景的不同图层中，最后通过按钮交互，跳转到具体的帧上。各个模块的具体制作步骤如下。

1. 课件背景制作

（1）启动 Adobe Flash CS4，新建一个 Flash 文件（ActionScript 2.0）。在舞台的空白处单击右键，选择快捷菜单中的“文档属性”选项，打开“文档属性”对话框，对舞台的大小、颜色等进行设置，如图 5.106 所示。

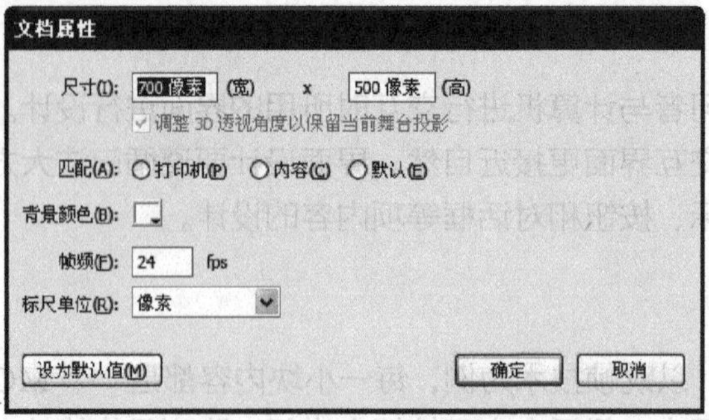

图 5.106　设置文档属性

（2）创建课件背景。在场景 1 中，将“图层 1”重新命名为“课件背景”。在“课件背景”图层第 1 帧的舞台中，绘制如图 5.107 所示的图作为背景。

图 5.107 背景效果图

2. 创建课件起始页面

起始页面创建好后的效果如图 5.108 所示。

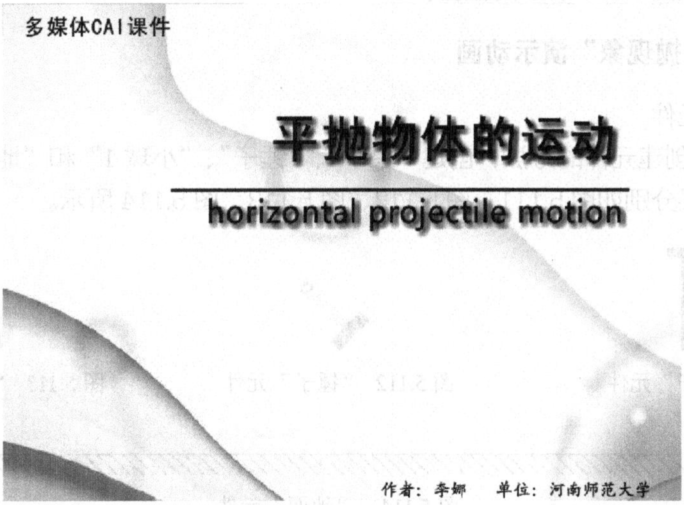

图 5.108 起始页面

（1）制作新元件

制作“课件标题”元件。执行菜单“插入”→“新建元件”命令或按快捷键 Crtl+F8，打开“创建新元件”对话框，新建一个图形元件，命名为“课件标题”，单击“确定”按钮，如图 5.109 所示。

在“课件标题”图形元件的编辑区中，利用文本工具创建“课件标题”元件，效果如图 5.110 所示。

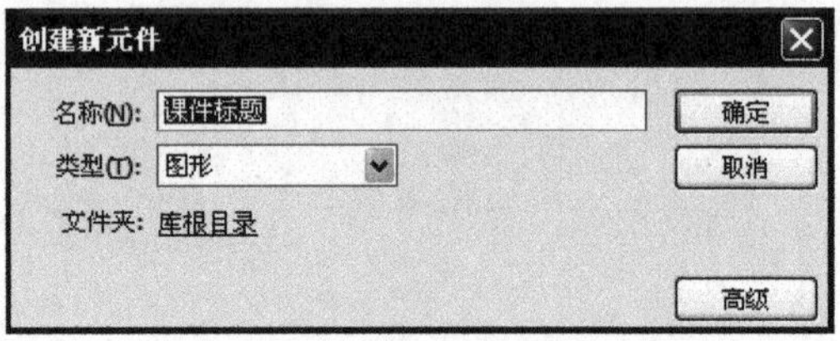

图 5.109　“创建新元件”对话框

图 5.110　“课件标题”元件

（2）新建名为“起始页”的影片剪辑元件，进入该元件的编辑区

① 将默认的“图层 1”修改为“起始页背景”，执行“文件”→“导入”→“导入到舞台”命令，将素材“起始页背景.jpg”导入到舞台中，修改图片的大小为 700×500 像素，并使图片居中放置。

② 在“起始页背景”上方新建图层，命名为“作者”，在该图层上用文本工具输入“多媒CAI 体课件”和“作者：李娜　单位：河南师范大学”信息，效果如图 5.108 所示。

③ 在“起始页背景”上方新建图层，命名为“课件标题”，将元件“课件标题”拖入该图层第 1 帧舞台上如图 5.108 所示的位置。

3. 创建“平抛现象”演示动画

（1）创建新元件

① 依据前面创建元件的方法，创建“桌子”、“锤子”、“小球 1”和“地面”图形元件，元件绘制完成后效果分别如图 5.111、图 5.112、图 5.113、图 5.114 所示。

图 5.111　“桌子”元件

图 5.112　“锤子”元件

图 5.113　“小球 1”元件

图 5.114　“地面”元件

② 创建“锤子”按钮元件。在“锤子”按钮元件编辑区的“图层 1”上选中“弹起”关键帧，将“锤子”图形元件拖入舞台中，分别在“指针经过”和“按下”所对应时间轴上插入关键帧。“锤子”按钮的 3 种状态均如图 5.112 所示。

（2）创建“平抛现象演示”影片剪辑元件

① 新建“平抛现象演示”影片剪辑元件，进入该元件的编辑区。将“图层 1”重命名为“说明性文字桌子和地面”，在该图层第 1 帧的舞台区域中输入相关文本。从“库”面板中将“桌子”和“地面”图形元件拖放到舞台中，如图 5.115 所示。选中该图层的第 70 帧，按 F5 键插入帧。

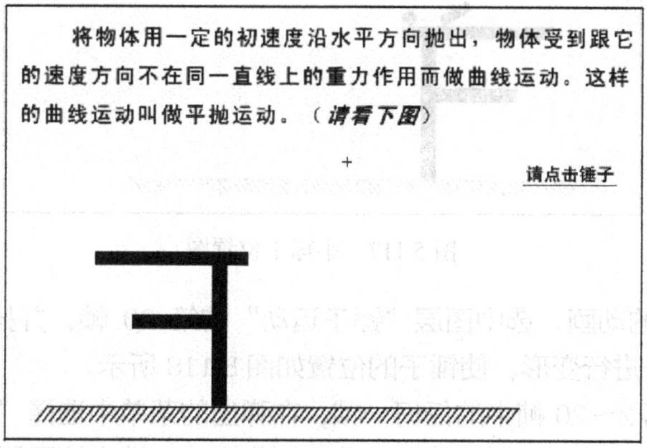

图 5.115 桌子、地面和说明性文字效果图

② 在“说明性文字桌子和地面”图层上方新建“锤子”按钮图层，从库中将“锤子”图形元件拖放到该图层第 1 帧的舞台上桌子上方的位置，如图 5.116 所示。

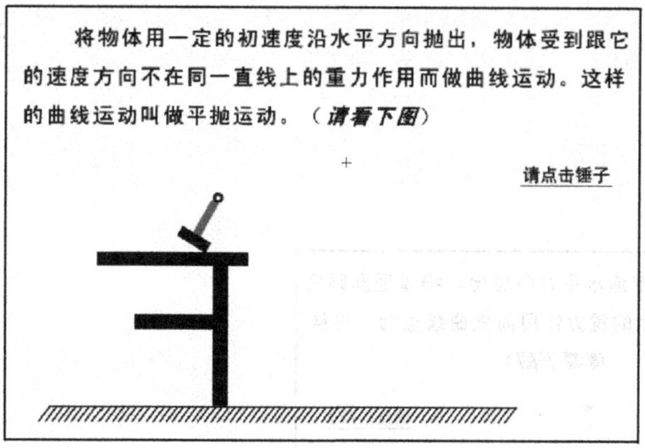

图 5.116 锤子位置图

③ 在“锤子”按钮图层上方新建“锤子运动”图层，选中该图层的第 2 帧，插入关键帧。从库中将“锤子”图形元件拖放到该图层第 2 帧的舞台上桌子上方的位置，大小、位置和“锤子”按钮图层中锤子相同。

④ 在“锤子运动”图层上方新建“小球”图层，从库中将“小球 1”按钮元件拖放到该图层第 1 帧的舞台上桌子上方的位置，如图 5.117 所示。

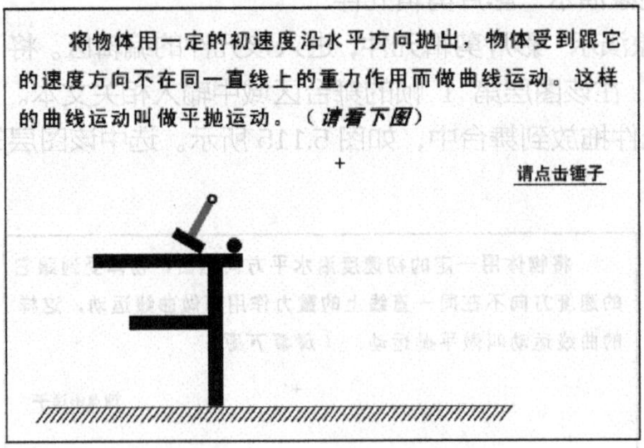

图 5.117　小球 1 位置图

⑤ 定义锤子运动的动画。选中图层“锤子运动”的第 20 帧，并插入关键帧。保持第 20 帧为选中状态，对锤子进行变形，使锤子的位置如图 5.118 所示。

右键单击该图层第 2～20 帧中的任何一帧，在弹出的菜单中选择“创建传统补间”命令，创建 2～20 帧之间的运动动画。锤子的运动动画制作完成，锁定该图层。

⑥ 定义小球 1 运动的动画。

右击“小球”图层，在弹出的快捷菜单中选择“添加传统运动引导层”命令，如图 5.119 所示，为“小球”图层自动添加了一个引导层，Flash 会自动将该层命名为“引导层：小球”。

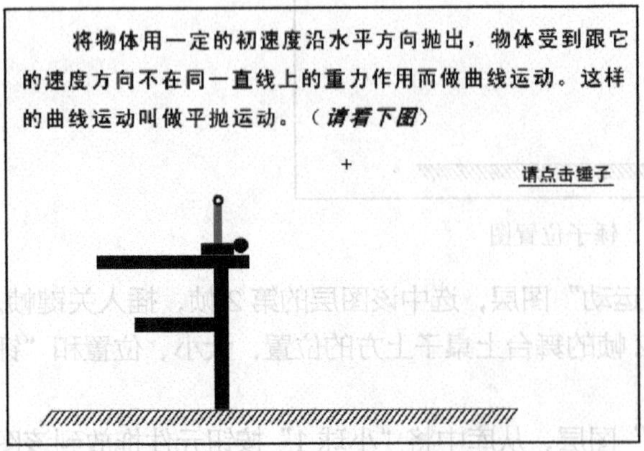

图 5.118　锤子移动后的位置

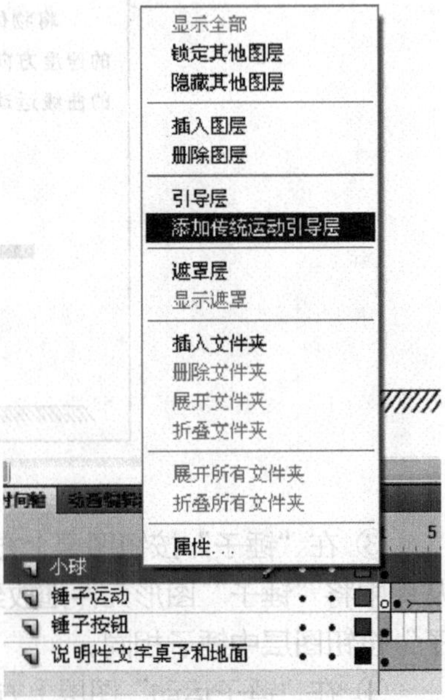

图 5.119　为小球添加传统运动引导层

选中“引导层：小球”图层的第 20 帧，在场景中用绘图工具绘制一条曲线作为“小球”运动的轨迹。运动轨迹的起始点与小球的中心点重合，该轨迹如图 5.120 所示。

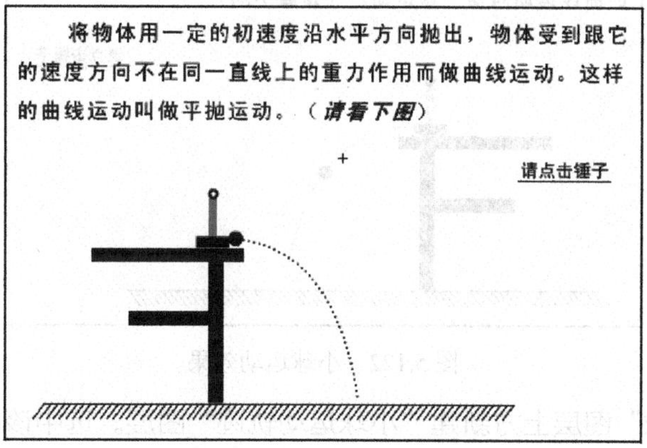

图 5.120　小球运动轨迹

选中图层“小球”的第 70 帧右击插入关键帧。在第 70 帧处移动小球，小球自动吸附到引导层路径的末端，此时小球的位置如图 5.121 所示。

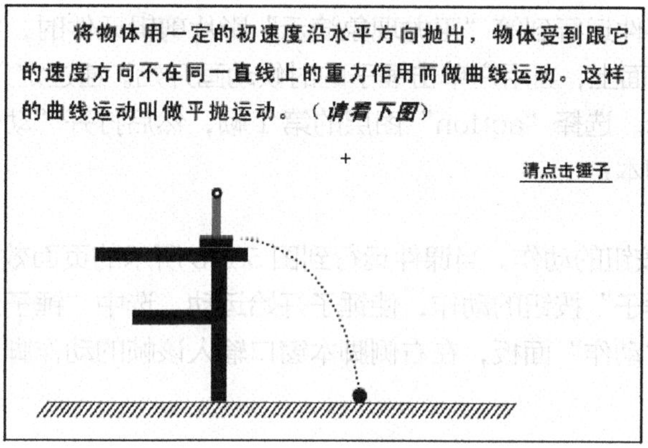

图 5.121　小球运动结束时的位置

右击“小球”图层第 20～70 帧中的任何一帧，在弹出的快捷菜单中选择“创建传统补间”命令，创建 20～70 帧之间的运动动画。小球的运动动画制作完成。

按 Enter 键进行测试，小球运动动画的中间效果如图 5.122 所示。

小贴士：

在测试动画时，引导层的对象是不会显示出来的，这里即小球运动的引导线不予以显示。如果希望引导层上的东西能够显示，则必须单独建立引导层进行绘制。

⑦ 创建“小球运动轨迹”图层。创建该层是为了能在小球运动的过程中看到小球运动的轨迹。

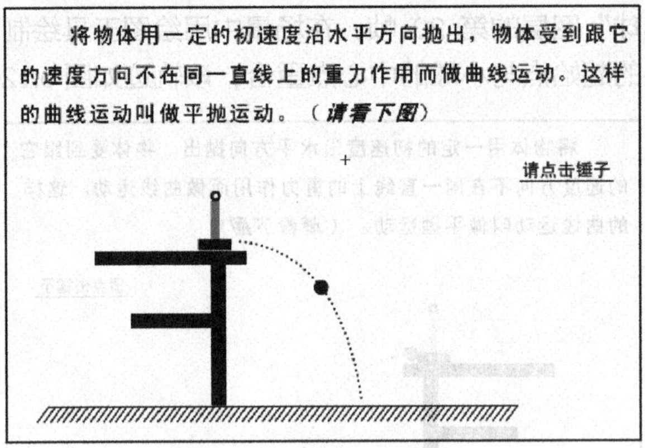

图 5.122　小球运动效果

在“引导层：小球”图层上方新建“小球运动轨迹”图层。选中该图层的第 20 帧右击插入关键帧。选中“引导层：小球”图层中创建的小球运动轨迹，用右键菜单中的“粘贴到当前位置”命令在“小球运动轨迹”图层第 20 帧的舞台中放置小球的运动轨迹。

⑧ 创建“action”图层。在图层“小球运动轨迹”上方新建一个图层，并将这个图层重命名为“action”。在这个图层上，通过帧动作的定义来控制动画停止。

定义帧动作。当课件运行到第“平抛现象演示”影片剪辑元件时，将显示图 5.117 所示的页面，并停止在这个页面上，当用户单击锤子的时候动画开始。通过定义该层第 1 帧的“停止”动作就能实现这个目标。选择“action”图层的第 1 帧，然后打开“动作”面板，在右侧脚本窗口输入该帧的动作脚本：

```
stop();
```

⑨ 定义“锤子”按钮的动作。当课件运行到图 5.116 所示的页面效果时，需要单击锤子开始动画。通过定义“锤子”按钮的动作，使锤子开始运动。选中“锤子运动”第 1 帧舞台中的锤子按钮，右击打开“动作”面板，在右侧脚本窗口输入该帧的动作脚本：

```
on (release) {
    gotoAndPlay(2);
}
```

“平抛现象演示”影片剪辑元件制作完成，完成后该元件的时间轴效果如图 5.123 所示。

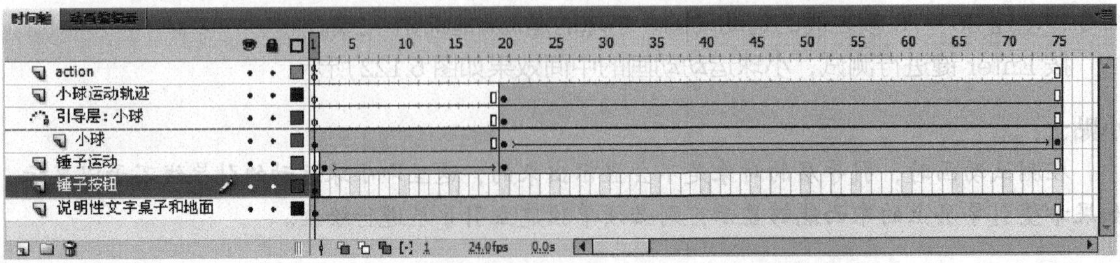

图 5.123　“平抛现象演示”影片剪辑元件时间轴效果

4. 创建“平抛运动分解”演示动画

（1）创建新元件

用前面提到的创建新元件的方法，分别创建“木槽”图形元件、“小球 2”图形元件、“看轨迹”按钮元件。各元件效果图分别如图 5.124、图 5.125、图 5.126 所示。

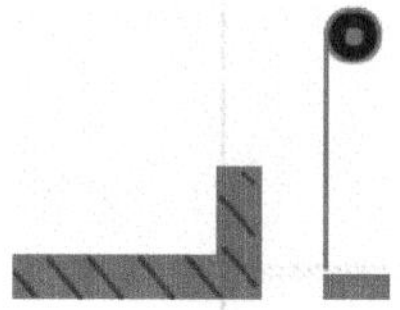

图 5.124 “木槽”元件

图 5.125 “小球 2”元件

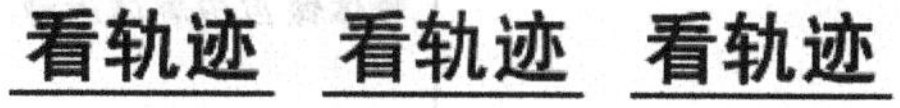

图 5.126 “看轨迹”按钮元件 3 种状态

（2）创建“平抛运动分解”影片剪辑元件

① 新建“平抛运动分解”影片剪辑元件，进入该元件的编辑区。将“图层 1”重命名为“说明性文字木槽和地面”，在该图层第 1 帧的舞台区域中输入相关文本。从“库”面板中将“木槽”和“地面”图形元件拖放到舞台中，如图 5.127 所示。选中该图层的第 105 帧，按 F5 键插入帧。

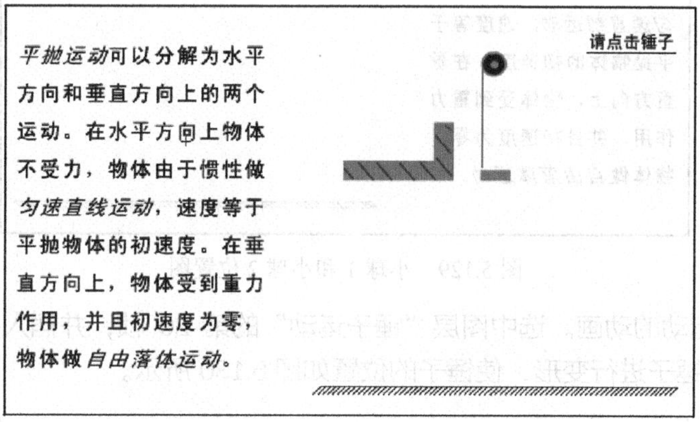

图 5.127 木槽、地面和说明性文字位置图

② 在“说明性文字木槽和地面”图层上方新建“锤子”按钮图层，从库中将“锤子”图形元件拖放到该图层第 1 帧的木槽上方的位置，如图 5.128 所示。

③ 在“锤子”按钮图层上方新建“锤子运动”图层，选中该图层的第 2 帧，插入关键帧。从库中将“锤子”图形元件拖放到该图层第 2 帧的舞台上木槽上方的位置，大小、位置和“锤子”按钮图层中锤子相同。

④ 在“锤子运动”图层上方新建“小球 1”图层，从库中将“小球 1”图形元件拖放到该图层第 1 帧的舞台上桌子上方的位置，调整小球 1 的大小，效果如图 5.129 所示。

⑤ 在“小球 1”图层上方新建“小球 2”图层，从库中将“小球 2”图形元件拖放到该图层第 1 帧的舞台上桌子上方的位置，调整小球 2 的大小，效果如图 5.129 所示。

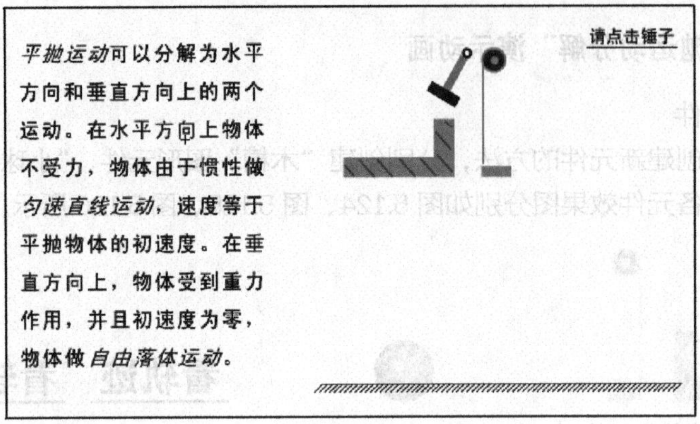

图 5.128　锤子位置图

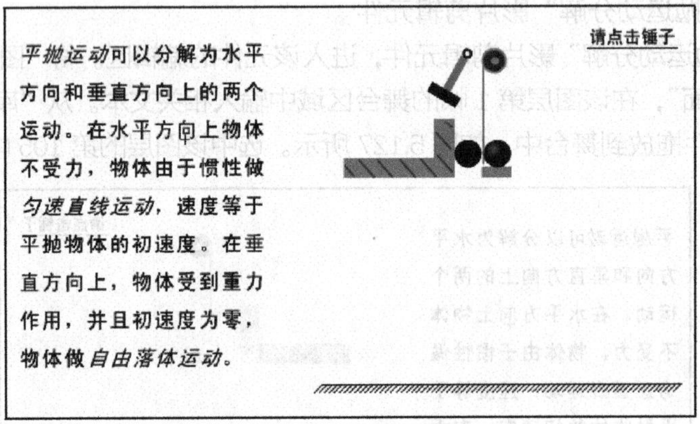

图 5.129　小球 1 和小球 2 位置图

⑥ 定义锤子运动的动画。选中图层“锤子运动”的第 20 帧，并插入关键帧。保持第 20 帧为选中状态，对锤子进行变形，使锤子的位置如图 5.130 所示。

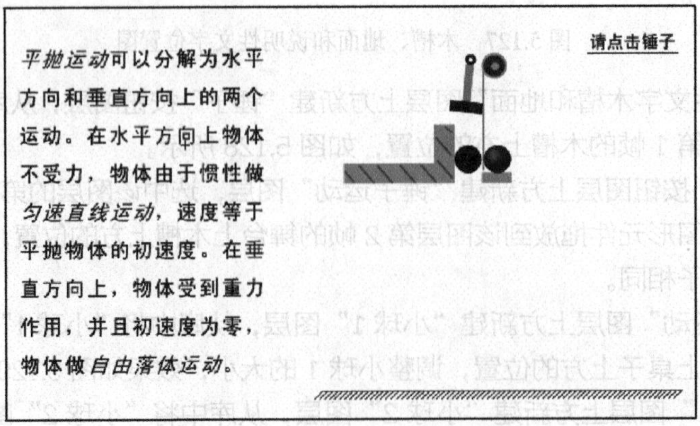

图 5.130　锤子移动后的位置

右击该图层第 2～20 帧中的任何一帧，在弹出的快捷菜单中选择“创建传统补间”命令，创建 2～20 帧之间的运动动画。锤子的运动动画制作完成，锁定该图层。选中该图层的第 105 帧，按 F5 键插入帧。

⑦ 定义小球 1 和小球 2 的运动动画。

利用与定义“平抛现象演示”影片剪辑元件中定义小球运动动画相同的方法分别定义小球 1 和小球 2 第 20～71 帧的传统补间动画。

小球 1 和小球 2 的运动轨迹如图 5.131 所示。

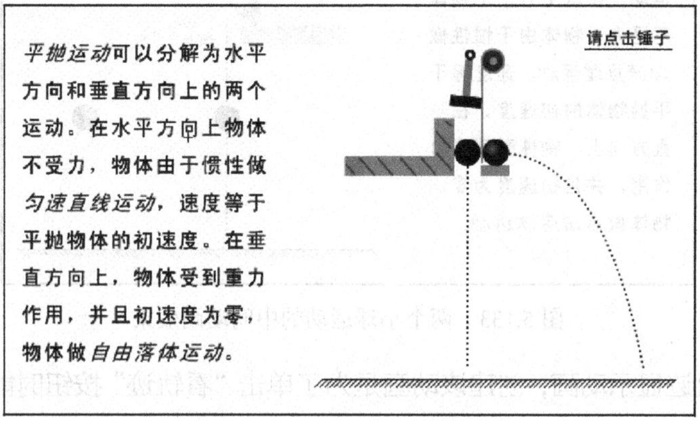

图 5.131　两小球运动轨迹

小球 1 和小球 2 运动到各自路径末端的位置如图 5.132 所示。

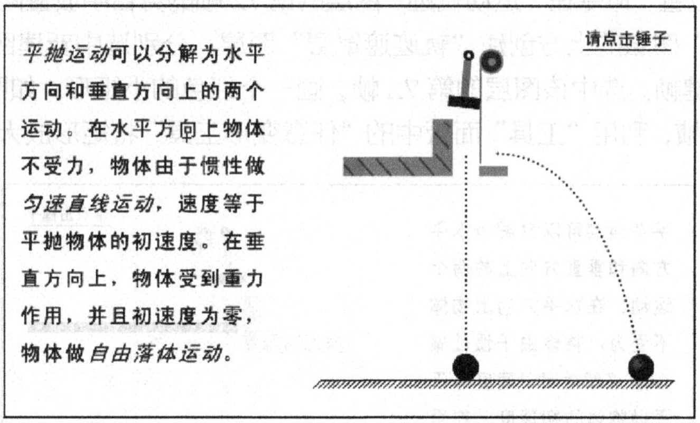

图 5.132　两小球运动结束时位置

小贴士：

确保两小球初始的位置中心点和运动轨迹的上端重合；两小球运动结束时，小球的中心点和各自路径的末端重合。

由于小球 1 和小球 2 在竖直方向上的位移不同步，所以可以把小球 2 运动的补间动画多添加几个关键帧，也就是在小球 2 运动过程中移动小球 2 的位置，使小球 1 和小球 2 在竖直方向上的位移同步。两个小球运动动画的中间效果图如图 5.133 所示（小球运动时是看不到路径的，图中显示路径是为了使观看者能清楚地知道小球的运动轨迹）。

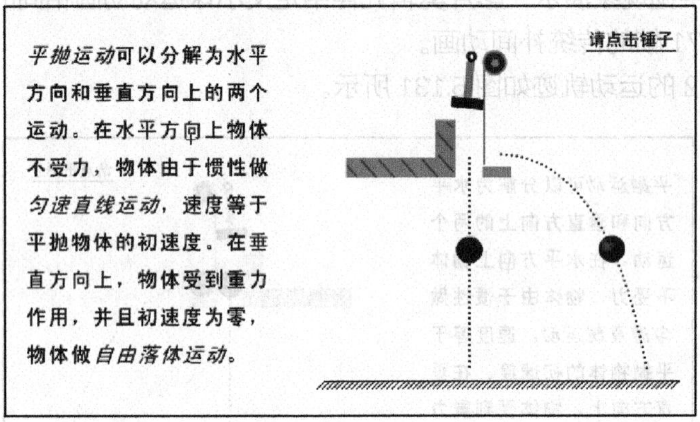

图 5.133　两个小球运动的中间动画效果

⑧ 创建运动轨迹显示动画，创建该动画是为了单击“看轨迹”按钮时能显示出两个小球运动的轨迹。

在“引导层：小球 2”上方新建“运动轨迹”图层。在该图层的第 72 帧处右击插入关键帧。分别选中“引导层：小球 1”图层和“引导层：小球 2”图层创建的小球运动轨迹，用右键菜单中的“粘贴到当前位置”命令在“运动轨迹”图层的第 72 帧的舞台中放置两个小球的运动轨迹。

在“运动轨迹”图层的上方创建“轨迹遮罩层”图层。分别选中新建图层的第 76 帧和第 100 帧右击插入关键帧。选中该图层的第 72 帧，画一个红色的小矩形，如图 5.134 所示。再选中该图层的第 105 帧，利用“工具”面板中的“任意变形工具”将矩形放大，如图 5.135 所示。

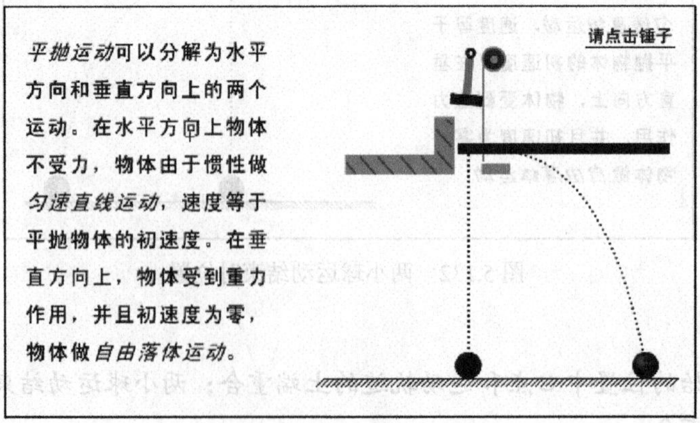

图 5.134　矩形遮罩初始大小

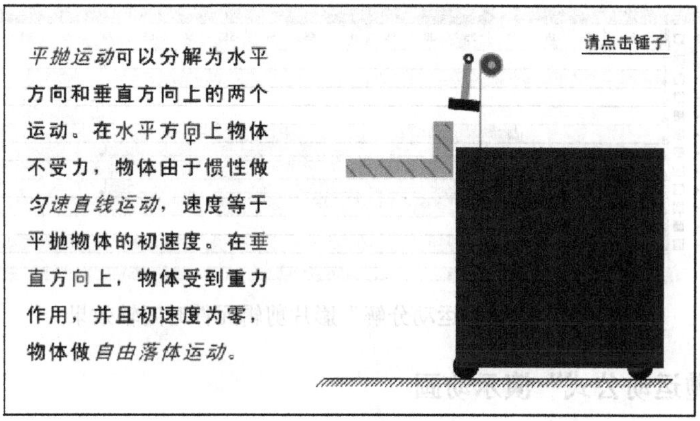

图 5.135　矩形遮罩最终大小

⑨ 定义“看轨迹”按钮动作。

在“轨迹遮罩层”上方新建“看轨迹按钮”图层，并从库中将“看轨迹”按钮元件拖放到该图层第 1 帧的舞台中如图 5.136 所示的位置。

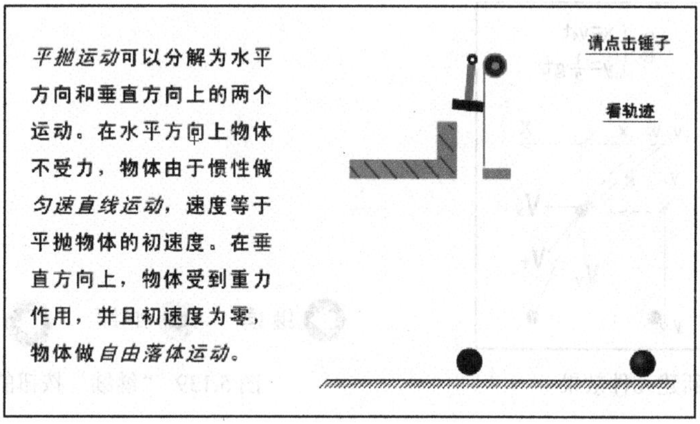

图 5.136 “看轨迹”按钮位置图

选中“看轨迹按钮”图层中的“看轨迹”按钮，在右侧脚本窗口输入该按钮的动作脚本：

```
on (release) {
    gotoAndPlay(72);
}
```

⑩ 创建“action”图层。

在图层“看轨迹按钮”上方新建一个图层“action”。在这个图层上，通过帧动作的定义来控制动画停止在某一画面。

选中“action”图层的第 71 帧，右击插入关键帧。对该帧添加动作脚本：

```
stop();
```

“平抛运动分解”影片剪辑元件制作完成，完成后该元件的时间轴效果如图 5.137 所示。

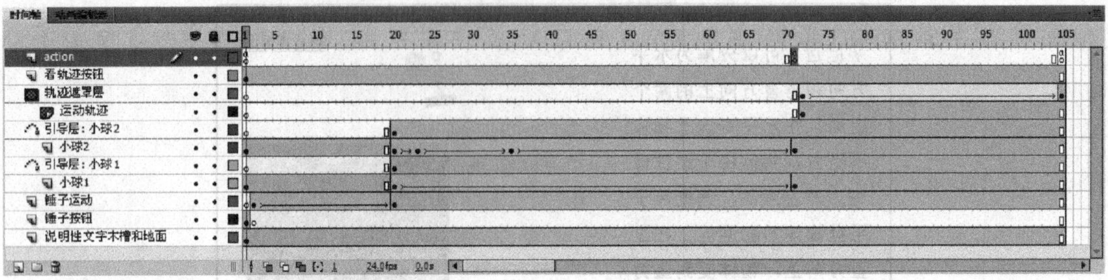

图 5.137　“平抛运动分解”影片剪辑元件时间轴效果

5. 创建“平抛运动公式”演示动画

（1）创建新元件

① 用前面提到的创建新元件的方法分别创建“速度公式”图形元件、“位移公式”图形元件、“速度分解图”图形元件、“位移分解图”图形元件，最终效果如图 5.138 所示。

② 创建“继续”按钮元件，该按钮的 4 种状态如图 5.139 所示。

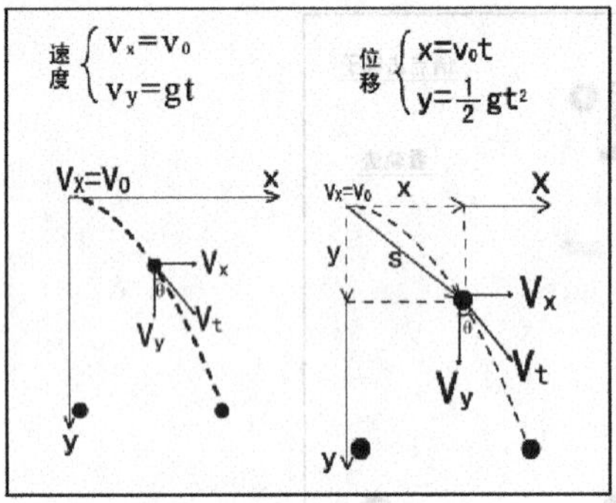

图 5.138　新建元件效果

图 5.139　“继续”按钮的 4 种状态

（2）创建“平抛运动公式”影片剪辑元件

① 新建“平抛运动公式”影片剪辑元件，进入该元件的编辑区。将“图层 1”重命名为“说明性文字”，在该图层第 1 帧的舞台区域中输入相关文本，效果如图 5.138 所示。选中该图层的第 61 帧，按 F5 键插入帧。

② 在“说明性文字”图层上方新建“速度公式”图层，并从“库”面板中将“速度公式”图形元件拖放到该图层第 1 帧的舞台中，效果如图 5.140 所示。选中该图层的第 61 帧，按 F5 键插入帧。

③ 在“速度公式”图层上方新建“位移公式”图层，并从“库”面板中将“位移公式”图形元件拖放到该图层第 1 帧的舞台中，效果如图 5.140 所示。

④ 在“位移公式”图层上方新建“速度分解图”图层，并从“库”面板中将“速度分解图”图形元件拖放到该图层第 1 帧的舞台中，效果如图 5.140 所示。

⑤ 定义速度公式变色动画。该动画的目的是强调显示速度公式。

选中“速度公式”图层的第 30 帧，按 F6 键插入关键帧，选中该图层第 30 帧中如图 5.140 所示的速度公式，打开“属性”面板，将其“色调”设置为红色，“属性”面板如图 5.141 所示。

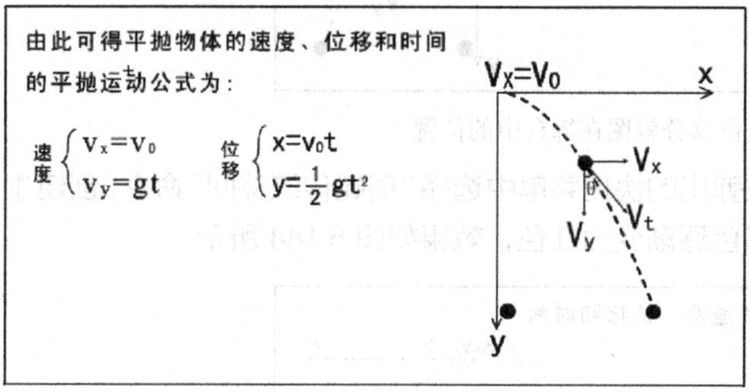

图 5.140　各元件在舞台中的位置

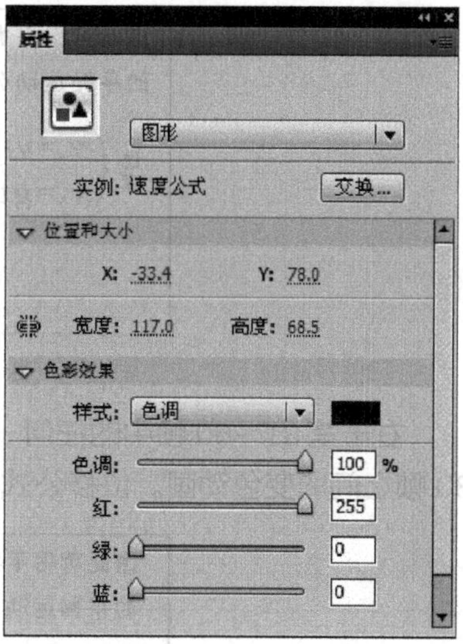

图 5.141 “属性”面板中“色调”的设置

右击第 1～30 帧中的任何一帧，在弹出的快捷菜单中选择“创建传统补间”命令，创建 1～30 帧之间的变色动画。速度公式会由黑色逐渐变为红色，效果如图 5.142 所示。

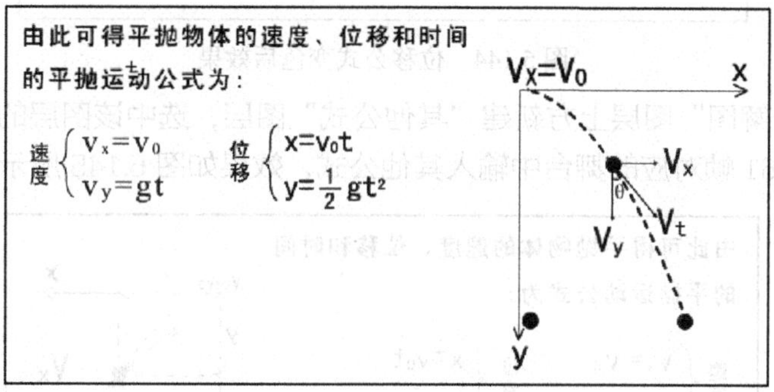

图 5.142　速度公式变色后效果

选中“速度公式”图层的第 1 帧，右击，在弹出的快捷菜单中选择“复制帧”命令。选中该图层的第 31 帧，右击选择“粘贴帧”命令，则第 31 帧中的速度公式颜色变为黑色。

⑥ 在“速度分解图”图层上方新建“位移分解图”图层，选中该图层的第 31 帧，按 F6 键插入关键帧。从“库”面板中将“位移分解图”图形元件拖放到该图层第 31 帧的舞台中，效果如图 5.143 所示。选中该图层的第 61 帧，按 F5 键插入帧。

⑦ 定义位移公式变色动画。该动画的目的是强调显示位移公式。

分别选中“位移公式”图层的第 31 帧和第 60 帧，按 F6 键插入关键帧，选中该图层第 60

帧中如图 5.138 所示的位移公式，打开“属性”面板，将其“色调”设置为红色，“属性”面板如图 5.141 所示。

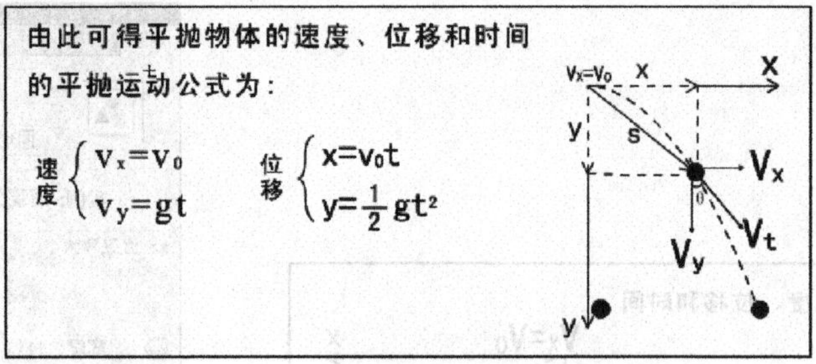

图 5.143　位移分解图在舞台中的位置

右击第 31～60 帧中的任何一帧，在弹出的快捷菜单中选择“创建传统补间”命令，创建 1～30 帧之间的变色动画。位移公式会由黑色逐渐变为红色，效果如图 5.144 所示。

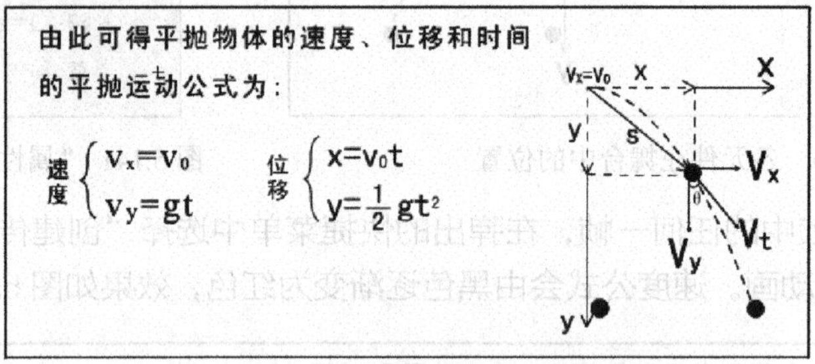

图 5.144　位移公式变色后效果

⑧ 在“位移分解图”图层上方新建“其他公式”图层，选中该图层的第 61 帧，按 F6 键插入关键帧。在第 61 帧对应的舞台中输入其他公式，效果如图 5.145 所示。

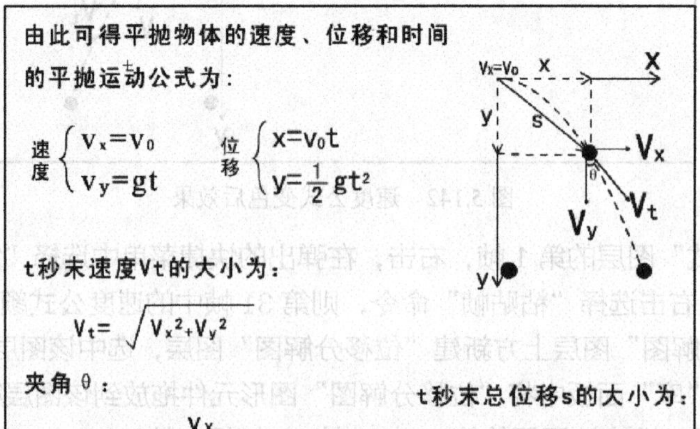

图 5.145　其他公式在舞台中的位置

⑨ 创建“action”图层。

在图层“其他公式”上面新建图层“action”。在这个图层上，通过帧动作的定义来控制动画停止。

定义帧动作。当“平抛运动公式”影片剪辑元件运行到第 1 帧时，先显示图 5.140 所示的画面，并开始执行速度公式变色动画，到 30 帧处停止在如图 5.142 所示的画面。通过定义该层第 30 帧的“停止”动作就能实现这个目标。选择“action”图层的第 128 帧，定义该帧的脚本动作：

```
stop();
```

用同样的方法，在该层的第 60 帧和第 61 帧处定义“停止”动作，使“平抛运动公式”影片剪辑元件分别停止在如图 5.144 和图 5.145 所示的画面。

⑩ 创建“继续按钮”图层。创建该图层是为了使动画停止在某一画面时通过单击“继续”按钮使动画继续播放。

在“action”图层上方新建“继续按钮”图层。选择该图层的第 30 帧，插入关键帧。从“库”面板中将“继续”按钮元件拖放到第 30 帧的舞台中，如图 5.146 所示。

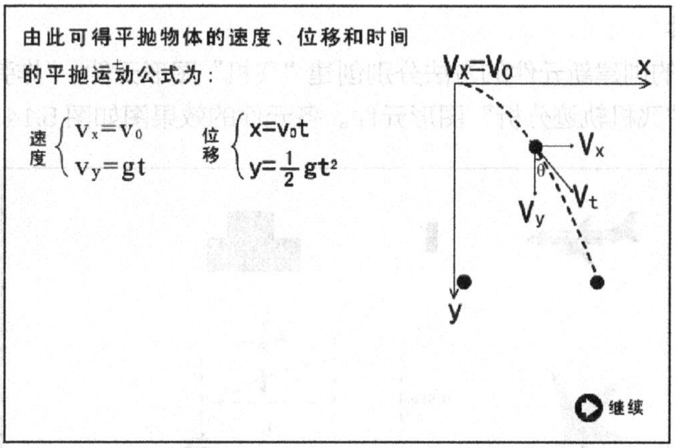

图 5.146 “继续”按钮元件在舞台中的位置

选中“继续按钮”图层第 30 帧中的“继续”按钮，打开“动作”面板，在右侧脚本窗口输入该按钮的动作脚本：

```
on (release) {
    gotoAndPlay(31);
}
```

选中“继续按钮”图层的第 31 帧，右击插入空白关键帧。这样做的目的是保证“继续”按钮不会再第 31 帧继续出现。

使用相同的方法，在“继续按钮”图层的第 60 帧处放置“继续”按钮元件，并设置该按钮的动作脚本为：

```
on (release) {
    gotoAndPlay(61);
}
```

“平抛运动分解”影片剪辑元件制作完成，完成后该元件的时间轴效果如图 5.147 所示。

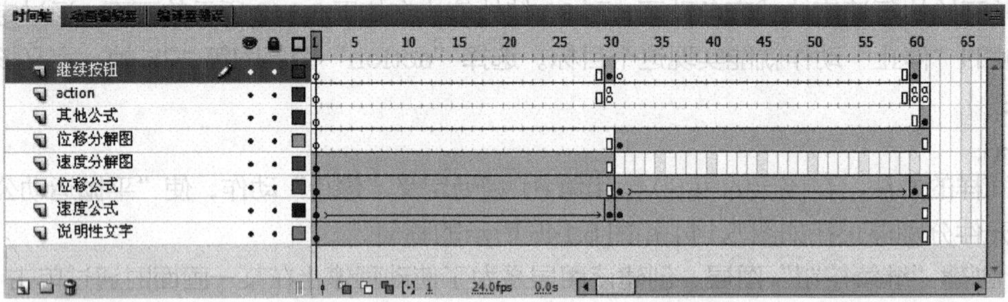

图 5.147 “平抛运动公式”元件时间轴效果

6. 创建“例题讲解”演示动画

（1）创建新元件

① 用前面提到的创建新元件的方法分别创建“飞机”图形元件、“炸弹”图形元件、“被炸物体”图形元件和“飞机轨迹分析”图形元件。各元件的效果图如图 5.148 所示。

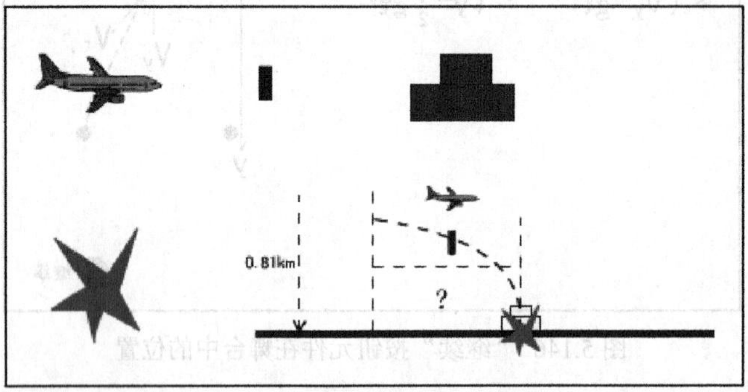

图 5.148 新建元件效果图

② 创建“答案”图形元件，效果如图 5.149 所示。

（2）创建“例题讲解”影片剪辑元件

① 新建“例题讲解”影片剪辑元件，进入该元件的编辑区。将“图层 1”重命名为“题目”，在该图层第 1 帧的舞台区域中输入例题的题目，效果如图 5.150 所示。选中该图层的第 63 帧，按 F5 键插入帧。

在“题目”图层上方新建“被炸物体”图层，并从“库”面板中将“被炸物体”图形元件拖放到该图层第 1 帧的舞台中，效果如图 5.150 所示。

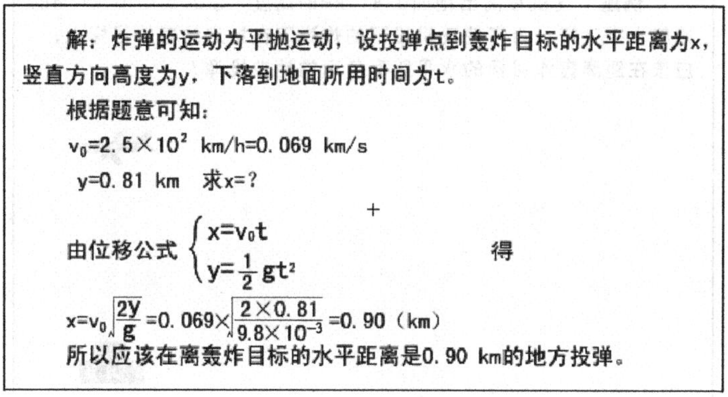
解：炸弹的运动为平抛运动，设投弹点到轰炸目标的水平距离为x，竖直方向高度为y，下落到地面所用时间为t。

根据题意可知：

$v_0=2.5\times10^2$ km/h=0.069 km/s

y=0.81 km　求x=？

由位移公式 $\begin{cases} x=v_0t \\ y=\frac{1}{2}gt^2 \end{cases}$ 得

$x=v_0\sqrt{\frac{2y}{g}}=0.069\times\sqrt{\frac{2\times0.81}{9.8\times10^{-3}}}=0.90$（km）

所以应该在离轰炸目标的水平距离是0.90 km的地方投弹。

图 5.149 “答案”图形元件

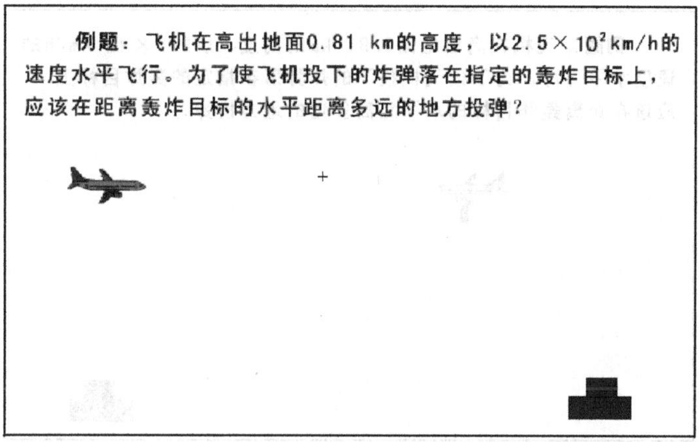

图 5.150 题目、飞机、被炸物体在舞台中的布局

② 在“被炸物体”图层上方新建“飞机”图层，并从“库”面板中将“飞机”图形元件拖放到该图层第 1 帧的舞台中，效果如图 5.150 所示。

选中“飞机”图层的第 60 帧，按 F6 键插入关键帧，选中该图层第 60 帧中的飞机，将其水平移到被炸物体上方，位置如图 5.151 所示。飞机飞到被炸物体正上方时，炸弹应炸中物体，该位置代表炸弹炸中物体时飞机的位置。

右击第 1～60 帧中的任何一帧，在弹出的快捷菜单中选择“创建传统补间”命令，创建 1～60 帧之间的飞机飞行动画。

③ 创建炸弹飞行动画。

在“飞机”图层上方新建“炸弹”图层，分别选中该图层的第 16 帧和第 60 帧，按 F6 键插入关键帧。从库中将“炸弹”元件拖放到该图层第 16 帧的舞台上飞机下方的位置，效果如图 5.152 所示。在第 60 帧，将炸弹拖放到和被炸物体相同的位置，效果如图 5.153 所示。

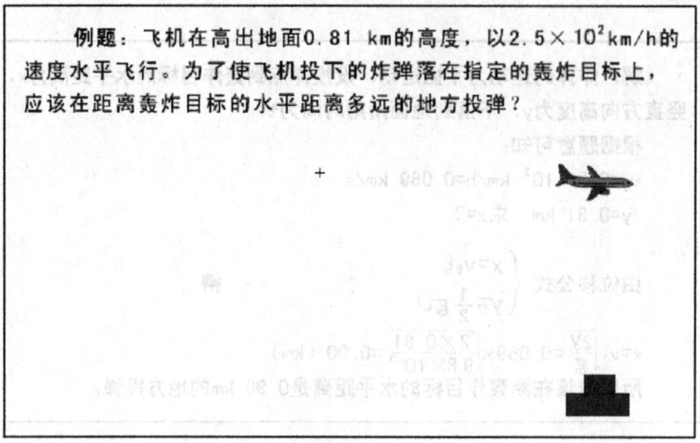

图 5.151　飞机飞行结束后的位置

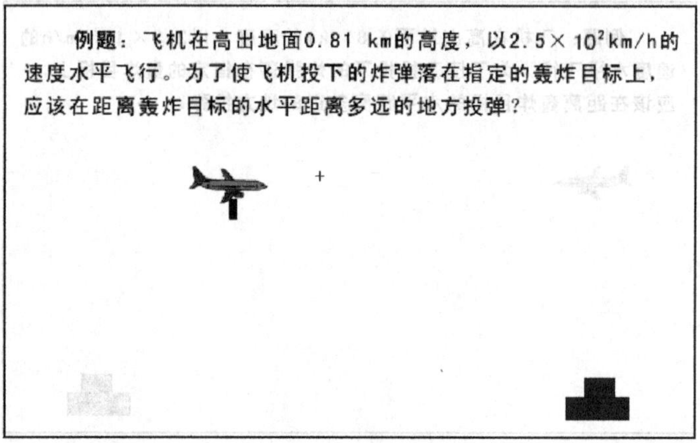

图 5.152　炸弹投放时位置

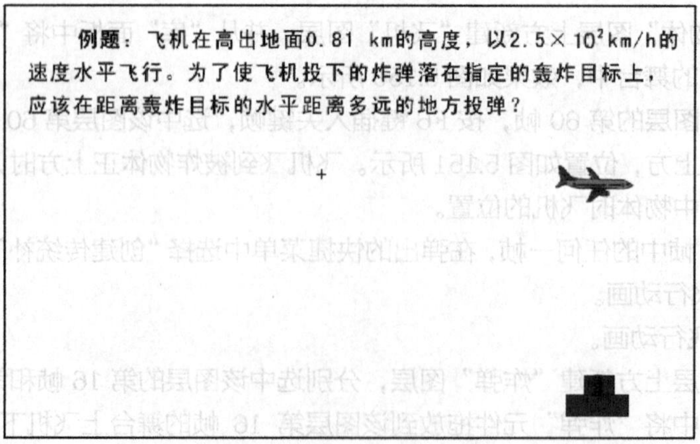

图 5.153　炸弹爆炸时位置

用与前面定义“小球 2”运动相同的方法为“炸弹”图层添加传统运动引导层“引导层：炸弹”。炸弹的飞行轨迹如图 5.154 所示。

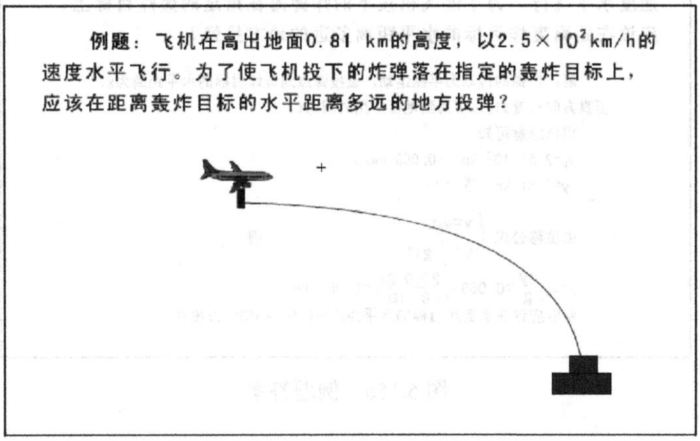

图 5.154　炸弹飞行轨迹

④ 创建“例题分析”图层。

在“引导层：炸弹”图层上方新建 “例题分析”图层。选中该图层的第 62 帧，按 F6 键插入关键帧。从库中将例题题目元件拖放到该图层第 62 帧的舞台上，调整元件实例的大小和位置，效果如图 5.155 所示。

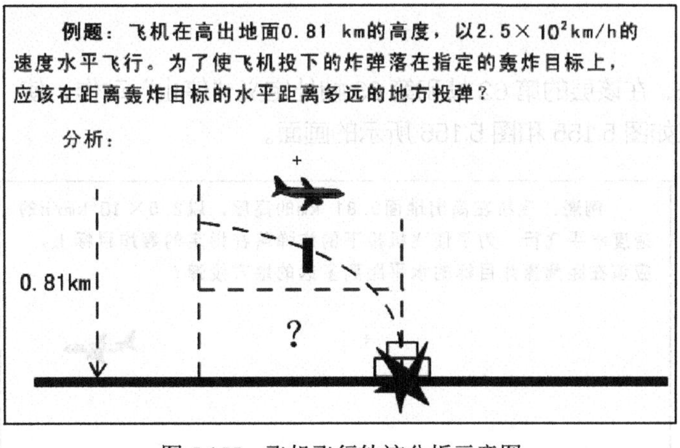

图 5.155　飞机飞行轨迹分析示意图

⑤ 创建“答案”图层。

在例题题目图层上方新建“答案”图层。选中该图层的第 63 帧，按 F6 键插入关键帧。从库中将“答案”图形元件拖放到该图层第 63 帧的舞台上，调整元件实例的大小和位置，效果如图 5.156 所示。

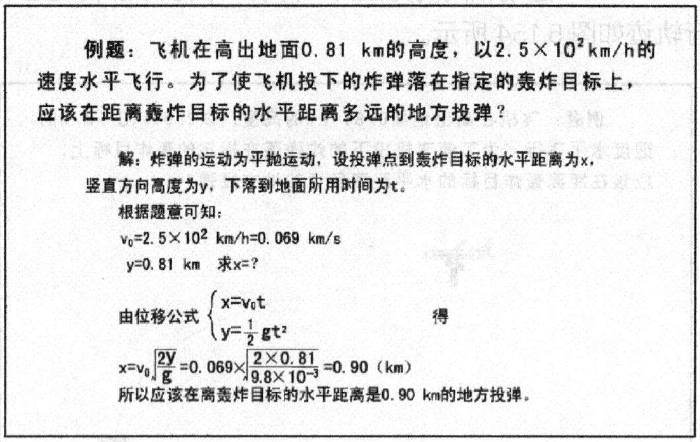

图 5.156　例题答案

⑥ 创建“action”图层。

在“答案”图层上方新建“action”图层。在这个图层上，通过帧动作的定义来控制动画停止。

定义帧动作。当“例题讲解”影片剪辑元件运行到第 1 帧时，先显示图 5.150 所示的画面，并开始执行飞机投弹动画，到第 61 帧处停止在如图 5.157 所示的画面。通过定义该层第 60 帧的“停止”动作就能实现这个目标。选择“action”图层的第 61 帧，定义该帧的脚本动作：

```
stop();
```

用同样的方法，在该层的第 62 帧和第 63 帧处定义“停止”动作，使“例题讲解”影片剪辑元件分别停止在如图 5.155 和图 5.156 所示的画面。

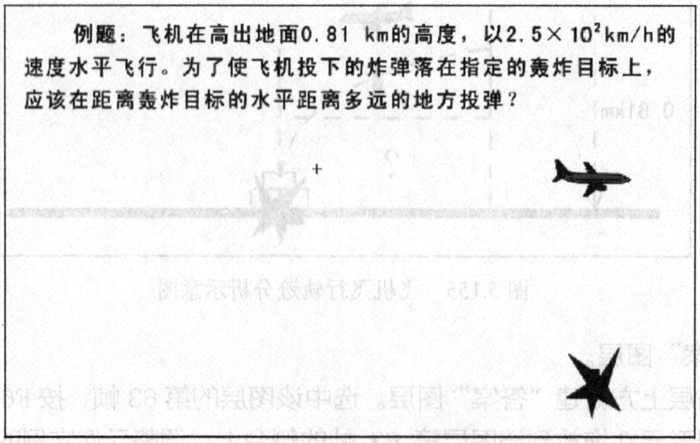

图 5.157　物体爆炸后效果

⑦ 创建“继续按钮”图层。创建该图层是为了使动画停止在某一画面时通过单击“继续”按钮使动画继续播放。

在“action”图层上方新建“继续按钮”图层。选择该图层的第 61 帧，插入关键帧。从“库”面板中将“继续”按钮元件拖放到第 61 帧的舞台中，如图 5.158 所示。

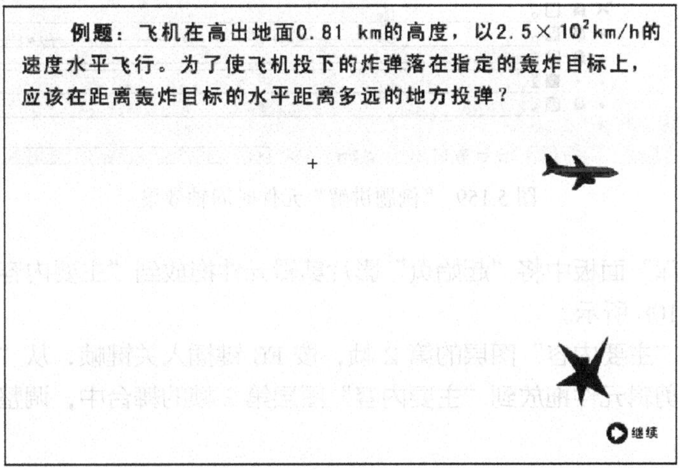

图 5.158 “继续”按钮元件在舞台中的位置

选中“继续按钮”图层第 61 帧中的“继续”按钮，打开“动作”面板，在右侧脚本窗口输入该按钮的动作脚本：

```
on (release) {
    gotoAndPlay(62);
}
```

使用相同的方法，在“继续按钮”图层的第 62 帧处放置“继续”按钮元件，并设置该按钮的动作脚本为：

```
on (release) {
    gotoAndPlay(63);
}
```

至此“例题讲解”影片剪辑元件制作完成，完成后该元件的时间轴效果如图 5.159 所示。

7. 课件整合

通过步骤 2～6，课件的各个模块已经制作完成，接下来要进行对各个模块进行整合，整合过程在场景 1 中完成。

① 在场景 1 中，在“课件背景”图层上方新建“主要内容”图层。

② 在“主要内容”图层上方新建“标题”图层。

③ 将各模块所对应的影片剪辑元件放到舞台中的“主要内容”图层。

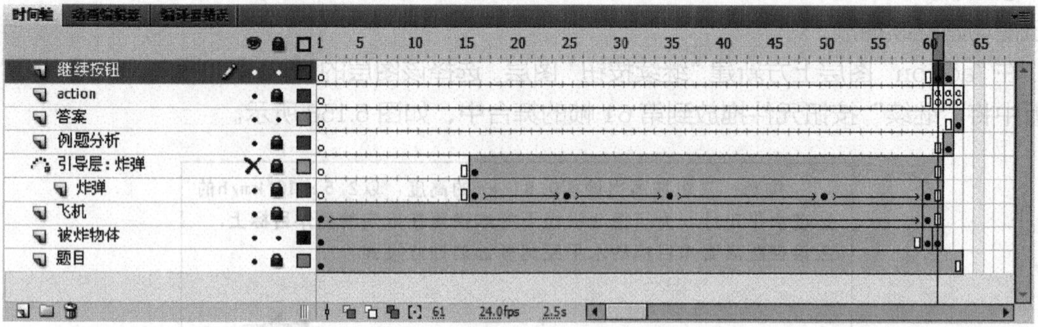

图 5.159 “例题讲解”元件时间轴效果

第一步，从“库”面板中将“起始页”影片剪辑元件拖放到“主要内容”图层第 1 帧的舞台中，效果如图 5.108 所示。

第二步，选中“主要内容”图层的第 2 帧，按 F6 键插入关键帧，从“库”面板中将“平抛现象演示”影片剪辑元件拖放到“主要内容”图层第 2 帧的舞台中，调整其大小和位置，效果如图 5.160 所示。

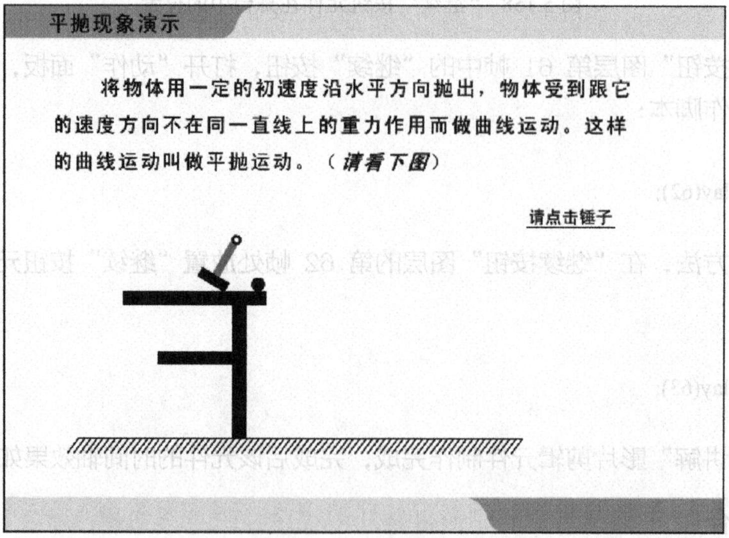

图 5.160 “平抛现象演示”影片剪辑元件在场景 1 中的效果

选中“标题”图层的第 2 帧，输入标题“平抛现象演示”，效果如图 5.160 所示。

第三步，用与前面相同的方法，将“平抛运动分解”影片剪辑元件、“平抛运动公式”影片剪辑元件、“例题讲解”影片剪辑元件分别拖放到“主要内容”图层的第 3 帧、第 4 帧、第 5 帧的舞台中，调整各元件的位置和大小。

在“标题”图层的第 3 帧、第 4 帧、第 5 帧分别输入标题“平抛运动分解”、“平抛运动公式”、“例题讲解”，效果分别如图 5.161、图 5.162 和图 5.163 所示。

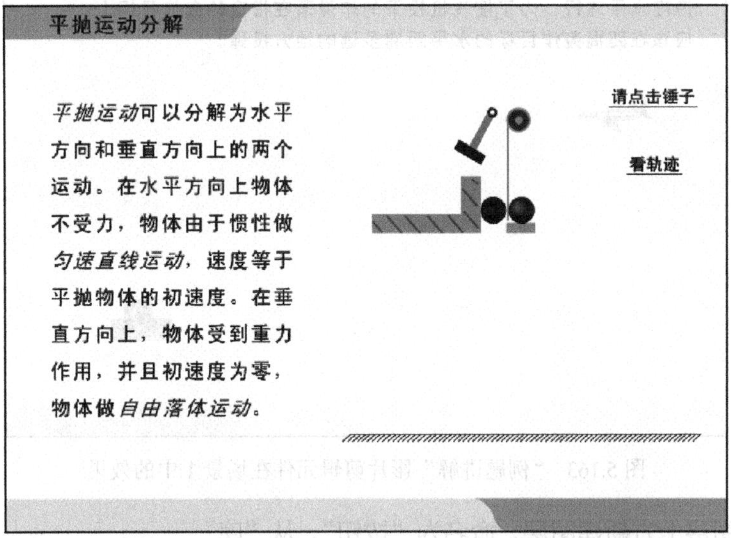

图 5.161 “平抛运动分解”影片剪辑元件在场景 1 中的效果

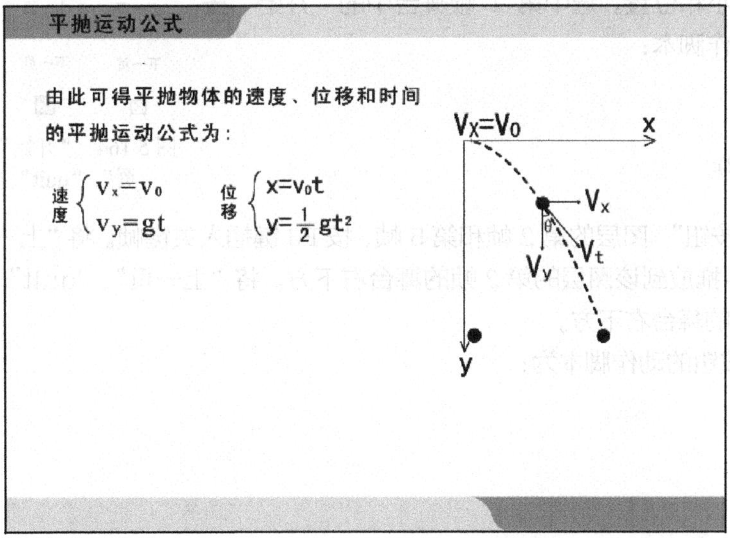

图 5.162 “平抛运动公式”影片剪辑元件在场景 1 中的效果

第四步，各影片剪辑之间跳转按钮的制作和实现。

利用前面讲解的制作按钮元件的方法分别制作“开始”按钮元件、“上一页”按钮元件、“下一页”按钮元件和“quit”按钮元件。按钮 4 个状态的效果如图 5.164 所示。

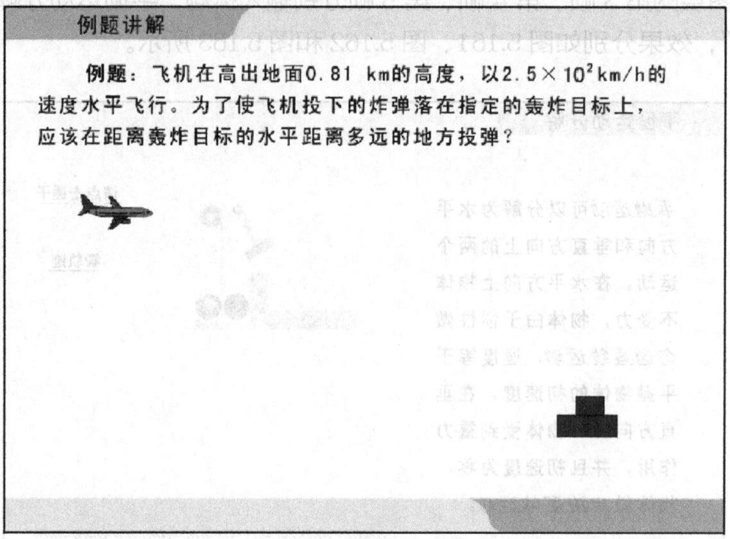

图 5.163 “例题讲解”影片剪辑元件在场景 1 中的效果

在“标题”图层上方新建图层，命名为“按钮”。从“库”面板中将“开始”按钮元件拖放到“按钮”图层第 1 帧的舞台上，调整其大小和位置。选中第 1 帧舞台中的“开始”按钮，为其添加动作脚本：

```
on(release)
{
gotoAndPlay(2);
}
```

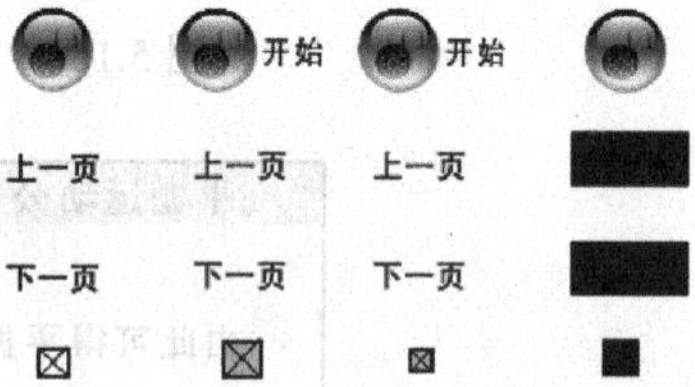

图 5.164 “开始”、“上一页”、“下一页”、“quit”按钮元件状态图

分别选中“按钮” 图层的第 2 帧和第 5 帧，按 F6 键插入关键帧。将“上一页”、“下一页”、“quit”按钮元件拖放到该图层的第 2 帧的舞台右下方。将“上一页”、“quit”按钮元件拖放到该图层的第 5 帧的舞台右下方。

“上一页”按钮的动作脚本为：

```
on(release)
{
prevFrame();
}
```

“下一页”按钮的动作脚本为：

```
on(release)
{
nextFrame();
}
```

“quit”按钮的动作脚本为：

```
on(release)
{
fscommand("quit");
}
```

第五步，添加“action”图层，使各影片剪辑元件播放结束时停止，通过单击按钮播放。

在“按钮”图层上方新建图层，命名为“action”。分别选中该图层的第 2 帧、第 3 帧、第 4 帧、第 5 帧，按 F6 键插入关键帧。

为“action”图层的第 1 帧、第 2 帧、第 3 帧、第 4 帧、第 5 帧添加相同的动作脚本：

```
stop();
```

至此，整个课件制作完毕。按 Ctrl+Enter 键可观看课件动画的效果，进行调试修改。调试修改完成后可以通过“文件”→“导出影片”命令或 Ctrl+Enter 快捷键导出 swf 格式的可以在网上播放的课件。课件最终各主要界面效果如图 5.165 所示。

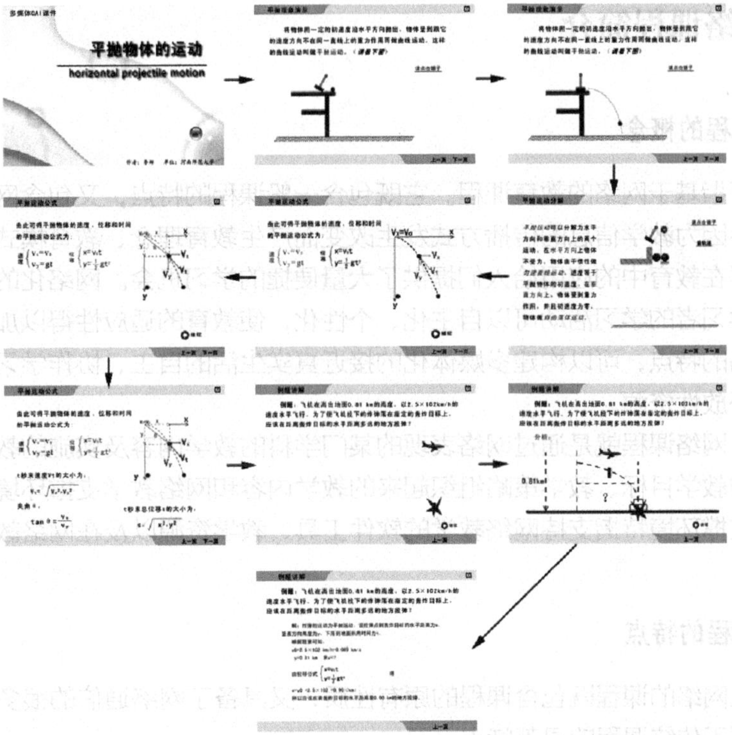

图 5.165　各主要界面效果图

小贴士：

如果想做出严格的平抛运动，需要利用代码严格让“小球”元件按平抛运动的数学模型运动才能做到。

本节介绍的 Adobe Flash CS4 是一款非常优秀的基于时序的多媒体课件制作工具，功能强大，是用户开发多媒体课件的一个很好的平台。但相对于 PowerPoint 而言，Flash 的操作较复杂，在 Flash 制作中会涉及一些专业编程知识，这就需要大家多练习，多思考，从而能够熟练运用 Flash 制作出优秀的课件。只要读者在学习过程中能够举一反三，定会触类旁通，相信很快就能制作出优秀的课件来。

5.5　网 络 课 程

随着网络技术的高速发展和 Internet 的广泛应用，远程教育得到了蓬勃发展，通过网络进行学习已成为当前一种重要的学习方式，而网络学习资源的设计与开发也变得尤为重要。网络课程是远程学习者最基本的学习资源，在远程教育中扮演着极其重要的角色。

5.5.1　网络课程简介

1. 网络课程的概念

网络课程泛指基于网络的教育课程。它既包含一般课程的特点，又包含网络载体的特征。因此网络课程会因为教学信息的传播方式发生改变而产生教育理念、教育模式、教学方法等的改变。网络课程在教育中的应用给人们提供了大量便捷的学习机会。网络化的教学环境和丰富的教学资源使学习者的学习活动可以自主化、个性化，使教育的适应性得以加强。网络课程可以充分体现网络的特点，可以构建多媒体化的接近真实生活的自主、协作学习情境，还可以充分利用网络的开放性资源。

总而言之，网络课程就是通过网络表现的某门学科的教学内容及实施的教学活动的总和，它包括按一定的教学目标、教学策略组织起来的教学内容和网络教学支撑环境两个组成部分，其中网络教学支撑环境特指支持网络教学的软件工具、教学资源以及在网络教学平台上实施的教学活动。

2. 网络课程的特点

基于计算机网络的课程既包含课程的原有性质，又具备了网络通信的很多特性。因此网络课程有着其区别于传统课程的显著特点。

（1）打破地域和国界

课程一旦运行在信息高速公路上，就可使不同地域、不同国度的人不分贫富、不分年龄都能享受最理想的教育，义务教育将变成教育权利，教育的民族化在信息高速公路上将得到实质性体现。未来必将出现全球性课程、国际考证、国际教师，从而打破国界、区界和学科的界限。

（2）教学单元模块化

网络课程采用的是模块式的组合教材，即以每项职业能力开发的需要来组织每个模块的教学内容。学习者可根据职业的需要，结合自身的需求，确定自己所需的学习材料。学习者也可在教师的帮助下按自己的意愿组合模块，并使它们之间产生新的结构和联系。不难想象，这势必大大促进自然科学与社会科学的结合，出现更多的边缘学科和交叉学科等新兴学科。

（3）多媒体化的载体

在网络课程中，教师在教学中使用的教材演变为以现代电子教学媒体为核心的多媒体教材体系，如在美术教育中，计算机可以将多种图片融于一体，学生可随意调取，并在计算机上做各种三维设计或绘图；在语言教育中，文字处理软件有许多编辑功能，使学生和教师可以将学习的重点放在文体和内容上；在数学教育中，计算机的作用更为明显，计算机选题、编题、批改作业等已经广为运用，除此以外，计算机还可以将各项数学公式用图形表现出来，增加直观性；在音乐教育中，计算机既可以变成一架电子琴，也可以使学习者欣赏名家的杰作、分析作曲风格等。

（4）人机间的多向互动

传统教育中以书本为载体的教材是一种单向传播的教育情境，教材与学习者之间不可能有交互性。现在，以计算机为媒体的教材实现了学习者与教材、学习者和教师之间的多项互动。交互式课程具有参与、主动、创造、协作、兴趣等主要优点，它将学生带入教学的情境中，学生亲自操作，按自己的意愿选择和发展学习内容，在主动参与学习中获得体验，充分地发挥学生的想象力，从而极大地产生学习的兴趣和热情。

（5）容易发挥学习者的学习热情

通过网络进行学习时，学习者可以不受时空限制，不仅能够进行交流研讨，还可以利用适当的软件工具支持协同创作。现在许多网络教育平台带有群件系统的功能，能够支持一个学习群体方便地进行通信交流、工作空间共享、应用软件共享和协同创作。

5.5.2 网络课程开发

网络课程开发的主要工作就是设计并制作用于实现教学目标的网站及网页。目前常用的可视化编辑软件主要是 FrontPage 和 Dreamweaver。Dreamweaver 是 Macromedia 公司开发的“所见即所得”的专业网页制作及网站管理软件，一般为专业开发人员所使用。而 FrontPage 则是 Microsoft 公司 Office 套装软件中的一员，和大家经常使用的 Word、Excel 等 Microsoft Office 系列组件有着相似的界面和操作方法，不仅初学者容易上手，而且也有不少面向高级用户的新增功能。正因为这些特点，广大的网页制作爱好者用其作为开发工具。

早期使用较多的版本主要是 FrontPage 2003，目前其已被 SharePoint Designer 2007 所

取代。SharePoint Designer 2007 是 Office 2007 系列办公软件之一，也是 Microsoft 公司专门为个人学习网页设计，以及企业在 SharePoint 平台上建立多功能的自动化商务网站而提供的开发工具。它继承了 Windows 友好的图形界面风格，可以方便地进行网站的构建和网页的制作。下面就来介绍 SharePoint Designer 2007 的使用。

1. SharePoint Designer 2007 简介

SharePoint Designer 2007 是一款操作界面非常友好的软件，用户不必编写烦琐的 HTML 代码，只需通过鼠标单击、右击、双击和拖动等操作即可轻松地制作出精美的网页。

启动 SharePoint Designer 2007 后，即可看到它的工作界面，主要由标题栏、菜单栏、工具栏、任务窗格、网页编辑区和状态栏等组成，如图 5.166 所示。

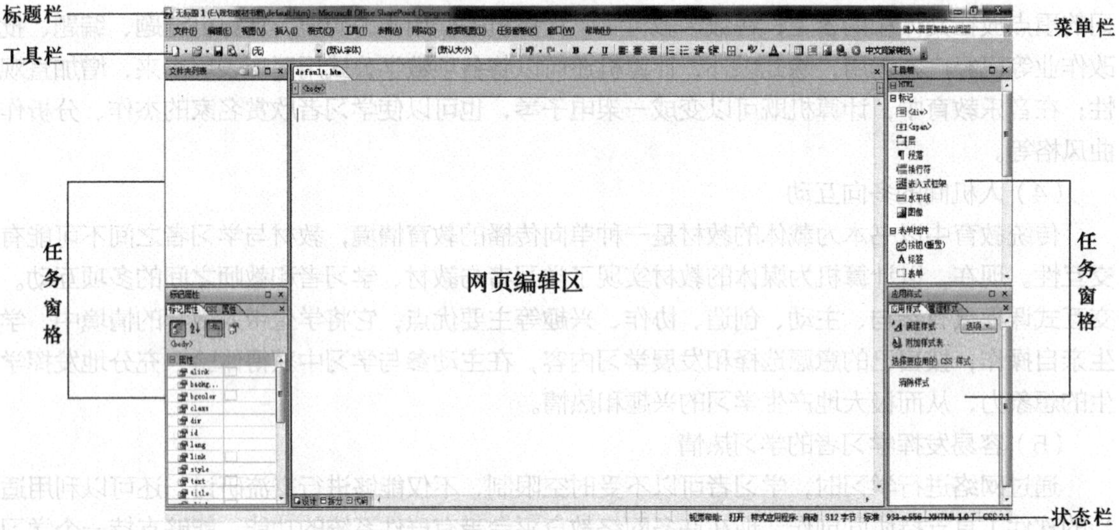

图 5.166　SharePoint Designer 2007 的工作界面

标题栏、菜单栏、工具栏、状态栏和任务窗格在学习其他 Office 软件的时候，读者已经较为熟悉了。下面重点介绍一下网页编辑窗口。

SharePoint Designer 2007 网页编辑窗口左上角的标签显示的是当前正在编辑的网页名称，其下是快速编辑选择器，包含有“<body>”等网页代码按钮标签，单击任一按钮及其下拉菜单可以对网页内容的 HTML 代码进行快速修改。左下角是视图切换按钮，分别是设计视图、拆分视图和代码视图，如图 5.167 所示。其中设计视图是采用可视化的“所见即所得”方式编辑网页，代码视图是通过编写 HTML 代码来制作网页，拆分视图则是这两种视图的综合，在屏幕上分上下两栏分别显示设计视图和代码视图。用户可以根据需要灵活地选用不同的视图来处理网页。

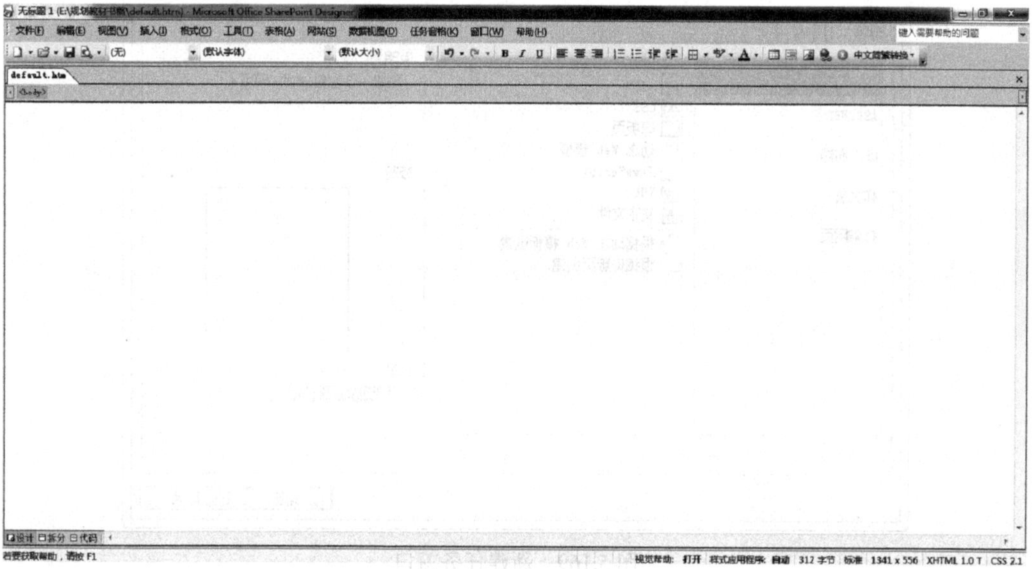

图 5.167　网页编辑窗口

2. SharePoint Designer 2007 的基本操作

（1）创建一个简单的网页

利用 SharePoint Designer 2007 可以快捷地创建一个简单的网页。其中文字与图像的处理功能基本集中在“编辑”、“插入”、“格式”3 个菜单里，与 Word 相似。熟悉 Word 的用户对于这部分的操作很容易理解。与此同时，SharePoint Designer 2007 又增加了很多实用的功能，更加贴近普通用户，让网页制作新手也能做出复杂而又漂亮的网页文字与图像，并能轻松地做出自己喜欢的动态效果。

图 5.168　新建按钮下拉菜单

① 创建网页。创建页面最简单的方法就是单击工具栏的“新建”按钮。它的右方有一个向下的小箭头，用来选择新建网页、网站等，如图 5.168 所示。默认状态下是新建空白网页。

用户还可以使用“文件”菜单中的“新建”命令打开新建任务窗口，这样能有更大的选择性。在新建任务窗口中可以看到，SharePoint Designer 2007 提供了很多新建网页和新建网站的方式，如图 5.169 所示。

② 插入文本。在 SharePoint Designer 2007 中可以直接输入文字，也可以将其他程序中的文字复制或者剪切粘贴到当前编辑的网页中，“编辑”菜单中有与之相关的选项。还可以通过“插入”菜单中的“文件”选项以文件的形式导入文字，包括后缀名为 txt、doc、htm、html 等多种类型的文件，如图 5.170 所示。

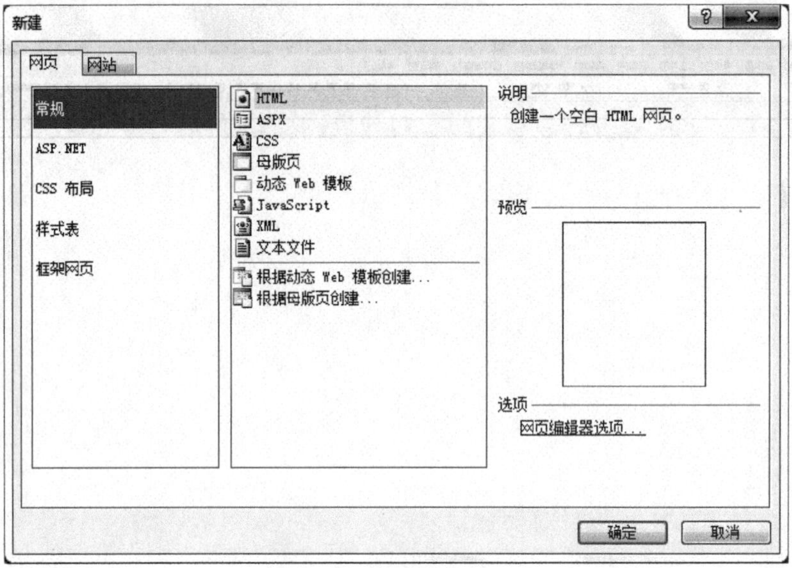

图 5.169　新建任务窗口

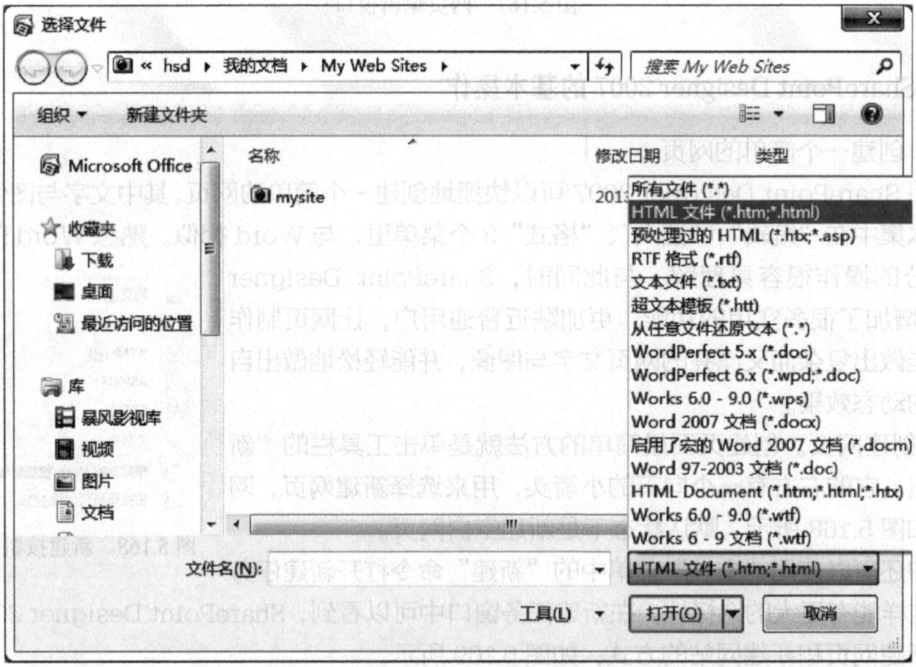

图 5.170 “选择文件”对话框

在输入文字之后，为了使文字效果更丰富、活泼，可以选择“格式”菜单中的“字体”命令，在“字体”对话框里设置样式、字体、字号、文字风格、对齐方式、颜色等，还可以添加许多效果，如图 5.171 所示。无论进行什么操作，用户都可以在预览框中看到各种设置所产生的综合效果。

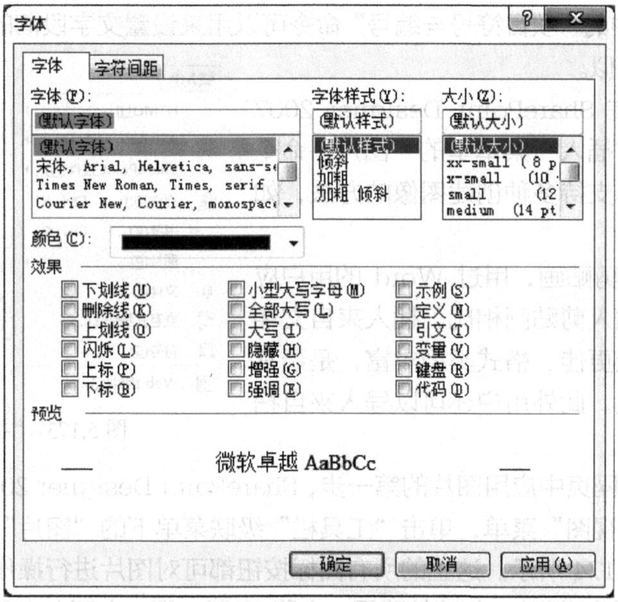

图 5.171 “字体”对话框

另外，还可以对文字的段落格式进行设置。选择“格式”菜单栏中的“段落”命令，即可在“段落”对话框里更改对齐方式，设置段落缩进和段落间距。对段落的操作和对字体的操作一样，也可以在预览框中看到各种设置所产生的综合效果，如图 5.172 所示。

图 5.172 “段落”对话框

当然，以上这些操作都可以通过单击工具栏中对应的按钮实现。

"格式"菜单栏中的"项目符号与编号"命令可以用来设置文字段落的项目符号与编号，这与 Word 中的用法相似。

③ 插入图片。在 SharePoint Designer 2007 中创建图像是通过"插入"菜单里的"图片"命令实现的，其级联菜单支持多种创建图像的方法，如图 5.173 所示。

其中，对于插入剪贴画，用过 Word 的用户应该都很熟悉了。与插入剪贴画相比，插入来自文件的图片，其图像质量更佳、格式类型丰富，是最常用的插入图像的方式。此外用户还可以导入来自扫描仪或照相机的图片。

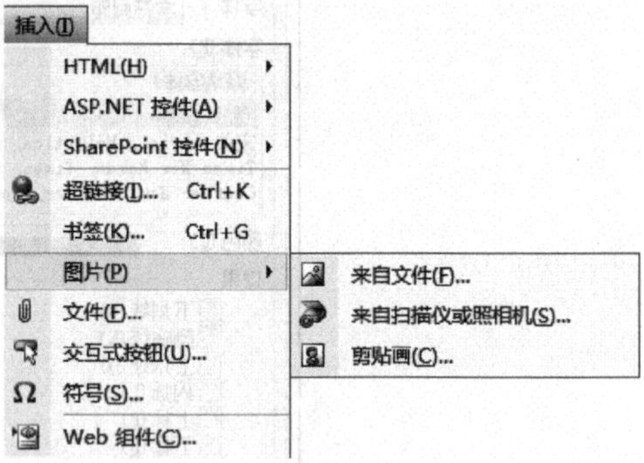

图 5.173 "插入"级联菜单

插入图片只是在网页中应用图片的第一步，SharePoint Designer 2007 还提供了强大的图片设置功能。打开"视图"菜单，单击"工具栏"级联菜单下的"图片"命令，可以调出"图片"工具栏，如图 5.174 所示。这里的所有图标按钮都可对图片进行操作处理，从左到右依次是：插入新图片替代原有图片、创建缩略图、上移/下移一层、上下左右翻转按钮、对比度及亮度处理（这是 Dreamweaver 望尘莫及的）、裁剪、设置透明色、填充色、凹凸效果、锁定图片位置、添加热点（制作图片超链接）、还原图片。这些处理方法可以在实际使用中灵活选择。

图 5.174 "图片"工具栏

在图片上右击，在快捷菜单中选择"图片属性"命令，可以更改图片的环绕样式，调整图片与文本的对齐方式，指定图片大小并进行其他一些设置，如图 5.175 所示。

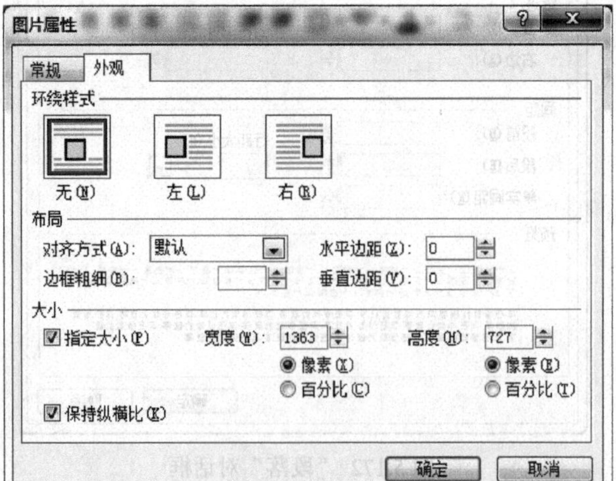

图 5.175 "图片属性"对话框

插入图片之后，需要进行保存。单击工具栏中的“保存”按钮，打开如图 5.176 所示的“另存为”对话框，在其中输入新的网页文件的名字，单击“更改标题”按钮设置网页标题，完成后单击“确定”按钮，最后单击“保存”按钮。

图 5.176 “另存为”对话框

如果插入的图片文件不在站点内，默认情况下，SharePoint Designer 2007 会自动把它作为嵌入式文件进行保存。用户也可以将图片文件复制到站点内，在如图 5.177 所示的“保存嵌入式文件”对话框中单击“更改文件夹”按钮，进行设置。还可以给文件重新命名，选择是否保存此文件。

此外，需要注意的是，网页中通常使用扩展名为 gif 和 jpg 的图片文件。因为这两种格式的图片不仅应用广泛，而且节省存储空间。如果使用了其他格式的图片文件，用户可以手动对图片格式进行转换，单击“图片文件类型”按钮，选择 GIF（G）或 JPEG（J），单击“确定”按钮即可。当然也可以选择 PNG-8（P）或 PNG-24（N），不过这两种格式的图片文件不是很常见，并且不是所有的浏览器都支持（如图 5.178 所示）。

（2）制作超链接

网页的强大之处就在于它的超链接。在浏览器中通过单击网页中的超链接，可以很方便地跳转至另一个网页、图片、文件或邮件地址。一个网页中的超链接分为两个部分：载体和目标地址。超链接的载体就是网页中的文字和图片，超链接的目标地址就是单击之后打开的网页、图片、文件或者邮件的地址。凡是包含链接的文字和图片等网页界面元素都称为超链接。

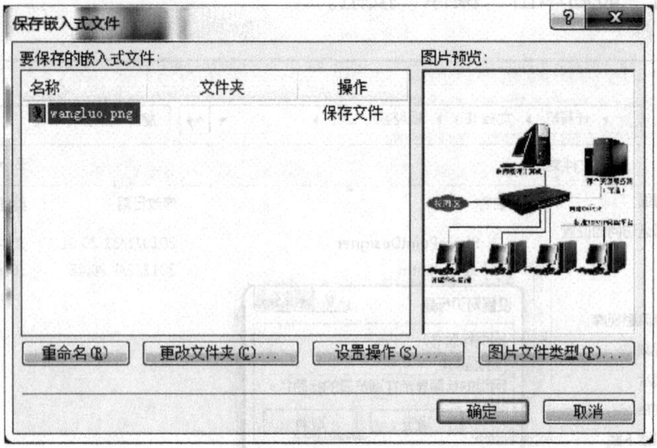

图 5.177　“保存嵌入式文件”对话框

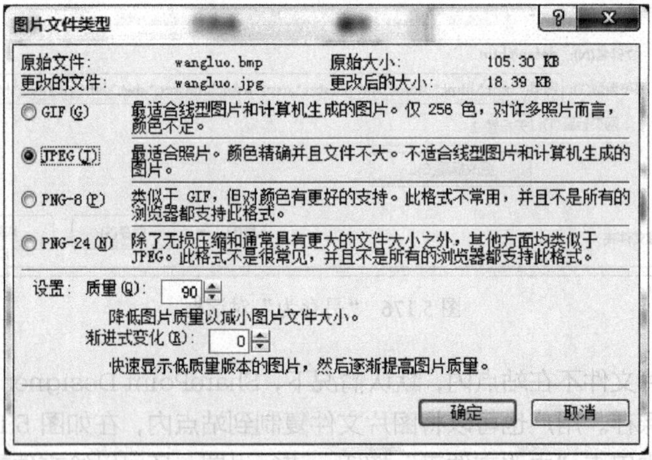

图 5.178　设置图片文件类型

① 用文本建立超链接。选中要制作超链接的文字，单击“插入”菜单的“超链接”命令，在弹出的如图 5.179 所示的“编辑超链接”对话框中选择要链接的网页文件，单击“确定”按钮，就可以看到文字的超链接已经建立好了。

单击“文件”菜单中的“在浏览器中预览”命令，在弹出的级联菜单中选择合适的浏览器进行预览，可以看到当鼠标指向设置了超链接的文字时，鼠标变成手型，单击它，就能切换到刚才所链接的网页了。为什么不在设计视图下进行测试呢？因为设计视图主要是用来编辑网页的。在设计视图下把鼠标指向超链接的文字时，鼠标并没有变成手型，不能进行页面的切换。不过如果按住 Ctrl 键，鼠标就变成了手型，也就是说在设计视图中只有按住 Ctrl 键才能激活超链接。

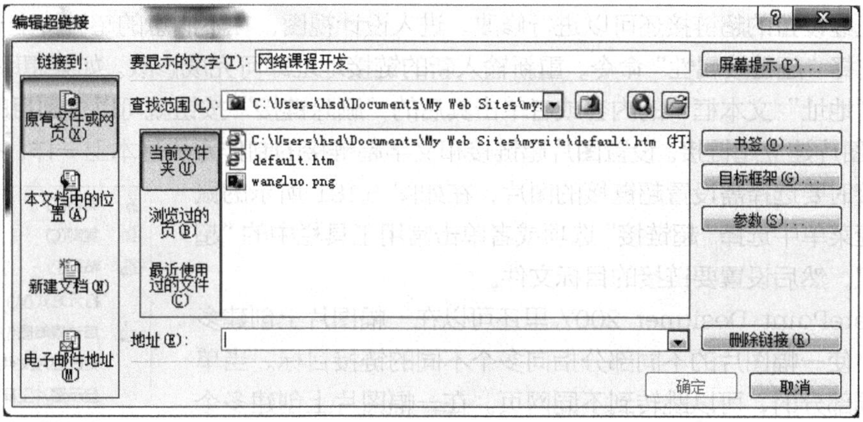

图 5.179　编辑超链接

SharePoint Designer 2007 不仅可以创建指向站点内其他网页的超链接，也可以将超链接指向互联网上任意其他站点的网页。在插入超链接对话框中，在地址栏里直接输入要链接的网页或网站的地址（形式如 http://……）。如果不清楚要链接的目标地址，只要单击查找范围后面的放大镜图标按钮就可以用浏览器在 Internet 上查找要链接的网页，SharePoint Designer 2007 会自动记录找到的地址。最后单击“确定”按钮就可以了。

超链接也可以链接到电子邮件，使网上的朋友通过 E-mail 及时与你联系。首先选中要作为超链接的文本，文本一般就是你的邮箱地址，单击工具栏中的“超链接”按钮，单击“编辑超链接”对话框左侧的“电子邮件地址”选项卡，在“电子邮件地址”文本框中输入想要链接的邮箱地址，单击“确定”按钮，这时电子邮件超链接就建立好了，如图 5.180 所示。切换到预览状态，单击邮件链接，这样 Outlook 就被激活，如果 Outlook 已经正确配置，就可以通过它发送电子邮件了。

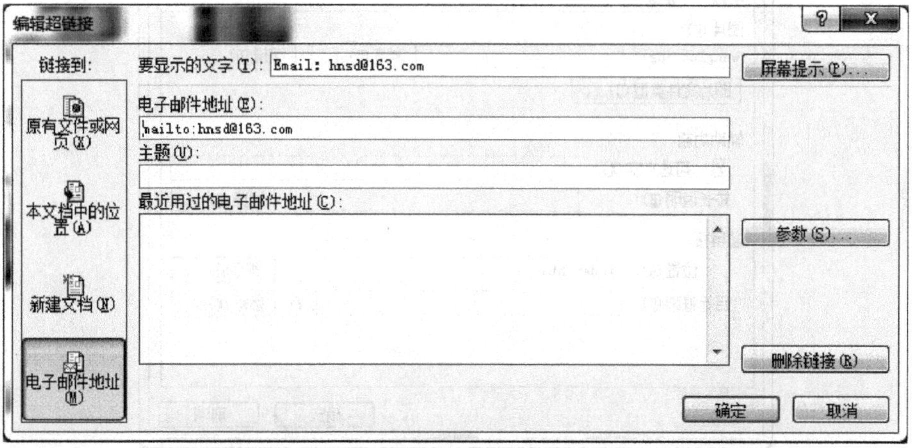

图 5.180　链接到电子邮件

对于已经设置的超链接还可以进行修改。进入设计视图，在不满意的超链接上右击，在快捷菜单中选择“超链接属性”命令，重新输入新的链接地址即可完成修改。如果想取消超链接，只需删除“地址”文本框中的内容或者单击其后的“删除链接”按钮就可以达到目的。

② 用图片建立超链接。设置图片超链接和文字超链接的制作方法基本上一样，不同的是在建立超链接时要选择需设置超链接的图片，在如图 5.181 所示的鼠标右键快捷菜单中选择“超链接”选项或者单击常用工具栏中的“超链接”按钮，然后设置要链接的目标文件。

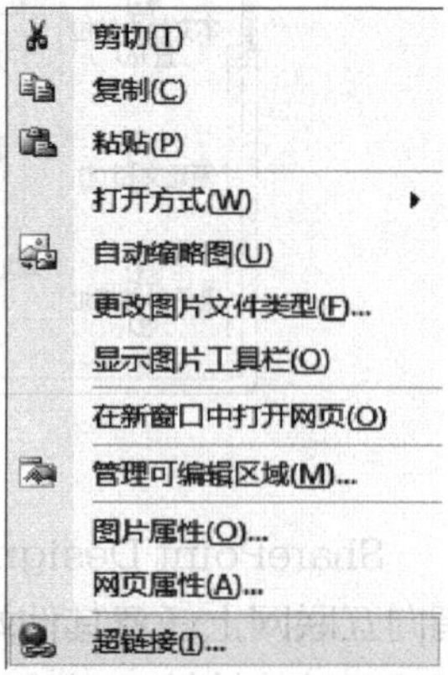

图 5.181　鼠标右键快捷菜单

在 SharePoint Designer 2007 里还可以在一幅图片上创建多个超链接，使一幅图片的不同部分指向多个不同的链接目标。当单击这些不同部分时，可以跳转到不同网页。在一幅图片上创建多个超链接需要用到前面讲到的图片热点。首先要选中一幅图片，在图片上添加热点。单击图片工具栏中的“矩形热点”按钮，在图片的某一部分上拖动鼠标绘制一个矩形框，这就是热点。接着系统就会弹出“插入超链接”对话框，选择目标文件，单击“确定”按钮。根据具体情况也可以链接到当前网页的某个位置或其他网页。对于热点，可以拖动调整位置，也可以拖动热点框四周的黑色句柄改变热点的大小。

如果单击图片中没有热点覆盖的地方，默认情况下不会发生跳转。这时也可以设置一个默认跳转位置，这样单击图片的任何地方都会发生跳转。选中该图片，右击，在快捷菜单中选择“图片属性”命令，在“常规”选项卡中单击“超链接”选项组中的“浏览”按钮，选择一个目标文件，单击“确定”按钮，如图 5.182 所示。然后在图片属性对话框中单击“确定”按钮。再切换到预览状态，这时单击没有热点的地方就会自动跳到刚才设置的默认链接位置。

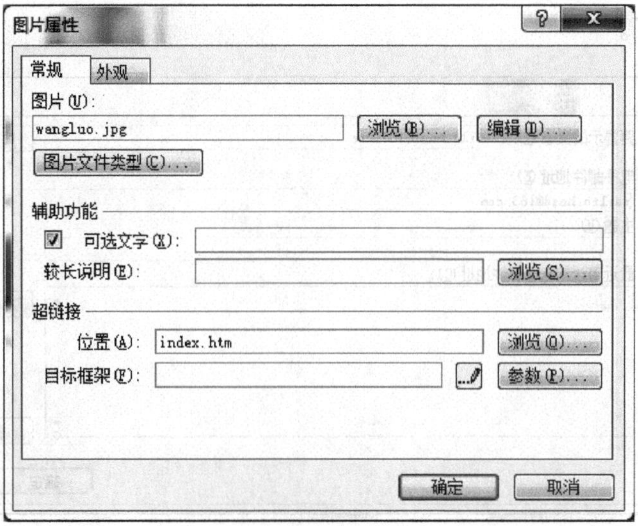

图 5.182　“图片属性”对话框

③ 设置书签链接。用户不仅可以用超链接的方法在多个网页之间进行跳转，也可以在同一个页面里跳转。它的最大优点是可以迅速跳到网页的某个位置。这时就需要用到书签。首先要定义书签，然后直接把超链接指向书签就可以了。

选中想作为书签的文字，单击“插入”菜单中的“书签”命令，此时书签名称就是刚才选中的文字，可以直接修改书签名称。当书签名为空时，必须输入一个名称。单击“确定”按钮，在设计视图里刚才选中的文字被加了下划虚线，表示此处有一个书签。书签可以是字符串，也可以是光标所在位置。光标位置书签和文字书签的制作方法是一样的。

定义书签之后，就可以建立书签链接了。在“插入超链接”对话框中选择刚才定义书签的网页，单击右侧的“书签”按钮，然后选择欲指向的书签名称，单击“确定”按钮。这样就建立了一个书签链接。

④ 设置超链接颜色。

在默认情况下，未访问的超链接文字是蓝色的，已访问的超链接文字是紫色的。超链接的颜色可以更改。在网页上右击，在快捷菜单中选择“网页属性”命令，进入“网页属性”对话框，如图 5.183 所示，在“格式”选项卡中可以改变未访问的、已访问的、当前的和悬停时超链接文字的颜色。例如单击“超链接”颜色下拉列表框，选择绿色，单击“确定”按钮，超链接的颜色就改变为绿色了。

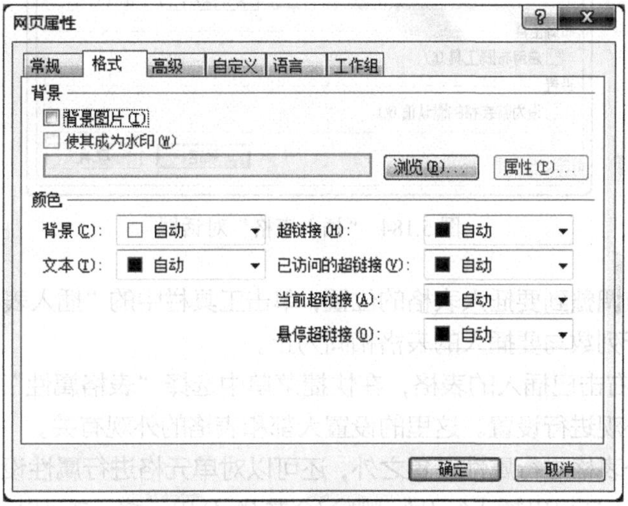

图 5.183 “网页属性”对话框

在 Internet 上超链接的应用相当广泛，可以说整个 Internet 就是一个由无数个超链接组织起来的网络，要想制作好网页就一定要掌握如何使用超链接。

（3）网页布局

① 使用表格。表格（Table）是将网页中的内容以表格的形式排列，常用于单一页面内图片与文字的位置编排，是最常用的布局方法。

a. 创建表格。单击“表格”菜单中的“插入表格”命令，在弹出的如图 5.184 所示的对话框中对表格的行列数、表格布局及边框等属性进行设置，插入一个表格，然后调整它在整个网页中的位置，为填充内容做好准备。

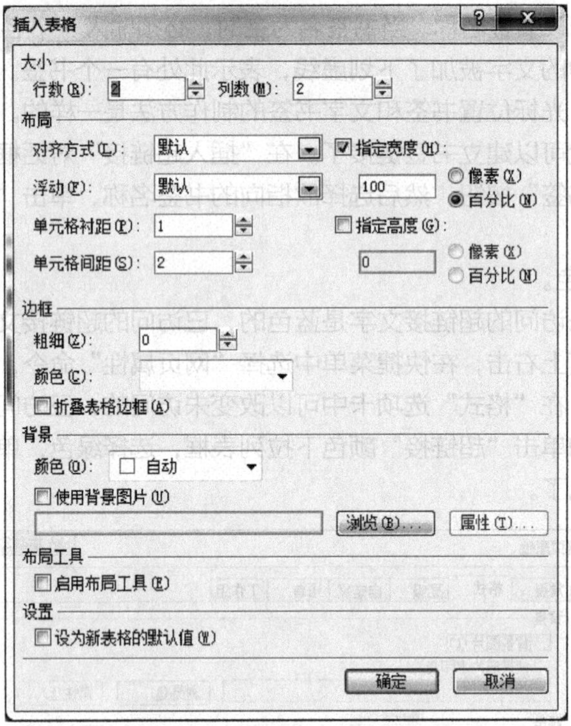

图 5.184 “插入表格”对话框

也可以把插入点调整到要插入表格的位置，单击工具栏中的“插入表格”按钮，拖动鼠标，直到高亮的格子的行列数与要插入的表格相同为止。

b. 美化表格。右击已插入的表格，在快捷菜单中选择“表格属性”命令，在弹出的对话框中可以对表格的外观进行设置。这里的设置大都和表格的外观有关。

除了可以对整个表格进行属性设置之外，还可以对单元格进行属性设置，如图 5.185 所示。对于已经创建的表格，还可以插入行/列、删除/合并/拆分单元格，这可以通过快捷菜单或者“表格”菜单中的命令实现。

SharePoint Designer 2007 还提供了如图 5.186 所示的布局表格功能来支持创建具有特殊外观的表格，用户可以快速和容易地选择想要使用的布局样式。

c. 填充表格内容。用户只需在表格中的插入点单击鼠标，就可以输入文字或者创建图像，或者导入文字、图像等。表格也可以嵌套，即在表格的单元格中再插入表格。利用表格嵌套功能可以使网页布局更美观。

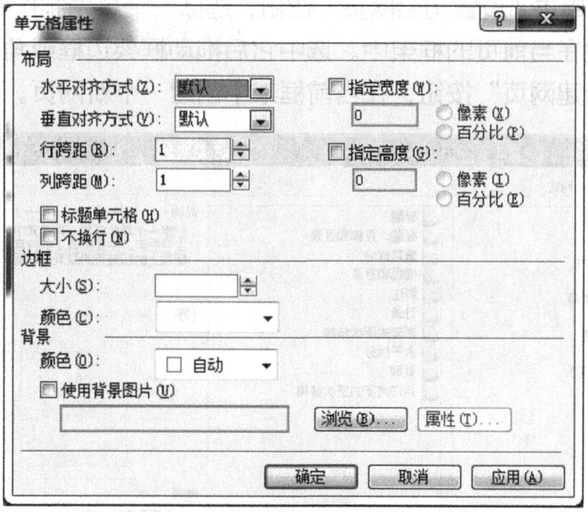

图 5.185 “单元格属性”对话框

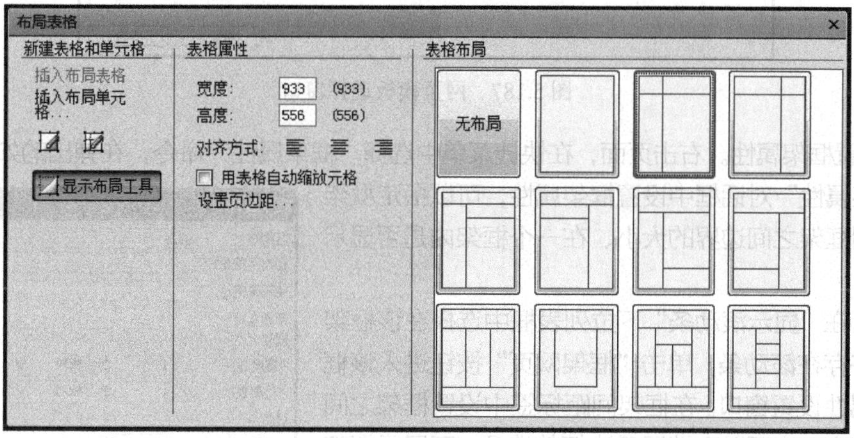

图 5.186 “布局表格”面板

② 使用框架。框架（Frames）是在同一浏览器窗口中显示多个相互隔离的网页的结构。使用框架组织页面时，每个框架能够显示一个不同的独立页面。

a. 创建框架。在 SharePoint Designer 2007 中单击“新建”按钮旁的小三角，选择“网页”选项以调出如图 5.187 所示的新建网页模板选择窗口，然后选择“框架网页”标签，在这里列出了 10 种框架网页模板，在窗口右侧有关于框架网页的说明和预览显示，用户可以根据需要选用。如果没有模板符合需要，可以选择最接近的风格，然后改变框架大小或者增加框架以得到想要的结构。改变框架大小可以通过拖动框架边框来实现，而增加或删除框架则可以借助“格式”菜单中的“框架”子菜单，使用“拆分框架”和“删除框架”命令。

除了利用网页模板创建框架外，还可以在当前网页中嵌入框架。从“插入”菜单中选择“嵌入式框架”命令，然后单击“设置初始网页”按钮，选择一个事先制作好的网页，单击“确定”按钮。所选网页将出现在当前页的框架中。选中它后拖动框架边框或角落，可以调整该框架的大小。也可以单击“新建网页”按钮，在当前框架中创建一个新网页。

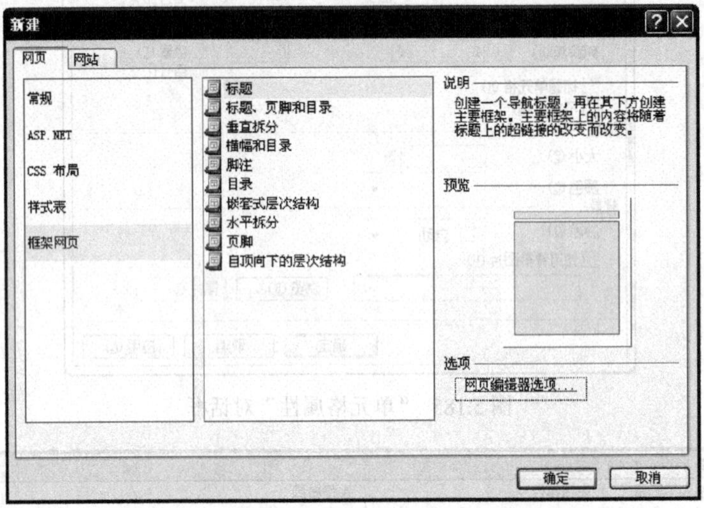

图 5.187　网页模板选择窗口

b. 设置框架属性。右击页面，在快捷菜单中选择“框架属性”命令，在弹出的如图 5.188 所示的“框架属性”对话框中设置框架属性，可以指定框架名称、控制框架之间边界的大小、在一个框架内是否显示滚动条等。

用户可在“显示滚动条”下拉列表框中选择在该框架中是否允许存在滚动条。单击“框架网页”按钮进入该框架的页面属性设置窗口。在框架间距标签中设置框架之间的边界的宽窄，也可以取消显示边框的选项，不显示框架边框。框架之间的边界越大，读者观看页面就越困难。

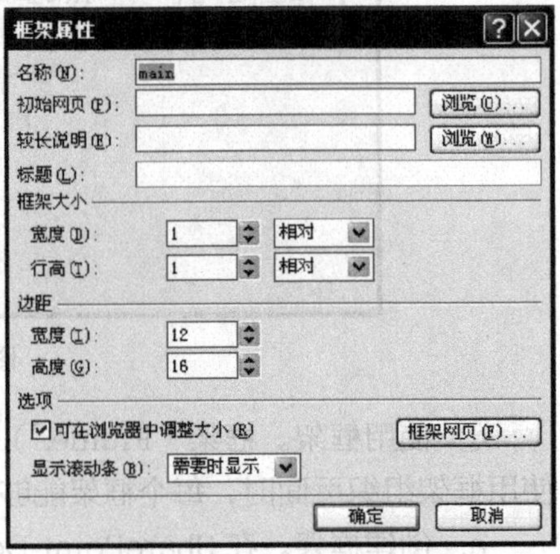

图 5.188 “框架属性”对话框

c. 填充框架内容。框架内容有两种填充方式：设定初始页面和新建网页。其中初始页面就是当第一次出现框架页面时，在每个框架内显示的页面。只要框架的初始页面存在于站点内，这个页面就能够在每次显示框架时自动出现在框架中。

单击框架中的“新建网页”按钮，这样就在当前框架里插入了一个新的空白网页。也可以在框架中插入一个已经事先编辑好的网页，甚至能够插入一个 Internet 上的网页，只需通过单击框架中的“设置初始网页”按钮就可设定。

选择“框架”菜单中的“在新窗口中打开网页”命令，这样就在一个新窗口中打开了刚才框架中的内容网页，现在编辑起来是不是觉得宽敞了，关闭框架内容网页窗口就可以回到刚才编辑创建的框架网页。

d. 组织框架间的调用关系。在使用框架时一定会遇到如何处理框架间的调用关系的问题，即单击一个框架中的超链接后目标网页将会出现在哪一个框架内，或是出现在新打开的浏览器窗口中。这就涉及框架网页和内容网页的概念。框架网页就是它定义的每个内容网页的父框架，而内容网页则是指在某一个特定的框架内的网页。在框架网页里链接的网页不一定必须放在原有框架中，也可以有其他的设置。

在框架网页中加入超链接与前面讲到的制作超链接的方法基本一致，只是有更多的选择。比如在左右框架中，选中左框架（Content）中任一蓝色按钮作为加入超链接的对象，希望所链接的页面在调入时出现在右框架（Main）中。此时可以发现在设置超链接窗口的右侧有一个“目标框架”按钮，单击该按钮将出现“目标框架”对话框，如图 5.189 所示，在这里可以随意设定目标页面将出现在哪个框架中。也可以直接在“当前框架网页”中选择左或右框架作为目标框架。还可以选择“公用目标区”选项组中的选项来确定目标页面的出现形式。

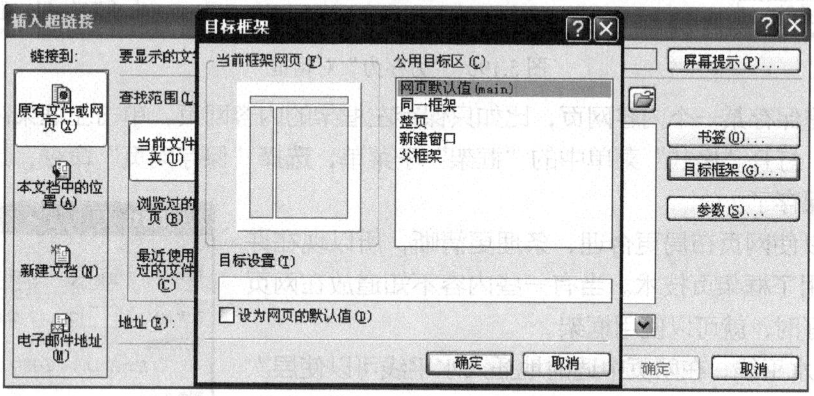

图 5.189 “目标框架”对话框

在“公用目标区”选项组中，除了默认选择之外，还有 4 种不同选择：“同一框架”表示把链接到的网页在当前选中的框架显示；“整页”表示被链接的网页将不考虑框架的设置而占满整个浏览器窗口；“新建窗口”表示被链接的网页会创建一个新的浏览器窗口，并在其中显示；“父框架”表示把链接的网页放在包含当前框架的父框架内。

e. 保存框架网页与内容网页。框架网页的保存与普通网页的保存方法不一样。在框架网页单击“保存”按钮，可以看到在如图 5.190 所示的“另存为”对话框的右侧出现了一幅图片。这幅图片显示了框架网页与内容网页的关系。对于一个双框架网页来说，它由 3 个网页构成，一个是父框架，用来定义每个框架，也就是框架网页，还有两个是内容网页。在保存框架网页时，必须先保存它所包含的内容网页。此后单击“保存”按钮，可以发现整个框架都被选中了，这时框架网页才能保存。

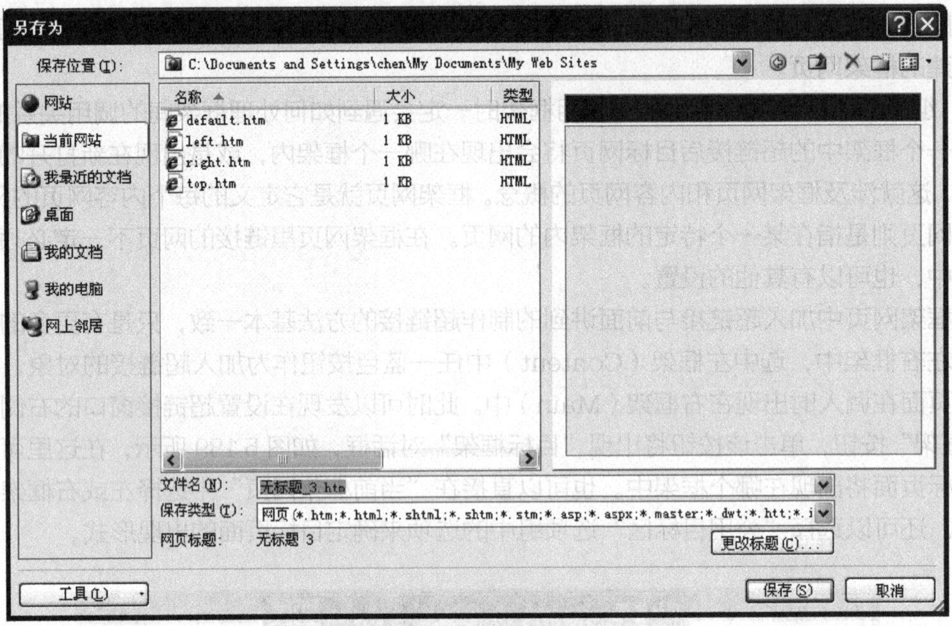

图 5.190 “另存为”对话框

如果只想保存某一个内容网页，比如只保存左框架的内容网页，单击左框架内容网页，使左框架选中，打开“格式”菜单中的“框架”子菜单，选择“保存网页”命令，这时左框架的内容网页就保存了。

框架可以使网页布局更合理，条理更清晰，所以现在许多网站都使用了框架页技术。当有一些内容不知道放在网页的哪个部分好时，就可以使用框架。

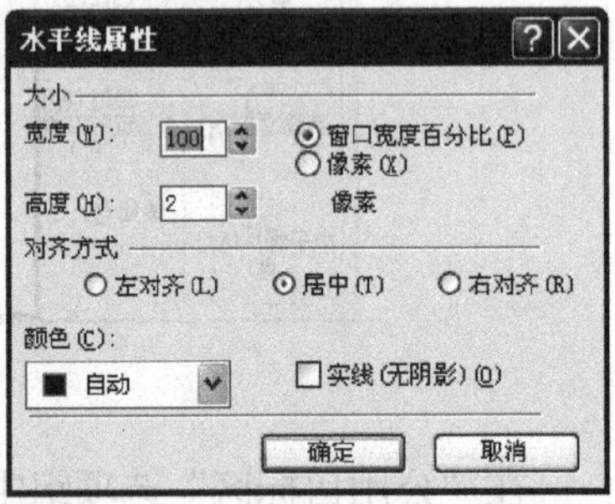

图 5.191 “水平线属性”对话框

③ 插入水平线。在网页中适时地插入水平线可以使层次分明。把插入点调整到插入水平线的位置，单击“插入”菜单中的“水平线”命令，在网页中就出现了一条灰色的水平线。要想改变线条颜色，双击插入的线条，在弹出的如图 5.191 所示的“水平线属性”对话框里单击“颜色”下拉列表框，选择相应的颜色，单击“确定”按钮。在此对话框中除了可以更改线条颜色外，还可以设置线宽、线高、对齐方式等。

3. 使用多媒体

除了文字、图片之外，还可以在网页中使用其支持的各种多媒体素材。

（1）使用音频

① 嵌入音频。

嵌入音频的方法是单击“插入”菜单中的“Web 组件”命令，在弹出的如图 5.192 所示的

“插入 Web 组件”对话框中选择“组件类型”为“高级控件”，并选择控件选项组中的“插件”选项，单击“完成”按钮，在随后出现的“插件属性”对话框中单击“浏览”按钮，选择要播放的音频文件，可以选择扩展名为 wav、mid、snd、au 的音频文件，单击“确定”按钮，如图 5.193 所示。

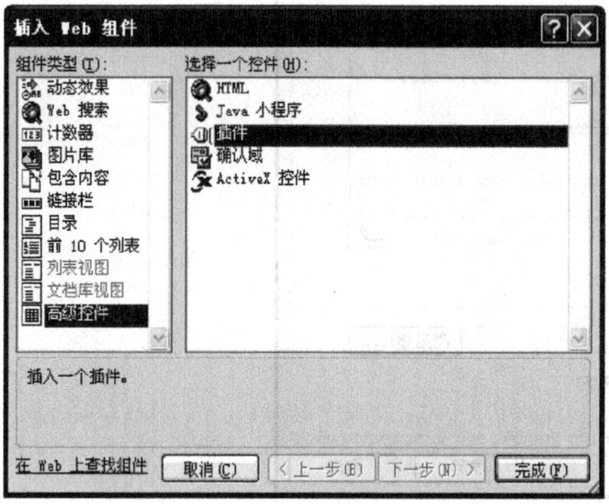

图 5.192 “插入 Web 组件”对话框

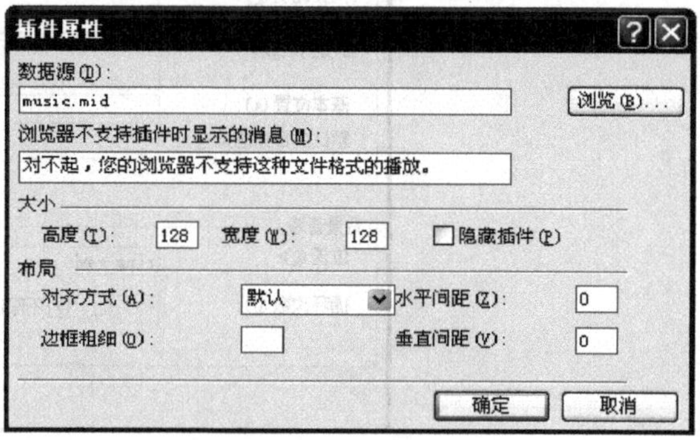

图 5.193 “插件属性”对话框

在设计视图中，用一个插头标记表示插入音频的位置。切换到预览状态，音乐就自动播放了。现在插头变成了一个播放器。这个播放器名字叫 Active Movie，它是 Internet Explorer 浏览器自带的一个媒体播放插件。如果浏览器检测到网页里插入了一个音频文件，就会在插入音频的位置显示一个 Active Movie 播放器，并用它来播放音频。

最新版本的 Internet Explorer 和 Netscape Navigator 等网页浏览器都自带了播放多媒体的必要插件，不过如果浏览者的浏览器没有带插件或没有安装，最好给出一个不能播放文件的提示信息。在“浏览器不支持插件时显示的消息”文本框中输入“对不起，您的浏览器不支持这种文件格式的播放。”，如图 5.193 所示。这样，当使用的浏览器不能播放音频时，浏览者就会在网页上看到提示信息。

拖动音频图标四周的黑色句柄，可以改变播放控件的大小，也可以修改对话框里的“大小”选项组中的数值来精确调整控件大小。“布局”部分中，对齐方式用来调整插件与网页中其他文字的对齐方式。如果觉得插件显示会影响网页美观，也可以选中“隐藏插件”选项，把浏览器不支持插件时显示的消息去除，单击“确定”按钮。切换到预览状态，可以看到插件隐藏起来了，音乐却在播放。

② 插入音频。嵌入音频后要使用插件来播放音频文件，离开了插件，嵌入的文件就不能够正常播放。而插入音频则不同，它在播放多媒体时并不依赖插件，只和使用的浏览器有关。

插入音频的方法是在网页内右击，在快捷菜单中选择“网页属性”命令，在“常规”选项卡中单击“背景音乐”选项组右侧的“浏览”按钮，选择要插入的音频文件。在默认情况下，

“不限次数”复选框是选中的，表示文件将不断循环播放，用户也可以手动设置播放次数。最后，单击“确定”按钮，如图 5.194 所示。

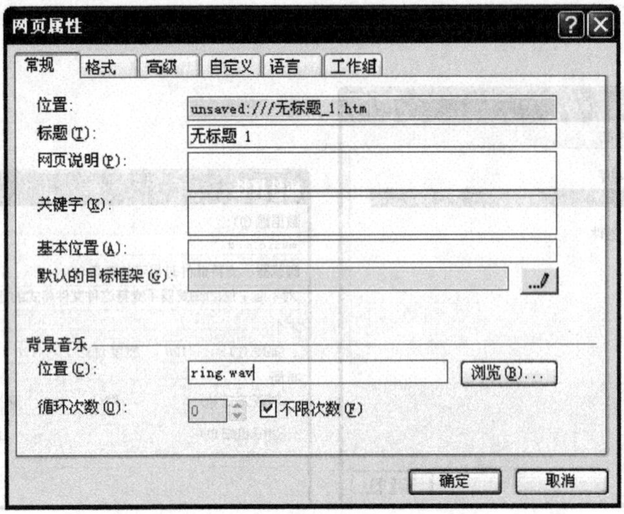

图 5.194 “网页属性”对话框

插入的音频不使用插件播放，播放方式是事先设置好的。浏览网页时，用户无法控制。

（2）使用视频

用 SharePoint Designer 2007 不仅可以灵活地使用音频，同时也可以很方便地控制视频，而且方法大致相同。

嵌入视频和嵌入音频一样，都要使用插件来播放。只需要在“插件属性”对话框中单击“浏览”按钮，选择视频文件就行了。使用插件，浏览者可以方便地控制媒体的播放。

嵌入的方法可以使音频、视频和网页融为一体，也被许多浏览器支持，可用它们来增强网页的吸引力。插入音视频文件既可以在设计时设置媒体播放的方式，也可以响应浏览者激发的事件，同时不需要插件来播放，制作网页特效时可以采用这种方法。

4. 组件的使用

另外，在网页中还可以使用组件，使网页的效果更丰富。

（1）动态字幕

在网页中可以使用动态字幕，以使网页中的文字“动起来”。

单击“插入”菜单中的“Web 组件”命令，在弹出的对话框中选择“动态效果”选项组中的“字幕”选项，打开“字幕属性”对话框，首先在“文本”文本框中输入文字，而后对方向、速度、大小、表现方式、背景颜色等进行调整，如图 5.195 所示。最后单击“确定”按钮，这样一个网页中的滚动字幕就制作好了。它在网页中常用来发布提示信息或站点通知。

（2）交互式按钮

单击“插入”菜单栏中的“Web 组件”命令，在弹出的对话框中选择“动态效果”选项组中的“交互式按钮”选项。也可以直接单击“插入”菜单栏中的“交互式按钮”按钮，在“交互式按钮”对话框中进行设置，也对其样式进行更改，如图 5.196 所示。此外，还可以设置按钮的超链接，制作图形悬停按钮（当鼠标移到按钮上时，背景就由一幅图片变成另一幅图片）。

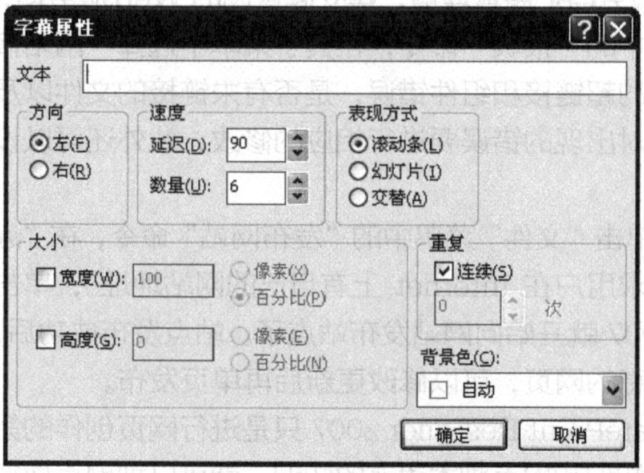

图 5.195 “字幕属性”对话框

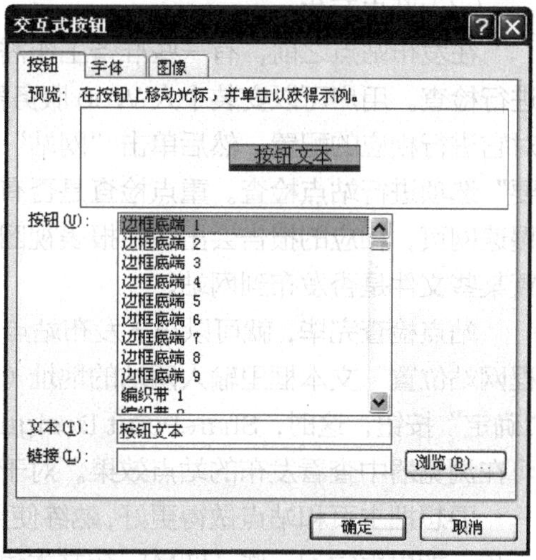

图 5.196 “交互式按钮”对话框

在 SharePoint Designer 2007 中，还有很多制作网页的高级技巧，比如添加注释、显示网页更新时间、设置网页的过渡效果、制作搜索表单、创建讨论组、添加 CSS 样式表等。

5. 站点操作

SharePoint Designer 2007 还提供了创建站点的功能。站点就是一系列相关网页所组成的集合。利用 SharePoint Designer 2007 可以快速地创建站点，并对其进行管理。

（1）创建新站点

用 SharePoint Designer 2007 创建站点是很容易的。单击“文件”菜单的“新建”命令，在其级联菜单中单击“网站”，在“新建网站”对话框的“常规”选项卡中选择“只有一个网页的网站”选项，在“指定新网站的位置”文本框中输入新站点的位置，单击“确定”按钮，这样就创建了只有一个网页的站点。在文件夹列表里有一个网页文件“default.htm”，这就是站点的主页。主页是用户浏览站点时首先看到的网页。

尽管每一个站点都要有一个主页，不过仍然可以从一个空站点开始。在“新建网站”对话框里选择“空白网站”选项即可创建一个空站点。

创建只有一个网页的站点或者创建空站点都是从头开始来创建一个站点。“新建网站”对话框中还有许多其他选项，这是 SharePoint Designer 2007 提供的用来创建站点的模板或向导。这就好像盖房子一样，首先画图纸。然而，有许多的房子都具有相似的结构和用途，所以可以用一张图纸盖很多相似的房子，这样就节省了许多工作。同样的，尽管站点的风格千差万别，但是有许多站点的功能和结构都是一样的，如果从头开始建立站点的话，就要做许多重复劳动，这时就可以使用模板或向导来建立站点。模板和向导的作用就好像盖房子的图纸一样，使得我们用户每次建立站点时都从头开始。

（2）站点发布

在发布站点之前，有一些准备工作需要完成。首先要建立起站点服务器，其次还要对站点进行检查。用户可以安装个人 Web 服务器和服务器扩展管理器，建立起自己的 Web 服务器，对它进行相应的配置。然后单击“网站”菜单中的“报表”命令，在其子菜单中选择“网站摘要”选项进行站点检查。重点检查是否有断开的超链接和组件错误，是否有未链接的文件以及慢速网页，相应的报告会出现在报表视图中。对出现的错误要进行相应的修改，此外还可以设置某些文件是否发布到网站。

站点检查完毕，就可以正式发布站点了。单击“文件”菜单中的“发布网站”命令，在“远程网站位置”文本框里输入网站的地址（这要求用户在 Internet 上有自己的网站地址），单击“确定”按钮，这时，SharePoint Designer 2007 就开始向网站发布站点了。站点发布成功后，可在浏览器中查看发布的站点效果。对于不满意的网页，可以修改更新后再单页发布。

要想把主页和站点做得更好，熟练使用 SharePoint Designer 2007 只是进行网页创作的第一步，如果再学习一些 HTML 超文本语言的知识和网页脚本语言的知识，就可以把网页做得更精彩。而且网络技术发展很快，网页的标准也在不断地变化之中，所以不断学习新的东西也是很重要的。

5.5.3　典型实例分析

为了使读者更好地掌握 SharePoint Designer 2007，熟悉教学型网站的开发流程，下面以“现代教育技术网络课程”的设计开发为例进行介绍。主要步骤如下。

1. 网站规划

对于一个大中型网站的设计开发来说，对网站进行规划是非常重要的，在这一阶段关键是选定网站的主题，明确网站的类型，确定网站的规模。接下来将要开发的“现代教育技术网络课程”网站主要是为“现代教育技术”这门课提供网上教学资源以及开展网上教学活动的支撑环境。

2. 网站设计

网站设计的任务是根据学习者分析的结果选择教学内容并制定教学策略，然后以此为依据，设计网站的结构、风格以及导航功能。“现代教育技术网络课程”根据实际需求，把整个网站分为6个板块，即现代教育技术基本理论、教学媒体的选择与应用、多媒体课件的设计与开发等。为了使本网络课程的脉络更清晰，这里以章节目录作为主要的导航策略。

3. 素材准备

开发一个教学网站需要大量的素材，包括文字、图片、音频以及视频等各种多媒体材料。素材的准备也是十分艰巨且重要的工作。素材的搜集可以从书籍、期刊、网络等入手。在搜集过程中，为了使今后的整理工作方便高效，最好对这些素材进行分类存放，以便于最后的筛选。例如全局上以章节目录进行分类，具体到各小节再以文字、图片、音频、视频的方式分类。

4. 创建网站

接下来，就是利用 SharePoint Designer 2007 进行网站的创建。在 SharePoint Designer 2007 中单击“文件”菜单下的“新建”命令，然后在右边出现的“新建”任务窗格中选择“由一个网页组成的网站”选项，在弹出的窗口中为网站选好存储路径，单击“确定”按钮即可。虽然新建的网站只有一个页面，但今后可以根据实际情况增加。为了管理方便，可以把每一章节的内容都分别放到各自的文件夹中，这可以在左边“文件夹列表”窗口中实现。

5. 制作网页

对于一个教学网站来说，所需要的网页是非常多的，这里仅仅介绍首页的制作。

（1）设计主页版式

为了使学习者更方便地使用网络课程，使用框架来制作比较好，其版式如图 5.197 所示。

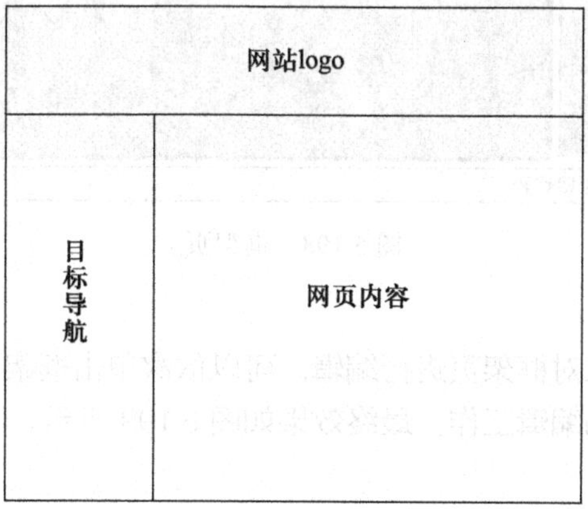

图 5.197 首页的版式

（2）创建页面

单击“文件”菜单下的“新建”命令，在其级联菜单中选择“网页”选项调出新建网页模板选择窗口，然后选择“框架网页”选项卡，可以发现其中“横幅和目录”适合本实例的版式要求。因此，选择这种框架类型，然后单击“确定”按钮完成框架页的制作，如图 5.198 所示。

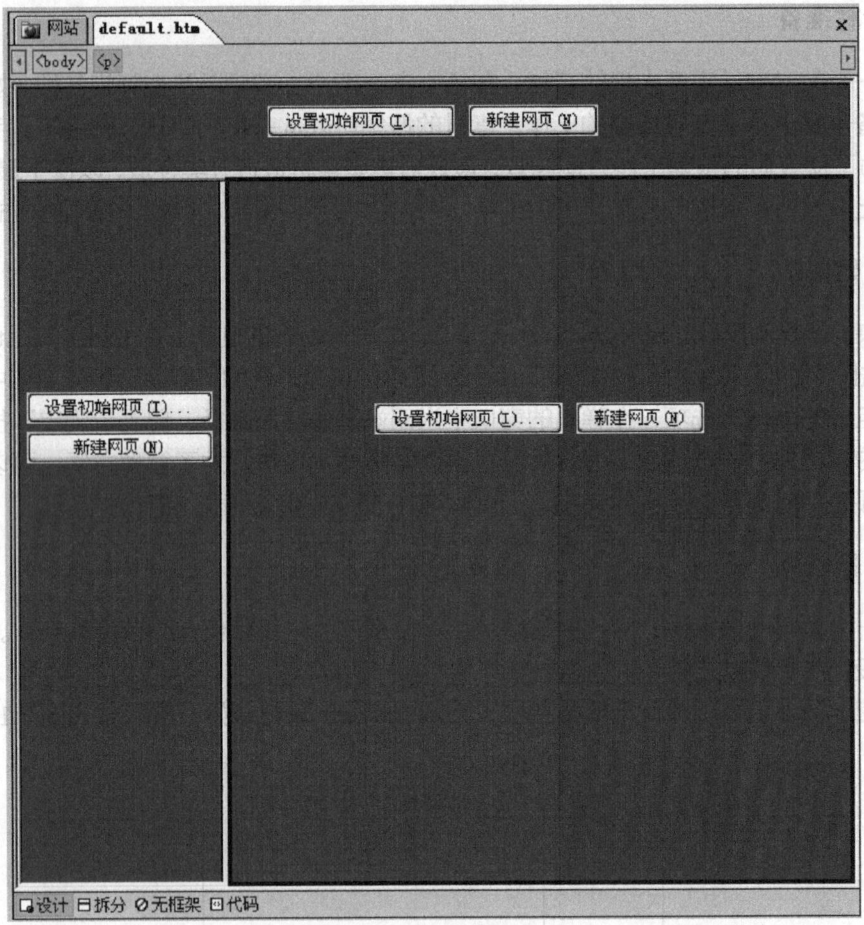

图 5.198　框架页

（3）编辑框架页

接下来是按照设计要求对框架页进行编辑。可以依次单击框架页上的“新建网页”按钮，完成框架页面中各个页面的编辑工作。最终效果如图 5.199 所示。

6. 发布网站

如果用户在互联网上已申请有自己的网站，可以将其发布到站点上，以供学习者使用。

SharePoint Designer 2007 是简单易学的网页制作开发软件，在学习过程中多参考其他优秀网页的设计与制作，自己多动手实践，肯定能很快融会贯通，从而做出优秀的网页。

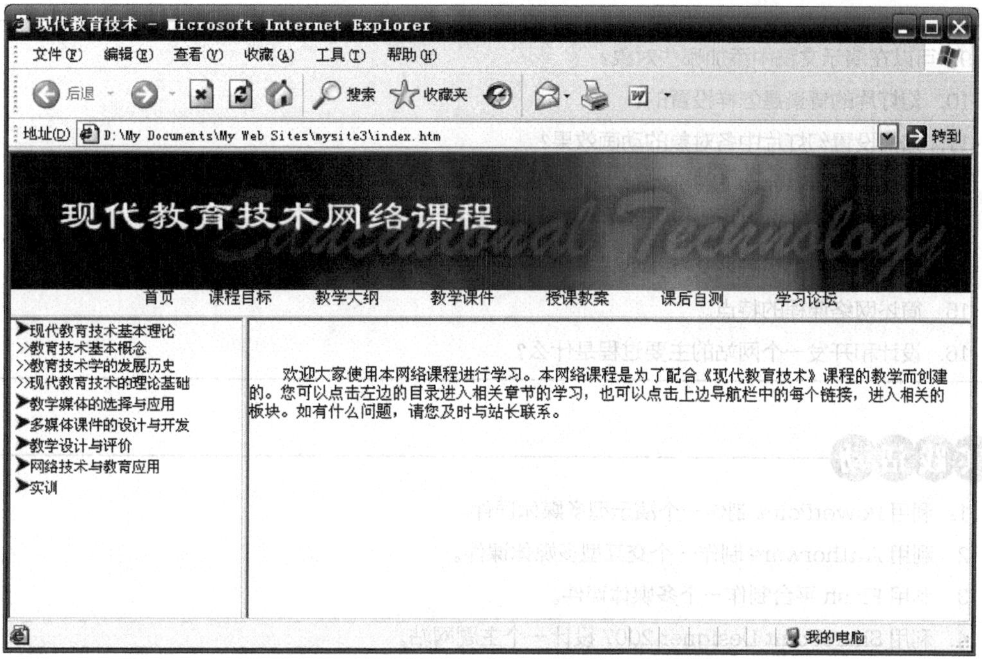

图 5.199 “现代教育技术网络课程”截图

本章小结

本章首先阐述了数字化教育资源开发的理论基础，然后分别介绍了 PowerPoint、Authorware、Flash 与 SharePoint Designer 2007 4 个教学软件开发平台的功能和特点，最后以案例的形式介绍利用这些平台开发教学软件的基本方法。希望读者在熟悉数字化教育资源开发的理论基础上，熟练掌握应用开发平台创作教学软件的技术和方法。

思考与练习

1. 教学软件分为哪些类型？各自的特点是什么？
2. 教学软件设计的过程一般都包含哪些环节？
3. 教学软件的设计有哪些基本原则？
4. 如何对教学软件进行评价？
5. 什么是教学软件的脚本？脚本起到什么作用？
6. 常见的教学软件脚本有几类？多媒体教学软件的脚本主要包含哪几项内容？
7. 创建演示文稿有哪几种方式？
8. 如何插入、删除、移动幻灯片？

9. 可以在演示文稿中添加哪些对象?
10. 幻灯片的背景是怎样设置的?
11. 如何设置幻灯片中各对象的动画效果?
12. 目前 Authorware 最新的版本是什么?该软件有什么特点?
13. 在 Authorware 中添加文字有几种方法?各如何实现?
14. 交互图标提供了哪些交互类型,其特点是什么?
15. 简述网络课程的特点。
16. 设计和开发一个网站的主要过程是什么?

实践活动

1. 利用 PowerPoint 制作一个演示型多媒体课件。
2. 利用 Authorware 制作一个交互型多媒体课件。
3. 利用 Flash 平台制作一个多媒体课件。
4. 利用 SharePoint Designer 2007 设计一个主题网站。

第6章 教学设计与评价

学习目标

1．了解教学设计的定义、基本理论及模式。
2．掌握教学设计的前期分析方法。
3．掌握教学目标的定义、分类及教学目标的编写方法。
4．运用恰当的教学策略进行教学活动设计。
5．了解教学媒体选择的原则与方法。
6．能对教学设计成果进行评价。

教学是教师的教与学生的学的统一活动，通过这种活动，教师有目的、有计划、有组织地引导学生积极、自觉地学习和加速掌握科学文化基础知识和基本技能，促进学生多方面素质全面提高，使他们成为社会所需要的人。教学也是一个多要素的、复杂的动态系统，它包括教师、学习者、教学内容、教学媒体、教学目标和方法等要素。为使这些要素有机配合，达到教学效果的最优化，就必须对它进行整体的计划与安排，即进行教学设计与评价。要对教学进行设计与评价，就要考虑为什么教、教什么以及如何教，教学效果如何，如何进行评价与补救等一系列问题。

6.1 教学设计概述

教学设计是在 20 世纪 60 年代后逐渐形成并发展起来的一门新的实践性很强的应用性学科，它一方面把教学理论与学习理论在设计实践中连接起来，另一方面把教与学的理论与教学实践活动紧密地连接起来。教学设计是教育技术学领域的一个十分重要的分支，为提高教学效率和实现教学最优化提供了强有力的保证。

6.1.1 教学设计的基本概念

教学设计(Instructional Design，ID)是运用系统方法分析教学问题和确定教学目标，建立解决教学问题的策略方案，试行解决方案，评价试行结果和对方案进行修改的过程。它以优化教学效果为目的，以学习理论、教学理论、传播理论等为理论基础。

1. 教学设计的研究对象

教学设计的研究对象是不同层次的教学系统。教学系统由教师、学生（均为人员要素）、教材（教学信息要素）和教学媒体（物质要素）等 4 个最基本的要素构成。由于功能不同，教学系统可以是指学校的全部教学工作，也可以是一门课程、一个单元或一节课的教学，或是为达到某种教学目的而实施的、有控制的教学信息传递过程。

2. 教学设计的研究目的

教学设计是一项设计工作，其最终目的是优化教学效果。具体地说，就是提高教学效率和教学质量，使学生在单位时间内能够学到更多的知识，多方面提高学生的能力，使学生获得良好的发展。

3. 教学设计的研究方法

由于教学设计研究的是教学系统，所以教学设计的研究方法必须采用系统方法。所谓系统方法，就是运用系统论的思想、观点，研究和处理各种复杂的系统问题而形成的方法，即按照事物本身的系统性把对象放在系统的形式中加以考察的方法。它侧重于系统的整体性分析，从组成系统的各要素之间的关系和相互作用中去发现系统的规律性，从而指明解决复杂系统问题的一般步骤、程序和方法。进行教学设计时，应该用系统方法研究、探索教学系统中各个要素之间及要素与整体之间的本质联系，通过一整套具体的操作程序，使各要素有机结合起来以完成教学系统的功能。

4. 教学设计的结果

教学设计的结果是经过验证、能实现预期功能的各个层次的教学系统。它们可以是直接应用于教学过程，完成预定教学目标的教学资源，比如文字教材、声像教材、计算机辅助教学软件、学习指导手册、测试题和教师用书等；也可以是针对某门课的大纲及实施方案，或是对一个单元、一节课的教学计划的详细说明。

5. 教学设计的学科性质

首先，在庞大的教育科学体系中，教学设计是一门桥梁学科、应用学科。

教学设计是对教和学的双边活动进行设计，为了追求教学效果的最优化，它不仅关心教师如何教，更关心学生如何学，因此在系统分析、解决教学问题的过程中注意把人类对教与学的研究成果和理论综合应用于教学实践。教学设计的连接作用体现在两个方面：第一，把教学理论与学习理论在设计实践中相互连接，第二，把教与学的理论与教学实践活动紧密地连接起来。

作为应用学科，教学设计在其科学实践中又不断地检验和发展学与教的理论，因此有许多教育心理学家致力于教学设计的研究并成为教学设计的专家。另外，教学设计自身的理论和方法也都是操作性、实践性很强的用于分析、解决教学实际问题的理论和方法。

其次，教学设计也是一门设计学科，它植根于教学的设计实践。

设计的本质在于决策、问题解决和创造。教学设计的实质就是解决教学问题，并侧重于解决问题中方案的寻找和决策过程。它不是发现客观存在的、不为人所知的教学规律，而是要运用已知的教学规律去创造性地解决教学问题。面向实际正是教学设计的一个突出标志。

6. 教学设计的应用范围

和其他的理论与技术一样，教学设计最早萌芽于军队和工业培训领域，到 20 世纪 60 年代才逐渐被引入到学校教育当中，并作为一门独立的知识体系得到迅速的发展。目前，教学设计在正规的学校教育、全民的社会教育和继续教育以及工业、农业、金融、军事、服务等各行业、各部门的职业教育和培训领域中都得到了广泛的应用。国外如美国、加拿大和澳大利亚的职业培训，英国的开放大学以及美国、日本等国的中小学教育中均在课程设置、培训计划和教材资源等方面开展了教学设计，取得了许多成功的经验。我国在九年义务教育的文字教材与声像教材的编制中，在全国中小学计算机辅助教学软件的开发中，在职业高中、高等院校的部分课程设置和多媒体教材设计中，以及大、中、小学的课堂教学中，教学设计的理论和思想也在逐步被接受，教学设计的实践应用越来越普遍。

6.1.2 教学设计的基本理论

一般认为，一个完备的教学设计理论应该包括 3 个基本要素：关于学习结果的理论、关于教学策略的理论和关于对特定的教学结果应该采用什么样的教学策略的理论。用这种观点来衡量，我们认为，20 世纪 60 年代以来教学设计学科发展中最主要的教学设计理论有以下几种：加涅（R.M.Gagne）的"九五矩阵"教学设计理论、赖格卢斯（C.M.Reigeluth）等人的"精细加工"教学设计理论、梅瑞尔（M.D.Merill）的成分显示理论、史密斯（P.L.Smith）和雷根（T.J.Ragan）的教学设计理论等。

1. 加涅的教学设计理论

加涅的教学设计思想比较丰富，其核心思想是他提出的"为学习设计教学"的主张，他认为教学设计必须考虑影响教学的全部因素，即学习条件（内部和外部条件）。为了分析内外部条件，加涅依据信息加工心理学理论提出了学习与记忆的信息加工模型。

加涅还认为学习的发生同时依赖外部与内部条件，教学目的是合理安排可靠外部条件以支持、激励和促进学习的内部条件，为了实现这个目的需进行教学设计。

在加涅看来，由于人类的内部心理加工过程是相对稳定的，所以作为促进内部心理加工过程的外部条件即教学事件也应是相对不变的。由此观点出发，他根据学习过程中包含有多个内部心理加工环节，从而推断出相应教学过程应由 9 个教学事件构成：引起注意、告诉学习者目标、刺激对先前学习的回忆、呈现刺激材料、提供学习指导、诱导学习表现（行为）、提供反馈、评价表现、促进记忆和迁移。教学事件与学习过程的关系如表 6.1 所示。

表 6.1　教学事件与学习过程的关系

教 学 事 件	内部心理加工过程
引起注意	接受神经冲动的模式
告诉学习者目标	激活监控程序
刺激对先前学习的回忆	从长时记忆中提取原有相关知识进入工作记忆
呈现刺激材料	形成选择性知觉
提供学习指导	进行语义编码（以利于记忆和提取）
诱导学习表现	激活反应组织
提供反馈	建立强化
评价表现	激活提取和促成强化
促进记忆和迁移	为提取提供线索和策略

加涅认为学校学习的知识与技能可以分为 5 种类型：言语信息、智慧技能、认知策略、动作技能和态度，不同的学习结果需要不同的学习条件，这就使每一种教学事件以及不同教学事件的组合在具体运用上有不同的要求，这些不同的要求即体现为不同教学策略的运用。加涅在分析学习的条件时，根据实验研究和经验概括，详尽地区分了不同学习结果对不同教学事件的要求。后来经梅瑞尔整理总结，构成了“九五矩阵”教学设计理论。

2. 赖格卢斯的教学设计理论

赖格卢斯等人把教学理论的变量分为教学条件、教学策略和教学结果，并进一步把教学策略变量细分为教学组织策略、教学管理策略和教学传输策略。他还就教学内容的宏观组织问题提出了自己的理论，这就是教学的细化理论（The Elaboration Theory of Instruction，ET）。

细化理论的基本内容可分为：1 个目标、2 个过程、4 个环节和 7 条策略。

① 1 个目标。该理论的最终目的是按照认知学习理论实现对当前的教学内容最合理的组织。

② 2 个过程。精细加工理论主要通过两个过程实现上述目标，一是“概要”设计，二是一系列细化等级设计。概要设计要求从学科内容中选出最基础和最具有代表性的概念作为初始概要，它应包含一个概念定义、若干个概念实例和把概念应用于新情景的练习。细化等级设计要求对选出的初始概要不断进行细化，细化的复杂程度和精细程度逐级加深。

③ 4 个环节。为保证细化过程的一致性和系统性，必须注意 4 个教学设计环节的密切配合。

这 4 个环节是选择、定序、综合和总结。选择是指从学科的知识内容中选出为了达到教学目的所要教的各种概念和知识点，从而为概要设计做好准备。定序的目的是要使教学内容按照一定的次序来组织和安排。综合的目的是要维护知识体系的结构性、系统性，保证各个知识点之间的相互联系。总结对于学习的保持和迁移起到非常重要的作用。

④ 7 个策略。为保证细化过程的有效性和可操作性，必须在细化过程中适当运用有关教学内容组织的 7 种宏策略。这 7 种宏策略分别用于确定整门课程的细化顺序、确定每堂课的内容设计、确定总结的内容及总结的方式、确定综合的内容及综合的方式、建立新旧知识间联系、激发学习者学习动机与认知策略、实现学习者在学习过程中的自我控制 7 个方面。

3. 梅瑞尔的成分显示理论

CDT（Component Display Theory）理论也称为成分显示理论，主要是认知领域的教学系统设计理论，对教学策略进行了较详尽的规定。该理论与精细加工理论结合在一起运用，才能获得最理想的效果。

梅瑞尔首先提出了一个有关知识的描述性理论，认为认知学习的结果由业绩水平和内容类型构成了两维分类，如图 6.1 所示。

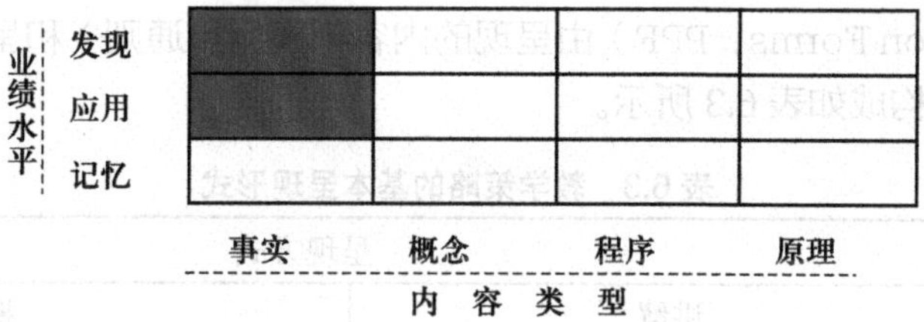

图 6.1　梅瑞尔的“业绩—内容”二维模型

其中，业绩指学生学业行为的表现，包括记忆、应用、发现 3 种水平。“记忆”指要求学生开展记忆搜索以便再现或确认先前储存在长时记忆中的信息，“发现”要求学生推导出一项新的通则，“应用”要求学生将通则应用于特定的事例中。

内容分为事实、概念、程序、原理 4 种类型。“事实”指某项数据资料与事件，或名称与部分之间的联系。“概念”是一组具有共同特征并被赋予相同名称的事件、事物或符号等。“程序”是达到某一目标，解决某类问题及生产某种产品等所必需的步骤。“原理”用来解释和预测事情为什么会发生。

将业绩和内容结合起来可以组合出 12 种教学活动成分，但由于事实性知识一般只要求记忆，所以就可以不考虑“应用事实”和“发现事实”这两种教学成分，就剩下 10 种不同类型的教学活动成分，这 10 种教学活动成分与各种学生应达到的业绩水平之间的匹配关系如表 6.2 所示。

表 6.2　教学活动成分和教学目标匹配表

教学活动成分	学生应达到的业绩水平	
	行为目标	教学目标的陈述
记忆事实	能回忆出事实	能写出、选出、描绘、指定有关事实
记忆概念	能陈述定义	能写出、选出、描述、核定、说明有关概念的定义
记忆程序	能陈述步骤	能做出流程图、对程序步骤排序、说明程序步骤
记忆原理	能说明关系	能用文字说明或用图表、曲线表示有关原理中的事物之间的关系
应用概念	能分析概念	能写出、选择同类或不同类的事物，能对事物进行分类
应用程序	能演示程序	能实际操作、演示程序（包括测量、计算、搬移、绘图等）
应用原理	能应用原理	能把所学原理应用于新情景，预测和解释所得结果
发现概念	能发现概念之间的关系	能发现概念之间的各种关系
发现程序	能设计新程序	能设计、分析并验证新程序
发现原理	能发现事物的性质规律	能通过观察、分析、实验，发现事物之间的内在联系

梅瑞尔还认为，所有的教学策略都由一系列具体的呈现形式所构成，即任何教学策略都可以看成是由这些具体的呈现形式和它们之间的内部关系相结合的一组序列。基本呈现形式（Primary Presentation Forms，PPF）由呈现的内容（事例和通则）和呈现的方式（讲解和探究）两部分组成，其构成如表 6.3 所示。

表 6.3　教学策略的基本呈现形式

呈现内容	呈现方式	
	讲解	探究
通则	讲解通则，呈现一般情景	探究通则，要求学生回忆一般陈述
事例	讲解事例，呈现特定的例子	探究事例，要求学生在特定的情景中应用通则

当基本呈现方式无法呈现所有的内容时，梅瑞尔又提出了辅助呈现形式（Secondary Presentation Forms，SPF），在加强已发生的学习的同时，又使得教学策略起到提高学业成绩和增加学生参与学习的效率的作用。大多数情况下，辅助呈现形式由附加的促进学习的信息构成，如使注意集中的措施、记忆术和反馈等。

4.　史密斯和雷根的教学设计理论

他们首先总结并综合运用了加涅、布鲁姆和安德森有关学习结果的理论，认为学习结果包括陈述性知识、概念、规则（关系型规则、程序型规则）、问题解决、认知策略、态度和动作技能。

同时，他们借鉴了赖格卢斯有关教学策略的分类框架，把教学策略分为教学组织策略、教学管理策略和教学传输策略。然后，对加涅的一般教学策略模型进行了扩展。在此过程中，史密斯和雷根综合了下述的当代学习理论研究和教学理论研究的主要成果。

① 尽管不同的学习结果需要不同的教学策略，但是教学过程一般都包括 4 个阶段：导入、主体部分、结论和评定。

② 在训练情境中，一般包括引起注意、提高动机、给出课的概要、解释和详细说明知识，学习者在监督下练习、评价、总结、鼓励、结束等若干教学事件。

在此基础上，史密斯和雷根提出了自己的教学事件理论，认为一般教学过程包括以下 4 个阶段的 15 个教学事件。

导入阶段：引起注意、建立教学目标、唤起兴趣、动机和课程的概述。

主体部分：回忆先前学过的知识、处理信息和例子、集中注意、运用学习策略、练习和评价反馈。

结论部分：总结和复习、知识迁移、进一步激励并完成教学。

评价部分：评定作业、评价反馈并补救教学。

在此教学事件框架的基础上，他们对各种不同的学习结果提出了相应的教学策略，至此形成了一个与加涅的教学设计理论类似的教学设计理论框架。

6.1.3 教学设计的基本模式

模式是再现现实的一种理论性的简约形式，教学设计过程模式就是在教学设计的实践当中逐渐形成的、运用系统方法进行教学设计的理论简约形式，教学设计的过程模式既是对教学设计实践的再现，又是对教学设计理论的简化。

教学设计的基本模式归纳起来主要有以下几种。

1. 以教为主的教学设计模式

以教为主的教学设计的研究重点是如何使教师更好地进行教学，它以教师的“教”为出发点，以系统地传递知识和技能为基本目的。设计时应考虑在发挥教师主导作用的同时如何更好地体现学习者的主体作用，不断提高教学效果和教学效率。

以教为主的教学设计模式如图 6.2 所示。

其中各主要环节的作用和要求将在后面的内容中详加论述。

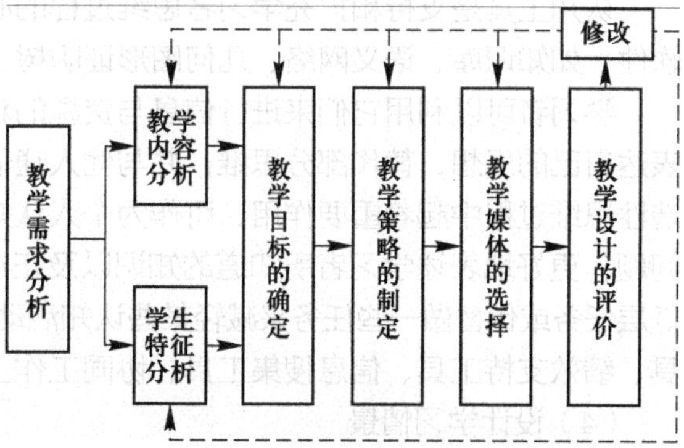

图 6.2 以教为主的教学设计模式

2. 以学为主的教学设计模式

以学为主的教学设计模式是 20 世纪 90

年代以后，随着建构主义学习理论的流行逐渐发展起来的。该模式的设计强调学生的“学”，以此为出发点，本模式认为学习者是学习过程的主体，学生知识和技能的获得不是靠教师的传授，而是在一定的学习环境中，依靠他人的帮助，自己通过主动的意义建构获得。从这可以看出实施该模式更有利于学习者去主动探索、发现新知，有利于培养创造性的人才。以学为主的教学设计模式如图 6.3 所示。

以学为主的教学设计模式的中心是学习者要解决或决心要解决的各类问题，以此为基础建立学习的基本点，然后围绕这个基本点，通过设计学习情景、学习资源、学习策略、认知工具、管理和帮助而展开，共同服务于学习目标和学习者，最后通过学习评价反馈修正教学设计，使之不断完善。

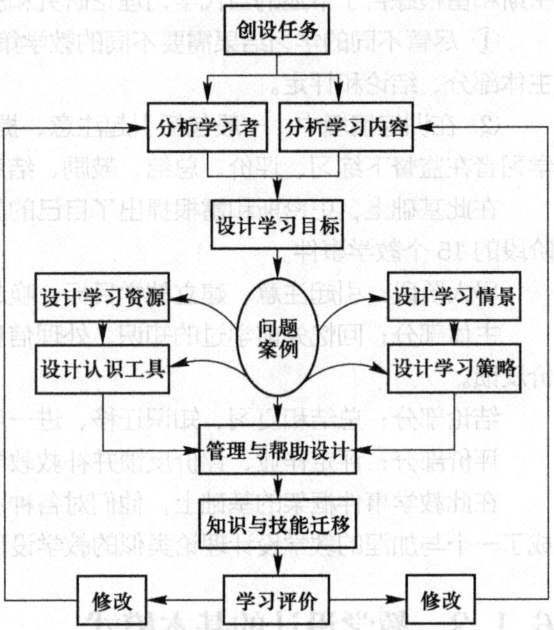

图 6.3　以学为主的教学设计模式

其中各主要环节的作用和要求如下。

（1）问题与案例

问题的建构应该在社会文化背景下，使学习能联系实际；问题的表征必须是有趣的、吸引人的，使学习能够发生；问题应该有一定的操纵空间，学生可以操纵某些东西、构建一个产品、操纵某些维度、做出决策，只有这样他们才能积极地投入学习。

（2）设计学习资源

设计学习资源主要是设计可供学习者选择的、丰富的和随时可见的、与问题解决有关的各种信息资源，如文本、图形、声音、视频和动画等，以及从 Internet 上获取的各种相关资源。

（3）设计认知工具

认知工具是支持和扩充学习者思维过程的心智模型和设备，通常是可视化的智能信息处理软件，如知识库、语义网络、几何图形证明树、专家系统等。

学习者可以利用它们来进行信息与资源的获取、分析、处理、编辑、制作等，并可用其来表达自己的思想，替代部分思维，并与他人通信和协作。认知工具在培养学生批判性思维、创造性思维过程中起着重要作用，可作为个人认知能力的外延。它还可以帮助学习者更好地表述问题，更好地表述学习者所知道的知识以及正在学习的客体，或者通过认知工具自动解决一些低层任务或代替做一些任务来减轻某些认知活动。认知工具有 6 种：任务表征工具、知识建模工具、绩效支持工具、信息搜集工具、协同工作工具和管理与评价工具。

（4）设计学习情景

所谓的学习情景是指呈现给学习者的问题解决情景，学习情景蕴含着等待学生学习的知识和智力操作，学习情景的搭建是设计自主学习策略的前提。

（5）设计学习策略

以学为主的教学设计模式决定用到的学习策略是自主性的学习策略，运用此种策略学习时学习者自己组织学习内容、安排顺序、确定重点、自行决定活动、自己控制信息加工的方式和节奏。

3. 主导—主体教学设计模式

主导—主体教学设计是“以教为主”和“以学为主”两种教学设计模式相结合的产物。所谓“主导”指的是教师在教学过程中起导向和组织作用。这种导向和组织作用表现为教学内容、教学方法、教学过程都是由教师设计、组织和实施的；教学过程中教师要根据教学目标的要求向学生传授知识、技能，调动学生学习的主动性和积极性；教师要通过直接或间接的方式为学生提供帮助，指导学生学习。所谓“主体”指的是学生是教学过程中的主体，要树立学生的自我主体意识，强化学生的参与意识。由此可以看出，这种模式的教学设计使教学过程中的师生作用都能得到充分的发挥，进而提高教与学效果，其模式如图 6.4 所示。

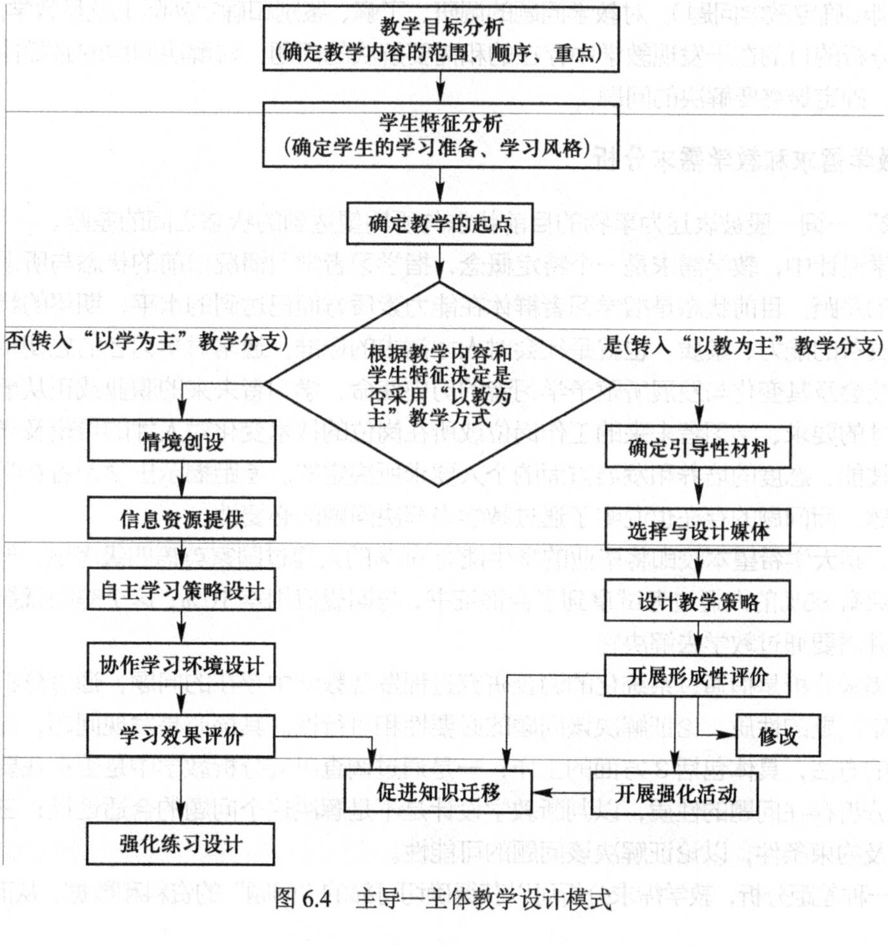

图 6.4　主导—主体教学设计模式

6.2　教学设计的前期分析

教学设计的前期分析包括教学需求分析、教学内容分析和学习者分析。前期分析能得出教学的需求情况、教学的起点、教学内容的编排方法和学习者的基本特征等，可以为教师制定教学策略、开展有效的教学活动提供重要的依据。

6.2.1　教学需求分析

教学设计是一个解决问题的过程，只有发现了问题，认清问题的本质才能着手对它进行解决。在教学设计实践发展过程中，人们关注的焦点先是从“如何教”（即教学策略的选择与应用）转变到“教什么”（即教学目标、教学内容的确定与安排），现在又转到“为什么教”（即调研、了解、鉴别和确定教学问题）。对教学问题的调研、了解、鉴别和确定实际上就是教学需求分析。教学需求分析的目的在于发现教学中存在的和需要解决的问题，对解决问题的必要性、可行性进行分析，确定最终要解决的问题。

1. 教学需求和教学需求分析

“需求”一词一般被表述为事物的目前状态与所期望达到的状态之间的差距。

在教学设计中，教学需求是一个特定概念，指学习者学习情况目前的状态与所期望达到的状态之间的差距。目前状态是指学习者群体在能力素质方面已达到的水平，期望的状态是指学习者应该具备的能力、素质，也就是社会对人才需求的标准。通常对学习者的总期望是由学习者生活的社会及其变化与发展所赋予学习者的历史使命、学习者未来的职业或正从事职业的新发展对人才的要求、学习者未来的工作岗位或所在岗位的技术变化对人才的希望及学习者自身对知识、技能、态度的培养和发展方面的个人要求所决定的。差距揭示出学习者在学习过程中存在的问题，而问题的存在也说明了通过教学去解决问题的必要性。

例如，某大学希望本校即将毕业的学生能有 95%的人通过国家英语四级考试，但是，记录数据显示只有 85%的人通过考试拿到了合格证书，与期望值相差 10%；这个差距就揭示了问题的存在，并需要通过教学去解决它。

教学需求分析是指通过系统化的调查研究过程发现教学中存在的问题，通过分析问题产生的原因确定问题的性质，论证解决该问题的必要性和可行性。其核心是发现问题，而不是寻求解决问题的方法，具体包括 3 方面的工作：一是通过调查研究分析教学中是否存在要解决的问题；二是分析存在问题的性质，以判断教学设计是不是解决这个问题的合适途径；三是分析现有的资源及约束条件，以论证解决该问题的可能性。

作为一种差距分析，教学需求分析可以获得确切可靠的“问题”的资料和数据，从而形成切实可靠的教学设计目的，为教学设计随后的一系列步骤提供主要依据。因此，教学需求分析的成功与否，总目的是否明确，直接影响到教学设计各部分工作的方向和质量。另外，教学需求分析论证了教学设计的必要性和可行性。这就避免了只需较少投入却动用大量人力物力来设计和开发教学而效果不佳的情况；也避免了动用大量人力物力来设计教学但在现有条件限制下不能实施，甚至设计的是学生已经具备而不需要的知识和能力的情况。所以说，教学需求分析可以让教师与学生的精力、时间以及其他资源被有效地利用，以解决教学中真正的问题，从而提高整个教学效益。

2. 分析教学需求的方法

分析教学需求的基本方法有内部参照需求分析法和外部参照需求分析法，两者的主要区别在于目标参照体系的不同。

（1）内部参照需求分析法

内部参照需求分析法是由学习者所在的组织机构内部用已经确定的教学目标与学习者的学习现状作比较，找出两者之间存在的差距，从而鉴别出教学需求的一种分析方法。我国普通学校教育一般采用这种方法来分析和确定教学问题。前面所列举的大学英语四级通过率的例子就是用的这种方法。由于目标存在于机构内部，所以关于期望的状态只需查阅机构内部的目标方案和访问机构内部的目标决策者就可得到，但应注意的是要把所期望的状态用学习者可测量的行为术语描述出来。这样收集数据的重点就是关于学习者目前状态的信息，具体做法是将期望状态（包括知识、技能和态度等方面）的目标具体化，并形成完备的指标体系，以作为收集目前状况数据的依据。收集数据的方法如下。

① 按照形成的指标体系（如普通学校的教学大纲）来设计测验题、问卷或观察表，然后通过分析试卷、问卷或观察记录直接从学习者那里获取信息。

② 分析学习者近期的测试成绩、合格记录等相关的现成材料。

③ 召开教师等有关人员的座谈会或对他们作问卷调查，以了解学习者目前的状况。

（2）外部参照需求分析法

外部参照需求分析法是将学生的学习现状与外界社会所提出的要求相比较，找出两者之间的差距，从而确定教学需求的一种分析方法。我国的职业技术培训大多采用这种方法来分析教学问题。这种方法揭示的是学习者目前的状况与社会实际要求之间存在的差距，其特点是以社会目前和未来发展的需要作为准则和价值尺度去揭示教育、教学中存在的问题，从而制定出教学目标和设计教学活动。它是调整教育教学系统，使之适应社会发展的必要措施之一。由于这种方法的期望值是根据社会需要而制定的，所以首先要收集、确定与期望值相关的社会需求信息。收集信息主要有以下途径。

① 对毕业生进行跟踪访谈、问卷调查，听取他们对社会需求的感受，以及工作后对学校教育或培训教学的意见和建议，从中不仅可以获得关于社会期望的信息，也可获得学习者现状的相关信息。

② 分析毕业生所在单位对毕业生的工作考核，了解他们对职工的要求和对毕业生的评价，以了解社会需求和要求改进学校教学的信息。

③ 设计问卷并发放到与学生所学专业相关的工作单位，以得到社会对人才能力素质的需求信息。

④ 深入到工作第一线作现场调研，以获得对人才能力素质需求的第一手信息。

⑤ 进行专家访谈，以了解专家对社会目前及未来发展对人才需求的看法。

在进行教学需求分析时经常采用内外结合的方法。这样能使教学设计工作既能从学生的实际情况出发，又能满足社会的发展和需要。

3. 分析解决问题的必要性和可行性

运用内部参照需求分析法与外部参照需求分析法，可以揭示出学习者现状与期望状态之间存在的差距，发现教学中存在的问题。那么造成这些问题的真正原因是什么，问题是什么性质的，教学设计能真正解决这些问题吗？这就需要进行解决问题的必要性分析。如果已经解决了教学设计的必要性问题，即已经找出了若干个教学问题必须通过教学设计来解决。那么现有资源和条件是否允许对这些问题全都进行设计呢？这些教学问题是否有可能全都解决呢？这就要进行解决问题的可行性分析。

（1）解决问题的必要性分析

通过调查研究，可以发现引起需要解决的问题的原因是多方面的，而关于知识、技能、态度方面的教学只是形成教学问题的原因之一，也就是说有些问题是不能靠教学来解决的；另外，也不是所有的教学问题都值得和必须进行教学设计。因此，在开展教学设计初期，必须认真分析问题产生的真正原因、确定问题的性质，进而确定是否有必要进行教学设计。可以从以下几个方面来发现问题、确定问题的性质。

① 解决该问题的重要性如何？是否值得开展教学设计？

② 能否通过一些相对比较简单的方法解决这些问题？

③ 教学设计是否为解决问题的最佳途径？

（2）解决问题的可行性分析

分析解决问题的可行性实际上就是分析资源和约束条件。

资源一般指能支持开展教学设计活动和解决教学问题的所有人力、物力和财力。而约束条件则指对教学设计工作和解决教学问题起限制或阻碍作用的事物——人、财、物。也就是说支持开展教学设计的人、财、物就是资源，反之，限制、阻碍开展教学设计的人、财、物就是约束条件。在分析资源和约束条件时要考虑的因素有经费、时间限制、人员情况、设施、设备、现存文献、资料、组织机构、规章制度和管理方法、教学组织形式、政策法规等。

6.2.2 教学内容分析

教学内容就是指为实现总的教学目标，要求学生系统学习的知识、技能、态度和行为经验的总和。为了保证教学目标的实现，教学必须有正确的、合乎教学目标的内容。

教学内容分析是围绕着总的教学目标确定教学内容的范围和深度，揭示教学内容各部分之间的联系的过程。教学内容主要有言语信息、智慧技能、认知策略、动作技能和态度 5 种类型，如果明确了教学内容各部分的联系，就可以为教学顺序的安排奠定基础。

1. 确定教学内容的类型

进行教学内容分析时，首先须将教学需求分析所提出的教学目标与教学内容的类型相联系，然后再去考虑如何进行教学内容分析。在此，美国当代著名教育心理学家和教学设计专家加涅提出的 5 种学习结果理论具有重要的指导意义。他认为应该按照学习结果的类型进行教学内容分类，他所指的学习结果实际上是不同类型的教学内容，包括 5 种，分别是：言语信息、智慧技能、认知策略、动作技能和态度。

2. 分析教学内容的方法

目前针对不同类型的教学内容已经发展出了不同的分析方法。具体的分析方法有归类分析法、图解分析法、层级分析法等。

（1）归类分析法

归类分析法又称簇分析法，主要是研究对有关信息进行分类的方法，旨在鉴别为实现教学目标所需学习的知识点。这种分析法特别适合于言语信息类型的教学内容，例如，我国的省市名称可按地理区域的划分来归类，动物园的动物可按纲、属、科、目分类等。确定分类方法后，或用图示、或列提纲，把实现教学目标所需学习的知识归纳成若干方面，从而确定教学内容的范围。

（2）图解分析法

图解分析法是一种用直观形式揭示教学内容要素及其相互联系的内容分析方法，用于对认知教学内容的分析。图解分析的结果是简明扼要、提纲挈领地从内容和逻辑上高度概括教学内容的一套图表或符号。如历史教学中，可以用几条带箭头的线段及简洁的数字、符号来剖析一次著名战役的全过程，其起因、时间、地点、参战各方人数、结果等都被反映在图解之中。这种方法的优点是，使分析者容易觉察内容的残缺或多余部分以及相互联系中的割裂现象。

（3）层级分析法

层级分析法是用来揭示和教学目标所要求掌握的从属技能相关的教学内容的一种分析方法。这里提到的从属技能是指学生为了有效地达到某一教学目标而必须掌握的那部分技能。层级分析法是一个逆向分析的过程，即从已确定的教学目标开始考虑：要求学习者获得教学目标规定的能力，他们必须具有哪些次一级的从属能力；而要培养这些次一级的从属能力，又需具备哪些再次一级的从属能力；依次类推。可见，在层级分析中，各层次的知识点具有不同的难度等级——愈是在底层的知识点，难度等级愈低（愈容易），愈是在上层的难度愈大；而在归类分析中则无此差别。

层级分析的原则虽较简单，但具体做起来却不容易。它要求参加教学设计的学科专家、学科教师和教学设计者熟悉学科内容，了解教学对象的原有能力基础，并具备较丰富的心理学知识。图 6.5 是层级分析法的一个实例。

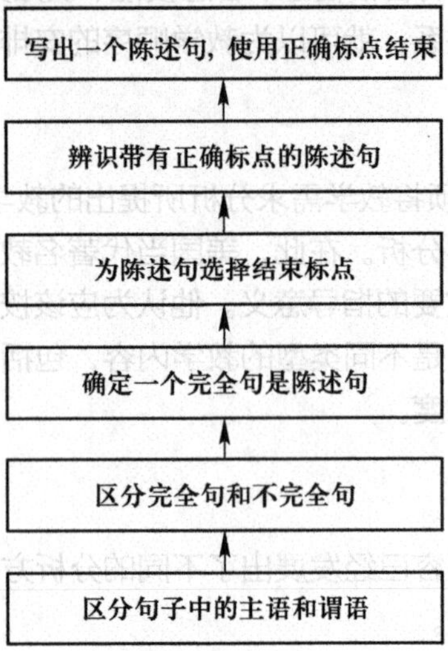

图 6.5　层级分析法分析教学内容

6.2.3　学习者分析

教学设计的目的是形成适合学习者特点的教学设计产品，最终促进学习者的学习，实现既定的教学目标。要实现这一目的，教学设计工作就必须从学习者的实际出发；要了解学习者的实际情况，就必须对学习者的特征（学生特征）作详细的分析。学生特征指的是学生的学习准备和学习风格。

1. 学习准备

学习准备是学生在从事新的学习时，原有的知识水平和原有心理发展水平对新的学习的适应性。任何教学的成功与否在很大程度上取决于学生的准备状态，而且任何新的教学都是以学生的准备状态作为出发点。学习准备包括两个方面：一是学习者从事该学习的心理、生理和社会的特点，包括年龄、性别、学习动机、个人对学习的期望、工作经历、生活经验、经济、文化、社会背景等一般特征；二是学习者对从事特定学科内容的学习已经具备的知识技能基础，以及对该项学习内容的态度。

（1）学习者一般特征分析

学习者的一般特征与具体学科内容无直接联系，但也能对教学内容的选择和组织、教学方法和教学媒体的选择与运用提供帮助。例如，如果教学对象的阅读能力较差，可以考虑多使用视听资料；如果教学对象是少数民族或是不同宗教信仰者，那么在选择教学内容时首先应注意尊重他们的文化、习俗等。

获得学习者一般特征的信息的途径有以下几种：实地访问；与相关人员面谈（管理者、教师等）；通过自然观察法和实验观察法了解学习者的一般特征信息；问卷调查；文献调研。

（2）初始能力分析

初始能力分析又称起点水平分析，所谓初始能力指学生在学习某一特定的学科内容时已经具备的有关知识与技能的基础，以及他们对这些教学内容的认识和态度。初始能力与特定的学科内容紧密相关，离开了具体的教学内容，初始能力就无从谈起。初始能力分析实际上包括预备技能分析、目标技能分析和学习态度分析 3 个方面。

① 预备技能和目标技能分析。学生在开始新的学习之前，已经掌握的并为后续的学习所必备的知识与技能叫预备技能。在教学目标中规定学生必须掌握的知识和技能叫目标技能。预备技能分析和目标技能分析通常采用一般性了解及预测的方法：一般性了解指的是教师在开始上新课之前，通过分析学生以前学习过的内容、查阅考试成绩，或与学生、班主任及其他任课教师谈话等方式，获得学生掌握预备技能和目标技能情况的一种方法。预测法是在一般性了解的基础上，通过编制专门的测试题来测定学生掌握预备技能和目标技能情况的方法。教学设计者可以根据经验在教学内容分析的从属技能层级图上划一条虚线，把它作为教学的起点，假设虚线以下的是教学开始前学习者已掌握的预备技能，虚线以上的是要求学习者在教学之后必须掌握的目标技能，并以此为依据编制测试题，如图 6.6 所示。通过测验可以发现：对特定课题内容，哪些方面学习者已经准备就绪，哪些方面学习者需要补习。

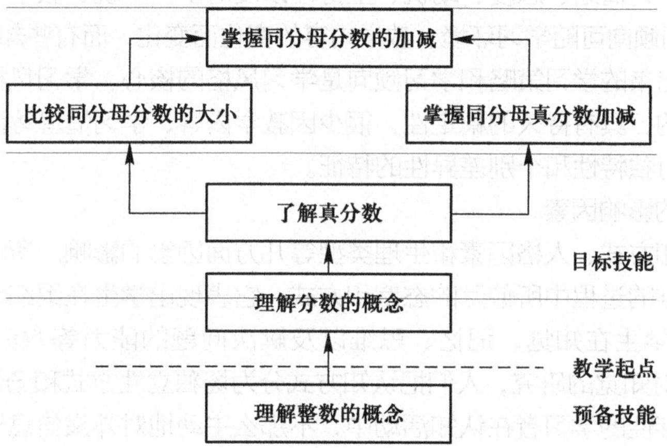

图 6.6　初始能力的分析

预备技能的分析对实际教学起点的确定具有重要作用，它给出了在新的教学之前学习者所具备的预备知识和能力的信息，这些信息可以保证不会因教学起点定得过高而使教学无法正常进行，也不会因教学起点定得过低而浪费大量的时间和精力。

对目标技能的预测有助于教师在确定教学内容方面做到详略得当。当然，假如教师知道教学内容对学习者是完全陌生的，这类预测就失去意义。教学设计强调教学效果的评价以预先确定的目标为依据。在学习结束时，以原定学习目标为基础编写考试题目来检查学习者达到目标的程度，这样，学习目标与测试题之间就存在一种内在的联系。据此，有的学者提出，可以直接使用期终考试题在学程开始之前对整个学程的教学目标所要求的能力一并进行预测，从理论上说，同样的考试题如分别用于预测和后测，前后两次成绩的差距即反映了教学效果。也有人建议，对目标能力的预测可以每个单元逐个实施，即从考试题库中选择并组合一部分试题，对学习者进行预试。

② 学习态度分析。对教学设计者来说，学习者对待所学内容和教学传递系统的态度同样影响教学效果。判断学习者态度最常用的方法是态度量表，通过学生对态度量表的回答可以得到学习者对待所学内容的态度。此外，观察、会谈等评价技术也可用于态度分析。

在实际的教学设计工作中，对于学习者起点水平分析的上述3个方面（预备技能分析、目标技能分析、对待所学内容态度分析）往往是结合在一起的。

2. 学习风格

（1）学习风格的概念

要对学习者的学习风格进行分析，必须了解什么是学习风格。学习风格指对学习者感知不同刺激、并对不同刺激做出反应这两个方面产生影响的所有心理特性。学习风格的核心是学习者的学习策略和学习倾向。学习策略指学习者为完成学习任务或实现学习目标而采用的一系列步骤，学习倾向指学习情绪、态度、动机、坚持性以及对学习环境、教学内容等方面的偏爱。有些学习策略和学习倾向可随学习环境、教学内容的变化而变化，而有些却表现出持续一贯性。那些持续一贯表现出来的学习策略和学习倾向是学习风格的核心。学习风格是个体在长期的学习活动中逐渐形成的，具有持久的稳定性，很少因教学内容、学习情境等因素变化而变化。此外，学习风格还具有独特性和个别差异性的特征。

（2）学习风格的影响因素

学习风格受认知方式、人格因素和生理类型等几方面因素的影响。所谓认知方式是指学生在感知、记忆和思维的过程中所偏爱的态度和方式，它表现出学生在组织和加工信息过程中的个别差异，反映了学生在知觉、记忆、思维以及解决问题的能力等方面的特征。根据威特金（H.A.Witkin）对知觉的研究，人们把认知方式分为场独立性方式和场依存性方式两种。通过研究发现，场依存性的学习者在认知活动中，不那么主动地对外来信息进行加工，倾向于以外在参照作为信息加工依据，通常很难从包含刺激的背景中将刺激分辨出来，所以他们的知觉很容易受错综复杂的背景的影响（例如，如果在他们熟知图形的背景上添加一些纵横交错的线条，他们则可能感到难以认出这个原来熟悉的图形）；他们在受到批评时，学习效果会显著下降；这种学习者喜欢有人际交流的集体学习环境，对社会学科材料的学习与记忆效果较好；较依赖于学习材料的预先组织，需要明确的指导和讲授，喜欢结构严密的教学。场独立性的学习者在认知活动中倾向于更多利用内在参照作为信息加工的依据，通常总是把要加工的刺激同背景区分开来；他们的知觉比较稳定，不易随背景的变化而改变；他们比较自主，当情境需要或内在需要时，能对所提供的信息进行改组；这种学习者善于学习理工学科内容，往往能明确提出自己的学习目标，能较深入地进行分析，愿意个人独立钻研，对所提供的学习材料能重新组织，较适应结构松散的教学方法。

人格因素主要指影响学习者学业成就的控制点和焦虑水平。控制点指人们对影响自己生活与命运的因素的看法，一般分为内部控制与外部控制。具有内部控制特征的人相信，自己所从事的活动及其结果是由自身具有的内部因素决定的，自己的能力和所作的努力能控制事态的发展。具有外部控制特征的人认为，自己受命运、运气、机遇和他人的控制，是这些外部的、且难以预料的因素主宰着自己的行为结果。一般说来，内部控制者具有较高的成就动机，外部控制者的成就动机相对较低。由于内部控制者把学业上的成功归因为自身的能力和勤奋，因此，成功将会给他们带来更多的鼓励，并进一步提高他们的学习信心；失败则是需要付出更大努力的标志；他们对待困难的学习任务的态度是积极的，常选择适合自己能力的、适度的学习任务。相反，外部控制者把学习成败归因于外因，缺乏自信，在学习活动中表现出无能为力的态度；学习上的成功或是采用鼓励等强化方式并不能增加他们的努力；他们不能适时改变自己的行为以选择合适的学习任务。学习者持有不同的控制点主要是通过影响学习者的成就动机、学习者投入任务的精力、学习者对待任务的态度和方式、学习者对奖励的敏感性及惩罚或分数对他们的意义、学习者的责任心和对待教师的态度等一系列变量，从而影响学习者的学习。

所谓焦虑是指个体对某种预期会对他的自尊心或自身利益构成潜在威胁的情景所产生的担忧反应或反应倾向。按焦虑的性质，可将其分为正常焦虑和过敏性焦虑。正常焦虑是客观情景对个体自尊心可能构成威胁而引起的焦虑，如学习者面临高考而又把握不大时产生的考试焦虑。需要指出的是，正常焦虑并不是指适当水平的焦虑，它同样可能出现过高或过低的不同水平，这取决于自尊心受到威胁的程度。过敏性焦虑不是因客观情景对个体自尊心构成威胁而引起的，而是由遭到严重伤害的自尊心本身引起的。自尊心受伤害程度越高，过敏性焦虑水平就越高。对于某些儿童或学生，由于他们在成长过程中没有得到外界——主要是父母的认可和评价，从而导致缺乏内在的自尊心和价值感，当他们遭受失败和挫折时，就易引发神经过敏性焦虑。

（3）确定学习者学习风格的方法

确定学习者学习风格一般采用 3 种方法：观察法，通过教师对学生的日常观察来确定；问卷法，按照学习风格的具体内容设计一个调查量表，让学生根据自己的情况来填写；征答法，让学生陈述自己的学习风格。

6.3 教学目标的阐明

通过教学需求分析，提出了总的教学目的；通过教学内容的分析，确定了完成总的教学目的所必须掌握的各个知识点与技能项目；通过学习者初始能力的分析，确定了教学的起点。至此，教与学的内容框架已基本确定。在此基础上，就可以明确学习者在教学活动中要达到的学习结果或标准，即要阐明教学目标。教学目标可以指导设计者开发教学策略、实施教学评价，是教学设计的关键。

6.3.1　教学目标概述

1. 教学目标的含义

教学目标是师生完成教与学任务后所要达到的标准，同时也起到指导教师课堂教学与学生自主学习实践活动的作用。在教学环境中，经常会看到与教学目标相对应的两个单词，即“goal”和“objective”。前者是对学生经过比较系统的教学之后能在实际应用环境中完成的行为的描述，具有较强的概括性，也称为教学目的；后者又称行为目标，是对学习者完成一个教学单元后应该表现出来的可见行为的具体明确的表述。针对上面预备技能和目标技能分析的每一个子技能都可以编写出一个或多个教学目标。另外，应从两个方面来理解教学目标：其一是教学目标表述的是学习者的学习结果（包括言语信息、智慧技能、认知策略、运动技能和态度），而不是对教师要做什么的描述；其二是教学目标的表述应力求明确、具体，可以观察和测量。

马杰认为，教学目标由 3 个要素组成，分别是行为、条件和标准。行为指的是学习者在执行教学目标时的行为动作，说明通过教学后学习者能做什么，以便教师能观察学习者的行为变化，了解目标是否达到，如“使用摄像机摇拍一个镜头”。条件指行为产生的外在条件和限制，如“是否允许使用计算机”。标准指出行为合格的最低界限，如“能在 10 分钟内解出本二元一次方程”。

2. 教学目标的作用

教学目标具有下述几方面的作用。

① 导向作用。教学目标是教学活动的预期结果，是教学活动的出发点和归宿。它在一定意义上制约着教学设计的方向，对教学过程起着指引作用，使教学中的师生活动有明确的方向，避免教学的盲目性。

② 为教学评价提供支持。由于教学目标是对学习者完成教学后的预期结果，所以评价教学效果的标准可依据教学目标制定。

③ 指导教学策略的制定。教学策略是对完成特定教学目标而采用的教学顺序、教学活动程序、教学方法、教学组织形式和教学媒体的综合考虑，可见教学策略是为完成教学目标而制定的，因此教学目标制约并指导教学策略的选择和运用。

④ 激励学生的学习。在教学过程开始时明确告诉学生教学目标，能引起学生的注意，促使学习发生；同时目标又能激发求知的欲望，调动学生的积极性和主动性，使学生持续努力地学习。

⑤ 教学目标为教学内容的选择提供依据。教学内容是为教学目标服务的，只有根据教学目标去恰当地选择、编排教学内容，才能为教学目标的实现打下基础，所以教学目标是教学内容选择的依据。

6.3.2 教学目标的分类理论

对教学目标进行分类，不仅可以使琐碎的目标变得有序，还可防止目标分析中的疏漏与偏颇。因此，要在教学实践中科学地确定和实施教学目标，除了了解教学目标的内涵和作用外，还应了解教学目标的分类理论。下面介绍布鲁姆教学目标分类理论和加涅的学习结果分类理论。

1. 布鲁姆的教学目标分类理论

布鲁姆等人把教学目标分为认知、动作技能和情感三大领域，每个领域的目标再从低到高分成若干层次。

（1）认知领域的教学目标分类

1956 年布鲁姆等人曾提出一个关于认知领域的教学目标分类学说，并且产生了巨大的影响，2001 年安德森、克拉斯沃和梅耶等人对布鲁姆的认知目标分类理论进行了修订，提出了“知识”和“认知过程”的二维分类框架。

① 知识纬度分类。安德森等人将布鲁姆原来认知领域目标分类里的“知识”类别中的具体指标单列为一个纬度，同时增加了元认知知识。所以，本纬度有 4 种水平，依次是事实性知识、概念性知识、程序性知识和元认知知识。

事实性知识是学习者在掌握某一学科或解决问题时必须知道的基本要素。具体包括两个方面，其一是指具体的言语知识与符号等术语知识（如词语、数字、信号与图片等），其二是指事件、地点、人物、日期和信息源等具体细节和要素的知识。

概念性知识是指一个整体结构中基本要素之间的关系，表明某一学科领域的知识是如何加以组织的，如何发生内在联系的，如何体现出系统一致的方式的，等等。它包括具体性的概念和定义性的概念。

程序性知识是关于“怎样做”的知识，是个体具有的用于具体情境的算法或一套行为步骤。一般而言，个人对于程序性知识缺乏有意识的提取线索，因而其存在只能借助于某种作业形式间接推测。例如，人们会计算数学题，会讲某种语言，会骑自行车，这些都是程序性知识的体现，也就是经常说的技能。

元认知知识就是有关认知的知识，即人们对于什么因素影响人的认知活动的过程与结果、这些因素是如何起作用的、它们之间又是怎样相互作用的等问题的认识。元认知知识包括 3 个方面：有关个人作为学习者的知识，有关任务的知识，有关学习策略及其使用方法的知识。

② 认知过程纬度分类。认知过程纬度的教学目标是多层次的，按智力特性的复杂程度不同，

可分为记忆、理解、应用、分析、评价和创造 6 个等级。

记忆是指从长时记忆库中提取相关知识。这一认知过程所涉及的相关知识可以是知识纬度分类中的任何一种或它们之间的不同结合。记忆具体包括了识别和回忆。

不管是口头的、书面的信息还是图表图形的信息，不管是通过讲授、阅读的方式还是观看等方式，当学习者能够从教学内容中建构意义时，就是理解了，换句话说，新进入的信息与原有的图式和认知框架整合在一起时，理解就发生了。鉴于“概念”是认知图式与框架的基石，所以，概念性知识为理解提供了基础，理解具体包括了解释、举例、分类、总结、推断、比较和说明等。

应用是指运用不同的程序去完成操练或解决问题，因而，应用与程序性知识密切相关。它有两个认知过程，一个是“执行”，指发出一种操作性为；另一个是“实施”，指解决具体问题。在实施时，理解概念性知识是应用程序性知识的前提。

分析是指将材料分解为其组成部分并且确定这些部分是如何相互关联的。这一过程包括了区分、组织和归属。

评价是依据准则和标准来做出判断，评价包括了核查和评判。要指出的是，并非所有的判断都是评价，实际上，许多认知过程都要求某种形式的判断，只有明确运用标准来做出的判断才属于评价。

创造是指将要素整合为一个内在一致或功能统一的整体。理解、应用和分析虽然也有整体和部分之间的关系，但它们主要是在整体中灌注部分；创造则不同，它必须从多种来源抽取不同的要素，然后将其置于一个新的结构中。创造可以分为三个阶段：问题表征阶段、解决方案的计划阶段和解决方案的执行阶段。

（2）动作技能目标分类

常见的动作技能目标分类方法把动作技能目标分为以下几个层次：模仿、对模仿动作的理解、动作组合协调、动作评价和新动作创造。

（3）情感领域目标分类

情感领域的目标大体上分为如下的层次：接受、思考、兴趣、热爱和品格形成。

2. 加涅的学习结果分类理论

加涅将教学目标与 5 种类型的教学内容相联系，认为 5 种学习结果即是 5 种不同的目标类型。

（1）言语信息

言语信息又称言语知识，指可用言语表达的信息，能以各种形式呈现给学习者。根据复杂程度不同，可区分如下：名称或符号，单一命题或事实，有组织的信息。后两种又称陈述性知识。

（2）智慧技能

智慧技能是个体使用符号（名称）或概念与他们的环境相互作用的能力。语言、数字和其他种类的符号代表人们环境中的真实客体，个体使用这些符号与他人交流经验。我们记忆和思考我们所生活的这个世界的主要方法之一就是应用符号。学习智慧技能就是意味着学习“如何完成”某种智慧行为。一般说来，所习得的知识称为程序性知识。个体在校期间所学习的智慧技能是非常多的，多达上以千计，如语言技能领域，像朗诵、有表情的阅读、造句、组成段落、会话和辩论等教学单元都包括大量的必学的特定智慧技能。在数学领域中关于数和量化的技能也是很多的。处理几何和物理等科目也需要大量的处理时间和空间图形的技能。

无论智慧技能出现在什么学科领域，都能按其复杂程度作如下分类：辨别、具体概念、定义性概念、规则、高级规则。辨别是将刺激物的一个特征和另一个特征、或者将一个符号与另一个符号加以区别的一种习得能力，包括视觉、听觉、嗅觉、触觉、味觉等方面的辨别，如儿童能辨别三角形和正方形等几何图形，学习地质学的大学生能区别不同性质的岩石标本。学习辨别技能的重要性在于它是学习其他技能的必要前提。

概念是在一系列事物中找出共同属性并给同类事物赋予同一名称的一种习得技能，例如能在一组词汇中将同义词和反义词归类。因为只有区别事物的不同特征才能发现事物的共同属性，所以掌握辨别技能是形成概念的基础。概念又分为具体概念和抽象概念，反映具体事物的概念是具体概念，如汽车、水果等；反映对象各种属性的概念是抽象概念。

规则是揭示两个或两个以上概念之间关系的一种言语表述。它可以是一个定律、一条原理或一套已确定的程序，例如，“电流（安培数）等于电压（伏特值）除以电阻（欧姆值）之值”是电学中的欧姆定律，由“电流”、“电压”、“电阻”等概念以及三者的关系构成。我们说学习者学会了某条规则，那是指他能在作业中按这条规则行事。规则的学习以概念的学习为基础，例如，要学会运用上述欧姆定律，学习者必须先掌握“电流”、“电压”、“电阻”、“等于”和“除以”等概念。在多数教学情境中，规则的学习往往不是逐条地、孤立地进行的。一门课程中许多有关规则或原理有机地结合在一起，构成一个体系，因此，有时学习者所学的是“一套有组织的智力技能”，其中某些简单规则的学习构成另一较复杂规则学习的先决条件。

规则可组合在一起，形成更复杂的规则，称为高级规则。这样通过简单规则的重新组合而获得的高级规则具有更为广泛的应用性。高级规则作为一种学习结果，是学习者在解决问题过程中思维的产物，加涅指出，“学习者在试图解决一个特定的问题时，可能把属于不同内容范围的两条或两条以上的规则结合在一起，组成一条能解决该问题的高级规则。”可见，高级规则还是规则，只是在复杂性上与作为其组成部分的较简单规则有所不同罢了。

（3）认知策略

认知策略是“学习者借以调节他们自己的注意、感知、记忆和思维等内部心理过程的技能”。上面所述的智力技能是运用符号处理问题的能力，即处理外部世界的能力，而认知策略是自我控制与调节的能力，即处理内部世界的能力。学习者通过认知策略指挥他自身对环境中刺激物的一定特点予以注意，对学习的事物进行选择和编码，对学习所得进行检索。学习者的认知策略还影响他对已掌握的言语信息和智力技能的综合思考，以提出解决问题的高级规则。可以说，认知策略是学习者“使用脑子”管理或操作自己学习过程和解决问题的方式。

（4）动作技能

动作技能又称为知觉—运动技能、心智运动技能。动作技能的完成一般有感官、肌肉和大脑的共同参与。

它的特征是学习者必须有肌肉的参与，可以借助设备，也可以不借助设备，达到某个结果。在某些时候，运动技能的完成可能有大量的心理活动，此时就有智慧技能的特征，但是，我们称这种技能是运动技能，而不是智慧技能。如果学习者必须学会的是执行某个新的、不很琐碎的技能，或者经过反复的训练才能熟练掌握的技能，则称这种技能是运动技能。例如，投球和设置录像机自动录下电视节目就分别是动作技能和智慧技能。

（5）态度

态度是影响人们对人、对物和对事的行为选择的复杂的内部状态。态度存在于人的内心世界，态度是从人们行为的观察中推论出来的，不是行为本身。确定某个人的具体态度应根据个体的行为来判断，这些行为指的是不同情景的具体事例中所发生的一整类的多个类似行为，包括所做的智慧技能、运动技能和陈述的言语信息。例如，选择打网球作为一种休闲运动和在别人有困难时愿意帮助别人就是态度技能。

6.3.3　教学目标的编写

有的教育研究者认为有必要在马杰的三要素的基础上，加上对教学对象的描述，这样，一个规范的教学目标就包括4个要素。为了便于记忆，他们把4个要素简称为ABCD四要素。A（Audience）代表的是教学对象，B（Behavior）代表的是行为，C（Condition）代表的是条件，D（Degree）代表的是标准。例如，新兵营的战士通过一个月的集训，应能在距离标准圆靶50 m处使用标准步枪在20 s内射击5次，至少有4次击中靶心。在教学实践中常采用ABCD法来编写教学目标，下面分4个方面来阐述教学目标的编写方法。

1. 对象的表述

教学目标的表述中应注明教学对象，即什么层次的学生，也可以进一步地说明学生的基本特点。例如“大学一年级上学期的学生”，“初中三年级的学生”等。实际的设计过程中，对于这一点的要求没有那么严格。

2. 行为的表述

教学目标中，行为的表述是最基本的成分，它说明学生在学习结束后应该能做什么。教师在传统的教案中描述教学目标时较多使用“知道”、“理解”、“掌握”、“欣赏”等动词来描述学生将具有的能力，这些词语的含义较广，各人均可从不同的角度理解，因而使目标表述不明确，给以后的教学评价带来麻烦，所以，在编写教学目标时应避免使用。描述行为的基本方法是使用一个动宾结构的短语，其中动词说明学习的类型，宾语则说明学习的内容。要注意的是，动宾结构的行为动词一定要可以观察到，如“操作摄像机”，“说出人腿骨骼的名称”，“指出不同之处”等。在确定行为动词时一定要注意，这里的行为是指学习者学习后能做什么，是学生的行为而不是教师的行为。

3. 条件的表述

条件是对实现目标时学习者可用的资源和环境限制的精确说明。为了选择合适的条件，可以从以下两个方面考虑：完成任务所需要的资源材料、任务的范围和复杂度。

完成所给任务而需要的资源材料包括如下几类。

① 图示，如表格、图表、插图等。

② 书面材料，如报告、故事或报纸文章等。

③ 实物，如石头、树叶、胶片、机器或工具等。

④ 参考资料，如字典、手册、数据库、课本或网页等。

条件部分除了要列举所需要的资源外，还要说明每种资源所具有的特点。

其次要考虑的是任务的复杂度，限制任务，使它能够适应目标人群的能力和经验。下面所列的条件就是如何控制地图阅读目标的复杂度的。

① 给定一张本地地图，图上有不超过 6 个指定地方……

② 给定一张本地地图，图上有不超过 12 个指定地方，每个地点相隔都在 1 英寸，地图有定位网格、索引和比例尺，其中比例尺 1 英寸相当于 1 英里……

③ 给定某城市的正规地图……

这些条件使得同一任务具有不同的复杂度，因而更适合不同的人群。

前面的例子都是关于智慧技能和言语信息的，但是运动技能和态度选择也同样需要合适的条件，因此也同样需要仔细考虑有关的条件。对于心智运动技能，需要考虑执行任务所需要的设备。例如，如果要评测学习者的驾驶技术，就需要考虑是用自动挡的车还是手动挡的车；要评测学习者的摄影技巧，就要考虑所选择的相机是自动的还是手动的。

说明在什么条件下学习者要证实他们具有某种态度也需要仔细地考虑。一般来说要考虑 3 个重要方面：在什么环境下做出选择，有几种什么样的选择可选，目标人群的成熟度。这些考虑非常重要，因为选择往往取决于特定情境。例如，在网球比赛中是否选择采取好的比赛作风可能与这场球赛输赢的重要性有关；也可能与运动员的自由态度有关，比如他觉得受挫时就应该自由发泄，对鼓倒掌就应该表示愤怒等；这还与选手的年龄和对情绪的控制能力有关。要证明是否真正具有体育精神，只能在竞争比赛中，并且不会因为态度的表达而遭到报复时才能看出来。简单地用纸和笔写出适当的行为，或在教练的监视下才表现出恰当的行为都是不够的。

4. 标准的描述

目标组成的最后一部分是判断该技能完成情况能否被接受的标准。为了产生合理的评判，必须要考虑所完成任务的特性。有些智慧技能和言语信息任务只有一个正确的答案，这样的例子如动词时态、主谓语匹配、学生守则背诵等。在这样的例子中，评判标准是学习者要能说出准确的答案。有些教学设计师会将“正确地”几个字加入到这类目标的表述中，也有的教学设计师则说没有评判标准，因为它已经隐含在条件和行为中了。在处理这类目标的时候要注意，说学习者完成某个任务多少次（如三次中的两次，或正确率达到 80%），说的并不是目标的评判标准。像“多少次”、“多少题正确”或类似的陈述，说的都是掌握程度问题。教学设计师是要确定一个行为必须要重复多少次才算学习者掌握了它，但这种决定一般是在出考试题的时候才做出的。这里很重要的一点是要意识到，目标中的标准描述的是什么行为是可以接受的，以及在什么情况下要判定行为不合格。一些智慧技能和言语信息任务的答案并不唯一，学习者的回答也是多样的。这样的例子包括将一条线等分，用量尺估计距离等。在这类例子中，标准就是关于可接受答案的范围。其他答案不唯一的例子还有：为某个学习问题提供解决方案，写一段文字，答问答题，以及写研究报告等。对这样目标的评判标准应该包含答案中必须出现的信息或要素，怎样才算答案足够精确之类的信息。对于比较复杂的答案，可能需要答案要素的核查表，作为判断一个回答是否可接受的标准。

6.4　教学策略与教学活动设计

通过前面的教学设计步骤的学习，我们知道了为什么要进行教学设计，教学教什么，现在要考虑如何教的问题，也就是有关教学策略的问题。

6.4.1　教学策略概述

教学策略是对完成特定教学目标而采用的教学活动程序、教学方法、教学组织形式和教学媒体等因素的总体考虑。教学策略具有指示性和灵活性，教学策略指向具体的教学目标，不同的教学目标需要不同的教学策略。单一的教学策略不能适应所有的情况，有效的教学需要多种教学策略的综合应用。总的来说，根据控制信息加工过程的不同，教学策略可分为两大类：替代性教学策略和生成性教学策略。

1. 替代性教学策略

这种教学策略的信息加工的过程的控制者是教师，教师在教学过程中完成以下工作：向学生指明教学目标，提供经过细化、组织的教学内容，安排教学排序，确定教学重点，对学习迁移提供建议，提供大量的教学活动，积极地吸引学生注意。这种策略较多地为学生加工信息，构建教学环境，减轻了学习者为构建学习环境而承担的责任，以便学生获得与学习任务有关的知识和技能。常见的替代性教学策略有：先行组织者教学策略、暗示教学策略、示范—模仿教学策略。

替代性教学策略有以下优点：一是信息加工强度大，使学生在短期内接受指导，学习较多的学习材料；二是可以带来更集中、有效、可预测的学习结果；三是适合于预备知识和学习策略有限的学习者，使他们获得学习的成功。

它的缺点是：其一，学习者投入的智力活动比较少，信息的加工不够深入，从而使学习不够完满；其二，教学活动安排过于周到，对于学习者来说使学习缺乏挑战性和刺激性，从而压抑学习者的个性、独立性和学习动机。

2. 生成性教学策略

在使用生成性教学策略时，学习者成为教学的主体，他们按自己的需要和风格生成教学目标，自己对教学内容进行组织、细化，自己决定和提供丰富的教学活动，自己控制信息的加工过程，构建自己的学习环境。这种策略强调了具有主动性和积极性的学习者在学习过程中的重要作用，倾向于建构主义的观点。由于它强调了学习者在新的信息与先前学习之间生成联系中的重要性，所以被称为生成性教学策略。

生成性教学策略有 3 个优点：学习者对信息的加工比较深入，学习效果好；可以提高学习者的学习兴趣，激发学习动机；学习策略在学习者学习的过程中得到应用，并不断地被学习者练习和修正，提高了他们的学习能力。它的缺点是要求学习者有较多的智力投入，无形中增加了学习的负担。

在制定教学策略的时候，应当权衡两种教学策略的利弊，平衡地综合应用生成性教学策略和替代性教学策略，使学习者在愉快的氛围中投入地学习，取得良好的发展。

6.4.2 教学活动设计

教学策略的使用直接影响教学的成功与否，它的重要性不言自明；要开发出适合教学的教学策略，就必须将教学需求分析、教学内容分析、学习者分析、教学目标分析联系起来。教学策略用于教学实践就是对教学活动的设计，下面介绍一种适合当前课堂教学的教学活动设计。

本活动设计综合了替代性教学策略和生成性教学策略的优点，是一种易于广大教师学习和操作的、适用于课堂教学的教学活动。它共分为以下几个步骤。

1. 安排教学内容的顺序和教学内容块的大小

在安排教学顺序时，主要根据教学内容分析和学习者起始能力分析的层级图来进行，教学要从层级图最底端的预备技能开始，然后顺着层级图自下而上安排教学顺序，先教低级的从属技能，然后再教高一级的从属技能，直到学生掌握教学目标。

教学顺序确定以后要着手确定教学内容块的大小。内容块过大或过小都会对教学造成不良影响，在确定教学内容块的大小时，要考虑以下因素：学习者的特征、教学内容的复杂性、教学内容的类型和完成本内容块需要的时间。例如儿童和成人的不同，儿童注意力集中的时间只有十几分钟，成人注意力集中的时间可以达到 50 分钟左右，这样，在为上述两者提供教学内容时就不能讲授同样大的内容块。

2. 激励学习者

在开始正式教学之前，教师要考虑 3 个因素：激励学习者、告知学习者教学目标、告诉学习者需要哪些预备知识。

所谓激励学习者，是指激发学习者的学习动机，使教学不乏趣味。为了使教学能吸引学习者，教师可以借鉴教学设计师约翰・科勒的 ARCS 模型，这个模型有 4 个成分：注意力、关联性、自信心和满意度。作为一个教学设计师，在设计教学策略的过程中要自始至终地考虑这 4 个要素。

激励学习动机的第一个方面是要获得学习者的注意力，并在教学过程中一直维持注意力。为了学会做某件事情，学习者必须要参与进来。最初的注意力可以通过以下方式获得：利用感情因素或个人信息、提问、设置智力挑战，或者用人们感兴趣的例子。

按照科勒的理论，激发学习动机的第二个方面是关联性。上述方法尽管可能获得学习者一时的注意力，但是很难维持，特别是当他们不能意识到后继的教学与他们有什么关联时。如果认识不到教学的相关性，学习者就会问："我们为什么要学这个？"教师可以使用从学习者分析中得到的信息来帮助学习者理解教学中所包括的技能与他们的相关性，这样有可能维持他们的注意力，如果做不到这一点，无疑就会失去他们。

ARCS 模型的第三个主要成分是自信心。具备较高动机的学习者也一定自信他们能够掌握教学中的目标。缺乏自信，也就缺乏动机。过于自信的学习者也有问题，他们会认为没有必要参加教学，因为他们已经全部知道了。面对缺乏自信或过于自信的学习者，最大的挑战是要创建对成功适度的期望。对于缺乏自信的学习者，一定要使他们相信他们已具备成功所需要的知识和技能；对于过分自信的学习者，也要让他们认识到教学中还有一些很重要的细节问题值得学习。另一方面，如果学习者真的是掌握了部分教学内容，他们就应该接受更深入、复杂的教学。

科勒模型的最后一个成分是满意度，高动机依赖于学习者是否能够从学习经历中得到满足，也有人将其视为强化。有时候这种满意度的维持是通过对成功行为的奖励来达到的，如自由支配时间，高分数或其他形式的认同。同样重要的，甚至更为重要的是学习者可以从掌握新技能并成功运用中获得的内在满足感。这样学习者的自尊将得到极大的增强。

科勒模型的这 4 个成分单独使用并不足以激发出学习者较高的学习动机。如果能将所有这 4 个成分——注意力、关联性、自信心和满意度一起结合到教学策略中，维持学习者学习兴趣的可能性将大大增加。

3. 告诉学习者教学目标

我们都曾有过这样的学习经历，当学习一篇文章时，会因为不知道要学的关键概念是什么而感到学习没有方向和目标。如果我们被事先告知教学目标，那么就能知道要记忆什么、解释什么或解决什么。

向学习者提供教学目标可以使学习者明确学习的方向，集中于和目标相关内容的学习，从而产生成功的学习。这个信息也可以帮助学习者判断教学与他们的相关性，即让学习者感觉到教学对于他们是有用的。

4. 告诉学习者需要哪些预备知识

这样做的第一个目的是让学习者了解新学内容和他们已有知识之间的关系，有两种办法来实施。一种办法是给学习者一个简单的预备知识测试，告诉他们必须掌握这些知识才能继续新的学习。另一种办法是提供有关所需的预备知识的简要说明，告诉学习者新教学是建立在他们已经掌握这些预备知识的基础上的。第二个目的是促使学习者主动回忆相关的思维过程，并将新内容集成进来。

5. 呈现教学内容

呈现教学内容是要准确判断需要向学习者呈现哪些信息、概念、规则和原理等。这是关于本课要讲什么的基本解释。这一步易犯的错误是呈现太多的信息，特别是很多与教学目标不相干的信息。重要的是不仅要定义新概念，也要解释它们与其他概念之间的关系，还要决定为每个概念所提供的例子的类型和数量。例子过多或过少都不利于取得好的教学效果。有许多研究项目在研究人类是如何学习概念的，如何使用正例和反例来完成任务的。反例是教学设计师精心准备的用来指出为什么这样是错误的例子。我们知道学习会受益于正例和反例的应用，所以，一般来说，它们都应该包含在教学策略中。例子的形式可以是图解、流程图、演示、模型、行为示范，等等。

6. 提供练习题和反馈信息

提供练习题和反馈信息的目的是增加学习者的参与性。所以提供练习题和反馈信息也称为提供学习者参与活动。学习过程中最强大的部分之一是带答案的练习。向学习者提供与教学目标直接相关的活动可以极大地扩展学习过程。例如，在识别陈述句时，教师就可以给出如下的练习题。①陈述句的结束标点叫做什么？②“你饿吗。”是不是陈述句？③“有些鸟不迁徙。”是不是陈述句？学习者要有机会来练习教师希望他们会做的事情，他们不仅要有机会练习，还要能够得到有关他们表现的反馈信息。反馈有时候叫做关于结果的知识。即学习者要被告知他们的回答是否正确，或者被提供一个正确答案，或者给一个例子，学习者从中可以推断出他们的答案是否正确。反馈也可以以强化的形式出现。对于成人学习者，知道怎样正确地完成一个任务经常就是最好的强化，还可以伴随着肯定的语句，如“很好，你做对了”，但是年幼的学习者经常更喜欢强化类型的反馈，比如在教室教学时老师肯定的表情，在多媒体教学中跳出来的动画或激动的音乐，同伴的认同，特别权利，或者能做某个其他活动的机会。

在开发教学策略的时候，通常要为教学内容分析中确定的每个目标提供内容、例子、练习和反馈。有时候，几个目标结合为一个内容块会更加有效和适当，这样可以提供更完整的内容、例子和带答案的练习。

7. 总结和复习

总结是对已学知识的再次扼要描述，主要目的是让学习者有条理地回忆课堂上所讲的重要内容，并构建起新的知识体系。总结活动一般由教师来完成，也可由学习者自己在教师的引导下来完成。图解的方法是帮助总结的一种有用的技巧，它用形象直观的图解说明内容中的重点以及重点之间的联系。

复习时应有新学知识的扩展性练习，主要是让学生在新学的事实、概念或规则的区分中做大量的练习。在各种类型的学习结果中，言语信息和智慧技能的内容需要的复习较多。总结和复习能支持知识的整合和运用。

8. 迁移活动

知识的迁移是指先前学习的知识和技能在新的学习中或工作环境中的运用，并促进新的学习或促进工作的完成。研究表明，通常学习者只会将所学到的一部分知识和技能迁移到新的学习或工作环境。学习倾向于发生在特定的环境，因此教学设计师必须知道学习有不迁移的倾向，并使用各种手段尽可能地促进其迁移。

为了促进迁移，教师应该创设和新的学习或工作环境相类似的学习环境，另外，要求学习者写一个计划，说明他们在迁移环境下会怎么应用新知识和技能，也是很有帮助的。这个计划要列出学习者可能遇到的问题，以及如何运用所学知识解决这些问题的建议。这样会提醒学习者所学过的知识和技能，促使其想到要运用它们，从而促进知识的迁移。

教学从教室到应用环境的迁移应该逐渐成为教育者关心的问题。教学结束时的测试成绩不应该再被认为是判断教学有效性的主要指标。如果学习者能够在后继的学习中使用它或者在工作中运用它，那么我们就说教学是有效的。如果这些指标不能满足，那么对教学的需求就存在严重的问题。它是不是错误的教学？是不是教得不好？是不是没有激励学习者？在审查那些没有达到效果的教学时，我们会发现教学设计过程的很多环节——从需求分析到促进学习迁移的教学策略，都存在潜在的问题。

6.4.3　教学方法选择

1. 教学方法的分类

教学方法是教师和学生为了达到教学目标，由教学原则指导，借助教学手段（工具、媒体或设备）而进行的师生相互作用的活动，它既有教的行为，又有学生学的行为，而且两者相辅相成。

教学实践中创造出来的教学方法是相当多的，而且随着教学理论和教学媒体的发展，新的教学方法还将不断出现。目前常见的教学方法主要有讲授—播放法、探究—发现法、程序教学法、微型教学法、模拟训练法和问题教学法等。

2. **教学方法选择的依据**

教学方法是多种多样的。每种方法都有独特的作用，有一定的适用范围。所以运用教学方法时应作认真的选择。选用教学方法的依据有以下5个方面。

（1）教学的目标、任务

每节课都有一定的教学目标和任务，要选择与之相应的能够实现教学目标、完成教学任务的方法。例如，要使学生掌握新知识，常用讲授法、谈话法；为使学生获得感性知识，常用演示法和参观法。

（2）教材内容

教材的学科性质与教学方法的关系十分密切。如语文、外语学科常常采用讲授法；物理、化学、生物学科常用讲解与演示相结合的方法；音乐、美术学科多用练习法。在教学进程中的某一阶段，随着具体教学内容的不同，也要采用不同的方法。如语文教学中在教诗歌时，朗读的训练较多，教小说题材的文章时，较多地应用谈话法；理科讲公式、定理时多用讲解法，讲科学家传记和发明创造时多用讲述法。

（3）学生的年龄特点和知识水平

低年级学生注意力易分散，理解力不高，教学方法宜多样化且具有新颖性；高年级可适当采用谈话法或讨论法。如果学生缺乏对所学内容的感性认识，可采用演示法；已有相应的感性认识时就不必再使用演示法。

（4）教师的素养条件

使用某种教学方法需要教师具有相应的素养。有些方法虽好，但教师缺乏必要的素养，驾驭不了，就不能产生良好的效果。教师在选择教学方法时应扬长避短。

（5）学校的设备条件和教学时间

不少教学方法的运用需要一定的设备条件，如演示教学法需要一定的直观教具，实验教学法需要一定的仪器、材料，程序教学法需要有程序教材和教学机器。学校不具备相应的条件时，教师可因陋就简，尽量创造条件加以运用，但不宜过分强调。

教学方法具有科学性与艺术性的双重特性，因此“教学有法，教无定法”。教师既要根据教学本身所具有的规律选择和运用教学方法，又要善于对教学方法进行艺术性的再创造，灵活地加以利用。

6.4.4 教学组织形式

教学组织形式是根据教学的主客观条件，从时间、空间、人员组合等方面考虑、安排教学活动的方式。常见的教学组织形式主要有全班授课、分组教学、个别化教学等形式。

1. 全班授课

这是现代学校中最典型、使用最为普遍的课堂教学组织形式，是在教师的直接指导下班级全员一齐进行学习的形式。其主要特点是：教师同时面对全班学生施教，又使学生所有的反应再反馈给教师。它采取的是同步学习的方式，即所有学生每次的学习内容、学习进度及采用的教学行为都是一样的；以教师系统讲授为主，辅之以其他各种有效的方法向学生呈现教材，比如讲解、示范、谈话、课堂讨论等；教师的讲授是学生学习的主要信息来源，但学生在课堂上可与教师、同学进行多向交流；教师可用自己的情感、态度和行为直接影响学生并使他们产生相应的反应。

在全班授课中，学生始终在教师的直接指导下，能够有步骤地朝着目标有效地进行学习，通过捷径掌握知识技能。从时间和教师付出的精力上看，这可以说是最经济的一种教学组织方式。但从学生自我活动这一点上看，它不能说是最有效的。每个学生都处于各不相同的水平上，学习起点和学习速度方面有较大的差异，合在一起教会使学得快的学生感到乏味，学得慢的学生感到灰心；有些学生需要不同的教学媒体，以适合他们个人的学习方式，而全班教学强调划一必然影响某些学生的学习。总之，全班上课难以适应学生在学习速度、学习方式和个性等方面的个别差异。

2. 分组教学

分组教学指根据教学或学习的各种需要，把学生细分成若干个人数较少的小组，教师根据各小组的共同特点分别与各小组接触，进行教学或布置他们共同完成某项学习任务。学生以组为单位进行自主性的共同学习，在同学之间进行信息交换。其主要特点是：第一，小组不是永久性的，而是临时性的，主要为具体的教学活动而组建；可以是学科小组也可以是活动小组，主要视所要完成的任务和活动的目的性质而定。第二，各小组的人员也不固定，小组规模的大小要视学生的发展阶段、总人数、学科的不同、所布置的课题和作业的类型及其量的不同具体地决定，小组的人数一般可为 2～10 名。

适合采用小组教学的教学情境多种多样，有时是因为一定的教学方式，如主题讨论、开展小范围合作活动等需要人数较少的学生小组的组织形式，有时是特定教学任务、教学内容的需要。

采取分组教学主要是考虑到学生之间具体的差异，需要灵活掌握教学要求与教学进度，调整教学组织结构。分组学习倘若有充分的准备，审慎地加以应用，可以产生良好的教育效果。合作活动必然要交换思想，切磋意见，争论有效方法，增长见识。尤其在各小组解决课题时，使学生交替发挥各自的作用，可以发现学生的才华，发展他们的能力。分组学习可以大大促进学生的自我活动，有助于形成自我教育的要求与能力。通过分组学习，学生可以在发挥各自的主动性的过程中训练合作活动的习惯。但是这种组织形式必须具备两个前提：一是分组的科学依据，二是有足够的教师配备。同时，它对教师提出了较高要求，教学的工作量明显增加。

3. **个别化教学**

采用个别化教学，教师可以因人而异地给学生布置学习任务，并花一定的时间以一对一的形式给学生辅导。其特点是：主要面向差生或学习速度快的学生；教师给学生布置的学习任务以及教师进行的辅导必须以该生的学习准备、学习难点和性格特点为依据；教师的作用主要在于指导和帮助学生自学和独立钻研。

个别化教学的教育意义是深远的。第一，可使教学适合每个学生的学习需要、能力水平和学习速度，有利于因材施教；第二，可调动每个学生的学习积极性，使差生不致失去学习信心，优生不致失去进一步学习的机会和条件，从而使每个学生都能从教学活动中受益；第三，有助于训练学生的独立学习、独立钻研能力和自我教育能力。

6.5 教学媒体的选择

前面已经论述了各种教学媒体的特性、原理及运用，而为了完成一定的教学任务，选择哪几种媒体组合最为有效呢？这就牵涉到教学媒体的选择与运用问题。

6.5.1 教学媒体选择原则

教学媒体的选择既是教学设计的一个重要环节，也是教学策略的一个重要组成部分，更是一项复杂的工作。教学媒体的选择受很多因素的影响，既有来自教学目标、教学活动、教学内容和教学方法选择方面的影响因素，又有来自学习者的特征、教师态度、技能方面的影响，也有教学媒体在教学单位的可用性方面的因素，还要考虑所选媒体效益问题，所以，教学媒体的选择是在综合考虑众多影响因素的基础上做出的谨慎选择。

1. **目标控制原则**

教学目标是整个教学活动的核心，为了实现不同的教学目标，常常需要选择不同类型的媒体去传递教学信息。例如外语教学，让学生掌握语法规则和要求学生能就某个情境进行会话是两种不同的教学目标。前者往往通过文字讲解并辅以各种实例来帮助学生形成语法概念；后者则往往通过反映实际情境的动画和影像资料使学生在具体的语言环境中去掌握正确的言语技能。

2. **内容适应原则**

不同学科性质的教学内容，进行教学时所适应的媒体也不一样；即使是同一学科的不同章节的内容对媒体的要求也不一样。以语文学科为例，散文和小说题材的文章最好通过能提供活动影像的媒体来讲解，使学生有身临其境的感觉，以加深对人物情节和主题思想的理解。对于数理学科中的某些定理和法则，由于概念比较抽象，最好通过动画过程把事物的运动变化规律展现出来（或把微观的、不易观察的过程加以放大），以帮助学生对定理和规律的掌握。同是化学学科，在讲解化学反应时最好用动画逐步模拟反应的过程；而在讲解分子式、分子结构以及元素周期表等内容时则以图形或图表的配合为宜。总之，对教学媒体的选用和设计应以符合教学内容为原则。

3. 教学对象适应原则

通过学习者分析我们知道，作为教学对象的学习者既有相同的群体特征，也有自己的个性特征，这些特征都会对教学媒体的选择产生影响。比如，小学生（6～12 岁）的认知特点偏向于直观形象思维，注意力不容易持久保持，对他们可以较多地使用幻灯、投影和录像。随着年龄的增长，学生的概括和抽象能力发展了，感知的经验也丰富起来，注意力持续集中的时间延长，为他们选用的媒体可以广泛起来。

6.5.2 教学媒体的选择方法

为了使教师在选择教学媒体时所做的主观判断更为客观、准确，就需要借助一些媒体选择方法。目前已开发出的媒体的选择方法较多，如问卷式、矩阵式、算法式和流程图式等。以下就常用的几种方法做简单介绍。

1. 算法式

算法式是通过模糊的数值计算决定媒体选择的一种方法。在使用此方法时，首先要对代价与效益分别进行要素分析。所谓代价主要指与媒体成本相关的要素，如耗费的资金、时间和精力等，尽可能详细地罗列出来加以分析，得到它们的总和$\sum_{出}$。所谓效益是指使用所选择的媒体进行教学后获得的价值，如学生成绩、教学规模、教学效率等，也都尽可能多地罗列出来加以分析，求出它们的总和$\sum_{入}$。$\sum_{入}/\sum_{出}$称为效益指数。得到效益指数之后就可以对媒体选择做出决策，而决策总是以低成本消耗、高效益为标准的。若存在两种媒体，分别求出两种媒体的效益指数，值较大的媒体当然成为首选。

2. 矩阵式

矩阵通常都是多维的，教学媒体的矩阵式选择法正是利用了矩阵的这种性质，把教学媒体作为一个维度，把和教学相关的其他考虑因素作为一个维度，然后用某种评判尺度反映两者之间的对应关系。例如威廉·艾伦（William Allen）提出的教学媒体选择两维矩阵模型，此模型有两个维度，一个维度是特定的教学媒体，另一个维度是特定的学习目标和学习类型。学习目标、学习类型和教学媒体的使用效果三者的关系构成了如表 6.4 所示的两维矩阵图。

表 6.4 学习目标、学习类型和教学媒体的使用效果关系表

教学媒体种类	学习目标					
	学习事实信息	学习视觉辨别	学习原理、概念和规则	学习过程	完成运动技能动作	形成态度、观点和动机
静止图片	中	高	中	中	低	低
电影	中	高	高	高	中	中
电视	中	中	高	中	低	中
三维物体	低	高	低	低	低	低
录音	中	低	低	中	低	中
程序教学	中	中	中	高	低	中
演示	低	中	低	高	中	中
印刷媒体	中	低	中	中	低	中
口头表述	中	低	中	中	低	中

3. 流程图式

这种教学媒体的选择方法建立在加涅的 5 种学习结果的理论基础上。教学媒体的选择要依据目标控制原则、教学对象适应原则、教学内容适应原则等诸多因素。此种方法把媒体的选择过程分解成一套按序排列的步骤，每一步骤都设有一个问题，问题的回答有的是可选择性的，有的是可确定性的，排列成流程图的形式。图 6.7 所示是言语信息和态度技能的教学的媒体选择流程图。

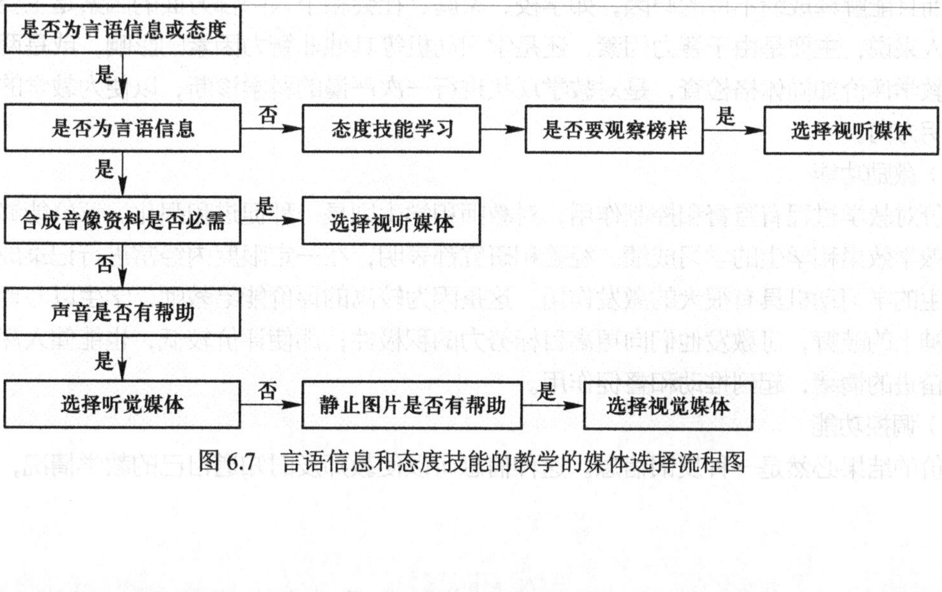

图 6.7 言语信息和态度技能的教学的媒体选择流程图

6.6　教学评价与反思

教学设计的成果是不同层次的教学方案，方案设计水平如何？方案在哪些地方存在不足？怎样修改？能否带来理想的教学效果？这些问题在教学设计成果的初稿完成后就要考虑到，如果成果中存在并要解决这些问题，就必须进行教学设计成果的评价，根据评价得来的信息和数据来修改设计成果，使之更加完善。

6.6.1　教学评价概述

1. 教学评价的含义和功能

教学评价是指以教学目标为依据，制定科学的标准，运用一切有效的技术手段，对教学活动过程及其结果进行测定、衡量，并给以价值判断。教学设计成果的评价属于教学评价范畴，始于20世纪30年代的现代教学评价的一套理论和技术对教学设计成果的评价具有直接指导作用。教学设计成果的评价的实质是从结果和影响两个方面对教学活动给予价值上的确认，并引导教学设计工作沿着实现预定目标方向进展。

教育心理学和教学论专门研究了教学评价对提高教学效果的作用，教学评价的功能概括如下。

（1）诊断功能

评价是对教学结果及其成因的分析过程，借此可以了解到教学各方面的情况，从而判断它的成效和缺陷、矛盾和问题。全面的评价工作不仅能估计学生的成绩在多大程度上实现了教学目标，而且能解释成绩不良的原因，如学校、家庭、社会和个人中哪方面的因素是主要的，就学生个人来说，主要是由于智力因素，还是学习动机等其他非智力因素的影响，或是两者兼而有之。教学评价如同体格检查，是对教学现状进行一次严谨的科学诊断，以便为教学的决策或改进指明方向。

（2）激励功能

评价对教学过程有监督和控制作用，对教师和学生则是一种促进和强化。评价能够反映出教师的教学效果和学生的学习成绩。经验和研究都表明，在一定限度内经常进行记录成绩的测验对学生的学习动机具有很大的激发作用。这是因为较高的评价能给教师、学生以心理上的满足和精神上的鼓舞，可激发他们向更高目标努力的积极性；即使评价较低，也能催人深思，激起师生奋进的情绪，起到推动和督促作用。

（3）调控功能

评价的结果必然是一种反馈信息。这种信息可以使教师及时知道自己的教学情况，也可以使学生得到学习成功和失败的体验，从而为师生调整教与学的行为提供客观依据，教师据此修订教学计划、改进教学方法、完善教学指导；学生据此变更学习策略、改进学习方法、增强学习的自觉性。教学评价有利于使教学过程成为一个随时得到反馈调节的可控系统，使教学效果越来越接近预期的目标。

2. 教学评价的种类

依照不同的分类标准，教学评价可作不同的划分。例如，按评价基准的不同，可分为相对评价、绝对评价和自身评价；按评价内容的不同，可分为过程评价和成果评价；按评价功能的不同，可分为诊断性评价、形成性评价和总结性评价；按照评价分析方法的不同，又可分为定性评价和定量评价。下面介绍其中几种重要的教学评价。

（1）相对评价

这种评价就是在被评价对象的群体或集合中建立基准，然后把各个对象逐一与基准进行比较，来判断群体中每一成员的相对优劣。对学习成绩的评定通常是以群体的平均水平为基准，以个人成绩在这个群体中所处的位置来判断。为相对评价而进行的测验一般叫常模参照测验。它的试题取样范围广泛，命题方式直接明确，测验成绩主要表明学生学业的相对等级。由于所谓的常模实际上近似于学生群体的平均水平，所以这种测验的成绩自然形成了正态分布。

（2）绝对评价

这种评价就是将教学评价的基准建立在被评价对象的群体或集合之外，把群体中每一成员的某种指标逐一与基准进行对照，从而判断其优劣。教学评价的标准一般是教学大纲以及由此确定的评判细则。为绝对评价而进行的测验一般称作标准参照测验。它的试题取样就是预先规定的教学目标，测验成绩主要表明教学目标的达到程度，所以这种测验的成绩分布通常是偏态的，如果低分多高分少就为正偏态，反之则为负偏态。

（3）诊断性评价

这种评价也称教学前评价或前置评价。一般是在某项教学活动开始之前，对学生的知识和技能、智力和体力以及情感等状况进行“摸底”，如本章第 2 节中提到的预测，通过了解学生的实际水平和准备状况判断他们是否具有实现新的教学目标所必需的基本条件，为教学决策提供依据，使教学活动适合学生的需要和背景。教育中的“诊断”是一个范围较大的概念，除了辨认缺陷和问题，还包括对各种优点和特殊才能禀赋的识别。因此，诊断性评价的目的是设计出可以满足不同起点水平和不同学习风格的学生所需的教学方案，并分别将学生置于对其最有益的教学程序中。

（4）形成性评价

这种评价是在某项教学活动的过程中，为使活动效果更好而不断进行的评价，它能及时了解阶段教学的结果和学生学习的进展情况、存在的问题等，以便及时反馈，及时调整和改进教学工作。形成性评价进行得比较频繁，如一个章节或一个单元后的小测验。形成性评价一般又是绝对评价，即着重于判断前期工作的达标情况。教学设计活动中进行的评价主要是形成性评价，如对新的教学方案进行评价通常是在该方案的试行过程中进行的，目的是为修改该方案收集有力的数据和资料。对于提高教学质量来说，重视形成性评价比重视总结性评价更有实际意义。

（5）总结性评价

这种评价又称事后评价，一般是在教学活动告一段落时为把握活动最终效果而进行的评价。具体有如学期末各学科的考核、考试，目的是验明学生的学业是否达到了各科教学目标的要求。总结性评价注重的是教与学的结果，借以对被评价者所取得的较大成果做出全面鉴定、区分等级和对整个教学方案的有效性做出评定。

6.6.2 教学设计成果的形成性评价

教学设计成果的评价分成两部分，第一是形成性评价，第二是总结性评价。本书只对教学设计成果的形成性评价作阐述。形成性评价是教学设计人员用来获取数据，并通过这些数据修正他们的教学设计成果，提高教学效率、效果的过程。形成性评价的重点是搜集数据，分析数据，改进教学设计成果。教学设计的最终成果一经完成，就要由其他的评价人员来采集数据并确定其有效性，这后一种评价经常叫做总结性评价，主要是将它与其他类似形式的教学设计成果进行比较。

克隆巴赫（L.G.Cronbach）和斯克瑞温（M.Scriven）提出了形成性评价的概念。他们认为形成性评价就是在教学设计成果的开发过程中搜集用于改善教学效果的数据和信息的活动。形成性评价以学习者为导向，所获得的数据和信息来自于学习者的反馈和测试成绩。形成性评价主要包括两个阶段：一对一评价阶段和小组评价阶段。

1. 一对一评价阶段

这个评价阶段的目的是确定并改正教学设计成果中存在的明显错误，从学习者那里获得对教学设计成果的最初使用数据和反馈。这主要通过教学设计师和单个学习者的直接交流来完成，所以又称一对一评价阶段。

形成性评价的数据来自于学习者，所以进行具体的一对一评价的第一步是挑选合适的学习者。为了使教学设计成果适合大多数的学习者，教学设计师在挑选学习者时，可以挑选能力超过平均水平的、处于平均水平的和低于平均水平的各几个，但不要太多。除了考虑到学习者的能力之外，挑选学习者时还要考虑到其他因素，如学习者的学习态度，有的积极，有的一般，有的消极等，很多因素都会对最终的数据和信息造成影响。

第二步是确定要采集哪些方面的数据和信息。一对一评价阶段主要搜集以下几类数据和信息。

第一类是教学设计成果呈现的教学信息的清晰度如何，包括以下 3 个方面。

① 教学信息使用的词汇水平、句子复杂度等是否适合学习者，学习者能否理解。比如，对

小学一年级的学生来说，用“高风亮节”这个成语来描述一个人就是晦涩难懂的。

② 教学内容中的例子、类比、图例、演示等是否被学习者所熟悉。

③ 教学顺序、教学单元大小、两个教学单元之间的过渡、教学步调等是否适合学习者。比如，教学进度过慢，反复过多，学习者就会丧失兴趣；相反，如果教学进度过快，学习者的理解就会变得有些困难。

第二类是教学设计成果对学习者的影响力如何，如学习者认为教学设计成果所传递的教学信息是否有用，教学内容是否太难，学习结果是否满意，学习目标是否实现等。

第三类是教学设计成果实施的可行性，如实施教学的地点、设施和环境是否具备条件。

第三步是实施评价过程。教学设计师应先向学习者说明有一套新的教学设计成果已经设计出来了，希望能够听听他（她）对它的反应。设计师还应该向学习者说明，出现的任何错误都可能是教学设计成果的不足引起的，而不是由于学习者自身有什么问题。设计师要鼓励学习者放松地谈论教学设计成果，学习者不仅要看完教学设计成果，还要做教学设计成果提供的测验。

在实施一对一评价的过程中，与教学设计的早期阶段形成对照的是，一对一的形成性评价阶段并不强调设计师的分析技能，它的第一个重要特点是非常依赖设计师的交流能力，即能否在自己和学习者之间建立友好信任的关系，并进行有效的交流。学习者也许从来都没有被要求去评论一个教学，一直以来的假设就是如果学习没有发生，那一定是学习者的错误，而往往不去考虑是不是教师或教学材料本身就存在一定的问题。学习者必须要确信他们是有权利对呈现给他们的教学设计成果进行评价的，但是有时候当要求一个年轻人去批评权威作品的时候还是会特别困难。设计师要创造一种氛围，此氛围能够接受和支持来自学习者的负面评论。

一对一评价的第二个重要特点是它是一个交互的过程。如果设计师把教学设计成果往学习者手里一放，说：“来，读这个，然后告诉我你对这些材料是否有问题。”那么这个过程的作用就大大地减弱了。设计师应该坐在学习者的斜对面，和学习者一起学习材料，然后在预先设定好的时机和学习者讨论成果中呈现的内容。当设计师进行评价的时候，一方面需要将学习者的建议和意见都记录下来，另一方面也要把设计师所做出的有效解释也记录下来。这些内容都可以记录在教学设计成果的同一个副本上，或者在评价过程中记录在录音带上，总之，一对一评价要采用学习者乐于接受的形式。

第四步是收集数据。一对一评价阶段可以收集到以下 4 个方面的数据：学习者的特征和预备技能情况，学习者对教学的直接建议，学习者学习完成果后所进行的测试的成绩，学习者对教学设计成果的态度。

第五步是修改教学设计成果。修改教学设计成果可以基于以上所收集的 4 个方面的数据，经过修改的设计成果可以达到以下的预期效果：在词汇水平、语言复杂度、举例、解释等方面适合学习者；能够使学习者具有正确态度，基本达到学习目标；适合现有资源及环境，具有可行性。

2. 小组评价

这个评价阶段有两个主要目的，一个是确定在一对一评价后所作的改动是否有效，学习者还有哪些学习问题；另一个是确定学习者是否可以不与教师交流独立地使用教学设计成果。在进行小组评价时至少应该组建一个不少于 30 人的学习小组。小组成员分别代表不同能力层次的学习者，并且在学习者学习教学设计成果的过程中，尽可能地减少他们和教学设计师的交流。小组评价进行的过程中，评价人员先要向学习者解释，学习材料正处在开发的成形阶段，需要得到如何改进的意见。说完这些后，教师就要按照教学设计成果所设计的实际使用方式组织学习者使用。如果有预备能力测试，就要先进行此测试。在整个过程中，教师要尽可能少地干预。只有在设备出现问题，或者某位学习者学习过程陷入困境，难以继续下去的时候，教师才可以出面解决。每个学习者遇到的困难和解决办法也应该记录下来，作为改进数据的一部分。

小组评价获得的数据之一是学习者对态度问卷的回答。态度问卷上一般有如下的内容，如：教学有趣吗？你知道你应该学什么吗？教学材料直接和学习目标相关吗？有足够的练习吗？这些练习和学习目标相关吗？测验能真正地考察你对学习目标的知识掌握程度吗？在练习过程中，你得到了足够的反馈吗？当考试答题时，你感到自信吗？等等。

小组评价获得的数据之二是学习者在预备能力测试和教学后测试中的测试成绩，这是修改教学设计成果的主要依据。学习者的测试成绩一般和具体的学习目标相联系。通过成绩的分析评价就可以知道哪个目标的掌握率比较低，分析其原因，就可能是与目标相关的教学成果的教学内容在某个方面存在问题，然后修改即可。

6.6.3　教学反思

教学反思是教师以自己的教学活动过程为思考对象，对自己所做出的行为、决策以及由此所产生的结果进行审视和分析的过程，是一种通过提高参与者的自我觉察水平来促进能力发展的途径。教师如果缺乏对教学的反思意识，是很难成为优秀的教师的。教师的自我反思是教学创新的动力。

1. 教学反思的阶段

教学反思的阶段主要包括教学前反思和教学后反思。

（1）教学前反思

教学前反思主要指教师对自己的教案及教学活动设计的思考，是教师对教学设计的查漏补缺、吸收和内化的过程；是教师关注学生、体现教学以学生为主体的理念的过程。教学前反思能有效地修正教学设计中的不足，增加教师对学生特征的了解和教学起点确定的合理性。

（2）教学后反思

教学反思主要是教学后的反思，在教学实践后及时地进行反思不仅能使教师及时地总结教学中的长处，发现问题，找出问题的原因及解决问题的办法，进一步研究教材和学习者，优化教学手段，丰富自己的教学经验，而且是将实践经验系统化和理论化的过程，有利于提高教学水平，提高教师的教学总结能力和评价能力。

2. 教学反思的方法

教学反思的方法有行动研究法和比较法。

行动研究法即把自己的教学实践作为一个认识对象进行思考和梳理，同时不断地获取学生的反馈意见，并把它作为另一个认识对象进行分析，最后把两个具体的认识对象揉在一起整合思考。教学反思贯穿于整个教学生涯，而不是某一阶段的特殊任务。为弄明白课堂上遇到的问题的实质，探索用以改进教学的行动方案，教师以及研究者合作进行调查和实验研究。它不同于研究者进行的旨在探索普遍法则的研究，而是直接着眼于教学实践的改进。

比较法教学反思需要跳出自我，反思自我。所谓跳出自我就是经常地开展听课交流，研究别人的教学长处，尤其是要研究优秀教师的教学思想。他山之石，可以攻玉，通过学习比较找出理念上的差距，解析手段、方法上的差异，从而提升自己。当然，无论是运用行动研究法还是比较法，教师都需要学习先进的教育教学理论，提高自己的理论水平，达到“会当凌绝顶，一览众山小”的境界。

6.7 教学设计案例

本节以初中语文《背影》为例，介绍教学设计的具体实践。

初中语文《背影》教学设计

教案背景：

（1）面向学生：初中二年级学生

（2）课时：1课时

（3）学生课前准备

① 推荐学生通过百度搜索整理作者的相关介绍和文章的写作背景。

② 自学生字新词，读准生字的读音，理解词语的意思。

③ 初读课文，了解课文大意，找出文章的线索。

背 影（线索）　朱自清

难忘背影　（引出回忆）

刻画背影　（望父买橘）

　　　　　（父子惜别）

再现背影　（照应开头深化感情）

教学设计思路：

根据课堂教学设计的基本原理，并结合《初中语文新课程标准》，制定了这一节课第 2 课时的教学设计方案。“创设情境，导入新课”—“简介作者，爱人及文”—“整体感知，感受父爱”—“赏读课文，理解亲情”—“敞开心扉，释放亲情”—“迁移训练，内化亲情”。运用多媒体课件等创设学习情景，使学生在一定的情境中进入新课的学习；通过对作者的介绍，引起学生学习的兴趣；接着分别从父亲与儿子的角度使学生感受父亲对儿子的爱和儿子对父亲的爱；然后引导学生敞开心扉，表达自己对亲人的爱；最后通过对知识进行迁移训练，让学生对亲情进行内化。

1. 教材分析

（1）教材简析

本文是朱自清先生写于 1925 年 10 月的一篇回忆性记叙散文，是中国现代散文的经典之作。背影是全文描写的焦点，也是叙事的线索。作者除了对背影作了笔酣墨畅的细致描写外，还以背影为中心，安排了许多精彩的衬托和铺垫。文章没有华美的语言，无论记人、叙事、抒情都十分平实，毫无矫揉造作之处，却打动了几代读者的心，在一个平凡、朴素的背影上刻下了两个质朴而深沉的大字“父爱”。而这一主题的表达在物质充裕的今天，无论对我们还是学生都具有极其现实的教育意义。

（2）课文所处地位和作用

《背影》是八年级上册第二单元第二课的一篇讲读课文。该单元以“爱”为中心话题，每篇文章都从不同角度去赞美人性中的美。本文被选入第二课，能更好地引导学生认识家庭成员间的美好感情。更有利于后面几篇课文的学习，培养学生对真善美的领会和鉴别能力，陶冶他们的情操。

2. 学情分析

现在的孩子被认为是“抱大的一代”，他们生活在父母的怀抱中，虽享受幸福，却往往体会不到幸福。因此学习本文可以引导学生体会父母的关爱，对学生进行感恩教育。

3. 教学目标

根据初中语文新课程标准的要求，结合该课的特点以及学生的实际情况，制定了如下教学目标。

（1）知识与技能

① 整体感知课文，体会文章主旨。

② 学习文章饱含深情的、不俗的语言。

（2）过程与方法

① 反复诵读，深入体会文中表现的父子情深。

② 找出文章中描写人物的语句，学习描写人物的方法；仔细揣摩文中各种描写手法的表达作用。

（3）情感态度与价值观

懂得和体会亲情之爱，从而学会孝敬和报答亲人。

4. 教学重难点

（1）教学重点

有感情地诵读课文，体会朴实、饱含深情的语言，体味洋溢在字里行间的父子深情。

（2）教学难点

通过比较阅读体会传神的细节描写；内化情感，使学生学会孝敬和报答亲人。

5. 教学策略选择与设计

① 探究引导策略：尊重学生的主体地位，置学生于现实的阅读情境中，教会学生质疑、解疑、探究作者所表达的思想感情。教师设计对课文阅读过程起主导作用、支撑作用的问题，引发学生积极思考、讨论，有所感悟，受到熏陶，获得启迪。

② 情景创设策略：教师运用多媒体课件，创设有利于本课学习的环境，让学生在教学过程中受到爱的熏陶，感受挚爱亲情，从而实现爱的传递。

6. 学生学习方法

新大纲明确指出："要贯彻启发原则，运用恰当的教学方法，调动学生学习语文的主动性和积极性，引导他们动脑、动口、动手，培养自学能力和自学习惯。"据此，对该课的教学确定了以下学法指导。

① 圈点、勾画、批注的方法。

② 动口、动手、动脑，培养学生自己获取知识的能力。

③ 指导学生根据间接经验学习感受生活。

7. 教学环境和资源准备

（1）教学环境：多媒体环境。

（2）资源准备：多媒体 CAI 课件（含动画歌曲《背影》，歌曲《父亲》，CCTV-3 电视散文诗《背影》）。

8. 教学过程设计

【创设情境，导入新课】

课件投影 1：播放歌曲《父亲》。

教师在音乐声中深情导入：

总是向你索取却不曾说谢谢你，直到长大以后才懂得你不容易。每次离开总是装作轻松的样子，微笑着说回去吧，转身泪湿眼底。多想和从前一样，牵你温暖手掌，可是你不在我身旁，托清风捎去安康！是啊，深情的话语饱含着对父亲的爱，同时也是对父亲最真实的写照。今天让我们带着这份感动来欣赏一篇文质兼美的散文。它曾以质朴的语言，真挚的亲情感动了几代人。这就是朱自清先生的散文《背影》。**（板书："背影""朱自清"）**

设计意图：以歌词为引子，让学生初步感受父爱的伟大，进入学习情景，激发学生的阅读欲望，从而引发学生深入思考，让学生体会到父爱的真挚。

【简介作者，爱人及文】

学生共同阅读"作者简介"（投影 2、3）：

朱自清（1898.11.22—1948.8.12），原名自华、号秋实，改名自清，字佩弦；原籍浙江绍兴，生于江苏东海；现代著名散文家、诗人、学者、民主战士。其散文朴素缜密、清隽沉郁、语言洗练、文笔清丽、极富有真情实感。名篇有《绿》、《春》、《荷塘月色》等。作品收在《朱自清全集》里。

《背影》是纪实散文，写于 1925 年。作者曾说："我写《背影》，就因为文中所引的父亲的来信那句话。当时读了父亲的信，真是泪如泉涌。我父亲待我的许多好处，特别是《背影》里所叙述的那一回，想起来跟眼前一般无二。我这篇文只是写实……"

设计意图：通过阅读作者简介和文章写作背景，让学生走近作者，对作者有一个较全面的了解，使学生由敬佩作者的为人进而期待阅读其文章，进一步激起学生阅读这篇散文的兴趣，为下面的学习奠定良好的心理基础。

【整体感知，感受父爱】

欣赏《背影》配乐朗诵。

过渡：提到朱自清先生的散文，就不得不提到他的《背影》。他成功地描述了"父爱"这个主题。现在，请同学们闭上眼睛，一边静静地倾听文章的配乐朗诵，一边在脑海中浮现文章所写的情境画面，让我们在朱自清先生的深情诉说中，进行一次心灵的洗礼吧！

教师：欣赏完课文朗读，我发现许多同学眼中噙着泪水，我想文章一定触动了你内心最柔软的某个地方。请你谈谈，现在最想说的一句话是什么。

学生自由发言。

教师小结：是啊，《背影》是一支爱之曲，情之歌。她曾使多少人感慨万千，又曾使多少人潸然泪下。文中处处都凝聚着爱，一种细致入微、无处不在的深沉而热烈的爱。

【过渡】下面就让我们一起来细细体会父亲那深挚的爱吧！

① 桩桩小事见父爱。

速读课文，并作圈点勾画，思考：从父亲言行的角度出发，哪些事情体现了父亲对儿子细致入微的爱？

学生结合课文内容发言，教师点拨归纳：父亲劝我，嘱咐茶房，亲自送我，忙讲价钱，拣定座位，嘱托茶房，为子买橘，远行回头，惦记儿孙。

设计意图："从父亲言行的角度出发，体会父亲对儿子细致入微的爱。"这一环节是抓住了文中的一条感情线索，以这样一个主问题，促使学生自己去思考，去探究，从而引导学生在阅读中求得对课文的初步理解。这样的阅读由学生自主完成，其作用是教师的讲解灌输所无法企及的。

过渡：父亲的一个眼神，一个细微动作，一句质朴的话语，一个孤立的背影，一次离别时的回眸，都深深地打动了作者。在这些细致入微的一言一行中，最令你感动的一处是什么，为什么？

学生交流最感动的一处。

教师小结：的确，文中的父爱堆积如山，处处可见，而其中"为子买橘"（买橘背影）可谓是经典之笔，让我们一起走进父爱的世界。

② 细节之中悟父爱。

齐读“为子买橘”(第6自然段)。

同桌相互交流，说一说最打动你的细节。

师生共同讨论：

a. 衣着：黑布小帽、黑布大马褂、深青布棉袍——(家中有人去世，黑色给人以压抑沉重的感觉！)**这是一个沉重的背影(板书：沉重)**!

b. 体态：肥胖——行走、攀爬该多不灵便啊！

c. 走路姿态：蹒跚、慢慢(走路蹒跚的父亲要经过铁道——一不小心就会磕着碰着，一定是令人十分担心的！)**这是一个蹒跚(板书：蹒跚)的背影**!

d. 动作：探、攀、缩、微倾——一个上了年纪的父亲，这一“攀”是多么地令人揪心啊！“缩”字说明无处可蹬，脚是悬空的，这样全身的力量全在手上了，如果手掌支撑不住，那就有摔下去的危险。这时的儿子，心情该多么紧张啊！一个“倾”字表明父亲要爬上月台虽然十分艰难，但又十分努力的样子。**这是一个艰难(板书：艰难)努力的背影(板书：背影)**!

e. 年龄：老年。

f. 心态、神情：心里很轻松似的(攀爬月台买橘其实根本不轻松，此时的轻松也只是因为怕儿子难过装给儿子看的，更是因为为儿子买好橘子，不必担心儿子路上口渴，尽到了做父亲的责任后的满足)。

教师总结：在那个祸不单行的日子里，年老体衰的父亲吃力地爬月台为儿子买橘子的形象，定格在我们的心中。这归功于父爱的细腻、作者传神的描写。于是，这一陌生而又熟悉的、清晰而又模糊的“背影”所表现的父爱(**板书：父爱子**)，打动了作者，打动了同学，也打动了我。作者流泪了，我们也是。

设计意图：《初中语文新课程标准》中要求“能推敲、把握重要词语、关键语句在语境中的意义和作用。”有些词语句子在文本中看起来很普通、平实，但如果仔细思考揣摩就会发现深刻的内涵。本设计通过阅读，引导学生理解作者在平实的语言、传神的细节描写中所渗透出的真挚的感情。本设计摒弃了烦琐的基础知识与词典意义的词语解释等形式，着眼于对文本的人文内涵与思想精髓的整体挖掘。

【赏读课文，理解亲情】(从儿子角度)

① 感受中看儿子。

过渡：父亲的背影何其常见，而作者单单记得这一次。同学们想过没有，为什么就是这次的背影，让“我流泪”“最难忘”？

请同学们联系“背影”描写前后的所有内容，认真研读、思考，作者内心涌动着怎样的情感，让他看见、忆起背影就潸然泪下？请在文中进行圈点勾画、评点。

学生在文中作圈点勾画。

师生探讨评点。

a. 对父亲的感激、感动（**板书：感激**）。

父亲不顾年事已高、行动不便，为“我”穿铁道、爬月台买橘子；这一背影让“我”了解到父亲的爱子之心，对他的种种做法“我”由衷地感激。

b. 对父亲艰难生活的同情：（**特定环境**）。

祸不单行：祖母去世；差使交卸；家境惨淡、生计难维直至写作时已经是“家中光景一日不如一日”。

劝慰我——天无绝人之路。

买橘子时的蹒跚艰难的背影，一下子引发“我”的联想，家庭生活的重压何时才能解除，父亲的这种艰难还得延续支撑。

c. 对父亲爱子情深的理解（**板书：理解**）。

“父亲因为事忙，本已说定不送我，叫旅馆里一个熟识的茶房陪我同去，他再三嘱咐茶房，甚是仔细。”这里的“说定”，实际上是说而不定，很好地表现出父亲当时的矛盾心理。

“熟识”一词，说明父亲嘱托的这个茶房该是靠得住的。

“再三嘱咐”，表明嘱咐茶房遍数之多，不厌其烦，反复交代，唯恐茶房有半点疏漏。

“甚是仔细”，表明嘱咐内容之详，把送行中应该注意的细枝末节都提到了。这些用语，强调说明父亲已经为儿子上车作了极其精细、周密的考虑和安排，使父亲爱子之心跃然纸上。

父亲不放心茶房，亲往为“我”送行，千叮咛万嘱咐，不厌其烦，买橘时的背影让作者深深理解了父亲，原来这都是亲子之心，怜爱之情，这是他人所不能比的；可怜天下父母心！

d. 对自己误解乃至责怪父亲的深深忏悔（**板书：自责**）。

“那时‘太聪明’”、“总觉他说话不大漂亮”、“暗笑他的迂”。

对父亲特殊时刻所表现出的照顾关心，作者不仅不领情，反而有所埋怨和嫌弃，但当为自己艰难买橘的过程特别是“背影”映现时，内疚、愧悔，无声的谴责，借助有形的“泪水”表现了出来。

e. 对父亲未来生活的忧虑、对父亲的疼惜（**板书：疼惜**）。

父亲渐显老态，但还得继续生存挣扎以维持自己及其家人的生计，今后他又怎样生活，从身体到心理的逐渐变化，做儿子的又能帮助多少呢？

教师小结：特定的环境，对父亲的感激、理解，为自己幼稚的举动的深深忏悔、自责，对父亲未来生活的忧虑，都伴随着“泪水”倾泻而出，使得这次的“背影”成为“我”抹不去的记忆。

② 泪光中谈儿子。

泪是真情的流露，请在文中进行圈点勾画、评点。谈谈作者几次流泪的原因及写泪的作用。

学生读句子，自由发言。

教师总结：儿子对父亲由先前的不理解，到理解再到最后深深地自责，浓浓的爱怜。背影引发泪水（**板书：“引发”“↓”“泪水”**），背影总被充满泪水的双眸所关注。背影，凝聚着深深的父爱，泪水噙满了儿子对父亲的疼惜（**板书：子怜父**），泪水更彰显（**板书：“彰显”“↑”**）

父爱的伟大（**板书：伟大父爱**）。背影与泪水所代表的就是父子间相爱相怜的至爱亲情。

③ 美读中悟儿子。

再读结尾，体会父子之间的感情。

小结：泪眼婆娑中，一切都变得模糊，唯有那幅沉重而又艰难的背影凝固在眼前。“背影”成了父爱最好的诠释，于是《背影》也成了最动人的篇章。

设计意图：“赏读课文，理解亲情。（从儿子角度看）”这一设计是从“我”的角度提出来的，目的是研讨作者对父亲态度的变化，通过变化来寻找作者感情变化的细微之处，从而让学生体会作者对父亲的爱。在此过程中，学生对作者的精神世界挖掘得更深刻了。学生已经完全理解了“父亲爱儿子，儿子爱父亲”这一主题，具备了鲜明的道德标准，这一点充分体现了“语文课程还应重视提高学生的品德修养和审美情趣，使他们逐步形成良好的个性和健全的人格”的理念。

【敞开心扉，释放亲情】

教师：读着这样的文章，我们不禁会想起自己的父亲。你也一定被父亲深深地打动过，也许是一次送别，也许是一次谈话，也许是一个眼神，也许是一份特别的礼物。学了这篇文章，你一定有许多话想对自己的亲人说，让我们怀着深深的感恩，发自肺腑地对亲人说一句话（不点名，学生大声自己说）。

设计意图：让学生敞开自己的心扉，把对亲人的感情释放出来。

【迁移训练，内化亲情】

① 请同学们回家后至少做一件能表达你对父母爱意的事。老师相信你一定能够做到并坚持下去，你也一定能够发现：原来，被爱和付出爱，都是那么的幸福！

② 写一篇500字的作文，写你和父母之间让你感动的一件事，下节课在课堂上一起分享。（注意细节描写）

设计意图：布置作业是趁热打铁，让这种感受变成学生富有创造性的具体实践。

附板书：

沉重 蹒跚 艰难
背 影　（**父爱子**）
伟大父爱　引↓发　彰↑显
泪 水　（**子怜父**）
感激 理解 自责 疼惜

9. 教学反思

现在的孩子大多是独生子女，受宠的比较多，他们往往依赖父母，却体会不到父母亲人对他们的良苦用心。他们以自我为中心，听不进大人的话，把不理解父母归结为“代沟”，更有甚者和父母关系僵化甚至敌对。这一切可归结为孩子的“不成熟、不懂事”，那如何让学生变得成熟与懂事呢？作为教育工作者就应该利用一切可用的方式适时对学生进行教育，语文课便也成了德育的一个强有力的载体和平台。像《背影》就是一篇不可多得的进行亲情教育的文章。

这节课的教学活动注重培养学生的自主学习能力，学生的内心感悟、情感教育。课堂的尾声，将学生的情感教育画上了一个圆满的句号。

常言道：文章不是无情物，一篇好文章，带给学生心灵上的震撼是巨大的。因此，语文教学是对学生进行思想情感教育的极佳载体。一篇篇名家名作，一堂堂精彩纷呈、激情四溢的语文课，对学生形成正确的人生观和价值观具有重大的指导作用。

本章小结

教学设计是教育技术领域中的一个重要组成部分。通过本章的学习，要理解和掌握教学设计的基本观念，运用教学设计的思想，分析和解决教学过程中的实际问题；应该掌握教学设计过程中每个要素的基本内容、操作方法和一般步骤；能够在教学活动中灵活运用教学设计的基本方法。我们还应该关注教学设计的新发展，使得教学设计更加有利于现代教学和学习。

思考与练习

1. 什么是教学设计？教学设计的意义是什么？
2. 教学设计3种基本模式的过程和步骤各是什么？
3. 教学设计有哪些基本的理论？
4. 如何进行教学设计的前端分析？为什么要开展这些分析？
5. 学习者特征分析的主要内容是什么？
6. 教学目标是如何分类的？怎样编写？
7. 什么是教学策略？教学中常用的教学策略有哪些？
8. 教学媒体的选择要遵循哪些基本原则？
9. 教学评价是如何分类的？它有什么样的功能？
10. 为什么进行教学反思？如何进行教学反思？
11. 任选一个主题编写一个教学设计方案。

第7章　教学实践与技能训练

项目1　教学资源的获取

学习目标

1．掌握获取不同类型教学资源的技巧。
2．利用电子白板的触控功能及其集成的丰富学科资源设计一节课。
3．了解摄像机的功能和构造，掌握其操作要领和方法。
4．熟悉多媒体教室的功能和设备组成，掌握其使用方法。
5．熟悉并掌握一种数字化教学资源设计开发工具。

1. 实践目的

（1）熟练运用搜索引擎检索教学资源。
（2）掌握获取不同类型教学资源的技巧。

2. 实践设备和环境

计算机、互联网。

3. 实践基础

（1）资源检索技巧

利用搜索引擎进行教学资源检索效率的高低以及结果的准确性关键在于用户对关键字、逻辑表达式、搜索技巧和搜索引擎特殊功能的综合运用能力。

在对海量教学资源进行筛选时，可以提炼搜索关键字、使用逻辑命令进行初步筛选。另外，还可以把搜索范围限定在特定站点、搜索特定的文档类型、将搜索的关键字包含在网页标题中或包含在URL链接中对资源进行高级筛选。

（2）资源获取技巧

在高效准确地搜索文本、图片、动画和视频等教学资源后，有些资源能够检索和访问，但却不能直接获取。例如，有些网页屏蔽了选取和右键功能，造成无法复制；许多视频只能在线播放，而不能下载。这些运用常规方法不能下载的资源可用以下技巧获取。

① 文本获取

第一，网页屏蔽了选取和右键功能，造成无法复制。在这种情况下，在当前网页空白处单击右键，从弹出的菜单中单击“查看源文件”选项，或者单击当前网页菜单栏中“查看”→“源文件”命令，从源文件中复制所需的信息。

第二，在百度文库中需要登录才能下载复制，而且下载需要经验值，但有时只需要 PPT 中的一些文字，也没必要完全下载。这种情况下直接在域名的“wenku”前加“wap”即可获取。

② 图片获取

第一，网页中鼠标的右键功能被屏蔽，造成图片不能保存，有两种办法可以解决。方法一为把鼠标移到图片上，稍等片刻，在弹出的常用工具中选择“保存此图像”按钮，另存即可；方法二为直接查看源文件，找到其中的图片引用地址后，将该地址输到地址栏中，在打开的另一个页面中另存即可。

第二，网页中看似 Flash 效果的 Banner 无法用单击右键选择另存的方法获取，在图片上停留鼠标下载的是播放图片的 Flash，而不是所需图片。这种情况查看源文件，找到 jpg 或其他格式的图片代码后，在地址栏中输入补充完整的 URL，在另外打开的页面中图片另存即可。

③ Flash 动画获取

若 Flash 动画旁停留有迅雷下载的按钮，即可直接单击下载。若没有，就需要先查看源文件，找到 swf 格式的 Flash 代码，然后在下载工具中补齐地址即可下载。

④ 视频获取

第一，FLV 格式的视频下载。若网页地址栏中的地址为“显式地址”，即视频的地址可找到，则下载方法为查看源代码，在源文件中找到包含 flv 格式的视频地址，也可用视频搜索软件（Flvspy）跟踪寻找地址，然后在地址栏中输入找到的视频地址，按 Enter 键后提示下载。若网页地址栏中为“隐式地址”，即地址找不到，就必须用 Flvspy 跟踪寻找地址，然后在地址栏中输入找到的地址并按 Enter 键，下载保存即可。

第二，F4V 格式的视频下载。在 youku、tudou、ku6、youtube 网站上下载视频有两种方法。方法一为直接在域名 youku、tudou、ku6、youtube 后面加“xia”，按 Enter 键，即可快捷下载视频。方法二为将链接拖入谷歌浏览器（Google Chrome）收藏夹中，在需要下载的视频页面单击收藏夹中的此链接即可轻松下载。

第三，MP4 格式的视频下载。地址栏中地址若为“显式地址”，其方法与 FLV 格式的视频下载方法一样。若为“隐式地址”，使用火狐浏览器（Mozilla Firefox）下载 Download Helper 插件；或使用 Chrome 浏览器播放视频，播放的同时在网页空白处单击右键，选择“审查元素”项，在“审查元素”面板中依次选择 Network→Type 命令对项目排序，在列表中找到视频文件的地址，用下载工具下载即可。

4. 实践内容及步骤

（1）搜索引擎应用实践

检索文件名为“概念图与思维导图”的演示文稿。

打开百度或谷歌搜索引擎，使用两个搜索语法：intitle 和 filetype，其格式是：“intitle:概念图与思维导图 filetype:ppt”，将这个关键词句输入文本框进行搜索，即可快速搜索到文件名为“概念图与思维导图”的演示文稿。

（2）资源获取应用实践

获取网页 http://×××.htu.cn/×××/index2.htm 中的 Flash 动画。

将网页地址输入地址栏中，在网页空白处右击，选择“查看源代码”命令，在显示源代码的页面当中查找扩展名为 swf 的文件。此案例中 swf 的文件在 43 行出现，可以得知该 Flash 动画名称为“06”，且存放在与“index2.htm”相同级别的 images 文件夹下。

打开下载工具，如迅雷等，新建下载任务，在地址栏中输入网站地址，然后将地址中“index2.htm”替换成“images/06.swf”，继续或单击“确定”按钮下载即可获取规定网页中的 Flash 动画。

5. 实践要求

（1）实践过程应独立完成。

（2）做好操作步骤及要点记录，认真完成实验报告。

项目 2　交互式电子白板的使用

1. 实践目的

（1）熟悉电子白板的基本构造和主要分类。

（2）掌握电子白板各项功能的使用方法。

2. 实践器材

计算机、投影机、交互式电子白板和相应软件等工具。

3. 实践原理

（1）交互式电子白板的基本构造

交互式电子白板由电子感应屏、操作系统和丰富的学科教学资源组成。它的核心硬件由电子感应白板、感应笔、计算机和投影仪组成。电子感应白板是一块具有正常黑板尺寸、在计算机软件控制下工作的大感应屏幕，其作用相当于计算机显示器并代替传统的黑板。感应笔具有白板书写和计算机鼠标、键盘的双重功用，其作用是代替传统的粉笔。教师或学生直接用感应笔在白板上操作（相当于传统教学中师生用粉笔在黑板上书写）：写字或调用各种软件，然后通过电磁信号反馈到计算机中并迅速通过投影仪投射到电子白板上。白板操作系统是运行于计算机中的一个软件，它不仅支持人与白板、计算机、投影仪之间的信息交换，而且还自带一个强大的学科资源库和资源制作工具库，并且是一个兼容各种操作软件的智能操作平台，教师可以在白板上随意调用各种素材或应用软件教学。白板集传统的黑板、计算机、投影仪等多种功能于一身，是提升课堂交互质量和教学效果的有效工具。

（2）交互式电子白板的主要分类

交互式电子白板分为电磁感应式、红外线感应式、压力感应式、超声波感应式、图像传感式等，每种技术都有不同的特点和优势。

4. 实践内容及步骤

以物理教学“力的图示”为例，熟悉交互式电子白板的各种教学功能。

① 熟悉交互式电子白板上各种快捷功能键的名称及使用方法。

② 利用鼠标左键、电子笔和板擦键在电子白板上画出“地面静止的箱子的力的图示”。

③ 利用放大镜放大箱子。

④ 利用聚光灯凸显出力的作用点。

⑤ 利用拉幕功能，逐步显示箱子受到哪些力。

⑥ 利用计时功能，促进学生在一定时间内利用交互式电子白板写出问题答案。

5. 实践要求

（1）安装电子白板的场地周围不能有强的磁场。

（2）如果交互式电子白板固定在墙面上，其必须与墙面平行。

（3）在交互式电子白板上书写时，电子笔要与板面垂直。电子笔尖不能压得太紧。

（4）不能使用尖锐、质地坚硬的物品接触、刻划板面与边框。

项目 3　摄像机的使用

1. 实践目的

（1）了解摄像机的功能与构造。

（2）掌握摄像机的操作方法。

（3）掌握摄像的基本要领。

2. 实践器材

松下 MD−9000 彩色摄录一体机、三脚架、DV 录像带、监视器、AV 信号线等。

3. 实践原理

摄像机是将被摄物的光像转换成电视信号的设备，也是电视节目和电视教材图像的最主要信号源，它获取的视频信号直接影响着教育电视节目的质量。通过实践，学会摄像机在拍摄前的一些调整设置方法，切身体会并逐步掌握摄像过程中的基本要领，为使摄像机更好地应用于教学打下基础。

（1）认识摄像机

摄像机的种类和型号很多，本实践活动以目前常用的松下 MD−9000 型数字摄像机为例，摄像机的构造如图 7.1 所示，各调节装置的操作请参阅使用说明书。

图 7.1　松下 MD-9000 摄像机

（2）摄像机的操作方法

① 摄像机的调整

松下 MD−9000 摄像机属于半专业级设备，它有“自动”和“手动”两种模式，没有设置黑平衡、白平衡、滤色片、增益调节等相应的调整开关或按钮，但白平衡调整、光圈调节等功能可在系统菜单中“手动”模式下进行设置，“自动”模式可以满足大多数环境中的拍摄。

② 摄像机的使用

- 徒手执机拍摄。徒手执机最常用的是肩扛执机拍摄。肩扛执机的操作是右手握紧摄像机的手柄，将摄像机扛在肩上架稳；拍摄时由右手拇指操作录制开关，食指和中指操作变焦按钮；左手轻扶遮光罩或寻像器罩；双腿叉开站稳，身体重心下移，以保证画面的稳定。

执机运动拍摄时，双膝可略弯曲，尽可能以身体的运动代替步伐的移动，减少因步伐的移动而产生的画面抖动。

- 三脚架支撑拍摄。三脚架是最常用的支撑设备。把摄像机固定安装在三脚架上，握住云台的摇把，眼睛贴近寻像器取景、构图，进行拍摄。操作时，可使用寻像器或液晶显示屏取景拍摄。

（3）摄像机的基本操作要领与拍摄技巧

摄像机的基本操作要领有稳、平、清、准、匀。

运动镜头的拍摄技巧有推、拉、摇、移、跟、升降、甩等。

4. 实践内容及步骤

（1）熟悉摄像机的组成及各调节装置的使用。

（2）按操作要求练习摄像机的使用。

（3）外景拍摄。按照摄像机的操作方法和摄像要领，到室外拍摄不同的人物和景物场景。

（4）经验总结。把摄像机和监视器连接起来观看拍摄到的画面，体会并进行总结，检验自己对摄像要领掌握的程度。

5. 实践要求

（1）对摄像机系统功能的设置要在教师的指导下进行。

（2）摄像时不要遮盖白平衡传感器，否则它不能正常工作。

（3）对变焦杆的操作不要用力过猛，防止损坏。

（4）外景拍摄时，要结合构图规律的运用，拍摄出美观的画面。

（5）摄像机属精密仪器设备，使用过程中应轻拿轻放，注意保护。

项目 4　多媒体教室的使用

1. 实践目的

（1）了解多媒体教室的功能与设备组成。

（2）掌握多媒体教室使用方法。

2. 实践器材

具有扩展配置（配置有多媒体计算机、投影机、视频展台、影碟机、大屏幕、音响系统等）的控制面板式中控系统的多媒体教学系统。

3. 实践原理

将多媒体计算机、投影机、视频展台、大屏幕等多种现代教学媒体通过中央控制系统组合在一起，就构成了“多媒体教室”。多媒体教室为教师灵活运用多种教学媒体、根据教学目的选用多种教学方法提供了方便，可使教学过程变得直观、形象、生动，以提高教学效率，增强教学效果。本实践活动所用多媒体教室为单投影式多媒体教室，在使用前，各媒体设备之间的连接已经基本完成。常用的多媒体教室控制台如图 7.2 所示，多媒体教室的控制面板如图 7.3 所示。

图 7.2　多媒体教室控制台

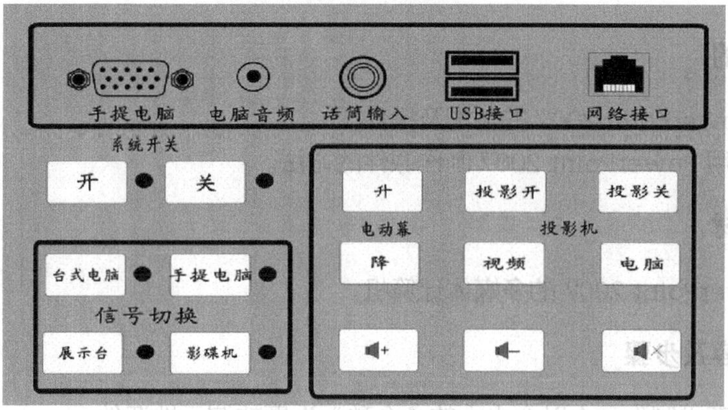

图 7.3　控制面板

4. 实践内容及步骤

（1）熟悉多媒体教室的设备构成及控制面板

打开多媒体控制台，观察内部设备及设备之间的连接。

（2）练习多媒体教室的使用

目前的多媒体教室一般都是由中央控制系统进行集中控制，操作起来十分方便。而且，一些多媒体教室已经安装使用了具有“一键开/关机”功能的集中控制系统，教师只需按下一个键便可以对所有的多媒体设备进行启动与关闭，大大节省了教师的使用时间。

① 打开控制台的系统开关。

② 开启多媒体计算机。

③ 降下电动幕。

④ 打开投影机的电源。

⑤ 对系统输出的声音进行控制。

⑥ 通过信号切换小面板上的相应按钮，对投影机输出的信号进行切换。

5. 实践要求

① 使用多媒体教室前，应阅读相应的使用说明，因为各个教室的中控系统不太一致。

② 使用过程中应爱护各项设备。

③ 关闭设备时要求先关闭投影机电源，等待一段时间后再关闭总电源，给投影机散热时间，以免损伤投影机。

项目 5　演示性课件的制作

1. 实践目的

（1）熟悉 PowerPoint 2007 的功能及操作。

（2）掌握运用 PowerPoint 2007 制作课件的方法。

2. 实践器材

安装有 PowerPoint 2007 的多媒体计算机。

3. 实践内容及步骤

本实践活动要求制作一个以余光中的《乡愁》为题的演示性课件。

（1）创建新课件

启动 PowerPoint 2007，创建一个空白的演示文稿。

（2）选择模板

在应用设计模板列表中选择“诗情画意”模板。

（3）导入图片

选择一张与主题适合的图片插入到幻灯片中，并调整其大小、位置、形状，设置图片效果，如图 7.4 所示。

（4）制作“乡愁”艺术字

① 插入艺术字“乡愁”和“余光中”，并进行字体、字号设置，设置效果如图 7.5 所示。

图 7.4　插入图片

图 7.5　插入艺术字

② 对文字“乡愁”和“余光中”设置动画效果，打开自定义动画窗格，依次执行“添加效果”→“进入”→“其他效果”→“扇形展开”操作。

（5）添加背景音乐

① 选择“插入”→“影片和声音”→“文件中的声音”命令，打开“插入声音”对话框。选择音乐文件，单击“确定”按钮，在播放方式选择对话框中选择“自动”播放声音。此时在幻灯片上将显示一个声音图标，表示声音插入成功。

② 选择插入的声音图标，执行“幻灯片放映”→“自定义动画”命令，在“自定义动画”任务窗格中选择
下拉菜单中的“效果”选项，即可打开“播放声音”对话框进行声音设置，为课件添加背景音乐。

（6）制作课件的文本

① 执行“插入”→“新幻灯片”命令，插入一张新的幻灯片。

② 执行“插入”→“图片”→“来自文件”命令，打开“插入图片”对话框，选择一张邮票图片插入幻灯片中作为背景。

③ 执行“插入”→“文本框”→“水平”命令，然后将鼠标指针移到幻灯片的空白区域，按住鼠标左键在适当位置画出一个空白文本框，并在文本框中输入《乡愁》的内容，效果如图 7.6 所示。

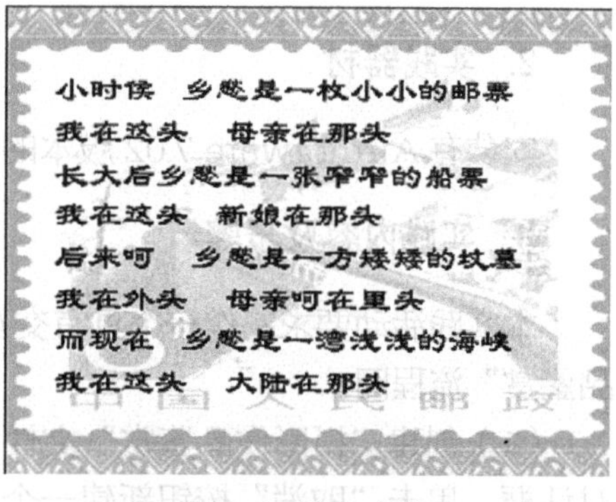

图 7.6　输入内容

④ 选中《乡愁》的文本内容，执行“幻灯片放映”→“自定义动画”命令，打开自定义动画窗格，依次进行“添加效果”→“进入”→“其他效果”→“圆

形扩展”操作，给文字添加动画效果。

（7）设计切换动画

① 执行“幻灯片放映”→“幻灯片切换”命令，打开“幻灯片切换”任务窗口。

② 在切换效果列表中分别为第一张幻灯片和第二张幻灯片选择“随机水平线条”和“向左擦除”效果。

③ 在“修改切换效果”栏内，分别对两张幻灯片的切换效果进行“速度”、“声音”等项目的设置。

（8）播放课件，对课件进行进一步修饰。

至此，课件制作完毕。

4. 实践要求

（1）做实验前，学生自己应多收集素材。

（2）除对实践活动要求进行的操作外，对 PowerPoint 2007 提供的其他动画类型、切换类型、模板等均可尝试操作。

（3）实践活动中提到的图片、声音、影片及文本设置等供参考，学生可根据实际情况及自己的审美观点加以变动。

项目 6 交互性课件的制作

1. 实践目的

（1）熟悉 Authorware 的操作界面。

（2）掌握交互图标的使用。

（3）会运用 Authorware 制作交互型课件。

2. 实践器材

安装有 Authorware 7.02 版本的计算机。

3. 实践内容及步骤

本实践活动要求制作一个具有交互设计的 “摄影作品鉴赏”课件。图 7.7 所示为“摄影作品鉴赏”流程图。

（1）创建“摄影作品鉴赏”文件。在程序窗口中单击 Authorware 程序，弹出知识对象对话框，单击“取消”按钮新建一个 Authorware 文件。单击“文件”→“保存”命令，弹出存储对话框，选择合适的位置，在“名称”文本框中输入文件名称“摄影作品鉴赏”，单击

“确定”按钮。

（2）设置文件界面属性。执行“窗口”→“面板”→“属性”命令，打开文件属性对话框，设置窗口大小为“根据变量选项”；单击工具栏运行按钮，显示演示窗口，拖动其边框，设置合适的窗口大小。

（3）创建“开始”动画。创建“开始”群组图标，双击打开该图标，设置开始动画，其流程图和擦除前的界面如图 7.8 所示。

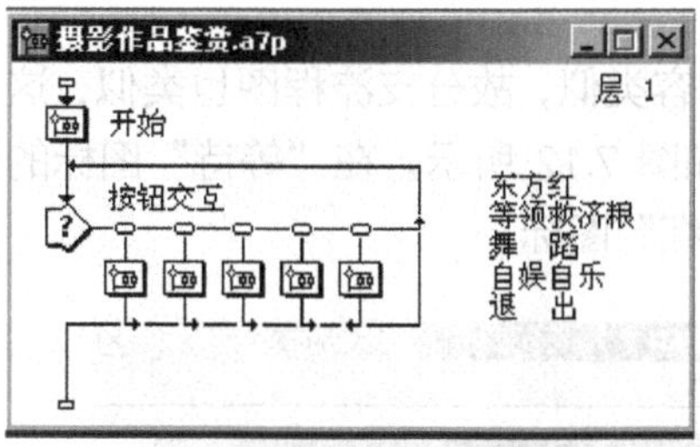

图 7.7 “摄影作品鉴赏”流程图

图 7.8 “开始”流程图和演示窗口

在“照相机”图标和“摄影作品鉴赏”图标属性对话框中设置“特效”分别为“HeadLine”和“Edges In，Square”。“等待 1 秒”的属性设置如图 7.9 所示。“等待 2 秒”的属性设置与之类似，只不过时间为 2 秒。擦除图标把“照相机”和“摄影作品鉴赏”两个图标的内容擦除。

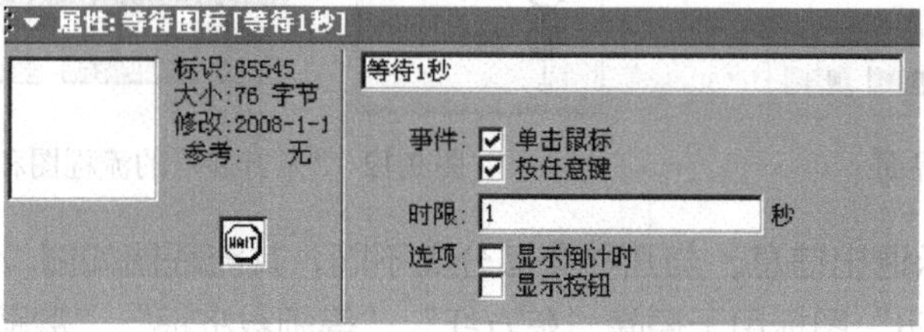

图 7.9 “等待 1 秒”属性

（4）创建交互图标。单击交互图标拖到流程线上，在流程图上创建一个交互图标，命名为“按钮交互”。

（5）创建“东方红”分支。拖动群组图标至交互图标右下方，在弹出的交互类型对话框中选择按钮响应类型，即可创建“按钮交互”的一个分支，命名为“东方红”。

（6）同（5），分别创建交互图标的“等领救济粮”、“舞蹈”、“自娱自乐”和“退出”分支。

（7）设置按钮外观。选择一个交互分支的交互类型，打开属性对话框，单击“按钮”按钮，设置按钮上显示字体为宋体，字号为 9 号；按钮大小如图 7.10 所示。其他分支设置方法类似。

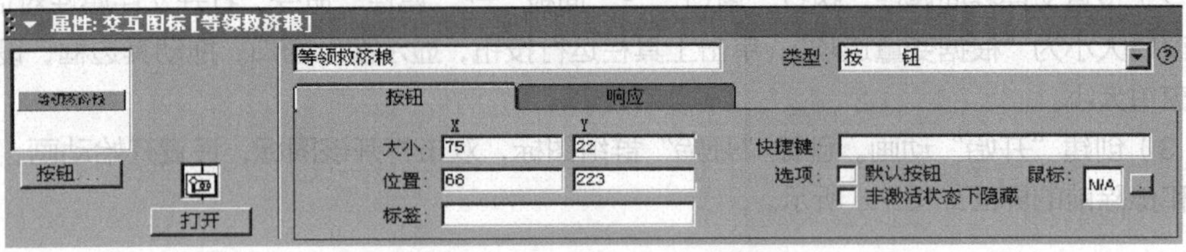

图 7.10 “等领救济粮”按钮选项卡

（8）双击交互图标，打开交互图标的演示窗口，设置按钮布局，同时在演示窗口添加背景。交互界面整体效果如图 7.11 所示。

（9）设置各交互分支的内容。

“东方红”、“等领救济粮”、“舞蹈”、“自娱自乐”教学内容类似，故分支流程图也类似，这里只介绍“东方红”分支。“东方红”的流程图和显示效果如图 7.12 所示。在“等待”图标的属性对话框中只勾选“按钮”。“擦除”图标用于擦除“东方红”图标。

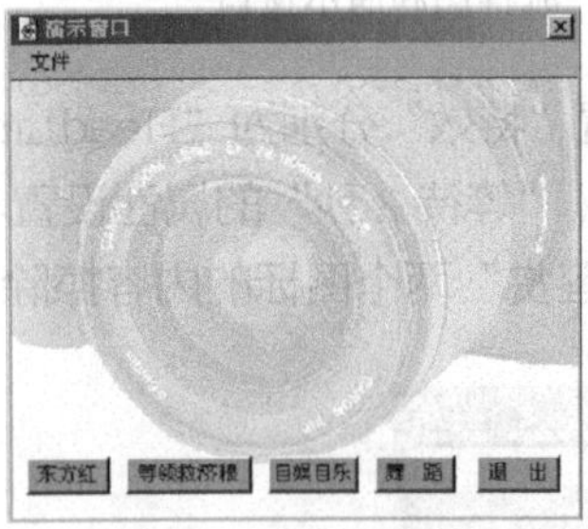

图 7.11　交互界面

图 7.12 “东方红”的流程图和显示效果图

“退出”用于显示退出信息，与几种交互分支不同，其流程图如图 7.13 所示。其中“擦除按钮”图标用于擦除“东方红”、“等领救济粮”、“舞蹈”、“自娱自乐”和“退出”5 个按钮。“擦除”图标用于擦除交互界面的背景图和结束语。

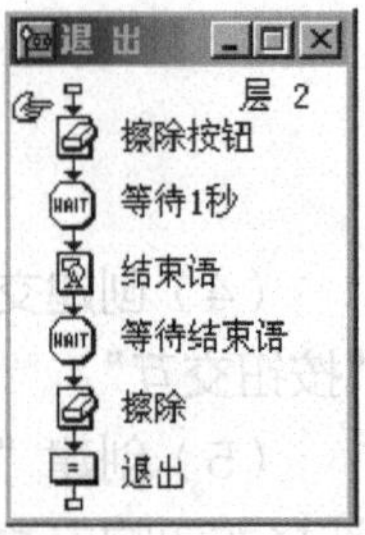

图 7.13 “退出”流程图

（10）调试。单击工具栏中的“运行”按钮，观看课件运行效果。

（11）打包发布。

4. 实践要求

（1）给图标定义的名称要能体现该图标所实现的功能。

（2）在操作过程中要注意保存，避免修改信息丢失。

（3）调试程序应注意局部调试和整体调试相结合。

（4）打包时选择“为 Windows XP，NT 和 98 版本”并且根据课件使用外部文件的方式、是否使用库函数等设置打包参数。打包后课件能脱离原制作环境独立运行。

（5）做好记录，认真完成实验报告。

项目 7　网页的制作

1. 实践目的

（1）了解 FrontPage 2007 的特点及功能。

（2）掌握 FrontPage 制作网页的方法。

（3）了解开发网站的一般流程。

2. 实践器材

安装 FrontPage 2007 软件的多媒体计算机。

3. 实践内容及步骤

（1）确定主题

设计开发网站的第一步是要明确主题，也就是网站的用途是什么。本实践活动是制作一个介绍宋词的网站。通过这个网站，学习者能够了解一些关于宋词的知识，拓展自己的知识面。

（2）准备素材

把网站的主题确定以后，接下来就应该围绕设计思路准备好制作网站的各种素材。要设计制作一个好的网站，必须要有丰富的素材。素材主要是文字、图片，当然有音频与视频效果会更好。围绕本实践活动的主题，应该搜集一些关于宋词的材料，例如宋词的渊源和发展、代表性的宋词及作者等。

（3）创建网站

运行 FrontPage 2007 软件，单击“文件”→“新建”命令，在右侧的“任务窗格”中选择“由一个网页组成的网站...”，弹出如图 7.14 所示的对话框，单击“浏览”按钮，为新网站指定存储位置，然后单击“确定”按钮。这样就创建了一个只有一个网页的网站，随后还可以根据需要增加新的页面。

（4）编辑网页

在窗口左侧的“文件夹列表”（图 7.15）下双击“index.htm”文件，可以发现在工作区中已经将该文件打开，并处于编辑状态。接下来，就可以按照预先的设想对网页进行编辑制作。

主要步骤如下。

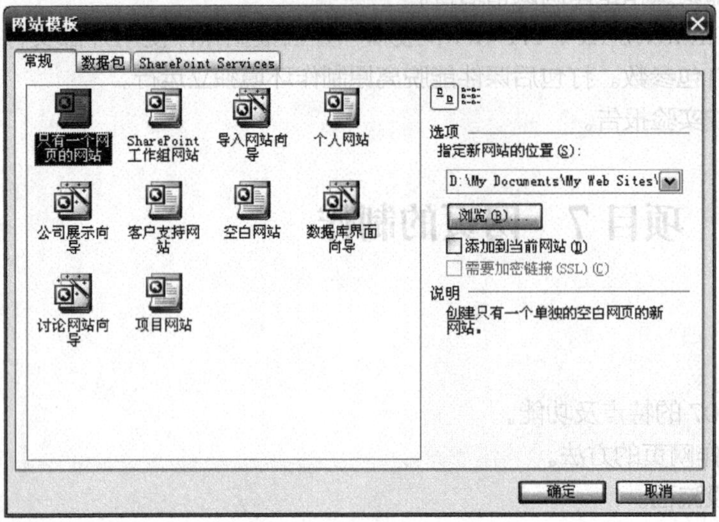

图 7.14　“网站模板”窗口

图 7.15　文件夹列表

① 在网页中输入标题“宋词小知识”，字号为 36 磅，字体为黑体，然后居中放置。

② 按 Enter 键，另起一行，输入关于宋词的简短介绍，设置字体为宋体，大小为 12 磅，对齐方式为“左对齐”。输入完毕后，选中这段文字，单击“格式”→“段落”命令，弹出“段落”对话框（图 7.16）。在该对话框中对“首行缩进”进行设置。注意这里的缩进是以像素为单位，可以在下方的“预览”窗口进行查看，直到调整到满意为止（在实例中输入的是 36 px）。最后设置行距为 1.5 倍。

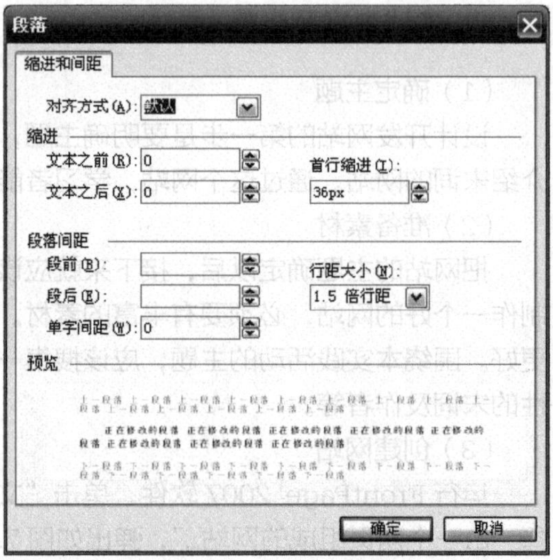

图 7.16　“段落”对话框

③ 按 Enter 键另起一行，插入一张事先准备好的图片，设置图片为居中对齐。执行“视图”→“工具栏”→“图片”命令，打开“图片”工具栏，利用该工具栏上的按钮对刚才插入的图片进行适当调整，以更符合设计要求。

④ 另起一行，然后输入“词牌名的来历”、“代表词人”和“代表词作”3 个词组。调整这 3 个词组之间的空隙，使页面看起来协调美观。

⑤ 另起一行，单击“插入”菜单下的“水平线”命令插入一条水平线。如果要对水平线进行修改，可以右击水平线，在弹出的快捷菜单中选择“水平线属性”即可弹出相应的设置

对话框。

⑥ 另起一行，输入相应的版权信息。

⑦ 以“词牌名的来历”、“代表词人”和“代表词作”为主题制作 3 个新的网页，分别命名为“cpmdll.htm”、“dbcr.htm”和“dbcz.htm”。

⑧ 选中首页中的“词牌名的来历”，单击右键，在弹出的快捷菜单中选择“超链接”命令，在“插入超链接”对话框中选择链接目标“cpmdll.htm”，单击“确定”按钮即可。用同样方法制作“代表词人”与“代表词作”的超链接。

⑨ 注意在制作过程中保存网页。制作基本完成后可以在“预览”窗口中进行预览，如果有不满意的地方可以返回“设计”窗口进行修改。网页最终效果如图 7.17 所示。

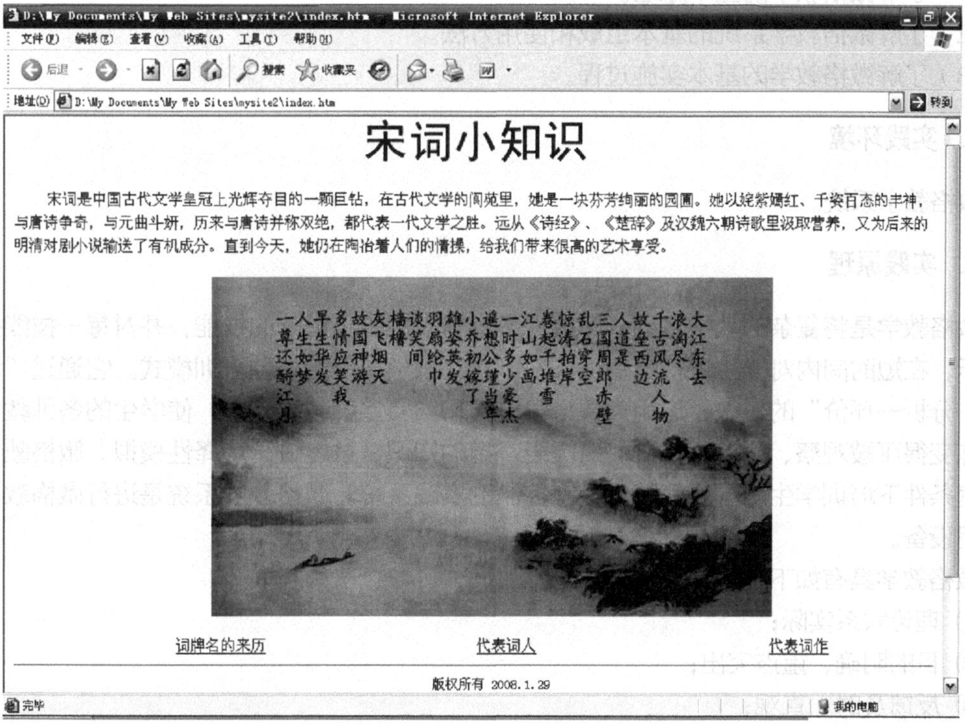

图 7.17　网站首页截图

（5）发布网站

如果有 Web 服务器，就可以把网站发布到 Web 服务器上，以供更多人浏览。

4. 实践要求

（1）注意各种文件需分类存放。

（2）在操作过程中应及时保存文件，避免修改信息丢失。

（3）应围绕一个主题至少完成 3 个网页的制作，网页之间用超链接进行关联。

（4）做到图文并茂。

（5）利用网上的资料对网页制作进行深入学习。

项目 8　微格教学实践

1. 实践目的

（1）了解微格教学的基本原理。

（2）了解微格教学系统的基本组成和使用方法。

（3）了解微格教学的基本实施过程。

2. 实践环境

微格教学系统。

3. 实践原理

微格教学是将复杂的教学过程分解成许多容易掌握的、单一的技能，并对每一技能提出训练目标，在短时间内对学生进行反复训练，以建立教学技能的一种培训模式。它通过“讲课—观摩—分析—评价”的方法，运用声像记录设备和实验室的教学练习，使学生的各种教学行为的训练变得可被观察、分析和评价，对需要掌握的知识、技能进行选择性模拟。微格教学是在实验室条件下培训学生教学技能的一个有控制的实践系统。微格教学系统是进行微格教学训练的专用设备。

微格教学具有如下特点：

① 理论联系实际；

② 目的明确，重点突出；

③ 反馈及时、直观；

④ 有利于学生创新思维的培养；

⑤ 心理压力小。

微格教学的实施过程一般包括理论学习、确定目标、示范观摩、编写教案、角色扮演、反馈评价、修改教案、重复训练等环节。

4. 实践内容及步骤

（1）在认真预习的基础上熟悉微格教学系统的基本组成和使用方法，包括大微格教室、小微格教室和主控室。

（2）每位同学选定一项教学技能进行微格教学实践，包括观摩示范带、编写教案、讲课 5 分钟左右、讨论评价、修改教案、重复训练等步骤。

5. 实践要求

（1）每小组的同学最好选择不同的教学技能进行实践。

（2）小组同学在小微格教室内自己操作录像机观摩示范带和教学实践的录像。

（3）做好记录，认真完成实验报告。

参考文献

[1] 张剑平. 现代教育技术——理论与应用 [M]. 2版. 北京：高等教育出版社，2006.
[2] 傅钢善. 现代教育技术 [M]. 西安：陕西师范大学出版社，2012.
[3] 李箭，刘赣洪. 现代教育技术 [M]. 北京：科学出版社，2012.
[4] 郭琼. 现代教育技术 [M]. 北京：人民邮电出版社，2012.
[5] 秦丹，罗发奋. 现代教育技术基础 [M]. 北京：电子工业出版社，2012.
[6] 徐明成，李正超. 现代教育技术 [M]. 北京：北京师范大学出版社，2011.
[7] 冯玲玉. 现代教育技术——信息技术走进新课程 [M]. 北京：北京大学出版社，2011.
[8] 张建国. 现代教育技术——理论与实践 [M]. 北京：国防工业出版社，2011.
[9] 汪崇渝，梁兴连. 现代教育技术理论与应用 [M]. 北京：北京师范大学出版社，2011.
[10] 胡来林. 现代教育技术——面向信息化的教师专业发展 [M]. 北京：电子工业出版社，2011.
[11] 焦中明. 现代教育技术与应用 [M]. 北京：北京师范大学出版社，2010.
[12] 孙启美. 现代教育技术与学习模式走向信息化 [M]. 北京：科学出版社，2010.
[13] 顾洁. 现代教育技术——理论与实践 [M]. 北京：科学出版社，2009.
[14] 林铭. 现代教育技术——理论与实践 [M]. 北京：电子工业出版社，2009.
[15] 孟祥增，刘兴波. 现代教育技术——理论与方法 [M]. 北京：电子工业出版社，2009.
[16] 周跃良. 现代教育技术 [M]. 北京：高等教育出版社，2008.
[17] 祝士明. 现代教育技术 [M]. 北京：机械工业出版社，2008.
[18] 傅钢善，马红亮. 网络远程教育 [M]. 北京：科学出版社，2007.
[19] 杨九民. 现代教育技术 [M]. 2版. 武汉：华中师范大学出版社，2007.
[20] 万明高. 现代教育技术理论与方法 [M]. 北京：北京大学出版社，2007.
[21] 王知非，贾宗福. 现代教育技术基础 [M]. 2版. 北京：高等教育出版社，2007.
[22] 张剑平，章苏静. 现代教育技术——技能与训练 [M]. 北京：高等教育出版社，2006.
[23] 陈琳. 现代教育技术 [M]. 南京：河海大学出版社，2006.
[24] 李玉斌. 现代教育技术实用教程 [M]. 北京：高等教育出版社，2006.
[25] 祝智庭，顾小清，闫寒冰. 现代教育技术——走进信息化教育 [M]. 北京：高等教育出版社，2005.
[26] 蒋家傅，董武绍. 现代教育技术 [M]. 北京：电子工业出版社，2004.
[27] 王洪录. 现代教育技术 [M]. 北京：高等教育出版社，2004.
[28] 何克抗. 教育技术学 [M]. 北京：北京师范大学出版社，2002.
[29] 张筱兰. 信息技术与课程整合的理论与方法 [M]. 北京：民族出版社，2004.

[30] 南国农，李运林. 电化教育学 [M]. 2版. 北京：高等教育出版社，1998.
[31] 尹俊华. 教育技术学导论 [M]. 2版. 北京：高等教育出版社，2002.
[32] 祝智庭. 现代教育技术——走向信息化教育 [M]. 北京：教育科学出版社，2002.
[33] 王中立，马明山. 现代教育技术 [M]. 西安：西北工业大学出版社，2003.
[34] 荣静娴，钱舍. 微格教学与微格教研 [M]. 上海：华东师大出版社，2000.
[35] 何克抗，李文光. 教育技术学 [M]. 北京：北京师范大学出版社，2003.
[36] 陈传锋. 微格教学 [M]. 广州：中山大学出版社，1999.
[37] 彭绍东. 解读教育技术领域的新界定 [J]. 电化教育研究，2004 (10)：8-17.
[38] 刘志波，李阿琴. AECT 2004 定义解读 [J]. 电化教育研究，2004 (12)：44-48.
[39] 程东元，刘雍潜. AECT 新定义的特色与启示 [J]. 现代教育技术，2009 (5)：9-12.
[40] 晋一鸣，孔惠洁. 对美国教育技术定义变迁的若干思考 [J]. 徐州师范大学学报：教育科学版，2010 (1)：66-69.
[41] 赵扬. 浅析 AECT 关于教育技术的几次定义 [J]. 中国校外教育，2012 (7)：30.
[42] 黄荣怀. 教育信息化的特征、现状及发展趋势 [J]. 中国计算机报，2001 (8).
[43] 马宁，余胜泉. 信息技术与课程整合的层次 [J]. 中国电化教育，2002 (1)：9-13.
[44] 徐万胥. 信息技术与课程整合的理念与策略 [J]. 电化教育研究，2003 (2)：54-57.
[45] 王琴，杜华，张舒予. 信息技术与课程整合的三种模式 [J]. 电化教育研究，2003 (9)：15-18.
[46] 李芒. 论信息技术与课程整合的含义、意义及原则 [J]. 电化教育研究，2004 (5)：58-62.
[47] 李建华. 论教育信息化与信息技术教育 [J]. 黑龙江高教研究，2005 (1)：97-99.
[48] 杨晓宏，梁丽. 全面解读教育信息化 [J]. 电化教育研究，2005 (1)：27-33.
[49] 苏凯雄，郭里婷. 数字卫星电视接收技术 [M]. 北京：人民邮电出版社，2002.
[50] 李运林，徐福荫. 教学媒体的理论与实践 [M]. 北京：北京师范大学出版社，2003.
[51] 付建清. 多媒体教室音响系统建设 [J]. 音响技术，2005 (3)：35-36.
[52] 孙淑艳，营光宾. 网络课程设计 [J]. 天津电大学报，2005 (2)：17-20.
[53] 谢幼如，刘铁英，高瑞利，尹睿. 网络课程的内容分析与评价研究 [J]. 电化教育研究，2003 (11)：45-49.
[54] 徐福荫，袁瑞锷. 现代教育技术基础 [M]. 北京：人民教育出版社，2005.
[55] 刘运显. 系统科学与人的发展之断想 [J]. 武汉大学学报：社会科学版，2004，6 (2).
[56] 南国农. 信息化教育概论 [M]. 北京：高等教育出版社，2004.
[57] 刘芳. 论教育技术能力标准与教师专业化发展 [J]. 教育与职业，2007 (11).
[58] 李振亭，刘合英. 多媒体课件设计理论与实践 [M]. 北京：清华大学出版社，2006.
[59] 谭浩强. 计算机网络教程 [M]. 北京：电子工业出版社，2005.
[60] 刘万年. 现代教育技术基础教程 [M]. 南京：南京大学出版社，2003.
[61] 代印唐，张世永. 即时通信安全研究 [J]. 电信科学，2006 (4).

[62] 伍利华. 即时通讯零距离沟通 [J]. 中国电子商务，2005（06）.
[63] 朱和平. 即时通讯研究综述 [J]. 现代计算机，2006（12）：55-58.
[64] 徐志刚. 走进 BBS [J]. PC WORLD CHINA/MAR 20，2000（20）.
[65] 潘敏，凌惠，于朝阳. 国内外 BBS 和论坛发展及管理比较研究 [J]. 大学生思政工作研究，2007（7）：68-69.
[66] 刘楠. 论高校校园报刊如何应对 BBS 的挑战 [EB/OL].
[67] 洪东明. 利用高校 BBS 加强校园文化建设的探讨 [J]，中国地质教育，2005（2）：103-105.
[68] 黄德群. 移动学习研究对远程教育的影响 [J]. 中国远程教育，2005（12）.
[69] 白俊. 移动学习的发展现状及其启示 [J]. 中国现代教育装备，2007（5）：125-127.
[70] 梁中义，袁晓斌. 移动学习——下一代的远程学习方式 [J]. 江汉石油职工大学学报，2007，（1）：52-53.
[71] 项国雄. 高等教育中基于博客（Blog）的导学制研究 [J]. 电化教育研究，2004（12）：31-35.
[72] 张青俊. 浅论网络教育 [J]. 天津市工会管理干部学院学报，2005（1）：53-56.
[73] 袁静. 网络教育的优势及其发展 [J]. 教学与管理，2005(3)：9-10.
[74] 李秉德. 教学论 [M]. 北京：人民教育出版社，1991.
[75] 王梅艳. 虚拟现实技术的历史与未来 [J]. 中国现代教育装备，2007（1）：108.
[76] 韩晓玲. 虚拟现实技术发展趋向浅析 [J]. 多媒体技术及其应用. 2007（2）：549-550.
[77] 徐素霞，马文婕. 虚拟现实技术及其在远程教学中的应用 [J]. 教育技术导刊，2006（2）：28-30.
[78] 崔海燕，段作章. 虚拟现实技术在现代教育中的应用 [J]. 中国现代教育装备，2007（1）：111-112.
[79] 王志军. 多媒体教学软件设计与开发 [M]. 北京：高等教育出版社，2006.
[80] 谢幼如. 多媒体教学软件设计 [M]. 北京：电子工业出版社，1999.
[81] 王慧芳. 多媒体教学软件的设计与制作 [M]. 北京：电子工业出版社，1997.
[82] 郭新房，钟谦，高孝峰等. 计算机应用标准教程 [M]. 北京：清华大学出版社，2004.
[83] 胡昌杰，李远敏. 计算机公共基础教程 [M]. 北京：中国水利水电出版社，2005.
[84] 何桥，朱丽莉. 大学计算机基础 [M]. 北京：高等教育出版社，2005.
[85] 曹振军. 计算机应用基础 [M]. 北京：机械工业出版社，2005.
[86] 李安宗，王环. 中文 Office 2003 操作教程 [M]. 西安：西北工业大学出版社，2005.
[87] 段新昱. Authorware 6.0 入门与提高 [M]. 北京：人民邮电出版社，2002.
[88] 方其桂. Authorware 多媒体 CAI 课件制作实例教程 [M]. 北京：清华大学出版社. 2000.
[89] 黄晓宇，王泽云. 中文 Authorware 7.0 多媒体设计 [M]. 北京：机械工业出版社，2005.
[90] 张增强. Authorware 7.0 入门与提高实用教程 [M]. 北京：中国铁道出版社，2004.
[91] 陈芳林，马广月，刘桂灵. 多媒体课件制作教程 [M]. 北京：电子工业出版社，2003.

[92] 江莉琴，李布菲．Authorware 7.0 短期培训教程［M］．北京：科学出版社，2004.
[93] 黄河明．现代教育技术［M］．北京：高等教育出版社，2004.
[94] 张国良．传播学原理［M］．北京：复旦大学出版社，1995.
[95] 盛群力，李志强．现代教学设计论［M］．杭州：浙江教育出版社，1998.
[96] 何克抗．教学系统设计［M］．北京：北京师范大学出版社，2002.
[97] Walter Dick，等．教学系统化设计［M］．汪琼译．北京：高等教育出版社，2004.
[98] 盛群力，等．教学设计［M］．北京：高等教育出版社，2005.
[99] 陈晓慧．教学设计［M］．北京：电子工业出版社，2005.
[100] 缪亮，贾朝蓉，张先为．Flash MX 课件制作实用教程［M］．北京：清华大学出版社，2004.
[101] 韩建林．基于 Flash 网络课件开发流程与技巧［J］．文教资料，2007（1）：215-216.
[102] 杨辉．Flash 制作课件的优势［J］．川北教育学院学报，2001（11）：48.
[103] 卢日伦．用 Flash 制作多媒体课件［J］．广西教育，2001（26）：42-43.
[104] 梁斌，孔维宏．利用 Flash 制作多媒体网络课件［J］．远程教育杂志，2001（4）：19-21.
[105] 王雅隽．浅谈 Flash 课件制作［J］．中国民族大学学报（人文社会科学版），2005（5）：403-405.
[106] 郑海燕，李卢一．微博客教育应用初探［J］．中国教育信息化，2010（2）.
[107] 王时进，段渭军，杨晓明．微博在教育中的应用探讨与设计［J］．现代教育技术，2010（8）.
[108] 李红艳．浅析微博在教育中的应用［J］．中国教育信息化，2011（2）.
[109] 钟琦，胡水星．人工智能在教育中的整合应用研究［J］．赣南师范学院学报，2011（6）.
[110] 孙方，苏仰娜，王慧．Flash 课件制作技术精粹［M］．北京：电子工业出版社，2012.
[111] 李永．Flash 多媒体课件制作经典教程——模块模板精讲［M］．北京：清华大学出版社，2009.
[112] 吴志华，邱军虎．Flash CS4 动画设计与制作 208 例［M］．北京：人民邮电出版社，2010.
[113] 汪基德．现代教育技术［M］．北京：高等教育出版社，2011.
[114] 张广兵，朱德全．移情式教学设计：内涵、方法与实施［J］．中国电化教育，2009(5)：86-88.

